AF354102

Heinrich RENNE,
Durch Bosnien und die Hercegovina, kreuz und quer

© 2020 by CEEOLPRESS

Originally published in French in 1951 by Les Iles d'or
Published in 2020 by CEEOLPRESS, Frankfurt am Main, Germany

Digitization and Typesetting: CEEOL GmbH, Frankfurt am Main
Layout: Alexander Neroslavsky

e-ISBN: 978-3-946993-13-1
ISBN: 978-3-946993-14-8

Durch

Bosnien und die Hercegovina

kreuz und quer.

Wanderungen

von

Heinrich Renner.

Mit 35 Vollbildern, 253 Abbildungen im Text
von W. L. ARNDT, E. ARNDT - Ceplin u. A. sowie nach photographischen Aufnahmen

und

einer Uebersichtskarte.

BERLIN 1896

Geographische Verlagshandlung Dietrich Reimer (Ernst Vohsen).

Zur Einführung.

Bevor Oesterreich-Ungarn kraft des im Berliner Vertrage erhaltenen Mandates im Jahre 1878 zur Besetzung Bosniens und der Hercegovina schritt, waren in dem seit Jahrhunderten wie verschlossenen Lande nur wenige europäische Reisende erschienen. Diese Wenigen waren meist in amtlicher Eigenschaft in Bosnien gewesen und sie hatten sich redlich bemüht, in von ihnen veröffentlichten Werken die Kenntniss des Landes dem Auslande zu vermitteln. Dem grossen Publikum blieben jedoch diese Gefilde gänzlich unbekannt; das bosnische Dornröschen schlief noch den jahrhundertelangen Zauberschlaf und es fand seine Auferstehung erst, als die kaiserlichen Truppen die Grenzen überschritten und die neue Aera einleiteten. Jetzt wurde das Dickicht, das um Dornröschens Schloss wucherte, gelichtet und nach rastloser und schwerer Arbeit von nicht zwei Jahrzehnten steht Bosnien bekannt und geachtet vor der Welt. Was in diesem Lande geleistet wurde, ist fast beispiellos in der Kolonialgeschichte aller Völker und Zeiten und die nachfolgenden Schilderungen, wenn sie auch mehr für den Touristen geschrieben sind, der die landschaftlichen Reize der » goldenen Bosna « kennen lernen will, sollen doch auch ein Bild geben von dem Bosnien einst und jetzt. Es fehlt heute nicht mehr an umfangreichen wissenschaftlichen und an Reisewerken über dieses prächtige Gebiet der Balkanhalbinsel. Das vorliegende Werk erhebt daher auch keinen Anspruch auf besondere Gelehrsamkeit, es soll in ihm nur in zwanglosem Geplauder erzählt werden, was ich bei oftmaligen Reisen in dem Lande, das ich wie eine zweite Heimath liebe, gesehen und erlebt; es soll Interesse und Verständniss in weiteren Kreisen erwecken, die beim Antritt einer Reise nicht ganze Bibliotheken durchstudiren wollen und können.

Eines hat mir die Feder geführt: Unauslöschliche Liebe zu Bosniens Bergen und Thälern, zu seinen grünen Matten und romantischen Städten, zu seinem kräftigen Volke und dessen Eigenart. Sodann aber auch unbegrenzte Hochachtung vor den Männern, die als Kulturträger in amtlicher Stellung jene Fortschritte zeitigten, die heute diese Provinzen so hoch über die meisten anderen Länder des europäischen Südostens erheben. Wenn ich heute hinausblicke in den grauen Nebel des nordischen Winters, denke ich mit Sehnsucht an Bosniens Urwälder, an das Paradies jedes Naturfreundes. Und der Bosna, der Drina, der Narenta und des Vrbas Wellen rauschen mir ein verlockendes Lied von Gottes freier Natur in der Schweiz des Balkans. Möge mein Sehnen recht bald von Vielen getheilt werden, mögen bald Tausende sich jenes eigentümlichen orientalischen Lebens erfreuen, das, von unsagbarem Reiz, früher nur wenigen bevorzugten, mit Glücksgütern gesegneten Sterblichen zu schauen ermöglicht war. Heute führen drei Bahnlinien mitten in diese fremde Welt, die sich Jedem ins Herz schmeichelt, der noch Gefühl für Schönheit, für unverdorbene Natur, dabei aber auch Sinn für moderne Thatkraft besitzt.

Ich mache jetzt den Führer im Lande. Wer Lust hat und nicht immer ausgetretene Pfade wandeln will, der folge mir!

Berlin, im Winter 1895/96.

Der Verfasser.

Inhaltsverzeichniss.

Verzeichniss der Illustrationen.

Die im Buche angewendete Schreibweise der geographischen und Eigennamen ist die in Bosnien-Hercegovina gebräuchliche. C (c) wird wie z im Deutschen gesprochen, č wie tsch, ć etwas weicher, mehr an tsj anklingend, š wie sch, ž wie das französische j in jardin.

Auf der Bosnabahn.

Ueber die grosse eiserne Savebrücke fährt der Zug der ungarischen Staatsbahn um Mitternacht in den Bahnhof von Bosnisch-Brod ein. Ob man von Wien, Budapest oder Agram kommt, stets hat man lange Strecken Tieflandes durchzufahren und der erste Eindruck, den man von Bosnien empfängt, ändert in landschaftlicher Beziehung nichts an diesem Bilde. Brod liegt noch im Savethale und der etwa 2000 Bewohner zählende Ort bietet dem Reisenden wenig Interessantes. Aber die ersten Minarets weisen wie schlanke Finger zum Himmel, sie zeigen, dass wir das Gebiet des Islams betreten haben. Der Bahnhof liegt etwas abseits vom Orte; die Waggons müssen hier gewechselt werden, denn die 269 km lange Strecke Brod-Sarajevo ist schmalspurig gebaut und die Wagen sind bedeutend kleiner als auf den normalspurigen Bahnen, dabei aber sehr bequem eingerichtet und von peinlicher Sauberkeit. Es bestehen Plätze I., II., III. und IV. Klasse. Fremde fahren durchwegs erster oder zweiter Klasse, auch die bosnischen Kaufleute und die mohammedanischen Grundbesitzer (die Begs) würden es unter ihrer Würde halten, eine niedrigere Klasse zu benutzen. Die Fahrpreise sind mässig, für die unteren Klassen geradezu fabelhaft billig. Die Verwaltung wird von der in Sarajevo etablirten Direktion der bosnisch-hercegovinischen Staatsbahnen geführt.

Denkmal in Bosn.-Brod.

In Bosnisch-Brod, das die Türken auch Busud nennen, wahrscheinlich weil auf den ursprünglichen türkischen Karten in Folge eines zu viel gesetzten Punktes in der arabischen Schrift ein Druckfehler entstand, überschritt im Jahre 1697 Prinz Eugen von Savoyen die Save auf seinem kühnen Zuge nach Sarajevo. Hier vollzog sich auch am 29. Juli 1878 der Uebergang der österr.-ungarischen Truppen unter FZM. Frhr. v. Philippović und im Jahre 1885 betrat Kaiser Franz Joseph hier den bosnischen Boden. Ein Monument erinnert an diesen geschichtlichen Augenblick. In dem Städtchen zeigen zwei kleine Moscheen und eine neuerbaute orientalisch-orthodoxe Kirche die Mischung der Bevölkerung an. Wer aber das alte Brod gekannt hat, das aus einer langen schmutzigen Gasse bestand, wird doch überrascht sein, wenn er heute den Ort betritt, die modernen Gebäude amtlicher und privater Bestimmung sieht, wenn er den geschäftlichen Aufschwung gewahrt, der sich vollzogen hat und noch stetig vollzieht. Die Häuser der Mohammedaner sind zwar noch immer die gleichen, sie sind meist aus Holz und hier in der Niederung, die Ueberschwemmungen ausgesetzt ist, auf hohen Pfählen erbaut, sie zeigen noch immer wenig Symmetrie und äusseren Putz, aber das ist türkische Sitte und im Einzelnen beginnen Mohammedaner auch schon auf europäisch gebaute Häuser Werth zu legen. Niemals darf diesen jedoch die besondere Frauenabtheilung mit den Holzgittern vor den Fenstern (Muscharabiehs) fehlen, ebensowenig, meist an der Gartenseite, die sogenannte Divanhané, ein Balkon, der wieder mit einem feinen Holzgitter umschlossen ist und wohl die Aussicht, nicht aber den Einblick gestattet.

Den ersten Begriff vom fremden orientalischen Leben empfängt der Reisende in der Bahnhof-Restauration, wo er gewöhnlich eine Stunde Wartezeit hat. Da sitzen schon die einzelnen Typen der Bevölkerung: Der hochgewachsene mohammedanische Grundbesitzer in sackartigen breiten Hosen,

die an den Unterschenkeln eng geschlossen sind, der türkischen farbigen
Jacke, dem breiten Shawl (Pojas) um den Leib, um den Fez das Turban-
tuch gewunden. Neben ihm sieht man den orthodoxen Kaufmann, der sich
in der Kleidung, soweit er nicht schon gänzlich europäisirt ist, ähnlich, nur
in dunklen Farben trägt, dann den Spaniolen, die verschiedenen Vertreter
des Bauernstandes, bei denen man an der Kleidung fast stets die Konfession
erkennen kann, und dazwischen die Uniformen des Militärs und der Civil-
beamten. Vereinzelt tauchen auch in den Wartesälen türkische Frauen
auf, tiefverschleiert mit Feredschi und Jaschmak, in plumpen gelben Stiefeln,

Eisenbahnbrücke in Bosn.-Brod

— einer Kleidung, die alle etwa vorhandenen Reize peinlich verhüllt.
Essen und Trinken ist jedoch schon ganz abendländisch und die erste
Stunde auf bosnischem Boden ist noch Niemandem langweilig geworden.
Wer der Landessprache nicht mächtig ist, kann sich deutsch vorzüglich
verständigen und dies nicht allein auf den Bahnrouten, sondern bei allen
Behörden des Landes, in den Gasthäusern, bei vielen Kaufleuten und
schliesslich bei den zahlreichen Eingewanderten. Unter der jüngeren bos-
nischen Generation giebt es schon eine Anzahl deutschsprechender Personen
und zwar, ohne dass ein behördlicher Zwang ausgeübt worden wäre.
Von Brod aus durchzieht die Bahn das Savethal auf 2 Meter hohen
Dämmen im flachen lehmigen Boden mit ziemlich starker Humusschicht;

sie berührt die Stationen Siekovac (auch Dampferstation der Saveschiffahrt zwischen Sissek und Semlin) und Novoselo und gelangt dann ins Ukrina-thal, das schon von den Hügelausläufern der Vučjak-Planina durchzogen ist. Dann wird Dervent erreicht, eine an der Ukrina gelegene Stadt von beinahe 5000 Bewohnern. Gerade während der Okkupation im Herbst und Winter von 1878 auf 1879 war die gesammte Gegend meilenweit überschwemmt, sodass Kähne von der Save bis nach Dervent kommen konnten. Dervent selbst liegt recht malerisch auf zwei Hügeln, doch ist der neue Theil der Stadt in der Ukrina-Niederung erbaut. Bis zum Jahre 1886 befand sich hier die militärische Direktion der Bosnabahn, ehe sie nach Sarajevo verlegt wurde.

Von Dervent an steigt die Bahn in zahlreichen Windungen die Höhen hinan durch das Bišnjathal gegen Vrhovi. Die ganze Bahntrace Dervent-Vrhovi liegt im Rutschgebiete, weshalb grössere Einschnitte vermieden werden mussten. Von Vrhovi entwickelt sich dann die Bahn in dem sehr coupirten Terrain mittels einer Doppelschleife und Ausfahrung der Seitenthäler derart auf die Wasserscheide zwischen dem Save- und Bosnagebiet, dass sie diese bei Han Marica erreicht. Es ist ein wundervoller Anblick, der sich von hier auf die Saveniederung, wie auf die Gebirgszüge der Motaica und des Vučjak bietet. Ueberall ist die Gegend gut angebaut, und erfreulich ist der Fleiss der Bosnier, die bis in die Höhen die Felder bestellt haben. Sie arbeiten ja auch heute noch viel weniger als die Bauern in unseren Ländern, die landwirthschaftlichen Neuerungen finden aber nach und nach Eingang bei ihnen und die Landesregierung sorgt durch landwirthschaftliche Stationen, durch Einführung besserer Arten Rindviehes, moderner Pflüge etc. für den erforderlichen praktischen Unterricht. Die Bauern schaffen eben jetzt lieber als ehemals, wo sie der Willkür der Grundherren oder der Steuerpächter ausgesetzt waren, die ihnen anstatt des gesetzlichen Drittels und des Zehnten oft mehr als die Hälfte des Bodenertrages abnahmen, sonstiger Willkürlichkeiten gar nicht zu gedenken. Die bosnische Agrar-frage, das Pachtsystem, war die Ursache der steten Unzufriedenheit und der letzten Erhebung unter türkischer Herrschaft. Nun besteht zwar auch heute noch das von den Türken eingeführte, bereits reformirte Agrargesetz vom 14. Sefer 1276 (nach der Hedschra) in Kraft, aber die Ausführung desselben wird von den Behörden streng überwacht. An und für sich ist es ganz human und erträglich. Auch die Begs und Agas (die Grundherren) sind mit der neuen Handhabung zufrieden, weil ihnen nicht allein der gesetzliche Antheil des Bodenertrages sicherer zufliesst, sondern weil die Kmeten (Erbpächter) mehr und rationeller arbeiten und immer weitere Flächen dem Anbau unterzogen werden. Uebrigens kaufen sich immer mehr Bauern los, sie werden Freibauern mit eigenem Besitz.

Das bosnische Grundrecht ist ein so eigenthümliches, dass eine kurze Darlegung an der Hand der vorzüglichen Ausführungen des Sektionschefs

Dorfmoschee
mit türkischem
Friedhof.

Herrn Direktors Eduard Ritter von Horowitz (»Die Bezirks-Unterstützungsfonds in Bosnien und der Hercegovina«) gestattet sein möge.

Der Grund und Boden ist Eigenthum des Grundherrn, der mit demselben durch alle Arten der Eigenthumsübertragung inter vivos und post mortem allerdings nur unter gewissen Beschränkungen verfügen kann. Trotz dieser Einschränkung gleicht sein Eigenthumsrecht im Allgemeinen dem europäischen Rechtsbegriffe. Die Nutzung seines Besitzes ist dagegen für den Grundherrn an eine bestimmte Form gebunden. Auf dem grundherrlichen Boden sitzt der Kmet oder richtiger die Kmetenfamilie (die Zadruga, die Hauskommune) als erbberechtigter Pächter. So lange die Zadruga oder erbberechtigte Familiengenossenschaft des Kmeten besteht, bleibt das Pachtverhältniss aufrecht, es sei denn, dass gröbliche Pflichtvernachlässigung seitens des Kmeten dasselbe gewaltsam bricht. Der Kmet hat dem Grundherrn gegenüber die Pflicht, sein Bauerngut (Čiftlik) »ordnungsmässig«, d. i. als guter Hausvater zu bewirthschaften und ihm nach der Ernte einen aliquoten Theil der geernteten Gewächse, und zwar meist den dritten Theil (Tretina) in natura zu übergeben. So lange der Kmet diesen beiden Verpflichtungen nachkommt, kann der Grundherr weder ihn noch seine Rechtsnachfolger von dem Gute verdrängen. Ebenso kann der Grundherr seinen Einfluss weder auf die Art der von dem Kmeten angewendeten Wirthschaftsmethode noch auf die Bewirthschaftung selbst ausüben. Er kann z. B. nicht verlangen, dass der Kmet eine bestimmte Getreideart anbaue, dass er zweimal pflüge statt einmal u. dgl. Auf seiner Wirthschaft ist der Kmet sein eigener Herr. Fahrnisse und Vieh bilden sein Eigenthum und letzteres ist mit keiner Giebigkeit belastet. Häufig ist auch das Haus mit Nebengebäuden Eigenthum des Kmeten, während dasselbe ebenso oft dem Grundherrn gehört und gleichfalls ein Pachtobjekt bildet, jedoch ohne dass der Kmet eine besondere Leistung zu geben hätte. Endlich ist die einzelne Bauernwirthschaft eine untheilbare, sie kann nur getheilt werden, wenn Kmet und Grundherr sich zur Theilung verstehen und die Behörde die Theilung bestätigt. Ohne Einverständniss des Kmeten kann auch keine Einzelparzelle vom Čiftluk abgelöst werden und bei Vernachlässigung der Wirthschaft kann nur die Behörde die Entfernung des Kmeten verfügen und durchführen.

Aus dem Geschilderten geht hervor, dass in Folge der Untheilbarkeit der Bauerngüter, in Folge der namhaften Beschränkungen, die das bestehende Recht dem Grundherrn auferlegt, die Bildung grösserer Wirthschaften auch rechtlich erschwert, wenn nicht unmöglich gemacht wird. Grosse Besitze sind allerdings zahlreich, allein sie bestehen durchweg nur aus einer grösseren Anzahl zinspflichtiger Bauerngüter, welche demselben Grundherrn gehören, deren einzelne bis zu 400, ja 600 Kmetengüter ihr eigen nennen. Neben diesem eigenthümlichen Agrarsystem besteht aber auch freies Grundeigenthum. (Nach der amtlichen Bevölkerungsstatistik von Bosnien und der Hercegovina nach der Aufnahme von 1895 waren mehr als

47 pCt. der bäuerlichen Bevölkerung freie Bauern, die auf eigenem Grund und Boden sitzen und Niemandem Zins zahlen.) Aber auch dieser Grundbesitz ist durchweg und ausnahmslos Kleinbesitz. Die mohammedanischen Grundbesitzer haben es von jeher verschmäht, sich mit dem Ackerbau selbst direkt zu befassen und es für entsprechender gehalten, ihr Land durch Kmeten bearbeiten zu lassen. Die Grundherren besitzen oft einzelne » kmetenfreie « Allodialgüter (sogenannte Begluk) mitten unter den Kmetengründen. Diese sind ziemlich unbedeutende Parzellen; meist gehört dazu der Platz, wo das Herrenhaus (Konak oder Čardak) nebst Garten sich befindet und noch einige Stücke Feld und Wiese. In früherer Zeit galt dieser Besitz als Villegiatur und ward im Wege des Frohndienstcs seitens des Kmeten bestellt. Das hat sich nun freilich geändert und auch die Bildung weiterer Freibauerngüter wird immer mehr begünstigt und gefördert.

Im Grossen und Ganzen musste die Regierung jedoch das bestehende System, das auch in den Steuern auf die reine Naturalwirthschaft aufgebaut war, aufrecht erhalten, bis sich von selbst ein Uebergang fand. Dieser ist mit der Umwandlung der Naturalsteuer (des Zehent) in Geld angebahnt, und der Bauer, der nur für seinen Bedarf anbaute und erst verkaufte, wenn ihn die bitterste Geldnoth drängte, muss jetzt schon langsam von der Natural- zur Geldwirthschaft übergehen. Was der Bauer bisher an Kolonialwaaren, Konsumartikeln etc. brauchte, nahm er stets bei einem und demselben Kaufmann in der Stadt auf Kredit, dem er dann auch gewöhnlich seine überflüssigen Bodenerzeugnisse oder Erträge der Viehzucht brachte. Er musste riesige Prozente zahlen und konnte eigentlich nie zu einem gewissen Baarvermögen gelangen. Für immer blieb er in der Hand seines Gläubigers, der ihm übrigens keineswegs nach europäischer Sitte gänzlich den Hals abschnitt, denn dann wäre seine Forderung überhaupt verloren gewesen.

Durch die neuen Verhältnisse, wie sie sich seit der Okkupation herausbildeten, ward aber jener Bedarf, der von jeher bestanden hatte, gesteigert und neue Bedürfnisse traten allmählig hinzu. Die eingeführten Waaren wurden bedeutend billiger. Die Sicherheit des Eigenthums, die Erleichterung des Verkehres, der Fall der Zollschranken, welche Bosnien und die Hercegovina von Oesterreich-Ungarn abgesperrt hielt, die grosse Menge der neu entstandenen Kommunikationen, insbesondere die Eisenbahnen und die vorzüglichen Strassen, führten den Waarenzug im Innern des Landes auf Wege, die er früher nicht einzuschlagen vermochte und lenkten ihn bis hinauf in die abgelegensten Hochgebirgsthäler. Einzelne Mittelpunkte des Handels, die früher bestanden, aber auch ein Monopol des gesammten Waarenverkehrs mit europäischen Einfuhrartikeln besessen hatten, sind dadurch allerdings geschädigt worden, ebenso sind — wie es im grossen Wirthschaftsleben nicht zu vermeiden ist — einzelne einheimische Handwerks- und primitive Kleinbetriebe durch die Einfuhr billiger Massenartikel zu Grunde gerichtet worden. Allein auch dem kleinsten Krämer sind die grossen Centren der Industrie zugänglich geworden und um weit geringere Preise gelangt der einheimische Konsument jetzt zu den ihm nothwendigen Erzeugnissen.

Weiter ist ein Faktor hinzugetreten, dessen Bedeutsamkeit nicht genug hervorgehoben werden kann: Die leichtere und bessere Verwerthbarkeit der eigenen Produkte und der Ausgleich der Preise der Rohprodukte im Lande selbst. Durch die Vertilgung des Räuberwesens (selbst die entferntesten Gebirgsgegenden Bosniens sind heutzutage sicherer, als irgend eine europäische Grossstadt), die Sicherung des Rechtsschutzes und durch die zahllosen Strassenbauten hat sich dieser Umschwung vollzogen. Einen Kornwucher kann es heute im Lande nicht mehr geben; gegenwärtig sind die Getreidenotirungen von Sissek, Triest, Fiume und Budapest auch für Abschlüsse maassgebend, die sich tief im Innern des Landes abspielen. Ganz dasselbe gilt vom Viehhandel, seit es nach unsäglicher Mühe und mit grossen Opfern gelungen ist, die Rinderpest bis auf die letzte Spur zu vertilgen.

Durch die Erleichterung des Absatzes der eigenen Produkte, durch die Möglichkeit, die Kauflust befriedigen zu können, sind aber auch in den an den Verkehrsstrassen gelegenen Bauernhäusern Bedürfnisse entstanden, die man früher kaum vom Hörensagen kannte. Wo früher ein Holzbecher genügte, findet sich jetzt ein Glas; die Petroleumlampe ersetzt den bisher gebräuchlichen Kienspahn (den Luž), eisenbeschlagene europäische Bauernwagen verdrängen das alte prähistorische Vehikel mit den kreischenden Holzrädern. Glasfenster halten ihren Einzug; sie verdrängen den Holzladen, die getrocknete Thierhaut. Ziegeldächer entstehen in den Ebenen an Stelle der mit mächtigen Schindeln gedeckten primitiven Behausungen. Der Bedarf hält überall seinen Einzug, er macht sich in Hausrath und Gewandung, vielfach aber auch in Putz und Flitterkram geltend.

Zur Befriedigung dieser Bedürfnisse braucht der Bauer Geld. Er arbeitet besser, nimmt grössere Bodenflächen unter Kultur,

Schweinehirtin an der Save
bei Bosn.-Brod.

vermehrt seinen Viehstand. Er würde aber nie aus den Händen seines städtischen Gläubigers kommen, besonders grössere Anschaffungen würden ihm sehr schwer fallen und ihn unverhältnissmässig belasten, wenn nicht die gegenwärtige Landesregierung eine Einrichtung geschaffen hätte, die dem Bauer einen billigen Kredit ermöglicht. Zu türkischer Zeit war der gesetzliche Zinsfuss (obwohl der Koran seinen Anhängern das Zinsennehmen überhaupt verbietet) zwölf vom Hundert, doch war Geld um diesen Preis

überhaupt nicht zu haben. Der kaufmännische Kredit bei
rein kommerziellen Transaktionen rechnete mit 18 pCt.
und selbst gegen Primasicherheit konnten vermögende
Leute sich nur mit 24 pCt. mühsam Geld verschaffen.
Der Bauer aber zahlte für seinen Personalkredit beim
christlichen Kaufmann (meist griechisch-orthodoxen Bekenntnisses und im Lande nur » Serbe « genannt), oder
beim Spaniolen (Israeliten spanischer Herkunft) für einen
Dukaten einen Groschen die Woche. Ein Groschen ist
ein Piaster türkisch, etwa 9 Kreuzer. Das macht im
Jahre etwa 100 pCt. und dieser Satz ist in diesem Geschäftsverkehr noch
immer die Regel. Wie der Bauer, der nicht lesen, schreiben oder rechnen
konnte, sonst noch übers Ohr gehauen wurde, wollen wir hier nicht erörtern,
es würde den Rahmen dieser Darstellung weit überschreiten, doch möge
Jeder, der sich für diesen Punkt interessirt, Belehrung in dem oben angeführten Werke von Ritter von Horowitz suchen.

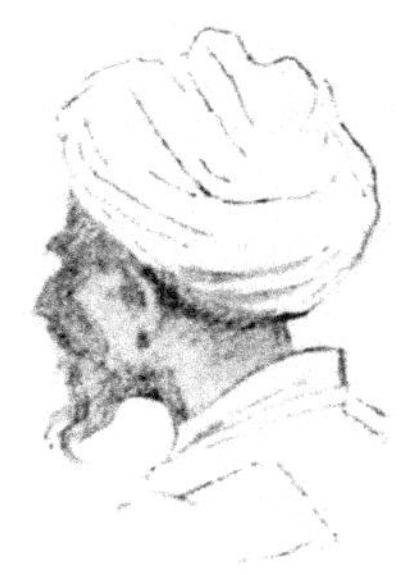

So kam denn die Landesregierung auf die Idee, B e z i r k s - U n t e r -
s t ü t z u n g s f o n d s zu gründen. Im Jahre 1886 wurde bei dem, über den
Bezirk Gacko in der Hercegovina hereingebrochenen, Nothstande der erste
Versuch gemacht. Drei Jahre hindurch hatte die Regierung dem vom Nothstande heimgesuchten Bezirke grössere Summen zu Darlehenszwecken ge-
spendet. Als Gacko wieder um Staatshilfe nachsuchte, wurde dem Bezirke
der Antrag gemacht, die Regierung werde die bereits gespendeten Hilfs-
gelder von 5000 fl. zu einer Hilfskasse hergeben, sie sei auch bereit, durch
weitere fünf Jahre alljährlich 1000 fl. in diese Kasse einzuzahlen, falls auch
der Bezirk sich verpflichte, die gleiche Summe durch dieselbe Zeitperiode
hindurch seinerseits in diese Kasse beizusteuern, sodass nach fünf Jahren
eine Summe von 15 000fl. zusammengebracht wäre. Diese Kasse kam zu
Stande; es wurde ein Statut ausgearbeitet, in dem genau festgestellt wurde,
unter welchen Bedingungen die eines Darlehens bedürftigen Bauern Gelder
in kleinen Beträgen erhalten können. Es werden Darlehen gegeben zum
Lebensunterhalte, zur Bezahlung von Wucherschulden, zur Beschaffung von
Saatkorn und Viehfutter, zur Anschaffung des unumgänglich nothwendigen
Arbeitsviehes und zur Anschaffung des Wirthschaftsgeräthes, falls dasselbe
gänzlich mangelt. Diese Darlehen werden mit 4 v. H., diejenigen, die zur
Verbesserung der Wirthschaft, Ameliorirung des Bodens, zum Ankaufe von
Grundstücken etc. bestimmt sind, werden mit 6 v. H. verzinst.

Die Einrichtung, die sich in Gacko glänzend bewährte, wurde nun
auch in anderen Bezirken eingeführt, es wurden die noch aus türkischer
Zeit an einzelnen Orten bestehenden Hilfskassen, die sogenannten » Menafi-
Sanduks « zugezogen und überall von der Landesregierung das Gründungskapital gegeben. Heute sind sie in fast allen Bezirken des Landes vor-

Ansicht von Doboj.

handen und haben sich als ausserordentlich segensreich erwiesen. Gerade der kleinste und ärmste Bauer kann sich mit den Darlehen in seinem Wirthschaftsbetriebe helfen und sich auf eine höhere Stufe bringen.

Auf Schritt und Tritt drängen sich Wahrnehmungen des wirthschaftlichen Fortschrittes Demjenigen auf, welcher das Land von früherher kennt und darum glaubte ich den vorstehenden Hinweis nicht unterlassen zu sollen. Der fremde zum ersten Male in Bosnien Reisende ist ja nicht im Stande, sofort zu sehen, was mit grosser Ueberlegung, unter Anpassung an Landessitten und alte Ueberlieferungen, unter Schonung konfessioneller Eigenheiten, in so kurzer Zeit geschaffen wurde.

....Von Han Marica aus senkt sich die Bahn, sie tritt in das Veličanska- und dann in das anmuthige Bosnathal ein, um dieses bis Sarajevo nicht mehr zu verlassen. Zuerst wird das nur von Mohammedanern bewohnte Städtchen Kotorsko erreicht, dann windet sich die Bahn in einem engen Defilé, knapp zwischen dem Flusse und der nach Sarajevo führenden Fahrstrasse, bis sie am linken Bosnaufer die Station Doboj erreicht. Gleich beim Austritt aus dem Defilé steht rechts auf einer Anhöhe ein grosses eisernes Kreuz, das FML Graf Szápáry, Befehlshaber des dritten Armeecorps, den in den Kämpfen bei Doboj gegen die Schaaren des Mufti von Tašlidža 1878 Gefallenen errichten liess. Doboj selbst berührt wie ein Stück Mittelalter. Auf hohem steilem Bergkegel erhebt sich die alte verfallene Burg der einstigen Bane von Usora, mächtig und malerisch. Ein Besuch der Ruine, der von der Čaršija (dem Marktviertel) aus wenig Mühe, wenn auch einiges Steigen erfordert, ist ungemein lohnend. Nach Osten fällt der Blick über die Bosna in die malerische Wald- und Gebirgsgegend des Sprečathales; nach Süden verfolgt das Auge eine Zeitlang den Schienenstrang, von dem sich die Linie nach Tuzla und Siminhan hier östlich abzweigt, nach Westen und Südwesten aber thürmt sich eine dunkle Gebirgskette über der anderen auf. Eine Kuppe drängt förmlich die andere; vom lichten Blau bis zum dunkelsten Grün und Schwarz sind alle Schattirungen in der Färbung, Spiegelung und Bewaldung vertreten, bis am äussersten Horizont die schneebedeckten Kuppen der Vučija- und Vlasić-Planina in der Travniker Gegend das prächtige Panorama begrenzen. Einst hatte die alte Burg als Sperre des Bosna- und des Sprečathales eine hohe Bedeutung; 1697 wurde sie vom Prinzen Eugen von Savoyen auf seinem kühnen Zuge nach Sarajevo erobert, 1717 abermals vom General Petrasch besetzt. Die alte Türkenstadt in Doboj mit ihren drei Moscheen (Džamija ist der richtige Ausdruck) hat sich noch wenig verändert, aber in der Niederung erheben sich überall neue europäische Gebäude, industrielle Anlagen, hinter dem Bahnhofe ein stattliches Hotel mit Restauration und längs der ganzen Bahnstrecke bis nach der nächsten Station Usora glaubt man durch ein nettes europäisches Dorf zu fahren.

Das war einst anders in Doboj, und noch im Jahre 1886, als die Bahn nach Tuzla eröffnet wurde, wusste man nicht, wo man sein Haupt hinlegen sollte.

Die Station Usora liegt wenige Kilometer hinter Doboj an der Einmündung des gleichnamigen Flüsschens in die Bosna. Einst standen hier, wo eine Brücke als Bindeglied der Brod-Sarajevoer Hauptstrasse über die Usora führt, zwei einsame Häuser auf einer Berglehne, nicht weit von der westlichen Abzweigung der Strasse nach der Kreisstadt Tešanj. Heute ist dies, anders geworden. Usora ist ein wichtiger wirthschaftlicher Mittelpunkt. Eine grosse Zuckerfabrik ist gegründet worden und hier und in Lig befinden sich die Hauptniederlassungen der » Bosnischen Holzexploitation « der Triester Firma Morpurgo und Parente. Die letztere schloss mit der Landesregierung 1886 einen langjährigen Vertrag wegen Ausnützung der kolossalen Eichenbestände, die sich in westlicher Richtung in den Wäldern zwischen Bosna und Vrbas finden. Die Stämme werden zu Fassdauben verarbeitet, die ihren Weg meist nach Frankreich nehmen. Früher lieferten die slavonischen Wälder diese Dauben; gegenwärtig sind sie an altem Holz zu gelichtet, um dem Bedarfe genügen zu können und da tritt Bosnien in die Bresche, das genug überreife Bestände hat. Die letzte Wintererzeugung des genannten Hauses wurde auf 8 Millionen Stück französischer Fassdauben und 150 000 Eimer deutsches Binderholz geschätzt. Die Erzeugung einer einzigen Agramer Holzfirma in Bosnien wird gleichfalls für 1895 auf 4 Millionen Fassdauben und 50—60 000 Eimer Binderholz geschätzt. An den leicht zugänglichen Stellen des Landes wurde allerdings schon unter osmanischer Herrschaft die Ausnutzung vorgenommen; es war aber Raubwirthschaft, denn bei dem Mangel wirklicher Forstorgane wurden die Wälder in Bausch und Bogen verkauft und rücksichtslos niedergeschlagen. Glücklicherweise hinderten die mangelnden Verkehrswege eine weitere Verwüstung. Jetzt dient die Entfernung der Waldriesen zur Erhaltung des jungen Bestandes und gleichzeitig zur Schaffung von Kommunikationen in Gegenden, die noch lange solcher entbehren würden. Die genannte Triester Firma hat nicht allein eine eigene Linie von Usora mit der Station Doboj hergestellt — wie es ja bei allen grösseren Fabriken in unseren Ländern der Fall ist — sie musste auch sehr solide ausgeführte Schleppbahnen für Verfrachtung des Holzes nach den Hauptschlägen bauen und diese dringen immer weiter nach Westen vor, sodass sie wohl eines schönen Tages die Bahnlinie Banjaluka-Doberlin erreichen werden. Endet der Kontrakt mit der Firma, so fällt die Bahnanlage der Landesregierung zu, die dann schon für den weiteren Ausbau durch die landschaftlich schönen, aber auch wirthschaftlich sehr wichtigen Gegenden, besonders um Prnjavor, sorgen wird.

Von hervorragendster Bedeutung für die bosnische Volkswirthschaft ist jedoch der durch die angelegte Z u c k e r f a b r i k und Raffinerie bedingte

Zuckerfabrik Usora.

Rübenbau geworden, eine Kultur, welche der bosnische Bauer gar nicht kannte. Im Jahre 1894 aber erstreckte sich der Rübenbau bereits auf 11 Bezirke und 6 Exposituren, d. h. auf 17 Distrikte mit einer Anbaufläche von über 2000 Hektaren und einem Ernteergebniss von über 300 000 q Rübe. Jetzt ist der Rübenbau für den Einheimischen kein unbekanntes Gebiet mehr; während früher nur auf das Erträgniss des Kukurutz und der Zwetschke gerechnet wurde, hat sich in diesen Landestheilen der Bauer schon daran gewöhnt, wenigstens soviel Rübe anzubauen, dass er für gewisse Zwecke ein bestimmtes Erträgniss gesichert hat. Es waren bisher 6 Oeconomiebeamte und gegen 40 Rübenvorarbeiter zur Anleitung der Pflanzer zu einer rationellen Kultur aufgestellt, sind auch Prämien für jene Pflanzer ausgesetzt, welche ihre Rübenfelder der nothwendigen Herbstackerung zeitgemäss unterworfen haben. Unter die Pflanzer wurden 1894 für Rübenbau 320 000 fl. ausgezahlt, ein Zeichen, dass die Zuckerindustrie, wenn die Rübenkultur stetig fortschreitet, zu einer hohen Wichtigkeit in Bosnien gelangen kann. Mit der Zuckerfabrik ist eine grosse Mastvieh-anstalt verbunden, welche die Thiere auf die österreichisch-ungarischen Märkte liefert. Die Zuckerfabrik-Gesellschaft (Aktien-Gesellschaft für Verarbeitung und Verwerthung landwirthschaftlicher Produkte) wurde 1892 mit einem Aktienkapitale von 1 Million fl. ins Leben gerufen. Durch den Rübenanbau vollzieht sich zwischen Doboj und Zenica auch die Ansiedelung von 400 bis 500 Auswandererfamilien, unter denen sich besonders Tschechen befinden, die, weil sie in Russland das Ziel ihrer Wünsche nicht fanden, sich in Bosnien eine bessere Zukunft zu gründen hoffen.

Ein Ausflug von Usora oder von Doboj aus mit der Militärpost nach Tešanj ist lohnend. Auf guter Fahrstrasse über Turski-Malinovac, Trnovaca, an einigen kleineren mohammedanischen Dörfern vorüber, wird die ziemlich ausgedehnte Stadt, die nach der Volkszählung von 1895 6736 Bewohner zählt (nach der Volkszählung von 1885 5809 Ew.), in ihrer Mehrzahl Bekenner des Islams, erreicht. Noch sind die Wälle der einstigen alten Veste gut erhalten und stolz erheben sich auf einem steilen Fels-kegel im Süden die Reste der alten Burg der Bane von Usora. Zum ersten Male eroberten die Türken 1463 die Festung, doch wurde sie ihnen noch im selben Jahre vom König Mathias Corvinus entrissen, und erst 1520 setzte sich der Mohammedanismus beständig hier fest. Prinz Eugen, der edle Ritter, nahm sie zwar am 1. November 1697 durch Ueberrumpelung, aber er konnte sie auf seinem Streifzuge nicht halten, er konnte nur zerstören, und auch da widerstand ein Wartthurm und die festen Mauern zum Theile bis heute, wo Tešanj abseits der grossen Verkehrswege liegt.

Hinter Usora übersetzt die Bahn die Bosna auf eiserner Brücke, und in prachtvoller Wald- und Gebirgsgegend tritt sie in das Defilé von Kosna. Es war bei meiner letzten Reise gerade Morgen geworden, als wir die inmitten des Defilés liegende Station Trbuk erreichten. Hier überblicken wir am linken Bosna-Ufer den 604 m hohen Trbačko-Brdo, dessen Abfälle dicht an die Bosna treten, sodass die Strasse in die Felsen gesprengt werden musste. Wir übersehen das Terrain des Gefechtes von Kosna am 4. August 1878; oberhalb Lipac jedoch, wo Graf Szápáry am 5. September den Sturm auf das Insurgentenlager des Mufti von Tašlidža siegreich durchführte, kreisen mächtige Adler. Links von der Station Trbuk, deren Gebäude wie eine Schweizer Idylle in der Waldwildniss liegen, erblickt man den gegen die Thalsohle senkrecht abfallenden » Schachinkamen «, den Falkenstein. Hier nisteten einst Edelfalken, die übrigens in Bosnien auch heute noch nicht ausgestorben sind und sogar noch von einzelnen

Begs zur Jagd benützt werden. Nunmehr sind am » Falkenstein « nur mächtige Adler in unzugänglichen Horsten angesiedelt.

Auf eiserner Brücke wechselt die Bahn wieder das Bosnaufer; sie tritt in eine ziemlich weite, gut angebaute Ebene, die von Höhenzügen begrenzt wird. In Station Maglaj hält der Zug, einem in Bosniens neuester Geschichte sehr bekannten Orte. Die malerisch gelegene Stadt mit 3000 meist mohammedanischen Bewohnern liegt am rechten Ufer der Bosna, sich an den Fuss des Ozren und seiner Ausläufer anschmiegend. Schon von Weitem wird ein grosses, gut erhaltenes Kastell mit mächtigen Thürmen auf einem steilen Bergkegel über der Stadt sichtbar. Dann aber tritt, ganz am Flusse, das imposante Minaret einer der schönsten Moscheen des Landes, vor Augen, um die sich freilich türkische Holzhäuser in alter Schäbigkeit gruppiren. Weiter aufwärts am Flusse erst stehen villenartige Gebäude von Grossgrundbesitzern. Aber gegen einstmals hat sich in Maglaj viel geändert. Das linke Bosnaufer ist ganz europäisch geworden; hier steht ein grosses Militärbarackenlager, von dem aus eine neue Brücke über die Bosna führt. Am Brückenkopf steht ein Obelisk, das Denkmal für die am 3. August 1878 gefallenen Husaren. Doch heute wollen wir nicht mehr düstere Erinnerungen wecken; vorüber sind die Zeiten der Stürme und Kämpfe; wir freuen uns der wirthschaftlichen Arbeiten einer neuen friedlichen Zeit.

Und weiter führt die Bahn zwischen dem grünen Bergrücken des Šikola-Brdo und der im steinigen Bette schäumenden Bosna nach Süden. Es ist ein malerisches Defilé, begrenzt von dem Blezna und dem Pazarić, Hügeln von über 600 m Höhe. Dann breitet sich ein saftiggrünes Thal aus, an dessen Beginn die Station Klobarica, an dessen Ausgang — 11 km weiter — die Station Zavidović liegt. Links von ihr ist der Eingang in das wildromantische Krivajathal. Dann wird Žepče erreicht, ein in Bosniens älterer und neuerer Geschichte oft genannter Ort, bei dem auch 1878 ein Treffen stattfand. Es ist ein wunderlieblicher Kessel, in dem die kleine Stadt liegt, und am Bahnhofe wird ausgezeichnetes Obst verkauft. Spottbillig sind jene Früchte, die Bosnien jährlich Millionen Gulden einbringen: die Zwetschken, welche als » türkische Pflaumen « in gedörrtem Zustande in die ganze Welt gehen. Hauptausfuhrort ist die Stadt Brčka an der Save, die neuerdings durch eine Brücke mit dem slavonischen Ufer verbunden wurde, von wo Eisenbahnverbindung besteht. Die Posavina, die fruchtbare Ebene des bosnischen Nordostens, liefert die höchsten Erträgnisse, doch sind die Zwetschkengärten, — oftmals förmliche Wälder — im ganzen Lande zu finden.

Die Stadt Žepče bietet wenig Sehenswerthes, dabei aber doch etwas, das, eine Errungenschaft der Gegenwart, jetzt in vielen Städten und Dörfern des Landes als ein Wahrzeichen gelten kann: eine schöne Volksschule. Wo einst ein altes, verfallenes Kastell als Zwinguri der Feudalzeit stand, erhebt sich jetzt ein helles, freundliches Gebäude, mit hohen Zimmern und weiten Fenstern, damit Gottes Sonnenlicht voll hineinsehen kann in die Klassen der » Naroclna osnovna škola « — der öffentlichen Volksschule. In ihr sitzen die Kinder mohammedanischen, orientalisch-orthodoxen und katholischen Bekenntnisses friedlich nebeneinander; in diesen Schulen wird der Keim zu jener Versöhnung und Verbrüderung gelegt, die dem bosnischen Volke von jeher mangelte. Von den ältesten christlichen Zeiten an zerrissen Religionskämpfe das sonst so kerngesunde Volk, und als in den steten Bekehrungskämpfen zwischen Orthodoxen und Katholiken sich die Masse des Volkes den Patarenern oder Bogomilen in die Arme warf (die man am besten als die Protestanten Bosniens bezeichnen kann), weil deren einfache Glaubensregeln und ihr jeder Ceremonie abholder Gottesdienst dem einfachen Sinne des Waldvolkes am meisten zusagten, da wurden Kreuzzüge veranstaltet. Ungarns Könige wurden zu Vollstreckern des päpstlichen Willens ausersehen, und wenn auch stets weltliche Zwecke mitverbunden wurden, konnte es doch nicht ausbleiben, dass das bosnische Volk geschwächt, in seiner Widerstandskraft immer mehr gelähmt wurde. Die Bane, Župane und Könige des Landes standen bald auf katholischer, bald auf bogomilischer Seite; im Namen des Gottes der ewigen Liebe wurde das Land verheert, Thronwirren thaten das Weitere, der Hass der Söhne eines Volkes gegeneinander nahm immer zu, bis schliesslich die Osmanen an den Grenzen standen und nun leichtes Spiel hatten, in Bosnien festen Fuss zu fassen. Der langjährige Widerstand, den einige feste Plätze leisteten, zeigt, dass es den Türken kaum gelungen wäre, das Reich zu unterjochen, wäre ihnen eine einheitliche Nation gegenübergestanden. Aber froh, den steten Verfolgungen zu entgehen, traten die Bogomilen meist zum Islam über; der im Innern seines Herzens und auch vielfach äusserlich patarenisch gesinnte Adel folgte dem Beispiele, wo er nicht selbst voranging, und so vollzog sich die Mohammedanisirung Bosniens und der Hercegovina rascher und gründlicher, als in jedem anderen Balkanlande. Es ist nicht meine Aufgabe, hier eine Geschichte der Bogomilen zu schreiben, dies ist von berufener Seite zum Theil geschehen, aber erwähnen muss ich diese Periode, denn auf allen Wanderungen im Lande stösst man auf die Grabdenkmäler der Bogomilen, grosse sarkophagartige Steine von oft kolossalen Dimensionen, bald mit, bald ohne Gravirungen. Fast alle Funde sind in der Sarajevoer Museumszeitschrift (» Glasnik zemaljskog muzeja u Bosni i Hercegovini «), von der auch drei Bände in deutscher Uebersetzung vorliegen, mit Abbildungen und Beschreibungen erschienen, und Interessentenkreise müssen auf diese Quelle verwiesen werden. Die mohammedanische Zeit, die eine Rajah schuf, die rechtlos war, konnte die religiösen Gegensätze nicht ausgleichen, sie konnte sie nur noch vertiefen. Denn der zum Islam übergetretene slavische Bosnier wurde

ein fanatischerer
Mohammedaner, als
sein osmanischer
und asiatischer Ge-
nosse und gerade
Bosnien blieb bis
zur Okkupation der
Sitz des sogenann-
ten Alttürkenthums.
Als Sultan Mahmud
in den zwanziger
Jahren unseres Jahr-
hunderts die Janit-
scharen nieder-
metzeln liess und ad-
ministrative wie mi-
litairische Reformen
einführen wollte, da
erhoben sich die
bosnischen Moham-
medaner; unter
Hussein Berbirli
Aga, dem genialen
Kapitain von Gra-
dačac säuberten sie
das ganze Land von
den osmanischen Be-
amten und Soldaten.
Mit den Albanesen
unter Mustapha
Pascha von Skutari
vereinigt, zog das
bosnisch-albane-
sische Heer gegen
den » Giaursultan «
von Stambul und es
wäre vielleicht, da
der russisch-
türkische Feldzug
von 1828 — 29 erst
beendet war, der
verwegene Plan ge-

Maglaj von der Nordseite

glückt, wenn nicht der Grossvezier Zwietracht in das Lager der Aufständischen gesät hätte, sodass Bosnier wie Albanesen auf getrennten Wegen wieder in die Heimath zogen. Aber es dauerte Jahre, ehe die bosnischen Empörer gebändigt waren, ehe Hussein Berbirli Aga, der » Zmaj bosanski « (der Drache Bosniens), wie er sich nannte, auf ungarischem Boden eine Zuflucht suchte.

Und dann kam 1839 unter Sultan Abdul Medschid die Verkündigung des Hattischerifs von Gülhané, der die Gleichberechtigung der Rajah mit den Mohammedanern in feierlichster Weise aussprach. Wieder loderte

Vranduk.

der Aufstand in hellen Flammen auf; der Vali wurde vertrieben, Bosnien regierte sich selbst! Da kam 1849 nach der Niederwerfung Albaniens Omer Pascha nach dem revoltirenden Lande. Am 30. Oktober 1850 schlug er das Heer der Begs bei Žepče in einer entscheidenden Schlacht; alle Gefangenen wurden erbarmungslos geköpft oder ertränkt, ein Theil zierte die Bäume der Strasse nach Maglaj. Dann wurde das Blutgericht in allen Theilen des Landes fortgesetzt; in Sarajevo wurden selbst die Unterhändler, die ins Lager kamen, auf der Gorica gehängt. Damals sank die Blüthe des alten bosnischen Adels in den Staub und er konnte sich nie mehr zu der früheren Macht erheben. Der Hat-i-Humayum vom Jahre 1856 stiess mehr auf passiven Widerstand. Sorgten doch die ottomanischen Beamten dafür, dass den Christen ihr Recht nicht

Totalansicht von Zenica.

wurde. Dafür griff die Hercegoviner Rajah 1875 zu den Waffen, sodass nie Ruhe und Ordnung in dem unglücklichen Lande eintrat. Dem Aufstande in der Hercegovina folgte im gleichen Jahre ein verheerender Bürgerkrieg in Bosnien, der mehr als 100 000 Christen veranlasste, sich vor den Mohammedanern in die österreichisch-ungarische Monarchie zu flüchten und der schliesslich zur Okkupation im Jahre 1878 führte. Wohl beschritten die Mohammedaner den Kriegspfad, sie kämpften an verschiedenen Orten mit grossem Heldenmuthe gegen die kk. Truppen, aber ihr Widerstand wurde gebrochen und für Bosnien-Hercegovina begann eine neue Zeit.

Die Erregung hat sich längst gelegt, gerechte Gesetze, vollkommene Religionsfreiheit, Achtung der Sitten und Gebräuche haben bei den Mohammedanern einen grossen Umschwung hervorgebracht. Sie können heute als in jeder Beziehung treu und verlässlich bezeichnet werden, und wenn sich in so Manchem noch der Groll gegen seine einheimischen christlichen Mitbürger regen mag, die jetzt die gleichen Rechte geniessen, so ist auch dies nur eine Uebergangzeit und die Empfindungen sind erklärlich. In die jüngere Generation muss der Keim der Zusammengehörigkeit gelegt werden und dazu trägt die Schule und der Militairdienst bei. Mit der ersteren ging es nicht so schnell, denn es bestanden und bestehen eine Anzahl konfessioneller Schulen, auch höheren Grades, und die Mohammedaner hatten im ganzen Lande ihre mit den Moscheen verbundenen Lehranstalten. So wurden denn nach und nach öffentliche allgemeine Volksschulen eingerichtet, an denen nur der Religionsunterricht getrennt ertheilt wird. Anfangs misstrauisch aufgenommen, hat sich diese Einrichtung sehr segensreich erwiesen und heute existiren schon zweihundert solcher Schulen, abgesehen von Gymnasien und Handelsschulen, auf die wir an geeigneter Stelle zu sprechen kommen. Und wo man immer reist, in Ost und Süd, in West und Nord, überall entstehen neue Schulen, nicht allein als Stätten der Bildung, sondern auch der Ausgleichung und Versöhnung. Wenn daher auch Žepče eine reizende Umgebung besitzt, wenn auch der 597 m hohe Orlovik des Besteigens werth ist, — die für mich anregendste Sehenswürdigkeit blieb die Volksschule.

Die Bahnstrecke von Žepče bis Zenica wechselt zwischen wildromantisch und lieblich in jäher Folge. Bald kommt ein Stück der grünen Steiermark, bald ein Theil der Tiroler Alpen. Dicht hinter Žepče vollzieht die Bahn wieder den Wechsel aufs rechte Ufer der Bosna. Immer höher erheben sich die Berge; die Ručanjska Kosa und der Orlovik treten ganz nahe an den Fluss heran; die Bahn und die Fahrstrasse sind buchstäblich in die Felsen gesprengt. Bei Station Han Begov wurden beim Bahnbau alte Gräber aufgedeckt und Münzen aus der Zeit Tvrtko I. (1353—1391) gefunden. In grossem Bogen umzieht die Bahn den reichbewaldeten Tulak

Papierfabrik in Zenica.

und erreicht Nemila in wundervollster Gebirgsgegend. Nach wenigen Kilometern wird auf hohem, schroff gegen den Fluss abfallendem Berge plötzlich eine von einem Kastell überragte Ortschaft sichtbar, welche die Strasse sperrt und die Bosna beherrscht. Es ist das berüchtigte Vranduk, das unzähligemale von Ungarn, bosnischen Herrschern und Türken erobert werden musste. Noch 1503 ging hier die Grenze zwischen Ungarn und der Türkei. Prinz Eugen nahm 1697 das Kastell, nachdem er vorher mit seinen Reitern auf dem anderen Bosnaufer eine Umgehung vorgenommen. 1878 leistete es keinen Widerstand, obschon ursprünglich die Aufständischen die Verteidigung beschlossen hatten. Es ist ein unsagbar trostloser und verwahrloster Ort in der imposantesten Gegend; die an die Felsen geklebten zerfallenen Häuser gleichen durchweg Ruinen.

Und immer höher erheben sich zu beiden Seiten die Berge. Der Vepar links und der Lisac rechts engen die Bosna gänzlich ein, die im schmalen steinigen Bette schäumt und rauscht, bis sich auf einmal ein breites und liebliches Thal öffnet, von grünen Hügeln umschlossen: Zenica. Hier hatten wir 1878 in der gastlichen Franziskanerpfarre einen gemüthlichen Nachmittag verlebt. Aber das einstige Zenica ist schon lange nicht mehr zu erkennen. Nach allen Seiten hat es seine Glieder gestreckt, grosse Rauchfänge zeugen von industrieller Thätigkeit. Das sehenswertheste Gebäude in oder richtiger ausserhalb Zenica ist die grosse Zentral-Strafanstalt, die nach dem progressiven (irischen) System eingerichtet, und die in einer idyllischen Landschaft, umgeben von schönen Anlagen, gebaut ist. Die Sträflinge werden mit industriellen und mit landwirthschaftlichen Arbeiten beschäftigt. Es gehört der Anstalt ein bedeutender Grundkomplex, der angebaut wird; ausser-

Zentral-Strafanstalt in Zenica.

Kohlenwerk, nebst Eisen- und
Stahlwalzwerk in Zenica.

dem sah ich auf kahlen Bergabhängen den Beginn einer neuen Wald-
kultur. In künstlich geschaffene Gruben wurden Bäumchen gepflanzt und
dort werden sie gepflegt und begossen. Arbeiter sind die Sträflinge, die
sich ihrem Aussehen und ihrer heiteren Laune nach in sehr erträglicher
Lage zu befinden scheinen. Freilich sind in der Anstalt alle Errungenschaften der modernen Kultur in sanitärer Beziehung eingeführt.

In Zenica besteht eine Papierfabrik, die zum grossen Theil den Bedarf
der Behörden des Landes deckt, aber auch anderweitige Bestellungen an-
nimmt und ausführt. Ein Kohlenbergwerk, das ursprünglich durch den
Kohlen-Industrie-Verein, seit 1886 aber von der Regierung ausgebeutet
wird, besitzt noch eine grosse Zukunft, da die Kohlen-Flötze äusserst ausgedehnt sind und die Kohle sogar im Bette der Bosna offen zu Tage tritt. Auch
hat die Regierung ein grosses Walzwerk errichtet. Was Zenica jedoch ein
so freundliches Aussehen verleiht, ist das viele frische Grün der Gärten,
welche die weissen modernen oder die dunkeln Holzhäuser der einheimischen Bauart umschliessen. Schlanke Minarets lugen aus buschigen
Baumgruppen hervor, Gastwirthschaften mit netten Gärten sind an allen
Ecken und Enden zu finden, wie auch an Hotelunterkunft kein Mangel
ist. In Zenica ist sehr viel geschehen; die Stadt dürfte sich bald zu einem
industriellen Mittelpunkte entwickeln; wenigstens ist viel im Werden begriffen und noch mehr geplant.

Den Bahnhof Zenica verlassend, durchschneidet die Bahn einen Theil
des 6 Kilometer langen Thales, das im Norden und Nordosten von den
Ausläufern des Lisac, im Westen von der 1008 Meter hohen Ričica, im
Süden vom Katun, Zeračević und Svečaj begrenzt wird. An der Straf-

anstalt vorbei tritt die Bahn in das Defilé der Rukavica und erreicht die Station Janjići, einen hübschen Ort von einem halben Tausend Bewohnern mit einem guten Gasthause. Die kommende Strecke ist durch die bizarren Formen der Sandsteingebilde an den rechtsseitigen Bergabhängen sehr interessant, doch dauert die Fahrt nur kurze Zeit bis zur Station Lašva, wo sich die Strecke nach Travnik, Bugojno und Jajce abzweigt, jener Linie, über die in nicht zu ferner Zeit der Verkehr von Dalmatien's grösstem Seehafen, von Spalato, in das bosnische Netz fluthen wird. Hinter der Lasvabrücke wird der einzige, 45 m lange Tunnel der Bosnabahn passirt, dann die Stationen Gora und Kakanj-Doboj erreicht. Von der an der Einmündung des Trstenica-Thales liegenden Haltestelle Čatići aus bieten sich lohnende Ausflüge nach dem ältesten Franziskanerkloster Bosniens, S u t j e s k a und nach der Ruine des alten Königsschlosses B o b o v a c. Bis Sutjeska geht eine Fahrstrasse, während anderthalb Stunden weiter nach Bobovac nur ein Reitweg führt.

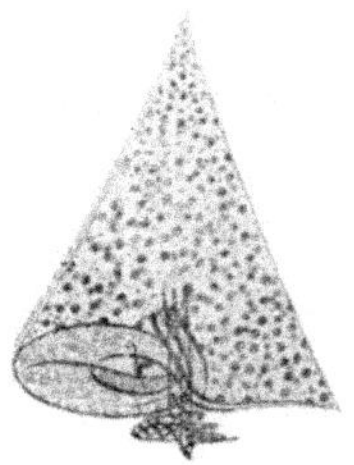

Die Schlussvignette ist der Namenszug auf einem Diplom des Sultans Ghazi Ahmed Chan (1127 n. d. Hedschra, 1714 n. Chr.)

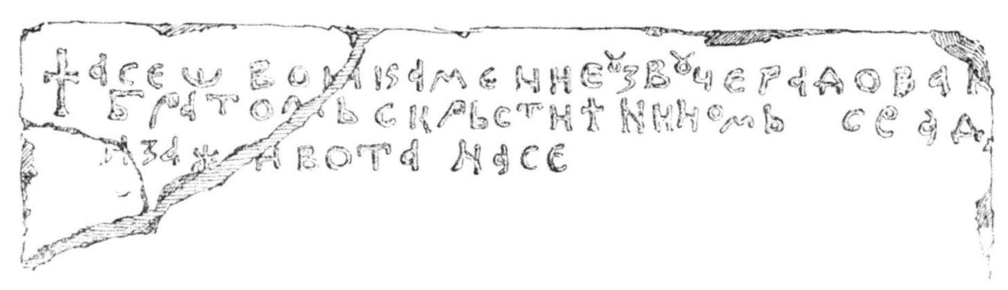

Abseits vom Schienenwege.

Mühle bei Janjići.

Sutjeska (Sućeska) liegt ungemein malerisch am südlichen Fusse des Teševo. Der Ort zählt etwa 50 Häuser und doch war er einst die Residenz bosnischer Herrscher, die sich hier in dem prächtigen Thale, das im Osten vom Brojšinovac und der Vučja-Jama, im Westen nächst dem Teševo von einer Reihe mächtiger Felswände begrenzt wird, einen prächtigen Palast erbaut hatten. Durch seine Ruinen dringt heute bei Regenwetter der Urvabach; aus den öden Fensterhöhlen sieht das Grauen und hier wie in den mächtigen Quadern von Bobovac hält das Käuzchen nächtliche Klage über die glänzenden Tage, die einst das Gemäuer gesehen, aber auch über die Unthaten, über

---

Die Kopfleiste enthält eine altbosnische Inschrift unter Džipe. (» Ase ovoi Kamenie uzvuče Radovan Bratol s Krstijaninom Sradi za Zivota na se. « Zu deutsch: † » Diesen Stein wälzte Radovan Bratol mit einem Christen [d. h. Angehörigen der Bogumilensekte] her. Er fertigte ihn zu seinen Lebzeiten an. «)

Lüge und Verrath, die am bosnischen Königshofe gebräuchlich waren und die den Sieg der Osmanen mit ermöglichten. Nur ein Zeuge der grossen Vergangenheit hat sich erhalten: Das Franziskanerkloster, das in einem dichten Eichenhaine gelegen, durch Berge und Hügel von allen Seiten geschützt, alle Stürme siegreich überwunden hat. Im 14. Jahrhundert dürfte das Kloster gegründet worden sein, jedenfalls bald, nachdem die Jünger des heiligen Franz von Assisi ihren Weg nach Bosnien genommen. Nach der Eroberung Bosniens durch Sultan Mehmed II. und Zerstörung der alten Königsburg 1464 erwirkten die Franziskaner in Sutjeska einen Schutzbrief, der ihnen das fernere Verweilen gestattete. Wie nun Fra Raphael Barišić in den » Wissenschaftlichen Mittheilungen « des Sarajevoer Museums erzählt, zerstörten unter der Regierung Sulejmans II. die zum Islam übergetretenen Patarener unter Führung Hassan Beys (von 1521—1531 Statthalter in Bosnien) das Kloster, gleichzeitig mit denen in Fojnica, Kreševo, Visoko und Konjica. So ganz gründlich scheint die Zerstörung nicht vollzogen worden zu sein, denn nach 30 Jahren stand es wieder fertig da, wobei eine Bestechungssumme von 900 Dukaten an die türkischen Beamten die religiösen Bedenken der Bekenner Mohammeds beschwichtigte. Aber 1658 brannte das Kloster ab, nur die Kirche blieb erhalten. Nach sechs Jahren stand es wieder fertig da und eine an der westlichen Pforte befindliche Steinplatte giebt heute noch davon Kunde.

» Hoc Moãste. Minor. Babte Dñi Dicatv. A. 1658. Solo Ecvat. Reedificarvt P. P. Svtiske Anno 1664. Gvardianatv P. Fra Michaelis Bresanin. Assistente R. P. F. Stephano glvmichich. «

Die schlimmste Katastrophe brach jedoch nach der Niederlage der Türken unter den Mauern von Wien über das Kloster herein, als es infolge von Steuern und Brandschatzungen so in Schulden versank, dass Kirchenparamente und heilige Gefässe versetzt, die Beschläge und Schlösser der Thüren abgerissen und verkauft werden mussten. Wegen der steten Verfolgungen verliessen die Ordensbrüder mit Erlaubniss des Veziers das Kloster, umgaben es mit einer dichten Dornhecke und liessen in dem leeren Gebäude nur einen Wächter zurück. Sechszehn Jahre lebten die Mönche theils in Höhlen, theils als Weltliche verkleidet unter den Bauern, denen sie die Tröstungen der Religion trotz aller Verfolgungen spendeten. Elend, Verfolgung und Hungersnoth brachte 1686 eine Anzahl Patres dazu, gegen 20 000 ihrer Glaubensgenossen über die Save auf kroatisches Gebiet zu flüchten. Im Klosterarchiv zu Sutjeska finden sich in der Chronik des Fra Bono Benić sehr interessante Aufzeichnungen über jene Leidensperiode: » Volk und Priester nährten sich von Gras und Baumrinden und verkauften ihr letztes Kleid für ein Stück Brot. Viele starben vor Hunger. «

Siegel aus Sutjeska:
S. MINISTRI GÑLIS TOTIUS ORDS
FRANC. (Siegel des Generalministers
des gesammten Franziskanerordens.)
Wahrscheinlich von 1340.

Aber es kamen auch wieder bessere Zeiten. 1698 wurde das Kloster neuerdings bevölkert, es blieb jedoch arm, denn die Mehrzahl der katholischen Pfarrkinder hatte in Kroatien eine neue Heimath gefunden. Die Mauern verfielen, Erdbeben und herabfallende Felsstücke brachten Schaden, eiserne Schliessen und Zäune mussten vor dem Einfallen schützen. So blieb es bis zum Jahre 1821, wo der in Travnik residirende Vezier Dschellaleddin Pascha gegen einen Bakschisch von 15 770 Groschen eine Erweiterung und Ausbesserung des Klosters gestattete; eine abermalige Erweiterung wurde 1831 vorgenommen (Bestechung 8256 Groschen 20 Para). 1888 wurde ein Neubau aufgeführt, der wieder viele interessante Reste der Vergangenheit beseitigte; wenn auch nicht in architektonischer, so doch in geschichtlicher Beziehung ein Verlust.

Die Klosterbibliothek ist eines Besuches werth. Da finden sich einige tausend Bände alter kroatischer Werke, italienische und lateinische theologische und klassische Schriften, die griechischen Klassiker in allen möglichen Ausgaben u. s. w. Was aber das künstlerische Interesse erregen muss, ist das Originalporträt des bosnischen Königs Stefan Tomašević-Ostojić in geschnitztem Rahmen. Das Bild zeigt den König im Panzer, mit silberdurchwirktem, mit Goldborten eingefasstem Mantel, dessen Schultertheil mit Hermelin verbrämt ist. Er trägt die Krone auf dem Haupte, das Scepter in der Hand. Das echt südslavisch markante Gesicht zeigt kräftige, gesunde Farbe, schwarze Augen mit schön geschwungenen Brauen, eine hohe gewölbte Stirn. Lippen und Kinn beschattet üppiger schwarzer Bartwuchs. Am rechten Rande des Bildes befindet sich eine altbosnische Inschrift, welche den Namen und Titel des Königs anzeigt, darunter die lateinische Uebersetzung: » Tomae Re Bosne et Argentine. « Links über der rechten Schulter befindet sich das Wappen.

Ausserdem ist im Kloster eine Bleistiftkopie des Portraits der bosnischen Königin Katharina vorhanden. Das Original wurde einstmals auf kroatischen Boden nach Djakovar geschickt. Ausserdem eine Anzahl sehr bemerkenswerther Gemälde auf der feinen bosnischen Leinwand (Bez) mit altbosnischen Inschriften, theils die Madonna und Christus, theils Provinziale der Ordensprovinz darstellend. Andere Bilder und Kunstgegenstände wurden auf Veranlassung des Bischofs Strossmayer von Djakovar am Ende der Fünfziger Jahre nach Agram » gerettet « und befinden sich jetzt dort im südslavischen Museum. Für Bosnien sind sie jedenfalls verloren. In der nördlich von Sutjeska, am rechten Ufer des Baches Trstivnica gelegenen Klosterkirche St. Johannes der Täufer befinden sich sehenswerthe alt-italienische Altäre und das Grab des vorletzten bosnischen Königs Stefan Tomas, der 1460 auf dem Felde von Bilaj von seinem eigenen Sohne und seinem Bruder Radivoj erdrosselt wurde. Das Skelett wurde bei einem Umbau 1858 in einem Steinsarge entdeckt; neben ihm lag ein eisernes Scepter und einige alte silberne Brustknöpfe. Der Sarg trägt gegenwärtig die Inschrift:

> » Urna continens ossa Stephani
> Thomae regis Bosnae († 1460)
> ex antiqua ecclia translata a. dn.
> 1859 cura custoclis antiquitatum
> patriae. P. M. N. «.

Und an der Westseite des Presbyteriums steht ein kleiner Thurm, an dem geschrieben steht: » Prvi u Bosni posta de gg. 1860. « (Der erste in Bosnien errichtete 1860). Vier kleine Glocken sind in ihm untergebracht, die ihr Geläut erschallen lassen durften, als der Gebrauch von Glocken noch bei schwerer Ahndung verboten war. Heute ertönen diese Klänge im ganzen Lande; die Mohammedaner haben sich längst daran gewöhnt und es wäre nur zu wünschen, dass ihre sonoren Töne auch bis in

Ein Hadžija (Mekkapilger)
aus Visoko.

die fernsten Zeiten Duldung und religiösen Frieden den Kindern des gleichen Volkes verkünden.

Von Catici aus führt die Bosnabahn immer in prächtigster bewaldeter Hügellandschaft nach Visoko, einem ausgedehnten Städtchen von etwa. 3900 Bewohnern. Der Ort mit seinen 13 Moscheen liegt am linken Bosnaufer, während die Bahnstation sich diesseits befindet. Ban Stefan Tvrtko ertheilte von hier aus am 1. September 1355 den Ragusanern das Privilegium der Handelsfreiheit; am 15. Juni 1402 bestätigte hier König Stefan Ostoja die Privilegien von Zara und Sebenico und zwei Jahre später fand in Visoko der bosnische Magnatentag statt, auf welchem Stefan Ostoja abgesetzt und die Königskrone Tvrtko IL übertragen wurde. Die Ruinen der Königsburg und eines alten Franziskanerklosters sind auf dem Grad zu dessen Ersteigung beschwerliche anderthalb Stünden erforderlich sind. Visoko ist gegenwärtig überwiegend mohammedanisch und besitzt eine blühende Lederindustrie.

Von hier zweigen sich Fahrstrassen nach dem Sauerbrunnen Kiseljak (einer altberühmten bosnischen Sommerfrische) und nach dem Franziskaner-kloster Fojnica ab. Der erstere Ort liegt ungemein malerisch an der Brod-Sarajevoer Poststrasse. Schon in türkischer Zeit fanden sich hier die reichen serbischen und spaniolischen Familien von Sarajevo ein, um den dem Rohitscher ähnlichen Säuerling zu trinken, der für Jedermann umsonst aus der Erde quoll. Von einer Brunnenverwaltung war keine Rede, von besonderen Anlagen oder einer Kurtaxe auch nicht. Die reichsten Kurgäste hatten ihre eigenen Häuser, an-dere wohnten in den zwei grossen Hans (türkische Einkehr-wirthshäuser), dritte unter Zelten. Eines der Gasthäuser konnte so-

Kloster in Fojnica.

gar europäischen Ansprüchen genügen und es imponirte uns bei unserem Vormarsche gegen Sarajevo während der Okku-pation nicht wenig, hier gute Verpflegung und Getränke zu finden, wie das Hotel auch folgende deutsche Inschrift neben einer türkischen und bosnischen aufwies: » Das ist des Zuckerbäcker Ali Aga Hôtel. Hier be-kommt man Wohnung, gutes Essen und Gerste. « Ob das letztere Wort nur ein Schreibfehler für Getränke war, oder ob es sich auf die Verpflegung der Pferde bezog, konnte ich nicht ergründen. Aber Kiseljak mit den bewaldeten Hängen der Cvetnica, der Krušovska Kosa und der Stogić-Planina bildete lange einen Lichtpunkt in meinen Feldzugs-Erinnerungen. Später trübte sich das Bild etwas, denn bei einem zweiten Aufenthalt bei strömendem Regen-wetter im Oktober fand ich wohl in einer von einem Prager errichteten provisorischen Kneipe eine elende Talgsuppe, aber keinen Platz, wo ich hätte mein Haupt hinlegen können. So übernachtete ich, nass zum Auswinden, auf der schmalen Bank einer Badekabine an der Fojnica und sehnte mit steifen Gliedern den Morgen herbei. Jetzt giebt es ein Kurhaus, europäische Logirhäuser und alle möglichen Bequemlichkeiten. Aber das alte gemüthliche orientalische Sommerlager ist verschwunden und das ist in gewisser Richtung zu bedauern. Dass das Kiseljaker Sauerwasser seinen Markt gefunden hat und in Tausenden von grossen Flaschen als Tafelgetränk versandt wird, ist dagegen eine erfreuliche Errungenschaft der Neuzeit. Nebenbei erwähnt, hat Bosnien einen Ueberfluss an Sauerwässern im ganzen Lande, doch dienen diese meist nur dem Bedürfnisse der in der Nähe einer Quelle Wohnenden.

Von Kiseljak führt eine Fahrstrasse am Ufer der Fojnica nach der gleichnamigen kleinen Stadt, dem Centrum einer alten Eisenindustrie und des Quecksilber-Bergbaues. Die Lage des Ortes direkt unter dem Gebirgsstocke des Štit ist reizend; eine wahre Waldidylle. Mohammedaner und Katholiken sind hier in gleicher Stärke vertreten; sie hatten sich nie befehdet, was dem Einflusse der Franziskaner zuzuschreiben war, die hier ein berühmtes Kloster besitzen. Auf einem Felsen am Flusse, von dem man eine entzückende Aussicht über das ganze Thal geniesst, liegt das mächtige Gebäude zum heil. Geist. Im Klosterarchiv befinden sich die interessantesten bosnischen und türkischen Dokumente, unter ihnen der für die Katholiken in Bosnien hochwichtige Atname (Freibrief) des Sultans Mahmud II. Als nach dem Niederbruch der bosnischen Selbstständigkeit und nach dem Falle von Jajce der letzte König Stefan Tomašević gefangen genommen, geschunden und geköpft worden war, als die grausamsten Christenverfolgungen eingeleitet wurden, wagte es der Vorsteher des Klosters von Fojnica, Angelus Zvizdović, vor den furchtbaren Eroberer zu treten. Im Feldlager von Milodraž 1463 bat er um Schonung und freie Religionsübung für die Katholiken und er erhielt nachstehenden Atname ausgestellt:

>> Ich, der ich bin der Sultan Muhamed Chan, thue zu wissen Allen und Jedem insbesondere, wie sich meine Gnade und meine Gunst bezüglich der bosnischen Mönche — Inhaber dieses kaiserlichen Fermans — manifestirt hat. Ich habe befohlen, dass Niemand dieselben beunruhigen oder hindern dürfe, oder sich in die Angelegenheiten ihrer Kirche einmengen. Ich befehle, dass sie ungestört in meinem Reiche bleiben und dass Jene, welche davongegangen oder geflüchtet, frei und sicher seien und bei ihrer Rückkehr ohne Furcht in meinem Reiche verweilen und ihre Klöster bewohnen dürfen. Weder meine kaiserliche Person noch meine Minister, oder irgend Jemand von meinen Leuten und Völkern soll sie beunruhigen, belästigen oder misshandeln dürfen, weder an ihren Personen, noch an ihren Gütern und Kirchen. Wenn sie aus dem Auslande welche Person immer hereinführen wollen, soll es ihnen erlaubt sein. Aus diesem Anlasse habe ich dieselben mit meinem grossherrlichen Ferman begnadigt und ich leiste den feierlichen Eid und schwöre bei dem grossen Gotte, dem Schöpfer des Himmels und der Erde, bei den sieben Büchern, bei dem grossen Propheten, bei den 124000 Heiligen.

und bei dem Säbel, welchen ich trage, dass Niemand im Widerspruche mit Vorstehendem handeln dürfe, solange diese Mönche meinen Befehlen und meinem Dienste gehorsam sein werden.«

Dieser Freibrief brachte mancherlei Begünstigungen für die katholische Kirche in Bosnien und wenn er auch blutige Ausbrüche des Fanatismus nicht immer verhindern konnte, ermöglichte er doch die Organisation der Franziskaner im Lande auch in den schwersten Zeiten. Aber das Fojnicaer Kloster besitzt noch ein interessantes Dokument, die alte Copie des ehemaligen Wappenbuches der bosnischen Adeligen von 1340. In dieser Copie sind die Wappen jener Familien erhalten, welche infolge des türkischen Einfalles auswanderten und in der Fremde den Namen und das Wappen ihres Geschlechtsadels bewahrten; weiteres jener Familien, welche nach dem Uebertritte zum Islam zwar ihre Familiennamen in den Hintergrund treten liessen, jedoch die Tradition ihres Adels aufrechterhielten; schliesslich auch solcher Familien, deren Andenken sich im Laufe der Zeit verloren hat.

Das Wappenbuch ist auf grobes Papier in Gross-Quartformat gemalt und enthält 141 Blätter. Auf der ersten Seite des ersten Blattes ist die Muttergottes, von Wolken umgeben, gezeichnet, unterhalb des Bildes ein grosser Halbmond und quer die Wappenzeichen zweier kreuzweis liegender Balken; oberhalb dieser je ein gekröntes Mohrenhaupt. Auf der anderen Seite dieses Blattes befindet sich in den Wolken das Christusmonogramm und unterhalb desselben die Heiligen Cosmas und Damianus. Die erste Seite des zweiten Blattes trägt den Titel des Wappenbuches, während auf der zweiten Seite der Heilige Hieronymus, vor dem Kreuze knieend, dargestellt ist. Das dritte Blatt giebt ein Tableau der Wappen aller slavischen Staaten auf dem Balkan; darauf folgen auf separaten Blättern 10 Wappen dieser Länder und 126 Blätter mit Adelswappen. Auf dem letzten Blatte sind wieder die Wappen einiger Familien zu einer Gruppe vereinigt. Auf dem Titelblatte finden wir folgende in altbosnischer Schrift (in der Bosančica) verfasste Zeilen: »Rodoslovje bosanskoga aliti iliričkoga i sarpskoga vladanja zajedno postavleno. Po Stanislavu Rubčiću popu; na slavu Stipana Nemaćnića cara Sarbćlena i Bošćana 1340.« (»Stammtafel der bosnischen, beziehungsweise der illyrischen und serbischen Herrschaft, zusammengestellt vom Popen Stanislaus Rubčić zu Ehren des Stefan Nemanjić, Kaisers der Serben und Bosnier 1340.«

Es haben sich über das Alter des Buches, der Copie eines früheren Werkes und über die Authenticität verschiedener Wappen schon gelehrte Streite entsponnen, doch haben sie zu einem abschliessenden Urtheil noch nicht geführt. Für unsere Darstellung sind diese Erörterungen müssig; wir registriren das Vorhandensein und freuen uns des interessanten Dokumentes. Thatsache ist, dass manche der bosnischen Begs trotz ihres mohammedanischen Glaubens noch die Traditionen ihrer christlichen Vergangenheit bewahrt haben und ihre Adelsbriefe und Dokumente von einstmals besitzen. Mir selbst sagte Beg Rajkovic in Sarajevo, dem ich eine Copie des Wappens aus dem Buche von Fojnica zeigte: » Ah, moj grb! « (Ah, mein Wappen!) Ein Zeichen, dass die Kenntniss desselben in den abgelaufenen türkischen Zeiten nicht verloren ging.

Die Schlussvignette zeigt ein altchristliches Siegel aus Komušina, das 1877 gefunden wurde.

Im Eisenbezirke.

in fruchtbares Thal durchfährt die Bosnabahn von Visoko nach der Station Podlugovi, dem Verladungsort der in Vareš und Duboštica hergestellten Montanerzeugnisse. In drei Stunden kann man auf guter Fahrstrasse das Städtchen Vareš mit seinem Eisenwerk erreichen. In dem engen Thal der Stavnja ist es zwischen mächtigen, sich unaufhörlich neben und hintereinander aufthürmenden Bergen gebettet, gleichsam den Mittelpunkt bildend in dem Gebiete der unermesslich reichen Schätze, die in dem Innern jener Gebirgsstöcke ruhen. Die Schätze sind Eisenerze von besonderer Güte und da die Katholiken von Vareš (dem Mohammedaner ist der Bergbau antipathisch) es von altersher versuchten, Bruchstücke jener Schätze zu heben und zu verarbeiten, so heftete sich allmählich der Ruf grosser Betriebsamkeit in der Eisenindustrie an den Namen Vareš.

Als die Save noch den hermetischen Grenzverschluss gegen das Abendland bildete — schreibt die bekannte bosnische Schriftstellerin Fräulein Milena Mrazović in der » Bosn. Post « — war das Varešaner Eisen hochberühmt und vielbegehrt. Nicht nur im Lande selbst und auf dem ganzen Balkan war es seiner Güte und Billigkeit wegen ohne Konkurrenz, es fand seinen Weg auch nach Asien und hatte eine bedeutende Ausfuhr nach Arabien und Egypten. Mit der Okkupation fiel diese blühende Eisenindustrie plötzlich in sich zusammen. Den durch die Besetzung geschaffenen neuen Lebensbedingungen konnte sie nicht Stand halten und auch die beispiellose Genügsamkeit des bosnischen Volkes war kein Mittel gegen die plötzlich hereinbrechende Fluth der abendländischen Grossindustrie und in den unwirthlichen Schluchten der Stavnja zeigte sich die Noth.

Dies war auch nur allzu natürlich. Während bereits ein Schienenstrang die Landeshauptstadt mit dem Saveufer und dem österreichisch-ungarischen Bahnnetze verband, führte aus dem Bosnathal über mehr als 30 Kilometer ein mühsam zu erklimmender Saumpfad nach Vareš. In diesem Verstecke hauste einsam für sich der bosnische Hüttenmann, fremd allem modernen Handel und Wandel. Er gewann und schmolz das Erz mit zäher Beharrlichkeit bis auf den heutigen Tag genau so, wie es die Väter vor Jahrhunderten gethan. Das bedächtige Tragthier brachte das Erz von den Abbaustellen nach den längs der reissenden Stavnja erbauten unzähligen » Majdans «, wo das Eisen auf die denkbar primitivste Weise gewonnen wurde. Solch ein Majdan ist nur eine russige kleine Holzhütte, vereinigt aber doch einen Hochofen, einen Frischofen und ein Hammerwerk in sich. Der aus Lehm gemachte bosnische » Hochofen « — Kalama genannt — ist an 4 m hoch und hat einen Inhalt von ungefähr 4½ cbm. Man füllte ihn, zündete ihn an und nach dem Abstich war auch schon der Ofen in die Brüche gegangen und musste wieder frisch gemacht werden. Auf diese Weise waren in Vareš zwei Ofenkampagnen in der Woche usuell, denn je drei Tage benöthigte man stets zum Wiederaufbau des » Hochofens «. Das Gebläse besteht aus zwei Blasbälgen, die durch ein hölzernes Wasserrad bedient wurden. Der » Frischofen « ist ein gewöhnliches Schmiedefeuer und das » Hammerwerk « ist ein gleichfalls durch ein kleines Mühlrad in Bewegung gesetzter, gegen 3 m langer Hammer, neben dem der Mann auf dem Erdboden kauert und auf das glühende Eisenstück losklopfen lässt. Und doch erzeugten die Leute auf diese höchst primitive Weise Eisen von vorzüglicher Güte; allerdings bedienten sie sich dazu des leichter schmelzbaren Rotheisensteines, der 55 bis 65 pCt. Eisen und darüber enthält und liessen die grossen Lager von Brauneisenstein unbenutzt.

Gewerkschaft Duboštica.

Stadtansicht von Vareš.

Noch stehen diese Majdans in Vareš und wieder wird fleissig darin gehämmert. Aber die Kalamas sind daraus verschwunden, denn ungefähr 3 km südlicher steht heute inmitten einer modernen grossartigen Hüttenanlage ein neuer gewaltiger Hochofen, der nun schon seit einer Reihe von Jahren ununterbrochen das Eisenerz aus den Bergen zum Schmelzen bringt und auch all die gewerbfleissigen Varešaner mit billigem Roheisen versorgt. Von der Kalama zum modernen Hochofen! das ist einer jener gewaltigen Sprünge, wie man sie nur in Bosnien auf allen Gebieten sehen kann.

Die ersten Arbeiten zur Feststellung des Erzreichthums wurden 1886 in Angriff genommen, und ergaben ein geradezu glänzendes Ergebniss. Die Hauptlagerstätte befindet sich zwischen den Orten Zvijezda im Osten und Borovica im Westen in einer Ausdehnung von 15 km Luftlinie. Die Mächtigkeit variirt zwischen 20—25 m. Die Lagerstätte besteht zumeist aus Rotheisenstein, der in den meisten Fällen durch Eisenspath unterlagert wird. Nur im Osten ist Brauneisenstein, der 45—55 pCt. Eisen enthält, eingelagert. Es ist durchwegs gutes reines Erz, hauptsächlich Blauerz. Die Quantität wird auf viele Millionen Tonnen geschätzt. Im Jahre 1890 wurde die Lagerstätte in Pržići im Tagbau in einer Mächtigkeit von 25 Millionen Metercentner aufgeschlossen. Wie ein gewaltiger Steinbruch liegt sie da inmitten der herrlichsten Fichten- und Buchenwälder. Die Förderung hinab zu dem Hochofen geschieht mittelst einer grossartigen Bremsberganlage, die auch für den Export ausreichend wäre und die ein Förderquantum von einer Million Metercentner bewältigen kann. Die Anlage besteht aus 4 km Horizontalbahn und vier Bremsbergen, die eine Gesammtlänge von 800 m haben. Gegenwärtig arbeitet man auch auf Eisensteingewinnung bei dem kaum einen Kilometer vom Werke entfernten, in einem schmalen Seitenthale der Stavnja gelegenen Orte Potoci, woher auch die alten Varešaner Hütten seit 400 Jahren ihre Erze bezogen. Das stark manganhaltige Erz ist wichtig für Weisseisenerzeugung.

Zwischen den schönsten Nadelholzbeständen kommen von Pržići die beladenen Hunde von den Bremsbergen herabgesaust, um knapp hinter einem weitläufigen Fabriketablissement zu halten. Auf einer schmalen, mühsam dem Flusse abgerungenen Terrainstufe erhebt sich hier, enge umschlossen von himmelanstrebenden immergrünen Berglehnen das landesärarische Hüttenwerk Vareš. Es ist eine ganze Stadt, die seit dem Jahre 1890 erstanden ist. Seitdem ist die träumerische Waldesruhe von hier verschwunden, denn Tag und Nacht pfaucht der Hochofen, pusten die Dampfmaschinen, klopft, hämmert, sägt und bohrt es in den verschiedenen Werkstätten und ein feiner, dichter, alles durchdringender Kohlenstaub trübt die sonst balsamische Luft. Gleichsam das Centrum des ganzen Werkes bildet der in die Giesserei hineingebaute Hochofen,

Eisenwerk in Vareš.

der am 18. August 1891 zum erstenmal feierlich angelassen wurde. Er liefert bei guter Holzkohle 170 Metercentner Weisseisen pro Tag. Dazu gehört eine Anlage von zwei eisernen Lufterhitzern, mittelst welchen eine Lufttemperatur bis 500 Grad erreicht werden kann und die mit den Abgasen des Hochofens geheizt werden. Die Abgase dienen überdies noch zum Heizen der zwei je 54 qm grossen Kessel der Röstofenanlage. Diese hat die Herausschaffung des Schwefels aus den Erzen, sowie das Mürbebrennen der sehr harten Blauerze zum Zwecke. Der Hochofen wird mit Holzkohle betrieben, selten nur mit Coaks; die nöthige Verbrennungsluft, wird durch ein 60 pferdiges Gebläse mit Compound-Maschine mit Condensation angesaugt und so den Winderhitzern, beziehungsweise dem Hochofen zugeführt.

Der Hochofen erzeugt Graueisen und zwar tiefgraues und hellgraues manganfreies, sowie Giesserei-Roheisen; zu dem letzteren gehört das hellgraue manganhaltige und das halbirte, zwischen Weiss- und Graueisen stehende Roheisen für Hartgusszwecke. Von Weisseisensorten wird erzeugt: hochmanganhaltiges, spiegeliges und strahliges Eisen, mittelstrahliges gewöhnliches, sowie lückiges Weisseisen für Zwecke der zum Betriebe gehörigen Frischhütte in Dabravina. Das manganhaltige, strahlige und gewöhnliche Weisseisen wird dem Walzwerke in Zenica für seine Puddelöfen zugeführt. Es werden für Giessereizwecke einstweilen 20 000 Metercentner, für Frischund Puddelzwecke gegen 35 000 Metercentner Roheisen im Jahre erzeugt.

Unmittelbar an die Hochofen-Anlage schliesst sich der zweite Betrieb der Hütte, die Giesserei, an. Diese ist in einer ungeheuren, äusserst solid konstruirten Halle untergebracht und genügt für ein Produktionsquantum von 15 000 Metercentner Gusswaare verschiedenster Art, sowie für 20 000 Metercentner Rohrguss (Wasserleitungsrohre). Von der inneren Einrichtung sind nennenswerth: 2 Cupolofenanlagen zum Umschmelzen des Roheisens mit 3 Oefen und 2 Wassertonnen-Aufzügen; dann ein grosser freistehender Drehkrahn von 80 Metercentner und 2 Laufkrähne von 40 und 60 Metercentner Tragfähigkeit. Für die Rohrgiessereien sind besondere Krahnvorrichtungen vorhanden. Ausser drei doppelten Gussgruben für Rohre sind noch eine tiefe Gussgrube für Säulen- und Walzenguss vorhanden. Das Werk hat ferner 2 Tiegelöfen für Metallguss und 2 Temperöfen für Hartgussräder.

Es würde zu weit führen, alle technischen Vorrichtungen einzeln zu nennen; es sollte nur gezeigt werden, was in kurzer Zeit geschaffen wurde. Die Giesserei ist ungemein beschäftigt und es lohnt eine Aufzählung gewisser Arbeiten, weil sie einen Begriff von anderen industriellen Anlagen im Lande geben, die entweder schon geschaffen, oder noch im Werden begriffen sind. So fabrizirte man hier die Wasserleitungsrohre für die Saline in Dolnji-Tuzla, die Säulen der neuen Travniker Tabakfabrik, die Rohre für das Kohlenwerk in Zenica und für die Soda- und Ammoniakfabrik in Bukinje, die Laternenträger für die Bahnstrecken Lašva-Travnik, Travnik-Bugojno etc. Zum Fein- und Kunstguss der Hütte gehören die Balkonträger des Touristenpavillons in Jezero, die Geländerstäbe für das Sarajevoer Rathhaus u. s. w.

Der dritte Betrieb des Werkes ist die Maschinen-Werkstätte, die sich bereits zu einer Maschinenbauanstalt entwickelt hat. Sie beschäftigte im Jahre 1894 fünfzig Arbeiter. In Verbindung damit steht eine Modelltischlerei, eine Modellir- und Ciselir-Werkstätte. Trotz der kurzen Zeit ihres Bestandes hat die mechanische Werkstätte schon tüchtige Leistungen aufzuweisen. Die in der Posavina verwendeten Cazenille'schen Zwetschken-Dörröfen wurden sammt den nöthigen Montirungsarbeiten hier erzeugt, da die Werkstätte auch Kesselschmiede und Bördelarbeiten auszuführen in der Lage ist. Ferner lieferte sie noch komplette Radsätze und ganze Sägewerkseinrichtungen, Armaturen für das Kupferwerk Sinjako etc. Zu den Hauptanlagen des Werkes gehört noch ein 1 Kilometer höher an der Stavnja gelegener grosser Kohlenbarren mit einem Fassungsraume von 24 000 Kubikmetern, der mit dem Werke durch ein Geleise verbunden ist, während bei dem Hochofen selbst zwei kleine Kohlenbarren zu je 1200 Kubikmeter Inhalt sich befinden.

Das Frisch- und Hammerwerk Dabravina kann als vierter Betrieb des Hüttenwerkes Vareš gelten. Es liegt 12½ Kilometer von diesem entfernt,

Frau aus der Gegend von Zenica.

dort, wo die Stavnja aus ihrem Defilé heraustritt und sich ihr Thal langsam gegen die Bosna zu weiten beginnt. Massgebend war für die Wahl des Anlageortes der grössere Bedarf an Wasser für den Betrieb. Das kleine Werk besteht aus einem geräumigen Hauptgebäude mit Kohlenbarren, der einen Fassungsraum von 700 Kubikmetern hat, und Arbeiterwohnungen. In der Hütte sind zwei Frischfeuer und ein Vorwärmeofen im Betriebe, in denen das in Vareš erblasene lückige Roheisen mittelst des Grobhammers und eines Streck- und Zeughammers zu verschiedenen Schmiedewaaren verarbeitet wird. Diese Hütte soll bedeutend erweitert und zur Herstellung von Pflügen, Schaufeln, Krampen und Zeugwaaren aller Art eingerichtet werden, während der grössere Zeug- und Streckhammer zur Erzeugung von Schraubstöcken, Ambossen, Sperrhornen, Schiffsankern, von Transmissionswellen, Achsen, Kurbeln und geschmiedeten Maschinentheilen bestimmt bleibt. Um Pflugbleche erzeugen zu können, wurde ein mit Generatorgas geheizter Glühofen erbaut.

Wie erwähnt, hat der immer grösser werdende Betrieb des Hüttenwerkes zur Anlage einer ganz neuen Stadt geführt. Amts- und Administrationsgebäude, Arbeiterhäuser, Magazine, Laboratorium, Spital, — alles wächst aus dem Boden. Für die Bevölkerung von Vareš und die der ganzen unwirthlichen Berge ringsum ist die plötzlich im Stavnjathale erblühende Grossindustrie zu einem wahren Segen geworden. Die Hälfte der Leute lebt direkt, die andere indirekt von ihr. Von den alten » Kalamas « findet man kaum eine noch; ihr letzter Abstich war gekommen und man hat die stürzenden nicht mehr aufgebaut Aber in den Majdans wird fleissig gearbeitet. Sie beziehen jetzt das fertige Roheisen von dem Hüttenwerk und dies kommt ihnen unvergleichlich billiger zu stehen, als früher, wo Jeder für sich das Erz gewann und schmolz. Sie hämmern nach wie vor die landesüblichen Hufeisen und Hufnägel, Stielpfannen und Deckel, jetzt auch Schienennägel. Sie schmieden alles sauber und schön, mit jener Sorgfalt, welche den bosnischen Arbeiter auszeichnet und obwohl alles Handarbeit ist, sind die Gegenstände wegen der unendlichen Genügsamkeit des Erzeugers, konkurrenzfähig. So hat der flammende Widerschein des Hochofens neues Leben in die dunkeln Schluchten der Stavnja gebracht, hoffentlich bringt er für immer Glück und Wohlstand. ....

Von Vareš kann man in sehr bewaldeter Gegend nach Duboštica gelangen, wo Chrom gewonnen wird. Die Bosnabahn aber führt von Podlugovi weiter nach Vogošća, wo sich eine 20 Kilometer lange Montanbahn zu dem in Privatbesitz befindlichen Manganbergwerke Cevljanović abzweigt. Zum erstenmale wird vom Zuge aus der hohe Trebević hinter Sarajevo sichtbar; wir passiren noch einige freundliche Dörfer, sehen das griechisch-orientalische Priesterseminar Reljevac rechts liegen und dann breitet sich vor unserem Blicke das stundenlange Sarajevskopolje aus, begrenzt vom Igman, an dessen Fusse die Bosna entspringt, der Bjelašnica, dem Trebević, dem Hum und im Hintergrunde mit dem Blick auf den Pašin Brdo. Bosniens Hauptstadt selbst sieht man freilich, wenn man mit der Bosnabahn anlangt, nicht von Weitem. Man geniesst nicht den wundervollen Anblick der von der Ebene auf drei Seiten hoch in die Berge ansteigenden, von 100 Minareten überragten Stadt, die von der Festung (dem Kastell) im Hintergrunde gekrönt wird. Den vollen Eindruck erhält man nur, wenn man auf der Poststrasse von dem reizenden Badeorte Ilidže durch das Sarajevskopolje sich Sarajevo nähert. Aber auch bei der Bahnfahrt längs der weiten Ebene bemerkt man die Nähe der grossen Stadt. Ueberall Landhäuser in türkischem Stile, Sommerfrischen mohammedanischer Grossgrundbesitzer, dazwischen europäische Gebäude und neue Anlagen. Auf den Fahrstrassen lebhafter Wagenverkehr, daneben ganze Karawanen von Tragthieren, beladen mit allen möglichen Waaren, mit Erzeugnissen des Feld- und Gartenbaues. Die Volkstrachten werden immer mannigfaltiger und bunter, auch Frauen sind in grösserer Anzahl zu sehen, zum Theil schon türkische Hanums in Feredschi und Jaschmak. Endlich hält der Zug; es ist Mittag geworden, wir befinden uns auf einem grossen europäischen Bahnhofe, wo ein unbeschreiblich reges Treiben herrscht. Die Pässe müssen beim Ausgange abgegeben werden, dann beginnt der erste Schritt ins » goldene Bosna-Saraj. «

Sarajevo.

Anmuthiges Sarajevo! wie ein Diamant aus der Umfassung von Smaragden, hebst du dich aus dem Grün der Ebene zu dem deiner Berge empor! « Es giebt nicht bald eine schönere Lage, als sie Bosniens Hauptstadt bietet. Von allen Seiten ist sie gedeckt; durch den Hum und Gradanj im Norden, den Mali Orlovac und die Hrastova Glava im Osten, die Kapa, den Dragulac und den Debelo Brdo im Süden. Hinter diesen Kuppen aber erhebt sich das Gebirgsmassiv des Trebević, Sarajevo förmlich abschliessend, sodass meist nach Südosten, nach den türkischen Ländern, nur ein schmaler Reitweg als Verbindung übrig blieb, der sich in schwindelnder Höhe an den Hängen des Trebević, auf einer Seite begrenzt von dem steil abfallenden Flussbette der Miljačka, hinzog. Das änderte sich im Laufe der Zeiten soweit, dass die Häuser sich auch nach der Ebene im Westen hin ausdehnten, aber nie weiter, als sie noch direkt von den Gebirgen flankirt und gedeckt wurden. Heute ist das ganz anders. Wenn man aus dem Bahnhofsgebäude tritt, glaubt man sich in einer modernen, erst im Bau begriffenen Stadt, mit wenig Anklängen an den Orient. Der Bahnhof der Bosnabahn liegt weit draussen vor der Residenz, dort wo sich noch vor wenigen Jahren Wiesen und Felder ausdehnten, wo an der Landstrasse nur vereinzelte Kaffeebuden oder einige Bauernhäuser in den Zwetschkengärten von Pofalić vorhanden waren. Heute hat der » Zug nach dem Westen « hier eine fabelhafte Ausdehnung gewonnen. Fürs Erste ist für Fahrgelegenheit gesorgt. Eine Pferdebahn führt bis ins Herz der Stadt in die Ferhadija-Strasse; saubere europäische Fiaker harren in grosser Anzahl der Reisenden, die Omnibusse mehrerer Hotels warten auf Kundschaft. Einstmals kam nur von Brod aus manchmal ein fremder Reisender zu Wagen mit der allwöchentlich verkehrenden österreichischen Post, oder türkische Frauen in den landesüblich gewesenen » Arabas « mit vorsündfluthlichen Holzrädern. Sonst vollzog sich der Fremdenverkehr zu Pferd und zu Fuss. Ein einziges halbwegs abendländischen Begriffen entsprechendes Hotel, von einem Griechen geleitet, stand auf der Stelle, wo sich heute das mächtige » Hotel Europe « in der Franz Josefstrasse erhebt, sonst waren nur türkische Hans (Einkehrwirthshäuser) vorhanden, die an Bequemlichkeit und Reinlichkeit viel zu wünschen übrig liessen. Auf die dazu gehörigen Stallungen wurde mehr gesehen, als auf die Behausung der Menschen und nur in den gegenwärtig nicht mehr vorhandenen, dem abgebrannten » Tašli-Han « im Besistan und dem » Makedonski Han «, gab es besondere numerirte Zimmer für die Gäste. Sonst machten es sich alle gemeinsam auf den drei Seiten der Wände eines Zimmers einnehmenden Minderluks (hölzerne Pritschen, mit einem Teppich oder einer Decke bedeckt) bequem. Für etwaiges Bettzeug musste jeder Reisende selbst sorgen, wie es ja noch heute in weiten Gegenden des Orients und auch in abgelegeneren Theilen Bosniens und der Hercegovina üblich ist. Gegenwärtig findet der Reisende dieselbe angenehme Unterkunft wie in allen Hauptstädten Europas; das erst neu errichtete » Grand Hotel «, » Hotel Europe «, » Kaiser von Oesterreich «, » Austria «, » Racletzky « und verschiedene kleinere Wirthschaften befriedigen alle Ansprüche und die Bedürfnisse der verschiedensten Klassen. Für des Leibes Nahrung und Nothdurft aber wird nicht mehr in den nach der Strasse zu offenen Garküchen, sondern in guten Restaurationen und Bierhäusern gesorgt.

Haben wir den Bahnhof der Bosnabahn verlassen, so bleiben wir zuerst ganz im europäischen Theil, stets auf dem rechten Ufer der Miljačka (der Lieblichen), welche die gesammte Stadt durchzieht und die von sieben theils steinernen, theils eisernen Brücken im Stadtgebiet überspannt wird. Wir passiren das einen Umfang von 32 Hektaren fassende Militärbaracken-lager mit hübschen Baumgruppen und Gartenanlagen, dann rechts die staatliche Tabakfabrik mit dem Direktionsgebäude, grossen Werkstätten und Magazinen, Es werden hier Hunderte von einheimischen Mädchen beschäftigt und wird ein Besuch der Fabrik nach eingeholter Erlaubniss. gern gestattet. Etwas weiter steht das Direktionsgebäude der Bosnabahn in einer hübschen Gartenanlage, gegenüber links das Militärspital und dahinter am Fusse der Gorica das Lagerspital. Hier ist schon Kampfterrain und wo heute eine Anzahl kleiner Kaffees und Wirthshäuser stehen, tobte am 19. August 1878 der Strassenkampf am heftigsten. Wir überschreiten den die Strasse querenden Košovabach auf einer Brücke und befinden uns in kurzer Zeit an einem idyllischen Punkte unter mächtigen Linden. Halb verdeckt von ihnen, am murmelnden Bache, erhebt sich die Ali Pascha-Moschee. Hier war erbittert gekämpft worden.

Und immer überraschender wird das Bild. Auf dem alten Musallahplatze erhebt sich der in vornehmem Renaissancestil erbaute Palast der

Landesregierungspalais in Sarajevo.

Landesregierung, daneben die Regierungsdruckerei. Gegenüber zieht sich, eine steile Berglehne hinan, der Stadtpark, einstmals ein weiter türkischer Friedhof. Die Grabsteine sind auch jetzt noch unter üppigem Grün und im Gebüsch verborgen. Erst beim weiteren Vordringen in die Stadt tritt der Orient wieder in seine Rechte. Da stehen neben europäischen Häusern solche türkischen Stiles, eine Moschee inmitten eines pittoresken, aber verwahrlosten türkischen Friedhofes und von Mauern umschlossen lugt aus einem Garten das von der englischen Philanthropin Miss Irby geleitete Waisenhaus für bosnische Mädchen — eine Schöpfung aus osmanischer Zeit — hervor. Ein Blick auf den Strassenverkehr zeigt jedoch das echt morgenländische Völker- und Trachtengemisch. Darin hat sich Sarajevo das Gepräge einer orientalischen Stadt bewahrt. Noch heute sieht es hier viel türkischer aus als. in Sofia und Philippopel; noch immer überwiegt die Landestracht; Turban und Fez haben den Vorzug, Feredschi und Jaschmak der mohammedanischen Frauen sind in den Strassen häufig, trotz der stets überhandnehmenden europäischen Frauenkleidung. Diese hat die meisten Eroberungen gemacht. Die bosnischen Serbinnen und Katholikinnen der besseren Stände legen selbst das so kokett auf den dunkeln Haaren sitzende Fez theilweise ab und setzen wahre Ungethüme von Hüten auf, unter denen ihre eigenthümliche Schönheit gar nicht zur Geltung kommt. Nur der Mohammedaner bleibt der Tracht seiner Väter treu und auch an den jüdischen Damen spanischer Herkunft ist dieser schöne konservative Zug zu beobachten.

Am Ende der Čemaluša-Strasse, die wir bisher verfolgt haben, biegen wir rechts in die Franz Josefsstrasse ab, die gegenwärtige Hauptverkehrsader der nichtbosnischen Bevölkerung. Hier erblicken wir zuerst das schöne kk. Militär-Casino, in dem während des Winters Concerte, Bälle und andere gesellige Unterhaltungen stattfinden. Ein hübscher Garten, der sich bis zur Miljačka ausdehnt, bietet im Sommer bei Militärmusik einen angenehmen Zusammenkunftsort der eleganten Welt. In unmittelbarer Nachbarschaft steht der imposante Bau des Obergymnasiums und der Präparandie, die leuchtenden Zeugen der neuen Kulturära. Unfern links erhebt sich der massive, aber im Ganzen wenig Interessantes bietende Kuppelbau der griechisch-orientalischen Kirche. Durch die Rudolfsgasse links abbiegend befinden wir uns nach wenigen Schritten vor dem katholischen Dom, einem mächtigen Steinbau im romanisch-gothischen Stil. Die beiden hohen Thürme spitzen sich pyramidenförmig zu, die beiden rückwärtigen Oratorien sind mit Eckthürmchen versehen. Das Innere ist dreischiffig, das Sanctuarium

Landes-Museum und katholische Kathedrale in Sarajevo.

schliesst achteckig ab. Die drei Schiffe sind durch je vier von Säulen getragene Bogenöffnungen getrennt. Der Dom wurde 1889 eingeweiht. Die alte katholische Kirche in türkischer Zeit stand in einem Hofe im sogenannten Latinluk — im katholischen Viertel, dicht an der Miljačka. Von aussen verrieth die umschliessende Mauer keineswegs die Bedeutung des Gebäudes und das niedrige Kirchlein bot nur spärlichen Raum. Da kam der furchtbare Brand des Jahres 1879 und mit ihm sank auch das Heiligthum der Katholiken in Asche. Es wurde dann neben dem sogenannten » neuen Konak «, der Wohnung des Landeschefes, auf dem Platze, wo bis dahin der alte Konak gestanden, eine kleine Kirche errichtet, die auch jetzt noch benutzt wird.

Neben dem Dom links befindet sich das ausgedehnte Gebäude des Pensionsfonds der bosnisch-hercegovinischen Landesbeamten, in welchem das Postamt und das Landesmuseum untergebracht ist. Das für Fremde stets, für Einheimische dreimal in der Woche geöffnete Museum (für mohammedanische Frauen ist ein eigener Besuchstag eingeführt) entstand aus ganz kleinen Anfängen, aus einem privaten Museumsverein, der auf Anregung des gemeinsamen Reichsfinanzministers v. Kállay durch Dr. Makanec gegründet wurde. Gegenwärtig ist das Museum eine der ersten Sehenswürdigkeiten und die 1894 beim Archäologenkongress in Sarajevo versammelt gewesenen fremden Gelehrten haben dieses Zeugniss in allen Sprachen bestätigt. Dank der türkischen Besetzung des Landes blieb die Erde Bosniens, über die unzählige Völkerstürme mit ihrer Kultur im Laufe der Jahrtausende dahinbrausten, bis in die jüngste Zeit jungfräulich unberührt. » Hätte Allah wollen, dass die Schätze des Innern gehoben werden, so hätte er sie auf die Oberfläche gelegt, « sagt der Osmanli und darum wurde bis vor Kurzem der Bergbau in der Türkei nur unter den grössten Schwierigkeiten gestattet. Ein Aufwühlen der Erde nach » alten Sachen « kennt der Mohammedaner überhaupt nicht, es müsste sich denn um einen vergrabenen Schatz handeln und nur in Aegypten sind die Araber und Fellachen zu selbstständigen Ausgrabern geworden. Bosniens Boden ist aus diesen Gründen eine unerschöpfliche Fundgrube für Entdeckungen aus allen Perioden. Wir wollen gegenwärtig nicht auf die neolithischen Ausgrabungen in Butmir und Sobunar, auf diejenigen in Jezerine u. s. w. eingehen, auch nicht auf die einzig in der Welt dastehenden Aufdeckungen auf dem Gräberfelde der Hochebene Glasinac, wo noch Tausende und Abertausende vorgeschichtlicher Gräber der Oeffnung harren. Gelehrte Federn haben hierüber lange Abhandlungen geschrieben und auf so manches werden wir im Laufe unserer Reiseschilderungen umfassender zurückkommen. Soviel ist gewiss, dass Bosnien noch durch viele Jahrzehnte der Wallfahrtsort für sämmtliche Alterthumsforscher bleiben wird. Und was entdeckt wurde, ist erst ein verschwindender Bruchtheil dessen, was im Lande zu finden ist. » Wo Du es anrührst, ist es interessant, unter jeder Scholle findest Du eine neue Kulturschicht «, könnte man angesichts der steten überraschenden Entdeckungen sagen, die hier gemacht werden.

Von allen diesen Schätzen giebt das Landesmuseum einen umfassenden Begriff. Einst aus vier Zimmern bestehend, nimmt es heute schon das Zehnfache ein und es ist zu hoffen, dass der Bau eines eigenen Museums nicht mehr lange auf sich warten lässt. Das Landesmuseum besteht aus zwei Abtheilungen: der archäologisch-historischen und der naturwissenschaftlichen. Die erstere gliedert sich in die prähistorische, die römische, die mittelalterliche, die Münzen-, Gemmen- und Siegelsammlung, wie in die ethnographische Sammlung. Die naturwissenschaftliche Ab-

Türkische in Sarajevo geprägte
Nothmünze aus Kupfer (Mangura).

theilung theilt sich in die anthropologische, die zoologischen, die botanischen und die mineralogisch-geologischen Sammlungen. Aus der reinen Broncezeit sind Funde aus dem Ramathale, aus Tešanj, Maglaj etc. besonders bemerkenswerth, dann diejenigen aus der Hallstädter Periode, die Tausende von Funden aus den Tumuli von Glasinac, die aus der La-Tène-Zeit etc. Wenn auch die Sammlung römischer Alterthümer an Zahl der Gegenstände hinter der prähistorischen Sammlung zurücksteht, so bietet sie dennoch ein übersichtliches Bild der Kulturverhältnisse des Landes zur Zeit der römischen Herrschaft, wo Bosnien eine der Hauptverbindungsadern nach den unteren Donaugegenden und nach dem goldenen Horn bildete. Die römischen Strassenzüge in Bosnien sind vom Baurath Philipp Ballif in einem umfangreichen Werke nach seinen eigenen Erhebungen und Erforschungen dargelegt worden. (» Römische Strassen in Bosnien und der Herzegowina « von Philipp Ballif, bosn.-herzeg. Baurath «, Wien, Carl Gerold.) Die Münzensammlung verleiht dem Museum einen besonderen Werth. Mit Ausnahme einer im 17. Jahrhundert in Sarajevo geprägten türkischen Nothmünze und der während der Regierung der bosnischen Bane und Könige geprägten Münzen war das Land von jeher auf den Gebrauch fremden Geldes angewiesen. Neben den sehr seltenen bosnischen und sonstigen südslavischen Münzen finden sich aber auch äusserst werthvolle Stücke der Republik Ragusa und bei Krupa fand man karthagische Münzen von bedeutendem numismatischem Werthe. Neben den zoologischen, botanischen und geologischen Sammlungen möchten wir aber den höchsten Werth auf die ethnographische Sammlung legen, die nicht nur das Volksleben in Bosnien und Hercegovina, sondern auch das der übrigen Balkanländer in lebensgrossen Typen in naturgetreuer Darstellung zeigt, ausserdem aber die Eigentümlichkeiten der Wohnungen wiedergiebt.

Es ist unmöglich, auch nur einen Begriff von der Reichhaltigkeit des Museums zu geben; es müsste ein Katalog abgeschrieben werden, der schon am nächsten Tage lückenhaft wäre, denn nicht täglich, nein stündlich mehren sich die Schätze, die Bosniens Boden nach Sarajevo liefert. Das Museum allein ist eine Studienreise werth. Das Sammeln in einem Lande, wo die Schätze förmlich auf der Strasse liegen, wäre aber noch nicht das Bemerkenswertheste. Erstaunenswerth ist es dagegen, dass in einer ehemals türkischen Provinz, die vier Jahrhunderte für die europäische Kultur verschlossen war, eine wissenschaftliche Zeitschrift erscheint, die sich ähnlichen Veröffentlichungen in den vorgeschrittensten Ländern kühn an die Seite stellen kann. Der » Glasnik zemaljskog muzeja u Bosni i Hercegovini « erscheint seit 1888 und er bietet eine Fülle wissenschaftlichen Materials mit vorzüglichen Abbildungen, das auch den nicht südslavisch verstehenden Gelehrten durch eine deutsche Uebersetzung zugänglich gemacht wird, von der einstweilen drei Bände vorliegen. Leiter dieses Unternehmens und Direktor des Landesmuseums ist Regierungsrath Konstantin Hörmann (auch Ehrenmitglied der anthropologischen Gesellschaft in Berlin und vieler anderer gelehrter Gesellschaften Deutschlands), Kustos Dr. Ćiro Truhelka und für die naturhistorische Abtheilung Kustos Othmar Reiser.

Da fast alle fremden Reisenden die Bekanntschaft des Museumsdirektors machen werden, ziemt es sich, diesen gleich hier vorzustellen. Hörmann, » die Vorsehung des Archäologentages «, wie ihn Professor Dr. Virchow nannte, ist seit dem Beginn der Besetzung des Landes in Bosnien thätig. Genau vertraut mit der Sprache und den bosnischen Verhältnissen, voll Liebe zum Lande und Volke erfüllt, leistete Hörmann in allen Zweigen der Verwaltung die erspriesslichsten Dienste. Dabei arbeitete er ununterbrochen litterarisch und heute bewegt sich seine Thätigkeit vorwiegend auf litterarisch-wissenschaftlichem Gebiete. Seine umfassende Mitarbeit an der Museumszeitschrift nur erwähnend, muss auf ein Werk von ihm hingewiesen werden, das eine Perle der südslavischen Litteratur bildet. Es sind dies die » Volkslieder der Mohammedaner in Bosnien und der Hercegovina « (» Narodne pjesne muhamedovaca u Bosni i Hercegovini «, sabrao Kosta Hörmann).

In diesen Ländern ist es das Volkslied, das jenes Empfinden zum Ausdruck bringt, welches die Bosnier in den letzten Jahrhunderten der türkischen Knechtschaft bewegte und bestürmte. In den Liedern tritt wohl auch die epische Breite der serbischen Dichtung hervor, aber doch sind sie wesentlich verschieden von denen der Serben. Sie athmen Freiheitsdrang und Freiheitslust, sie rufen zum Kampfe, sie jubeln beim Sieg. Und dabei sind sie doch wie die Waldblumen, die in den dunkeln Wäldern und Schluchten ihrer schönen Heimat blühen. Wer sich an ihrem Dufte erfreuen will, muss sie aufsuchen, er muss die oft schwer zugänglichen Stege und Wege wissen, die ihn zum Liederschatze des Volkes führen. Den Schlüssel zum Herzen des mohammedanischen Volkes aber fand und besitzt auch heute noch Hörmann, und seine Gattin Olga giebt einer Menge mohammedanischer Mädchen Unterricht in allen wissenswerthen Gegenständen, um auch das weibliche Element des Islam einer höheren Kultur entgegenzuführen. Die bisherigen Ergebnisse sind hocherfreulich und die jungen Mädchen hängen mit Verehrung an der lieben gebildeten Dame, die das Ideal einer Hausfrau ist. So wirkt in Bosnien der gebildete Beamte mit seiner Gattin als Kulturträger und Oesterreich-Ungarn hat in seiner Kolonialarbeit Erfolge aufzuweisen, die beispiellos in der Geschichte der Besetzung eines fremden Landes sind.

Aber auch auf direkt journalistischem Gebiet ist Kosta Hörmann thätig. Er leitet die seit Anfang 1895 erscheinende grosse illustrirte Zeitschrift » Nada «, ein belletristisches Blatt im Stile der Leipziger » Illustrirten Zeitung «. Wohl giebt es in Kroatien und Serbien Familienblätter, die sich höchst anständig repräsentiren, es fehlte aber immer noch ein Organ, das die deutschen illustrirten Zeitungen zu ergänzen hatte, indem es sich nur mit Angelegenheiten der südslavischen Länder befasste. Das ist mit Gründung der » Nada «, die in lateinischen und cyrillischen Lettern erscheint, glänzend gelungen. Es ist ein Vereinigungspunkt für die Schriftsteller südslavischer Zunge geschaffen, in der sie voll zur Geltung kommen, und die Illustrationen des Blattes, an denen u. A. die Deutschen Gebrüder W. Leo Arndt und Ewald Arndt-Čeplin grossen Antheil haben, sind mustergiltig. Und dieses Unternehmen rief die bosnische Landesregierung ins Leben! Jene Regierung, die in den Delegationen von jungtschechischer Seite oft die heftigsten und ungerechtesten Angriffe erfuhr. Es genügt nicht, Bosnien im Fluge in ein paar Tagen zu durchreisen; man muss das Land früher gekannt, man muss dort gelebt und immer wieder verkehrt haben, um die Fortschritte feststellen zu können, die auf Schritt und Tritt zu bemerken sind. Dann erst wird man der riesigen reformatorischen Thätigkeit des Ministers v. Kàllay und seiner Mitarbeiter gerecht werden.

Leben und Treiben in der bosnischen Hauptstadt.

ine vorzügliche Gelegenheit zu vergleichenden Studien bietet sich in Sarajevo, wenn man vom Museum nur ein paar Schritte in der Ferhadija-Gasse weitergeht. Da ist man im spaniolischen Viertel der Čaršija — des allgemeinen Bazars — und man erhält den ersten Eindruck von Sarajevo als Verkehrsmittelpunkt. Hier weiss man erst, was das Handelsviertel einer grossen orientalischen Stadt bedeutet. Die neuen Strassen werden in Sarajevo breit angelegt, macadamisirt oder gepflastert, selbst mit Trottoirs zu beiden Seiten. Kaufläden nach europäischer Sitte mit weiten Schaufenstern zeigen die Waaren des Abendlandes, grosse Wiener Kaffeehäuser (Cafe Europe, Cafe Kunerth), in denen alle möglichen Zeitungen aufliegen, laden zum süssen Nichtsthun ein. Nur die Čaršija hat sich unverfälscht erhalten. Die sechzig und mehr Gässchen aus denen sie besteht, sind noch echt türkisch. In den niederen, nach der Strasse zu offenen Läden (Dućans) sitzen die Geschäftsleute und die Handwerker wie früher mit gekreuzten Beinen und warten auf Käufer, obwohl die Spaniolen sich auch theilweise in grosse Läden anderer Stadttheile gezogen haben. Die Mohammedaner hegen noch immer keinen Concurrenzneid und wenn die verlangte Waare nicht vor-

Strassenbild aus der Čaršija.

handen ist, wird der Käufer freundlichst an den Nachbar verwiesen. In die Čaršija hat sich übrigens meines Wissens noch kein fremder Geschäftsmann als Miether eines Gewölbes verirrt. Es heisst, er würde auch schwerlich eines erhalten, denn hier hat der Vakuf seinen Grundbesitz und im Bazarviertel würde der mohammedanische Kirchenfond nicht dulden, dass sich Eindringlinge festsetzen. Da müsse jeder Miether einheimisch sein, die Religion bleibe Nebensache. Ich weiss nicht, wie weit diese Annahme begründet ist, glaube eher, dass es einem europäischen Geschäftsmann nicht passt, sich in die kleinen engen Gelasse zu setzen, die keinen Raum zur Entfaltung, nicht einmal zum ordentlichen Stehen bieten. Aber selbst wenn die Gerüchte begründet wären, würde ich dies der Vakufverwaltung nicht verdenken. Mindestens in den gedeckten Gängen des Besistan — der grossen steinernen Verkaufshalle — muss das heimische Gewerbe und die heimische Industrie einen Schutz finden. Für die nicht bosnischen Geschäftsleute ist die Franz Josef-Strasse — die einstige Galata Sokak — die Čemaluša-, die Ferhadija-, Rudolfs- und andere Strassen da. Wo früher nur die Wohngebäude wohlhabender und reicher Leute standen, da reiht sich jetzt Laden an Laden. Das ist nicht mehr orientalisch, denn in einer echt türkischen Stadt ist das Handelsviertel ganz abgeschlossen, wie sich auch die Gewerbe nach einzelnen Gassen scheiden. Der Orientale wird nie sein Wohnhaus mit dem Geschäftshause verbinden. In ersterem will er gänzlich ungestört, Herr seiner selbst und seiner Familie sein. Die Geschäfte vollzieht er in seinem Dućan in der Čaršija. Dort sitzt er von früh bis zum Sonnenuntergang, bis der Muezzin vom Minaret Akschâm verkündet. Dann schliesst er seine Bude und wandert nach Hause. Im Laden aber empfängt er auch seine Bekannten, hier bewirthet er mit schwarzem Kaffee Kunden und Freunde, hier wartet er mit Cigaretten oder Tschibuk auf. Ein ausgebreiteter Teppich ist sein Ruheplatz, im Winter tritt ein Mangal, ein metallenes Becken mit glühenden Holzkohlen hinzu, über denen er sich von Zeit zu Zeit die Hände wärmt. Eine Katze ist häufig der Gesellschafter. Er hat stets Zeit, auch beim Verkauf drängt oder beeilt er sich nicht und das beschauliche Leben wird nur durch die Gebetzeiten unterbrochen, wo er die vorgeschriebenen Waschungen vornimmt und in die nächste Džamija geht.

Dabei ist es nicht etwa still in der Čaršija; es pulsirt und hastet volles Leben, und an Markttagen ist ein Drängen und Stossen in den engen Gassen, das schier beängstigend wird, wenn Tragthiere mit ihren Lasten oder Fuhrwerke den Verkehr hemmen. Das Pflaster ist schändlich, durchwegs runde, abgeschliffene Steine, sogenannte Katzenköpfe, bald hoch, bald niedrig, ausgetretene Gruben, in die der Fuss versinkt. Ganze Strassen enthalten nur Gemüseläden. Da sind Berge von Melonen, Gurken, Paprika, Melengani, Zwiebeln, Krautsorten und Obst

aufgeschichtet, in anderen wird
das Fleisch immer offen auf
der Strasse verkauft, überall
hängen abgebalgte Lämmer;
dazwischen ist wieder ein Brot-
laden, in dem der türkische
Bäcker — der Ekmekdžija —
die ungesäuerten flachen Brote
vor den Augen des Publikums
bäckt, dann kommt eine Gar-
küche, oder ein kleines dunkles
Kaffee, in dem gleichzeitig ein
Barbier die Köpfe rasirt. Von
Zeit zu Zeit schreien wandernde
Verkäufer mit lautem Gebrüll
ihre Waaren aus, Händler mit
Getränken drängen durch die
Menge und der Kafedžia eilt

Lastträger (Hamal).

mit der kupfernen Kaffeekanne und einzelnen Tassen zu seinen Kund-
schaften, die ihre Läden nicht verlassen können. Die Čaršija ist auch der
Sammelplatz der Strassenbettler, wie sie früher der Hauptvereinigungspunkt
für die zahlreichen herrenlosen Hunde war, die jetzt so ziemlich beseitigt sind.

In den Kaufläden überwiegen die europäischen Waaren, doch sind
auch noch orientalische Stoffe, bosnische, türkische und persische Teppiche
zu finden. Von grossem Reiz ist die feine bosnische Leinewand, die sogenannten Bez-Gewebe mit Gold- und
Silberfäden, oder durchbrochenen,
prächtigen Mustern, die sich schon
im Auslande einen Markt verschafft
haben. Ausserdem die Tauschir-
und Filigranarbeiten, die hübschen
Kupfergefässe und Schüsseln, die
Kaffeekannen und Service, Räucher-
behälter u. s. w. Sie werden meist
verzinnt und mit den reizendsten
Mustern und Arabesken verziert, sie
können aber auch versilbert, vergoldet
oder in der reinen dunklen Kupfer-
farbe geliefert werden. Alle diese
echt bosnischen Erzeugnisse sind von
so eigenartiger Schönheit, mit solchem
künstlerischen Geschmack gearbeitet,

Junger Zigeuner aus Sarajevo.

dass sie jedem, auch dem stolzesten Haushalt, zur Zierde gereichen. Messer und Scheeren sind in verschiedenen Läden in vorzüglicher Güte gearbeitet; sie sind oft damascirt, mit ausgelegten Klingen und Beingriffen. Die Scheere ist die lange, schmale mittelalterliche, die Fingerringe auf Federn, mit concaven Schneiden, wie sie derzeit nur noch im Orient und in Norwegen gebräuchlich ist. In Bosnien wird sie im alltäglichen Verkehr bereits durch unsere Muster verdrängt. Von besonderer Güte sind die bosnischen Lederwaaren für den täglichen Bedarf, die mit Stickereien verziert werden, wie auch die einheimischen Kleidungsstücke geschmackvolle Schnüremuster aufweisen.

Es liegt in der Natur der Dinge, dass viele der bisherigen bosnischen Gebrauchsgegenstände ihre Formen ändern müssen, dass sie durch ausländische Waaren verdrängt werden. Da ist es nicht genug anzuerkennen, dass die Landesregierung wenigstens so viel als möglich dafür sorgt, das Kunstgewerbe zu erhalten und neu zu beleben und diesen Artikeln weitere Absatzgebiete im Auslande zu verschaffen. Das ist ihr

besonders mit den Erzeugnissen der Tauschirkunst, den Inkrustationen mit Gold und Silber auf Holz, mit den Arbeiten der Treibe- und Gravirkunst in Kupfer und Edelmetallen gelungen. Die Landesregierung errichtete eigene kunstgewerbliche Regierungsateliers in Sarajevo, Foča und Livno, in denen die alte Kunst erhalten, gepflegt und auch für Gegenstände des modernen Gebrauches praktisch zur Anwendung gebracht wird. Durchwegs sind es mohammedanische Jünglinge, die von den alten Meistern in ihrer Kunst ausgebildet werden. Die schönen Arbeiten haben auf der Gewerbeausstellung in Wien, wie auch in Paris und London viel Beifall gefunden und auf den alljährlichen Weihnachtsausstellungen bosnischer Erzeugnisse in Wien finden sich Gegenstände von höchster Vollendung, von zartester Eleganz. Man staunt über die feinen Formen, die reizenden Farbenzusammenstellungen, die geschmackvollen Zeichnungen auf den Vasen, Bonbonnieren, Kassetten, Spiegel- und Photographie-Rahmen, Staffeleien, Paravents, Lese- und Koranpulten, den Tellern, Tassen, Leuchtern, Bürsten,

Begova-
Džamija
in
Sarajevo.

Cigarrettenspitzen, Hutnadeln, den Broschen, Doppelnadeln, Manschettenknöpfen, Besteckkassetten, Tintenzeugen, Sonnenschirmen, Mantelschliessen, Falzmessern, Schirm- und Stockgriffen, den Fächern, Tischen, Tabourets, Cigarrenetuis, Feuerzeugen, Bechern, Uhrketten, Aschenschalen, Becken, Kannen, Krügen, Mokka- und Punschservices etc. Auch für die Teppichweberei hat die Regierung am Bistrik ein eigenes Atelier, eine Fabrik errichtet, in der Smyrna-, Perser- und bosnische Teppiche mit prächtigen einheimischen Mustern gewebt werden. Eine Menge Mädchen aller Konfessionen finden hier Anleitung und lohnende Beschäftigung.

In der Čaršija, sich von der Franz Josefsstrasse bis in die Ferhadija hinziehend, liegt der vorhin bereits erwähnte grosse Besistan. Er ist bombenfest gebaut und hat alle grossen Brände, von denen Sarajevo heimgesucht wurde, siegreich überstanden. Nur die dazu gehörige Karawanserei, der Tašli-Han, wurde 1879 ein Raub der Flammen, und noch heute liegt sie in Trümmern. Wenn wir den Eingang von der Franz Josefsstrasse benutzen, stossen wir zuerst auf diesen weiten Trümmerplatz, auf dem einige Stallungen errichtet wurden. Rechts treten wir sodann durch eine ziemlich niedere Thür; einige Stufen geht es abwärts und es empfängt uns ein mystisches Halbdunkel, an das sich das Auge erst gewöhnen muss. Dann

bemerkt man ein Verkaufsgewölbe neben dem andern, im Hauptgang wie
in zwei Kreuzgängen, wohl über hundert. Die Miether sind nur Mohammedaner und spanische Juden, welche meist Textilstoffe feilhalten. Hier kaufen
die türkischen Frauen mit Vorliebe, und an heissen Tagen oder auch bei
schlechtem Wetter lässt es sich in diesen kühlen Räumen prächtig spazieren,
plaudern, feilschen und dazu Kaffee trinken. Da kommt, wenn man die
nöthige Geduld und Ausdauer besitzt, beim langsamen Fragen so manches
kostbare alte Gewebestück, so manche wundervolle Goldstickerei aus irgend
einem Harem zum Vorschein, es finden sich auch noch echte duftige Stoffe
von Mossul und Bagdad, goldgestickte Schuhe wie für die zarten Füsschen
einer Huri im siebenten Himmel des Propheten. Aber erst nach und nach
breitet der Mohammedaner seine Schätze aus, ein Stück nach dem andern
holt er aus irgend einem Versteck. Er ist auch nicht unwillig, wenn kein
Kaufabschluss erfolgt. Er wartet ruhig weiter, während die Spaniolen mit
lautem Geschrei Kunden anzulocken suchen.

Und haben wir den Besistan durchquert, so empfängt uns wieder das
Gewühl der Strasse, dem wir nun zu entrinnen suchen, um das stolzeste
mohammedanische Bauwerk Sarajevos zu bewundern. Es ist die dicht
beim Besistan gelegene imposante Begova-Džamija, das mächtige, von
Ghazi Husrev Beg erbaute Gotteshaus, das nicht nur in Bosnien den
ersten Rang einnimmt, sondern in der ganzen Welt des Islam hochge-
schätzt wird. Die Moschee steht in einem von niederen Mauern umschlossenen Vorhofe, wo sich unter einer mächtigen, Jahrhunderte alten
Linde der für die rituellen Waschungen bestimmte monumentale Brunnen
befindet. Das Innere der Moschee — eines gewaltigen Kuppelbaues —
zieren nur Koransprüche an den Wänden und orientalische Arabesken.
Dem Eingang gegenüber in der Richtung nach Mekka, befindet sich die
Kibla, ein Steinblock, der das Grabmal des Propheten versinnbildlichen
soll. Auf dessen linker Seite die Kanzel für den
Prediger, auf der rechten Seite die » Mimbér «, d. h. die
Kanzel, von welcher herab das Freitagsgebet für den
Chalifen und bei gewissen Gelegenheiten auch das
Gebet für den Kaiser und König Franz Josef gesprochen wird. Der Boden der ganz neu restaurirten
Moschee ist mit einem prächtigen Teppich bedeckt.
Direkt neben dem Gotteshause steht die Grabkapelle
des Erbauers. Ein Hodscha führte uns in das Gemach,
in dem der Sarg Husrev Begs und seiner Gattin (nach
einer anderen Version seines Dieners) steht, mit schwarzen, goldgestickten Tüchern bedeckt. Ein Teppich
überspannt den Boden, die Wände sind mit Koransprüchen geschmückt. Zwei alte Moslims kauerten

Motiv aus der
Begova-Džamija.

am Sarge und beteten. Sie liessen sich nicht einmal durch das von
den Stiefeln hervorgebrachte Geräusch stören, obwohl sie hören mussten,
dass Ungläubige das Heiligthum betraten. Im Vorhofe, nächst dem
Brunnen, befindet sich ein säulenförmig gestalteter Stein, an dessen
oberem Ende durch die Mitte eine Rinne läuft. Es ist der sogenannte

Par
Ansicht v

» Arschinstein «. Ein Pascha soll wahrgenommen haben, dass die Kaufleute verschiedene Arschine (Ellenmaasse) gebrauchten. Diesem Unfuge
steuerte er dadurch, dass er den Arschinstein, dessen Rinne genau
die Länge einer türkischen Elle hat, als Kontrolmaass im Hofe der
Džamija anbringen liess, damit die Käufer sich überzeugen können, ob
sie betrogen worden sind. Im westlichen Theile des Hofes steht ganz
für sich der hohe viereckige Uhrthurm mit seinem 24 Stunden zeigenden
Zifferblatt.

Gegenüber, an der Nordseite der Moschee, befindet sich die Kuršum-Medresse (» bleierne Hodscha-Schule «), ein altes ebenerdiges Gebäude mit hübschem Säulenhofe. Die Studirenden erhalten eigene kleine Zellen von mehr als bescheidener Einrichtung; jedenfalls wird der Geist durch nichts vom Studium abgelenkt.

evo.
en Südost.

Schreiten wir weiter nach Osten fort, in der Richtung gegen das Kastell, so kommen wir zu einem grossen neuen Gebäude maurischen Stils in rothen und gelben Ziegeln (roth und gelb sind die bosnischen Landesfarben), das einen imponirenden Eindruck gewährt. Es ist das Rathhaus, in dem der Sarajevoer Gemeinderath seine Sitzungen hält. Nach dem Gemeindestatut vom 10. Dezember 1883 beruht die Verwaltung der Stadt auf repräsentativer und autonomer Grundlage. An der Spitze steht ein Bürgermeister nebst einem Vicebürgermeister, die von der Landesregierung

ernannt werden und denen ein Regierungskommissar als kontrolirendes
Organ zur Seite gegeben ist. Der Gemeinderath, zu einem Drittel ernannt,
zu zwei Dritteln gewählt, besteht aus 24 Mitgliedern, und zwar dem Zahlen-
verhältnisse der Konfessionen entsprechend aus 12 Muhammedanern, 6
Griechisch-Orthodoxen, 3 Katholiken und 3 Juden. Die Wahl erfolgt auf
drei Jahre. Wähler ist jeder bosnische oder österreichisch-ungarische Staatsangehörige, der seit einem bestimmten Zeitraum in Sarajevo wohnhaft ist
und nach Immobilien 2 Fl., an Erwerbsteuer 9 Fl. oder vom Schankrechte
25 Fl. Steuer zahlt. Das passive Wahlrecht bedingt das Dreifache dieses Census. Die Intelligenz übt das Wahlrecht ohne Steuercensus. Die Konfessionen wählen nicht unter sich, sondern jeder einzelne Wähler kann nach dem festgesetzten Zahlenverhältniss für alle Wählenden stimmen. Die Exekutivorgane des Bürgermeisters in den einzelnen Stadtbezirken sind die Bezirksmukthare.

Gegenwärtiger Bürgermeister ist Mehmed Beg Kapetanović, einer der reicheren Grundbesitzer des Landes, der sich schon à la franca kleidet. Die anlässlich des Archäologenkongresses in
Sarajevo weilenden Gelehrten hatten Gelegenheit, ihn in seinem Hause bei
echt orientalischer Gastfreundschaft kennen zu lernen; die Wenigsten aber
werden gewusst haben, dass Mehmed Beg ein Dichter und dass auch ein
Band bosnischer Sprüchwörter von ihm unter dem Titel » Narodno Blago «
erschienen ist. Diese Sammlung von 4300 Sprüchwörtern ist ein imponirendes
Stück jahrelanger unverdrossener Arbeit. Die Vorrede zu dem Buche ist ein
literarisches Meisterstück voll Kraft und Schönheit des sprachlichen Aus-
druckes; sie selbst gleicht einem Strausse aus heimischen Blüthen, der mit
bosnischen Sprüchlein gebunden, den Leser erfrischt und zur Lektüre
einladet. Es dürfte vielleicht nicht unangemessen erscheinen, einige der

Motiv an der Begova-Džamija.

gebräuchlichsten Sprüchwörter hier wiederzugeben, da sie ein Spiegelbild des Volkscharakters bieten.

Es ist selbstverständlich, dass das Leben und Treiben der Thiere, ganz besonders der Hausthiere, zu Beobachtungen und zu Vergleichen den meisten Anlass giebt. So heisst es vom Hunde: » Der Hund bellt auch auf den Kaiser « oder » Auf den Armen bellen auch die Hunde «. Auch sagt man vergleichsweise vom Geduldigen: » Er bellt erst, wenn man ihm auf den Schweif tritt «, oder wenn von kleinen Hindernissen grosses Aufsehen gemacht wird: » Ueber niedere Planken springen auch die Hunde. « Ein ganzes Landschaftsbild liegt in dem Ausspruch: » Wer

Rathhaus in Sarajevo.

viel im Dorfe umgeht, den beissen die Hunde, oder er trifft auf ein Mittagsmahl. « Das Rind kommt in allerlei Varianten vor: » Es ist sehr schwer, tollen Kühen die Schweife zu binden. « » Beim Reichen sind auch die Ochsen gescheidt « » Wer den Halfter spart, verliert das Kalb. « Weit höher im Ansehen steht das Pferd: » Wo man Hengste anspannt, haben Esel nichts zu thun. « » Wähle ein Pferd mit breitem Hals und ein Mädchen von schlankem Wuchs. « » Pflege das Pferd wie deinen Bruder, aber reite es, als ob es dein Feind wäre. « Der beste Käse ist nach der Ansicht des Bosniaken der Schafkäse; darum sagt er: » Den Käse nur vom Schaf, die Milch nur von der Ziege, die Butter nur von der Kuh. « Die Mohammedaner in Bosnien reden nie vom Schwein, aber dafür behaupten die Christen: » Eine reine Sau ist niemals fett «, oder sie sagen, wenn von einem Schmierfink die Rede ist: » Kleide eine Sau in Gold, so steigt sie doch in die Pfütze. « Ein sehr charakteristisches Wort ist: » Der Gast und der Fisch taugen am dritten Tag nichts mehr. « Von Grünschnäbeln sagt man: » Wenn die Eier gackern, müssen die Hennen schweigen. «Am originellsten sind die Sprüchwörter, welche das weibliche Geschlecht betreffen: » Frauen sind ein Uebel, das man nicht entbehren kann. « » Frauen, Feuer und Meer, man weiss nicht, welches das Aergere wär'. « Mit beissendem Spotte sagt das Volk: » Die Frau ist gut, die keine Zunge hat « und » Was die Frau nicht hört, wird sie auch nicht weiter erzählen. « Dass Weiberthränen auch in Bosnien nicht unbekannt sind, deuten die Worte an: » Die Frau hat stets einen Beutel Thränen bei sich. « » Die Frau vertraut auf ihre Thränen, wie der Dieb auf einen falschen Eid « und » Die Frau lacht, wenn sie kann und weint, wenn sie will. « Nachdem es heisst: » Frauen schelten, wo Männer mit dem Säbel dareinschlagen, « ist es nicht zu verwundern, wenn der Volksmund erklärt: » Jung heirathen ist zu früh, alt heirathen ist zu spät. « Dass eine gute Mitgift nie verachtet wird, zeigt der Satz: » Am Freitag bist du mir die Schöne, am Samstag die Wackere, am Sonntag frage ich: Wieviel Geld hast du? « Die Geschichte hat aber ihren Haken, denn: » Hat die Frau Geld, bleibt der Zank nicht aus. « Von wenig idealem Sinn zeugt das Sprüchwort: » Weib, Kind und Hund muss man schlagen; « doch heisst es auch wieder: » Nur ein Zigeuner schlägt sein Weib, ein rechter Mann thut es nicht. « Dass der Teufel selbst einem bösen Weibe nicht gewachsen ist, ist auch bei uns bekannt, doch sagt der Bosnier noch: » Eine fürsorgliche Hausfrau, ein Singvogel und Quellwasser, nichts Besseres giebt's auf der Welt, « oder etwas einschränkender: » Frauen sind wie Blumen, einige duften, andere nicht. « Nur die Mädchen von Sarajevo scheinen in allen Punkten eine Ausnahme zu bilden, denn von ihnen sagt das Sprüchwort: » Wer Eine aus Sarajevo freit, dem thut's nimmer um Vater und Mutter leid. «

Mit diesem tröstlichen Ausspruch nehmen wir Abschied von Mehmed Beg und dem Sarajevoer Rathhause, statten der » Kiraet-Hane «, der hübschen mohammedanischen Lesehalle, einen kurzen Besuch ab und lenken dann unsere Schritte nach Bendbaschi, um uns Erholung zu gönnen. Bendbaschi ist ein Kaffeehaus mit einem vielbesuchten Garten. Die Miljačka tritt dort zwischen den Felsen ins eigentliche Stadtgebiet ein und fliesst dann in breitem Bette gegen Westen. Vor sich, über dem Flusse, hat man einen stillen türkischen Stadttheil, im Vordergrunde eine kleine Moschee mit prächtigen Cypressen und Pappeln, hinter sich die Bäume des Gartens, rechts hört man noch gedämpft den Verkehr des Handelsviertels, soweit er sich über die Schech-Schahinbrücke vollzieht Im Garten und direkt an und über dem Wasser stehen Pavillons, wie sie die Mohammedaner zum Kefhalten lieben und wie sie fast überall an hübschen Punkten zu finden sind. Hier ist eines der lauschigsten Plätzchen von ganz Sarajevo und in alter Zeit habe ich unzählige Male hier gesessen, geträumt und auch ge-arbeitet. Ueber und neben dem rauschenden Wasser sitzend, flossen die Gedanken ganz anders als in der dumpfen Stube, und zu jedem Satze sangen die Vögel ihr Lied, als wollten sie Beifall spenden. Das regste Leben herrscht jedoch in Bendbaschi in den Nächten des Ramazan. Da ist der Garten durch farbige Lampions erleuchtet, arabische Musik und Gesang ertönen und die so ernsten Moslims werden lebendig, während sie bei Kaffee und Scherbet sich ergötzen, Nargileh (Wasserpfeife) und Tschibuk dazu schmauchend. Das sind die Tage und Nächte, die sich ins Herz schmeicheln, die in der Erinnerung fortleben und an die man auch in späterer Zeit mit heisser Sehnsucht denkt. — Und wenn wir längs des

An der Miljačka (Bendbaschi).

Bergabhanges weitergehen, die neue Strasse, die später in Serpentinen auf die Höhe zur Festung — zur sogenannten » gelben Bastion « — führt, entlang, so finden wir noch einige Kaffees mit Gärten, aber keiner besitzt für den Fremden jenen intimen Reiz, wie Bendbaschi.

Wenn ich nach Sarajevo komme, zieht mich mein Herz bald immer aus dem geräuschvollen Leben und Treiben in die alte Stadt, den » Grad «, den man von Bendbaschi aus auf einem ziemlich steil ansteigenden Wege, schneller als auf der Serpentinenstrasse erreicht. Hier, hoch oben am Berge, kann man versichert sein, noch einen Theil des alten Bosna-Saraj zu finden. In dieser von Festungsmauern umfriedeten Stadt durfte sich einst kein Christ ansiedeln; heute ist das anders geworden, aber das unverfälschte mohammedanische Gepräge hat der Ort behalten, wenn auch schon bei einem kleinen, echt türkischen Kaffeehause deutsch aufgeschrieben steht: » Hier sind Tabak und Cigarren, sowie Bier zu haben. « Da schreitet man noch durch die engen Gassen mit dem holprigen Pflaster und weicht den Pfützen aus, die sich vor einigen Häusern gebildet. Hin und wieder begegnet man einem Moslim, der verwundert und misstrauisch den Fremdling mustert, der ohnedies nur verstohlen die Augen auf die vergitterten Fenster, auf die Muscharabieh richtet, hinter denen vielleicht dunkeläugige Schöne ihr Haremsdasein vertrauern. Selbst die Mädchen, die in Sarajevo bis zum heirathsfähigen Alter unverschleiert gehen, ziehen hier ein gestreiftes Tuch vor das Gesicht, sobald sie dem Europäer begegnen, der es wagt, die Ruhe zu stören, in die Abgeschiedenheit des muselmannischen Mittelalters einzudringen.

Wie jetzt, muss es hier auch ausgesehen haben, als die Stadt durch die beiden früheren Edelleute Sokolović und Zlatarević um die Mitte des 16. Jahrhunderts gegründet wurde. Nicht in der Ebene, oben am Berge, geschützt von allen Seiten, entstand das heutige Sarajevo, das sich erst nach und nach längs der Miljačka erstreckte, als die türkische Herrschaft schon befestigt, als die prächtige Begova-Džamija erbaut worden war. Es hat zwar schon zu den Zeiten der Römer in der Ebene von Sarajevo eine Stadt » Ad Matricem « gegeben; diese lag aber wahrscheinlich

Im türkischen Viertel.

in der Nähe der Bosnaquellen, nicht weit vom Bade Jlidže, und das mittelalterliche Vrh-Bosna soll sich ebenfalls dort, mehr gegen Blažuj zu, erhoben haben. Es war der Sitz des katholischen Bischofs, während die Župane ihre Residenz auf der festen Burg Starigrad hatten, die im Osten vom heutigen Sarajevo hoch auf dem felsigen Thalrande der wildromantischen Miljačkaschlucht sich erhob und von deren einstigem Glanze nur die Ruinen von Grundvesten und Mauern zeugen. Und auch als längst die gegenwärtige Stadt bestand, da war sie nicht die eigentliche Hauptstadt Bosniens, nicht der Sitz des türkischen Vali. Die stolzen und trotzigen Bewohner gestatteten dem Pascha, wenn er Sarajevo berührte, nur einen Aufenthalt von zweimal vierundzwanzig Stunden; sonst residirte er in Travnik. Die weltliche Verwaltung Sarajevos ruhte in den Händen des einheimischen Adels. Erst nach dem Aufstande von 1831/32 schlug der Vezier Kara Mahmud seinen Sitz in der Stadt auf und liess die Goricahöhe befestigen, doch blieben die späteren Gouverneure wieder in Travnik, bis 1850 Omer Pascha für immer die Macht der Begs brach und Sarajevo dauernd zur Landeshauptstadt machte.

Und alle die zahlreichen Brände, von denen Sarajevo im Laufe der Jahrhunderte heimgesucht wurde, sie vernichteten nur immer die Unterstadt — die Varoš. Der » Grad «, die Festungsstadt, blieb verschont, auch dann, als 1697 Prinz Eugen seinen historisch denkwürdigen Zug bis Sarajevo ausführte und er die Stadt aus Strafe niederbrannte. Dieselben alten Häuser sahen damals das Flammenmeer aufsteigen; sie sahen ein gleiches 1879 und es muss sie förmlich ein Gefühl der Unzerstörbarkeit überkommen haben, weil sie aus allen Nöthen heil hervorgingen. Einen schönen Anblick bieten diese Häuser nicht, aber im Inneren sind sie stets sauber gehalten. Was mich aber in den alten Türkenhäusern der Festungsstadt, die ich sehen konnte, wohlthuend berührte, das waren die wohlgepflegten Gärtchen, die lauschigen Haine und Hecken, die man nie hinter den verfallenen Mauern vermuthet hätte. Dazu Vogelgezwitscher überall, in jedem Busch eine Nachtigal — » süss flötet der Bülbül in den Rosengärten «, wie der arabische Dichter singt. Da wäre es gut gewesen, eine Zeitlang auszuruhen von der Erdenwanderung, dem müden Kopfe Erholung zu gönnen und von einer Fatma oder Mejra bedient, bei schwarzem Mokka aus Haschisch süsses Vergessen zu trinken.

Doch bald ist man wieder ins europäische Dasein versetzt. Das Militär erinnert an das Abendland und am Višegrader Thor steht ein städtischer Beamter, der von den Bauern, die Vieh zum Markte bringen, die Verzehrungssteuer einhebt. Wir gehen schnell einige Schritte ins Freie, um wieder echt bosnisches Leben zu athmen. Am Wege liegt ein altes türkisches Kaffeehaus, ein Lieblingsort der Muselmanen. Eine Veranda hängt förmlich über einem Abgrund und eine vielhundertjährige Linde

Miljačkathal mit dem
Višegrader Thor in Sarajevo.

beschattet den ganzen Platz. Der Blick fällt von hier weit ins Miljačka- und in das Moščanicathal, wo sich bei den Quellen der Moščanica die technischen Anlagen der Sarajevoer Wasserleitung — auch einer ganz neuen Schöpfung — befinden. Dann schweift das Auge über die wundervolle Gebirgsgegend, durch die sich tief unten die neue Strasse nach Mokro, am jenseitigen Bergabhange die alte Strasse über Alifakovac nach der Kozija Čuprija — der Ziegenbrücke — schlängelt.

Dort ist es angenehm, » Kef « zu halten und, während die Rauchwölkchen des feinen Trebinjers in die Lüfte steigen, zu träumen.

Von der » Gelben Bastion « oder noch besser von der im nordöstlichen Winkel des Kastells gelegenen » Weissen Bastion « aus, oder auch von Alifakovac am linken Miljačka-Ufer muss man aber Sarajevo sehen in einer Bajramnacht. Sobald Akšam verkündet, der Glaubensspruch » La ilah il Allah, Mohammed rasûl ullah « von den Minarets in sonoren Tönen verhallt ist, da flammen überall die Lichterkränze an den Moscheen und Minarets auf. Förmliche Guirlanden kleiner Lämpchen, oft türkische Schriftzeichen bildend, ziehen sich von einem Mauernkranz zum anderen, und Sarajevo bietet mit seinen mehr als hundert Džamijen den Anblick eines Märchens aus Tausend und eine Nacht. Weit hingestreckt sieht man von der Höhe die ohnedies sehr ausgedehnte Stadt; man glaubt sie um ganze Stunden verlängert. Ringsum auf allen Berglehnen dasselbe Bild. Inmitten grüner Gärten immer wieder die Lichter einer Moschee, die Häuser nur soweit beleuchtend, dass man ihre Umrisse sieht. Wer diesen Anblick einmal genossen, wird ihn nie vergessen; er wird ihm eine der schönsten Erinnerungen für das ganze Leben sein.

Durch die Ploča-Ulica vom Kastell absteigend, statten wir der Scheriats-Richterschule, einem wundervollen maurischen Bau, der von der gegenwärtigen Verwaltung errichtet wurde, einen Besuch ab. Hier wird das mohammedanische Recht studirt, das heisst die auf das Ehe-, Familien- und Erbrecht der Islamiten bezüglichen Bestimmungen des Scheri, die in Bosnien nach der geltenden Gerichtsverfassung noch zur Anwendung gelangen.

Das Scheri — das Gesetz — ist der Inbegriff aller die Dogmatik, den Ritus, das öffentliche und private Leben der Mohammedaner betreffenden Vorschriften. Die Grundlage des Scheri, die Urquelle des moslemischen Rechtes, ist der Koran als die Verkörperung aller Vorschriften für sämmtliche Lebensbeziehungen der Mohammedaner in ihrer Gesammtheit, sowie eines jeden Einzelnen im privaten wie im öffentlichen Leben. Den einfachen patriarchalischen Verhältnissen des Volkes, dem der Religionsstifter entstammte, angepasst, erscheint es selbstverständlich, dass mit der allmälichen Verbreitung des Islam die Vorschriften des Koran nicht ausreichend sein konnten, um in allen auftauchenden dogmatischen, rituellen und rechtswissenschaftlichen Fragen als leitende Norm zu dienen. Es wurde demnach auf die Ueberlieferung aus dem Leben des Propheten, nämlich auf dessen nicht schriftlich niedergelegte, nur mündlich gegebene Lehren und dessen Handlungen (Hadis und Sunnet) als zweite Rechtsquelle zurückgegangen. (Das » Justizwesen Bosniens und der Hercegovina « von Eduard Eichler, Regierungsrath der Landesregierung in Sarajevo. Wien, kk. Hof- und Staatsdruckerei.) Hierzu kommen als dritte Rechtsquelle die einstimmigen Entscheidungen und Beschlüsse der ersten Imame, d. i. der vier ersten Nachfolger Mohammed's (Chalifen

Wasserfall Skakavac bei Sarajevo.

Abubekr, Omer, Osman und Ali) und der Mutschtehiden, zu denen insbesondere die Stifter der einzelnen Sekten und ihre vorzüglichsten Schüler gehören (Idschmai ummet) und wurde endlich in vierter Linie auf die Rechtsquelle » Kijas «, das heisst auf die in analogen Fällen ergangenen Entscheidungen der Rechtsgelehrten des Islam zurückgegangen, welche im Geiste der vorigen drei Quellen bis auf die Fetwasammlungen (Responsensammlungen) der letzten Jahrhunderte erlassen sind. Diese speziell von der Sekte der Sunniten anerkannten Quellen moslemischen Rechtes laufen aus in den Lehren des grossen Imam Abu Hanife und seiner ebenfalls berühmten Schüler Jussuf und Mohammed, welche im 8. Jahrhundert unserer Zeitrechnung lebten und welch ersterer der Gründer des nach ihm benannten Zweiges der Sunnitensekte, der Hanefiten (auch Azemiten genannt), jener Sekte ist, welche im osmanischen Reiche zur herrschenden ward. Es kann nicht im Rahmen dieser Darstellung liegen, die Einzelheiten des Scheriatgesetzes noch näher zu erörtern; es genügt anzuführen, dass die Scheriatsrichterschule in Sarajevo also die mohammedanische Rechtsakademie ist.

Scheriats-Richterschule in Sarajevo.

Von hier aus empfiehlt es sich, zur Logavina-Höhe hinaufzusteigen und dem Kloster der heulenden Derwische — der Sinan-Tekija — einen Besuch abzustatten. Diese Fanatiker, die in Bosnien wenig Achtung geniessen, sind an europäischen Besuch gewöhnt, und sie geben an Donnerstagen Abends ihre religiösen Uebungen gegen Eintrittskarten selbst den Augen fremder Damen preis. Das alte Derwischkloster liegt in einer stillen Gegend und es sieht baufällig und zerfallen aus. Man wird still, ohne Fragen empfangen, eine Holztreppe in die Höhe geleitet und nun aufgefordert, ruhig auf einer breiten hölzernen Gallerie Platz zu nehmen. Sobald sich der Blick etwas an das herrschende Dunkel gewöhnt hat, sieht man sich in einer weiten kuppelgedeckten Halle, die nur durch einige Kerzen matt erleuchtet ist. Vor der Kibla, der Gebetsnische, steht ein hagerer Greis mit weissem Barte, in gelblichem Kaftan und im grünen Turban der Scheichs. Vor ihm im Kreise etwa zwanzig Anhänger in der gewöhnlichen bürgerlichen Kleidung der bosnischen Muhammedaner. Plötzlich beginnt die Andacht, der » Zikr « (ausgesprochen Sikr).

Der Scheich — Edhem Evančiković mit Namen — singt mit schneidender lang tremolirender Stimme das Glaubensbekenntniss, welches auch der Muezzin fünfmal des Tages von der Höhe der Minarets verkündet.

Eingang zur Sinan - Tekija in Sarajevo.

Heulender Derwisch.

Dreimal nacheinander, immer eindringlicher, geht der Ruf: » Allah akbar! «
— Gott ist der Grösste — nebst dem Glaubensspruch durch Mark und
Bein. Die Derwische bewegen kurz und langsam den Kopf, jede Neigung
mit einem schweren Athemzuge begleitend. » Hajja al es-salat! « (Kommet
zum Gebete), ruft der Alte. » Hajja al el fahla! « » Auf zum Heile (zur
Befreiung)! « » Allahu akbar, la ilahe ill' Allah! « Alle Sätze werden wiederholt und die Derwische gerathen in ein immer schnelleres Tempo. Tiefer,
schleuniger bewegen sie die Köpfe, denen schon der ganze Oberkörper
folgt; die Athemzüge werden immer lauter. Noch ein Ruf, — das Athmen
wird zum Keuchen. Athmen und Bewegungen geschehen bei allen gleichzeitig auf einmal, ganz im Takte. Schon berühren die herabhängenden
Arme den Boden, das Keuchen wird zum lauten » Hu «, soviel als » Er «,
Gott. Die Extase beginnt. Einige Fez und Turbane fliegen weg, über den
Kopf und wieder zurück werfen sie die langen auf dem rasirten Schädel
in der Mitte stehen gebliebenen Haarsträhnen. In das » Hu « des Chores,
dass immer ächzender ward, mischt sich das » Allaha « eines oder des anderen
Verzückten. Der Schweiss rinnt vom Gesicht, manchem steht der Schaum
vor dem Munde; einer wird hochroth, der andere leichenblass. Nun springt
ein Jüngling in die Mitte des Halbkreises und beginnt sich mit aus-
gestreckten Armen, wie eine Spindel im Kreise zu drehen. Immer rascher
und rascher. Der Halbkreis unterbricht die Verneigungen, einen Augenblick verschnauft die Gesellschaft. Dann drehen die Derwische zuerst den
Kopf, dann den ganzen Oberkörper ruckweise abwechselnd nach rechts
und links. Diese Bewegungen vollziehen sich mit steigender Geschwindig-
keit, begleitet von wilden » Hu-Hu «-Rufen, während sich der Jüngling un-
ausgesetzt mit gegen den Himmel gerichteten Blicken und ausgebreiteten
Armen um seine eigene Achse dreht. Bleicher und immer bleicher
wird er. Schon ist er fahl wie der Tod. Die Augen schliessen sich.
Den Zuschauern schwindelt, denn länger als eine halbe Stunde dauert
das gransame Spiel. Jetzt und jetzt glaubt man, müsse der Fanatiker

zusammenbrechen, aber immer wieder ertönt der monotone Gesang des Scheich. Da hört das Geheul gleichzeitig mit den Bewegungen auf; einige der Derwische stürzen zu Boden — der » Zikr « ist zu Ende. Während nun einer der Derwische die Lichter der Reihe nach auszulöschen beginnt, nähern sich die Uebrigen, einer nach dem andern, mit dem Zeichen der innigsten Verehrung dem noch immer vor der Kibla stehenden greisen Scheich und verbeugen sich tief vor ihm. Nach der Verbeugung wird Jeder von ihm zweimal umarmt, und während der Verabschiedete sich still entfernt, tritt der Nächste an den Scheich heran. Die einfache Natürlichkeit dieser stummen Scene ist unbeschreiblich. Und immer düsterer wird es in der Halle; ein Licht nach dem andern ist erloschen, ein Derwisch nach dem andern hat sich entfernt, bis nur noch der Scheich zurückbleibt, der oberste Vertreter seines Ordens. Noch

Ambona (Predigerstuhl) in der alten orientalisch-orthodoxen Kirche in Sarajevo.

lange gellt uns der Ruf: » Hu hu, Allah akbar! « in den Ohren.

In der östlichen Fortsetzung der Čemalušastrasse liegt ganz versteckt hinter einer festungsartigen Mauer die alte serbische Kirche der heil. Erzengel. Sie stammt aus der Zeit der Gründung Sarajevos durch die Türken und sie zeigt wie der christliche Glaube sich beugen, wie er sich scheu hinter dicken Mauern verbergen musste. Da ist nichts von dem äusseren Prunk der modernen Gotteshäuser; fast in den Boden gesunken, jedenfalls tief in den Grund gebaut, ist das Kirchlein, als wolle es sich noch kleiner machen, um ja nicht die Aufmerksamkeit auf sich zu lenken, nicht die

Begehrlichkeit der Türken oder ihren Fanatismus zu reizen. Der Bau ist ganz aus behauenen Steinen aufgeführt; er hat die Form eines unregelmässigen Quadrates und weist keinerlei Schmuck auf. Der Fussboden liegt einen Meter tiefer als das Niveau der Umgebung, das Gewölbe erhebt sich nicht über 8 Meter. Im Innern der Kirche herrscht Dunkel; nur sieben kleine übereinanderliegende Fenster lassen einen Lichtschimmer einfallen. An das Kirchlein knüpft sich ein interessanter alter Brauch, der wohl auch bald in Vergessenheit gerathen wird. Im Vorhofe finden

Markthalle in Sarajevo.

sich am Ostermontag die heirathsfähigen serbischen Mädchen in vollem Putz ein, geziert mit dem ganzen Schmucke aus Gold- und Silbermünzen, aus dem ihre Aussteuer besteht. Es ist ein Heirathsmarkt in offener Form und er erklärt sich aus der früher nothwendigen Abgeschlossenheit, denn schöne Mädchen durfte man vor den Türken nicht sehen lassen. Auf der Strasse verhüllten die meisten ihr Gesicht wie die Muhammedanerinnen, und so war es nicht gerade leicht, eine Bekanntschaft zum Heirathen zu machen. Bei den reichen Klassen sorgte dafür allerdings die Geschäftsbekanntschaft des Vaters oder eine alte Verwandte, welche die Vermittlerin machte.

In derselben Strasse steht auch der Tempel der spanischen Juden, in dessen Besitz sich ein kostbarer Thora-Talmud und viele werthvolle Teppiche befinden. Die Spaniolen, wie sie genannt werden, gelten als die Nachkommen der aus Spanien vertriebenen Israeliten, die 1576 von der türkischen Regierung auch in Bosnien angesiedelt wurden. Es kamen damals 30 Familien nach Sarajevo, doch vermehrten sie sich im Laufe der Jahrhunderte ganz bedeutend und sie gründeten auch andere Niederlassungen in Travnik, Tuzla, Mostar, Banjaluka etc. Ihre Sprache ist noch immer das Spanische, doch sind sie — wenigstens die männlichen Mitglieder — auch der Landessprache und anderer europäischer Idiome mächtig. Ihr Geschäftsgeist hat ihnen meist Wohlstand verschafft, auch geniessen sie eines guten Rufes bei der andersgläubigen Bevölkerung. Frauen und Mädchen kleiden sich noch orientalisch und zeichnen sich oft durch hervorragende Schönheit aus.

Erwähnt möge hier noch die dem Stadtbahnhofe gegenüber liegende neue Markthalle sein, ein Gebäude von sehr gefälliger Bauart.

Wie bereits gesagt, scheidet die Miljačka — gewöhnlich ein lamm-frommes Wasser, zu Zeiten ein wilder Bergstrom — Sarajevo, in zwei un-gleiche Hälften. Das Geschäftsviertel befindet sich auf dem rechten Ufer, wo jetzt ein solider Quai — der Appel-Quai — den Fluss eindämmt und wo eine elektrische Bahn den Verkehr nach der Ebene vermittelt. Die Elektricitäts-station sorgt zugleich theilweise für Beleuchtung der Stadt und Gebäude. Ueber die sogenannte » Lateinerbrücke « (Latinski most) wenden wir uns auf die linke Uferseite, wo einst der Sitz sämmtlicher türkischer Behörden war. Da sehen wir zuerst die Careva-Džamija — die Kaisermoschee — eines der ältesten Gotteshäuser Sarajevos, wenngleich architektonisch keine Besonderheiten bietend. Es war stets die offizielle Moschee, auf deren Minaret an Freitagen die Halbmondsflagge wehte. In ihrem Rücken, durch einen hübschen Garten mit weitem Vorhofe getrennt, steht der neue Konak, der gewesene Palast des Vali von Bosnien, erst 1868 erbaut. Heute ist er die Residenz des Landes-Chefs und kommandirenden Generals. Dem Konak-hofe gegenüber erhebt sich das stilvolle Palais des Obergerichtes mit einem schönen von offenen Korridors umgebenen gedeckten Hofe, welcher das Oberlicht durch ein Glasdach mit gelben Scheiben erhält. Unweit davon befindet sich am Bistrik das bereits erwähnte Regierungsatelier für Teppich-weberei. Die grosse von Omer Pascha 1851 erbaute Militärkaserne steht unweit des Konaks auf dem Philippović-Platz — einst At-Mejdan — und hinter ihr beginnt der Aufstieg in die stillsten aller Türkenviertel, in die aber europäische Familien auch bereits einzudringen beginnen.

Alter jüdischer Friedhof bei Sarajevo.

Aus dem bosnischen Leben und Lieben.

An der » Tekija der sieben heiligen Brüder « — einem Derwischkloster mit den Grabmälern von sieben Brüdern, die angeblich in alten Zeiten auf Befehl eines Paschas geköpft wurden — vorüberführt ein halsbrecherischer Weg längs des Bistrik-Baches in die Bergeshöhen hinauf. Es ist die orientalische Kalderma, auf der man schreitet, die mit grossen Steinen gepflasterten Wege, die im Laufe der Jahrhunderte ausgetreten, durch die Tragthiere mit förmlichen Gruben versehen wurden. Die Steine schliffen sich ab, und es ist ein waghalsiges Turnen erforderlich, eine solche Bergstrasse zu Fuss zu passiren. Daran haben sich die Bosnier längst gewöhnt; nachgebessert ist an den Strassen in früherer Zeit nichts worden, und auch die Sarajevoer Stadtverwaltung hat bisher weder Zeit noch Geld gefunden, einen erträglichen Weg in jene Höhen anzulegen, auf denen Hausbesitzer wohnen, die aus Armuth keine Steuern zahlen können. Es ist eines der interessantesten Quartiere, die man in Sarajevo besuchen kann, allerdings

mit Beschwerden verbunden, aber es bietet Einblick in Verhältnisse, die sich schwerlich anderswo finden, in Häuserbauten, wie man sie in dieser Gebrechlichkeit in einer Hauptstadt kaum vermuthen würde, und doch auch wieder in lauschige Winkel voll wundervoller landschaftlicher Schönheit. Und ein Blick von der Höhe entschädigt für alle Mühen und Strapazen. Nicht allein auf die Stadt, meilenweit schweift das Auge in die Ebene und die sie umsäumenden Berge. Es ist eine entzückende Phantasie in Grün.

Was zuerst dem Fremden auf allen Gängen in und um Sarajevo auffällt, sind die vielen, mitten zwischen den Häusergruppen liegenden türkischen Friedhöfe. Es dürfte ihrer wohl ein halbes Hundert geben, und da sie in keiner Weise gepflegt werden, machen sie meist den Eindruck einer trostlosen Wildniss. Es fehlen die Cypressen, die in südlicheren Ländern des Islam den Verfall mit harmonischen Schatten verschleiern und kahl und nackt stehen die Steinpfeiler, die sich schief, krumm oder ganz eingesunken an beiden Schmalseiten der Gräber befinden. Jeder Stein zeigt an, welchem Stande der Verstorbene angehörte. So bezeichnet auf den alten Friedhöfen der eiförmige Turban das Grab eines Janitscharen, der gespitzte das eines Derwisch, der niedere Turban jenes eines Kaufmannes. Einzelne Denkmäler enthalten zeilenlange Inschriften und selbst kleine Säulentempel sind über den Grabstätten berühmter Persönlichkeiten errichtet. Der Friedhof auf Alifakovac ist in dieser Beziehung sehenswerth. Immer gleich bleiben sich aber die Denksteine für weibliche Personen. Ein oben spitzzulaufender bezeichnet die Ruhestätte irgend einer Gattin oder Mutter, selten nur wird ihr ein Wort liebevoller Erinnerung gewidmet. Und doch wäre es verkehrt, daraus auf Gefühllosigkeit der bosnischen Mohammedaner schliessen zu wollen. Es giebt vielleicht kaum ein innigeres, ein mehr auf das Häusliche gerichtetes Familienleben, als bei den dortigen Moslims. Vielweiberei ist gestattet, aber in Wirklichkeit kaum bekannt. Es dürfte kaum einige Dutzend Mohammedaner in Bosnien geben, die mehr als eine Frau besitzen und wo dies der Fall ist, muss jeder Frau ein eigener Hausstand eingerichtet werden. Das verursacht Kosten und am Ende hat auch der Mohammedaner meist mit einer Frau mehr als genug. Gardinenpredigten sind durchaus nicht unbekannt; im Hause führt die Frau das Regiment; meist ist sie sehr fleissig und wirthschaftlich und diejenigen Türkinnen, die auf seidenen Polstern dahinträumen, Scherbet trinken, Cigaretten rauchen und im süssen dolce far niente den Tag verbringen, sind seltener zu finden, als bei uns jene Frauen, die nicht nöthig haben, sich um die Wirthschaft zu kümmern. Die Mohammedanerinnen in Bosnien sind jedoch schlimmer daran als ihre europäischen Schwestern; ihnen fehlen Theater und Concerte, sie haben keine öffentlichen Vergnügungen. Nur gegenseitige Besuche können die Langeweile ausfüllen und Ausflüge auf schön gelegene Punkte der Umgebung, wo dann » Teferič « (mit Picknick zu übersetzen) gehalten wird. Was aber an den bosnischen Mohammedanerinnen zu loben ist, das ist ihre Ordnungsliebe, Arbeitsamkeit, ihre Fertigkeit in Handarbeiten, besonders Stickereien und — nicht zuletzt — die musterhafte Erziehung, die sie ihren Kindern angedeihen

lassen. Besser erzogene Kinder als die türkischen, und zum grössten Theil gilt dies auch für die christlichen Kinder in Bosnien, können in keinem Lande gefunden werden. Unbedingter Gehorsam, Achtung und Ehrfurcht vor den Eltern bis ins späteste Alter sind die Grundbedingungen, und Verletzung eines dieser Grundsätze ist ein Verbrechen, das den Betreffenden von jeder Gesellschaft ausschliesst. Die

Türkischer Friedhof auf Alifakovac.

Schulbildung ist noch verhältnissmässig selten, die Bildung des Herzens und Gemüthes meist vorhanden und es scheint, als ob in dieser Richtung der Islam eine sehr erziehende Wirksamkeit ausgeübt hätte.

Ueberhaupt macht man sich in Europa — auf dem Balkan spricht man von den über der Donau und Save liegenden Ländern stets als von Europa — von dem internen mohammedanischen Leben ganz falsche Vorstellungen. Man glaubt den Schilderungen irgend welcher Touristen, die, oberflächlich oder garnicht sehend, ihre Erzählungen mit nicht erlebten Abenteuern ausschmücken, lieber, als den wirklichen Kennern, die freilich so manches Geheimnissvolle ihres Nimbus entkleiden und ohne Weiteres schreiben, dass auch die Moslims trotz der Polygamie und der Abgeschlossenheit der Frauen Fleisch von unserem Fleisch sind, dass sich bei ihnen alles das findet, was wir in unserem Volksleben beobachten. Nur ein grosser Theil der Laster mangelt und das ist entschieden kein Fehler. In

Bosnien, wo sich türkische und altslavische Sitten mit einander mischen, wo man im Mohammedanismus noch unsere mittelalterlichen Gebräuche findet, ist ein Studium entschieden am lehrreichsten. Es wird sehr erschwert durch die Abgeschlossenheit und Verschlossenheit der betreffenden Kreise und es bedarf weiblicher Mithülfe, um hinter die eigentümlichen Sitten und Gebräuche, besonders in Frauenkreisen zu kommen. Eine der schönsten Sitten, sicherlich ein Ueberrest aus christlicher Zeit, ist aber das » Aschyklik, « der Damendienst oder die » süsse Minne. « Es ist das in österreichischen oder bairischen Ländern gebräuchliche » Fensterin « und wenn es auch weniger am Fenster, meist an Gartenzäunen stattfindet, so erfüllt es doch den gleichen Zweck. Zur Landessitte — zum Adet — gehört, dass türkische Frauen und Mädchen am Freitag oder auch am Montag immer in grösserer Anzahl und ohne männliche Begleitung die vorhin geschilderten Teferić-Ausflüge unternehmen. Mit Akschâm (Sonnenuntergang) ist die Rückkehr geboten und jetzt entwickelt sich in den Hausgärten, an den Hinterthüren der Häuser oder von den vergitterten Muscharabiehs aus (» Muschebak « sagt der Bosnier) ein geheimnissvolles Treiben. Am Tage der » süssen Minne « ist es dem jungen Manne gestattet, sich der Dame seiner Bekanntschaft, die er vielleicht als unverschleierten Backfisch flüchtig geschaut, in allen Ehren zu nahen und ihr in Form rechtens den Hof zu machen. Das geschieht so züchtig, so zart, dass man die Mohammedaner wegen ihres Anstandes bewundern muss. Ueber ein ganz leises Flüstern kommt das Aschyklik
nie hinaus, ein Kuss ist fast unmöglich und nur wenn die Leidenschaft dieGrenzenüberschreitet,wenn sich einer Verehelichung Hindernisse in den Weg stellen, dann wird eine Entführung verabredet, die der Landessitte entspricht, aber nicht mehr recht gebräuchlich ist. Und es ertönen hin und her süsse Liebeslieder, die den schönsten Klängen des Abendlandes nichts nachgeben. Da ist das bosnische Volk, wenn auch religiös, doch nicht national geschieden und die Frauen- und Liebeslieder gelten für Mohammedaner wie Christen.

Guslar.

Liebesidyll in der Hercegovina.

Ueberhaupt ist das südslavische Volk reich an Liedern. Während aber die Epik wenig Gefälle hat, die Handlung meist verflacht oder im Sande verläuft, ist der lyrische Schatz ein wunderbarer. Die epischen Stücke, wie sie von den bosnischen Barden zur Gusla in einer fremdartigen, halb singenden Weise mit eigenthümlichem Rhythmus recitirt werden, handeln vom Alltagsleben und den Thaten der Helden; die Siege wie die Niederlagen werden mit Breite geschildert, aber keine Freude schwellt die Brust des Sängers, kein Kummer zerdrückt ihm das Herz. Wie anders die Volkslyrik! Es ist fast unglaublich, dass diese duftenden Blüthen auf demselben Boden wuchsen. Schelmische Laune, pathetische Leidenschaft, ausgelassener Freudenüberschwang, süsse Melancholie, muthiger Trotz und hingebungsvolles Anschmiegen: für jede Regung des Gemüthes hat diese Lyrik ihre eigenen süssen Melodien. Welche innige Empfindung kommt nicht in dem Gedichte zum Ausdruck:

> » O Du Mädchen wunderschön!
> Wasche nicht die Wange Dein,
> Dass sie schneeig glitze nicht!
> Hebe nicht die Braue fein,
> Dass dein Auge blitze nicht!
> Hüll' den weissen Nacken ein,
> Dass mir nicht das Herze bricht. «

Und welche eigenthümliche Liebessehnsucht klingt nicht aus dem Liede:

> » Wenn ich denke, süsses Liebchen,
> An die Röthe Deiner Wangen,
> Dann mein Seelchen hab' ich immer
> Nur nach rothem Wein Verlangen.
>
> Doch wenn Deine dunkeln Augen
> In den Sinn mir, Liebchen, kommen,
> Wird um keinen Preis ein and'rer
> Als der dunkle Wein genommen.
>
> Und aus Trauer, auch aus Freude, •
> Trinke, singe ich und weine,
> Wanke endlich heim, beseligt
> Von der Liebe — und vom Weine. «

Und wie feurig klingt es nicht, wenn der Geliebte spricht:

> » So ein Kuss von Deinen Lippen,
> Wenn dieselben feurig küssen,
> Kann mein holdes, theures Mädchen,
> Selbst ein Wermuthsmeer versüssen.
>
> Darum küsse, holder Engel!
> Küsse endlos! Nicht versage!
> Dass je eher Du versüssest
> All das Herbe früh'rer Tage! «

Oder welche Gefühlswärme kommt nicht zum Ausdruck, wenn der Verehrer singt;

» Wenn ich heimlich Dich begleite,
Hinter Dir beseligt schreite,
Geh' ich meines Glückes Spur, —
Aber selten, selten nur!

Wenn Du mich ans Herz gezogen,
Deinen Arm um mich gebogen:
Lag ich in der Edenflur —
Aber selten, selten nur!

Wann werd' ich Dich immer küssen?
Herzen können, nicht mehr missen
— So wie ich es heute kann? —
Sage Liebchen, sage wann? «

Und der bosnische Sänger mohammedanischen Ursprungs lässt sein Mädchen sprechen:

Meine Augen — Falkenaugen sind es,
Jeder lobt und liebet diese Augen!
Doch vor Allen liebt sie Osman Aga.
Also spricht dann Osman Agas Mutter:
» Mädchen, schöne Bula Du, o Mädchen!
Schmink' nicht weiss und rosig mehr die Wangen,
Nicht verlocke fürder meinen Osman!
In's Gebirge will ich geh'n — in's grüne,
Will aus Föhren dunkle Höfe bau'n dort,
Will den Sohn einsperren in den Höfen! «

Darauf antwortet das Mädchen:

» Immerhin, o Theure, Osman's Mutter!
Meine Augen — Falkenaugen sind es,
Die erschliessen Deine Föhrenhöfe,
Führen mich zu Osman Aga dennoch! «

Und wie süss klingt nicht die Liebesklage El-Abd-Mustafas, gedichtet von Potur Uskufi aus Dolnji-Skoplje, die der ehemalige preussische Konsul in Sarajevo Dr. Otto Blau in den » Abhandlungen für die Kunde des Morgenlandes « übersetzt hat:

Wo bist Du geblieben, mein trautestes Lieb ?
Lang' schon ist's her und ich sah Dich nicht!
Bei Allah, Du bist mehr als das Leben mir lieb.
Lang' schon ist's her und ich sah Dich nicht!

Lang' schmacht ich, o Herz, Dich einmal zu umfah'n,
Ich seufze, seit Dich meine Augen nicht sahn;
Mein Herz sehnt nach Dir sich, o glaube daran!
Lang' schon ist's her und ich küsste Dich nicht!

Ich sag' Dir; o Du meine Seele und Wonne,
Du bist wie ein Sträusslein von Rosen so schön.
O flieh' nicht vor mir, meine strahlende Sonne!
Lang' schon ist's her und ich sah Dich nicht!

Dem Blatte gleich welk' ich, mein Herzblatt, um Dich.
Mein Auge weint Ströme von Zähren um Dich.
O Kaduna (Herrin), vor Kummer verzehre ich mich!
Lang' schon ist's her und ich herzte Dich nicht!

Die Wange Dein blüht wie ein Waldröslein roth,
Schwarzdrossel zum Schmuck ihren Frohsinn Dir bot.
Wer Dich liebt, dem thät eine Schlinge wohl noth!
Lang' schon ist's her und ich umschlang Dich nicht!

Verbirg Dich vor mir nicht, o komm' doch heraus,
Sonst hauch' ich mein Leben noch ohne Dich aus!
Wo bist Du mein Schatz, sprich, wo hältst Du jetzt Haus?
Lang schon ist's her und ich küsste Dich nicht!

Uskufi wird für den bedeutendsten der älteren mohammedanischen bosnischen Dichter gehalten. In Konstantinopel sind seine Dichtungen in türkischer Sprache und Schrift erschienen. In Skoplje am Vrbas zeigt man noch sein ehemaliges Heim und auf der Ruine von Prusac, von der man einen prachtvollen Anblick auf das blühende Thal und die Höhen der Čardak-Planina geniesst, sein Lieblingsplätzchen. Und welcher Zauber liegt nicht in jenen Versen, die gleichfalls türkischen Ursprungs sind:

Ich will nicht, dass der Mond Dein Antlitz sieht,
Wenn er zur Nacht an Dir vorüberzieht,
Und dass des Tages Sonne Dich erwärmt,
Indess sich Mehmed weinend um Dich härmt.

Ich will nicht, dass der Regen Dich ergötzt,
Wenn alle andern Blumen er benetzt.
Ich will nicht, dass Dich Deine Mutter liebt,
Und dass sie ihrem Kinde Küsse giebt!

Ich will dein Mond und deine Sonne sein,
Und dürstet dich, bin ich der Mundschenk dein.
Ich will dich lieben, jetzt und immerdar,
Und will allein dir küssen Mund und Haar.

Oder in jenen:

Du waschendes Mädchen am plätschernden Fluss,
Nur eine Minute mir schenke,
Und lüfte den Schleier zum freundlichen Gruss,
Damit ich der Einen gedenke:
Die meiner Seele Glück.
Ich reise so traurig durchs blühende Land,

Die Schritte zur Ferne ich lenke.
Lass drücken die hennarothfärb'ge Hand,
Damit ich der Einen gedenke:
Die meiner Liebe Glück.

Erschrick nicht, du Spröde, und grolle mir nicht,
Zu Boden die Augen nicht senke,
Wenn zärtlich ich küsse dein rosig Gesicht,
Damit ich der Einen gedenke:
Die meiner Seele Glück.

Und so schreiten wir aus den Höhen Sarajevos wieder in die Strassen zur Miljačka hinab und statten dem Ghazi Isa-Bade einen Besuch ab. Hier ist alles neu und modern, aber die Einrichtung des türkischen » Hamam « ist geblieben. Ein anderes Bad befindet sich unweit der katholischen. Kathedrale und dieses ist noch gänzlich im ehemaligen Zustande. Von aussen betrachtet, ist dieses Badehaus nur durch seine über verschiedenen Theilen der Bedachung sich erhebenden Kuppeln und durch ein grösseres Portal von einem gewöhnlichen besseren Wohnhaus zu unterscheiden. Durch eine mit einem schweren Vorhange bedeckte Thür betritt man das Vorgemach oder die Vorhalle, welche sehr geräumig und hoch ist. Rings an den Wänden ist eine durch mehrere Stufen zu ersteigende hölzerne Estrade angebracht, die durch senkrecht gestellte hölzerne Gitterwände in mehrere Räume getheilt ist. Diese Abtheilungen, deren Boden für die ärmere Klasse bloss mit einem Teppich bedeckt ist, dienen zum Auskleiden. Badegäste, die einem höheren Stande angehören, und deren Aeusseres eine bessere Bezahlung hoffen lässt, finden in dem angewiesenen Auskleideraume, der auch auf Wunsch durch eine hölzerne Gitterthür abgeschlossen werden, kann, einen Divan. In der Mitte der Vorhalle befindet sich ein Bassin, mit einem Springquell. Ist nun der Badegast in den Auskleidekäfig getreten, so wird ihm durch den Badediener eine weite farbige Schürze und ein grosses weisses Tuch gereicht, das zur Bedeckung des Ober- und Unterleibes dient. Ein paar Pantoffeln — sogenannte » Nanule « — die nur aus einer zolldicken hölzernen Sohle und aus daran genagelten zollbreiten ledernen Riemen bestehen, vervollständigen die Badetoilette. Der Gebrauch der hölzernen Pantoffeln ist unbedingt nothwendig, da die Baderäumlichkeiten mit Steinplatten bedeckt sind, die unterirdisch erhitzt werden.

Die Neuzeit in Sarajevo.

onsequent verfolgen wir wieder den Weg nach Westen. Gehen wir von dem Ghazi-Isa-Bade über den Philippović-platz, so kommen wir in die Terezija-Strasse, in der sich das k.k. Militär-Knaben-Pensionat befindet, in dem bosnische Zöglinge und solche von Beamten und Offizieren die Grundlage zum Besuche von Truppenschulen und Kadettenanstalten des österreichisch-ungarischen Heeres erhalten. Die Anstalt, die auch mit einem Externat verbunden ist, hat bisher sehr segensreich gewirkt.

Und schreiten wir weiter, so kommen wir längs des Wassers, durch neue im Entstehen begriffene Stadttheile an Stelle ehemaliger baufälliger Hütten, nach einem etwas abseits gelegenen kühlen Grunde — nach Kovačić. Dieser Punkt ist für alle Biertrinker (und welcher Deutsche wäre dies nicht) von historischer Bedeutung, er ist die Geburtsstätte der bosnischen Bierbereitung. Und das Bier hat in Bosnien schnelle Verbreitung gefunden. Die Hercegovina produzirt vorzüglichen Wein; in Bosnien macht man aus den Zwetschken Slivovitz, den meist leichten Branntwein (Rakija), das Bier musste aber erst eingeführt und zu einem der Nationalgetränke erhoben werden. In den Städten ist dies gelungen und zwar datiren die Anfänge schon aus türkischer Zeit. Wer heute erfährt, dass in Sarajevo drei Brauereien bestehen, die jetzt als Aktienbrauerei in ein grosses Unternehmen vereinigt sind, wird kaum an eine frühere türkische Stadt denken. Und andere Brauereien sind in Mostar, Banjaluka, Tuzla u. s. w. entstanden, selbst in dem kleinen Višegrad hatte ein aus Serbien gekommener Deutscher eine kleine Brauerei gegründet. Sarajevo aber war schon eine Bierstadt, ehe die schwarzgelben Fahnen auf dem Kastell wehten.

 Zigeuner-Džambas (Pferdemakler) aus Sarajevo.

Fünfzehn Jahre vor der Okkupation etwa errichtete ein unternehmender Israelit aus Gradiška, Feldbauer, die erste Brauerei in Kovačić. Das erzeugte nicht geringe Aufregung; alle religiösen Bande des Islam schienen gelöst, der Vali von Bosnien war der erste Gast in der Brauerei, der das vom Koran nicht verbotene Getränk mit einem Becher voll goldener Liras bezahlte. Und sie kamen alle nach und nach und kosteten das internationale Getränk. Es wurde ein Drängen in den beschränkten Räumen der Brauerei und im Freien, und alle nationalen und religiösen Streitigkeiten wären vielleicht ertränkt worden im goldenen Gerstensaft, wenn die bosnischen Christen sich in die Gläser so versenkt hätten, wie die Mohammedaner. Da kam das Verhängniss. Der Bach, welcher der Brauerei das Wasser lieferte, wurde abgeleitet. Die Streitigkeiten dauerten lange Zeit, Feldbauer konnte den Prozess nicht zu Ende führen, — so ging das Brauhaus ein und der Pionier zog von dannen. Nun kam aber die schreckliche bierlose Zeit über das stolze Bosna-Saraj. Erst als in Lukavica jenseits des Trebević ein noch heute bestehendes, mehr als primitives Brauhaus errichtet wurde (das Getränk ähnelte dem Kärtner » Steinbier «), besserten sich die Verhältnisse etwas. Dann kam ein Slovene, Gerdoutsch; der im Jahre 1870 die Brauerei in Kovačić wieder eröffnete. Für die Biertrinker von Sarajevo begannen nun goldene Zeiten. Am Tage sassen die türkischen Offiziere und Beamten im kühlen Grunde des Kovačić-Brdo, am Abend kamen die verschiedenen Konsule und Konsulatsbeamten, am Sonntag aber sorgte die Fremdenkolonie, hauptsächlich die ziemlich starke österreichisch-ungarische, dafür, dass das Brauhaus nicht in Vergessenheit geriet. Und wenn die Tage der Fastnacht kamen, da ertönte aus den oberen Wohnräumen Musik, da drehte sich Alles, was europäisch war, im lustigen Reigen. Man kannte damals noch nicht den Kastengeist. Jeder Fremde war dem andern gleich, die Konsule standen mit ihren Staatsangehörigen auf gutem Fusse und die gesammte Fremdenkolonie bildete eine grosse Familie, die sich gegenseitig unterstützte und sich gemeinschaftlich unterhielt.

Das waren die Glanztage des Brauhauses von Kovačić, und wenn auch der mehrjährige Aufstand in Bosnien und der Hercegovina wie der russisch-türkische Krieg manchmal einen grellen Misston in das harmonische Zusammenleben warfen, so hatten die Fremden doch weniger darunter zu leiden, und die Krajna sowohl wie die Zubci und die Suttorina waren ja weit von Sarajevo entfernt. Was brauchte man sich beim Bier um die Schlächtereien zu kümmern, die an den Grenzen vorkamen? Die Truppendurchzüge nützten dem Brauhause. Bald war arabischer, bald anatolischer oder rumelischer Besuch da. Die Brüder Albanesen stellten sich so gut ein wie die bulgarischen Pomaken und die Nubier verschmähten ebenso wenig das braune » schwäbische « Getränk, von dem der Prophet noch nichts wusste. Hier verkehrten Mustafa Assim und Mazhar Pascha, Hafiz und Osman Pascha, der » Löwe von Plewna «, Sulejman Pascha, der durch seinen blutigen Zug durch Montenegro und seine Forcirung des Schipkapasses bekannt gewordene General. Hier war aber auch vor seinem bei Muratovica erfolgten Heldentode der melancholische Mustafa Dschellal-Eddin Pascha täglicher Gast. Nie sprach er mit Jemand. Vielleicht dachte er an sein polnisches Vaterland, vielleicht ahnte er sein Ende voraus!

Da kam die Okkupation! Die kaiserlichen Truppen überschritten die Save, in Sarajevo organisirte der Revolutionsausschuss den Widerstand. Die Wogen der Bewegung gingen hoch. Niemand dachte an einen Besuch des Brauhauses; Hadži Lojo war der Volkstribun der Hauptstadt. Oeffentlich wurde ausgetrommelt, dass ein Christenkopf nur noch einen Para koste, Tag für Tag gingen die angeblichen Vertheidiger ihres Vater-

landes nach Vranduk und Zenica ab. Das österreichisch-ungarische General-
konsulat hatte man schon am 30. Juli 1878 gezwungen, die Stadt zu verlassen,
sich mit den Staatsangehörigen über Mostar nach Metković zu wenden.
Wer konnte, schloss sich der Karawane der gezwungenen Auswanderer an
und unser Brauer von Kovačić war unter den Fliehenden. Gleich den
anderen Geschäftsleuten verschloss er einfach die Gebäude und empfahl
seinen Besitz dem Schutze des Himmels. Als aber der Besitzer nach der
Besetzung Sarajevos zurückkehrte, fand er zerstörte Braupfannen und nur
die Trümmer seiner Habe....... Da kam der Winter. Das Brauhaus wurde
wieder eröffnet, und eine wahre Wallfahrt begann auf dem damals elenden
Wege mit seinen Löchern und Untiefen, seinen schadhaften Brücken und
dem bodenlosen Schmutz. Da ging es lustig zu, und wenn die Dunkel
der Nacht sich über Kovačić herabsenkten, wenn die meisten der Gäste
nach Hause gegangen waren, weil sie den Weg fürchteten, da blieb in
einem der oberen Eckzimmer noch oft eine fröhliche Gesellschaft zusammen
— eine Gesellschaft, die heute über alle fünf Welttheile zerstreut ist ...
Und im nächsten Sommer verschönerte sich der Garten, und es wurde
gebaut, Militärmusik spielte und Sonntags strömte halb Sarajevo nach
Kovačić. Heute ist das Brauhaus als solches verschwunden; es ist eine
Mälzerei der Aktienbrauerei und die Sonntagsvergnügen würden nicht
mehr so angenehm sein, weil Steinbrüche und Ziegelbrennereien in der
Nähe angelegt sind. So schreitet die nachkommende Civilisation immer
über eine frühere Kulturepoche, aber man braucht dies in Sarajevo nicht
zu bedauern, denn hier blüht wirklich neues Leben aus Ruinen, und die
Erbschaft von Kovačić ist auf Aschenbrenners Brauerei in der Košova
übergegangen.

Und draussen in der Ebene von Sarajevo liegt noch eine Anstalt,
die in ihrer Gesammteinrichtung vorläufig wenig Konkurrentinnen in Europa
hat. Es ist das neue Landes-Spital. Geht man die Strasse nach Koševo
entlang, so taucht auf einmal zwischen dem Laubwerk der niedrigen Sträucher
und Bäume eine ganze kleine Villenstadt auf, die in nichts den düsteren
Eindruck hervorruft, den man gewöhnlich mit dem Begriffe » Spital « in
einer Grossstadt verbindet. Die Anlage geschah zwischen Feldern und
einem Bache in höchst gesunder Gegend, von der Peripherie der Stadt
etwa einen Kilometer entfernt. Neuangelegte Strassen sind mit Alleen
bepflanzt und für Erweiterungen ist mehr als genügend Terrain vorhanden.
Die Anstalt ist im Pavillonsystem erbaut und zwar ist die Decentralisation
vollkommen durchgeführt, nur das Aufnahmegebäude ist in Folge des
Operationssaales mit der chirurgischen Abtheilung einerseits und der Symmetrie halber mit einem internen Pavillon andererseits durch Promenaden-
gänge verbunden. Die Gebäranstalt ist abseits von dem nächsten Pavillon
am höchsten gelegen. Der weite zwischen und um die einzelnen Gebäude

verbliebene Flächenraum ist
durchwegs zu Gartenanlagen
umgestaltet, doch sind die
Anpflanzungen nirgends bis
unmittelbar an die Aussenmauer der Pavillons heran-
gerückt; überall ist ein einen
Meter breites Trottoir und
vor den Eingängen ein genü-
gender Kiesplatz zum Hinaus-
stellen von Kranken in den
Betten freigelassen. Die Anlagen zwischen den Pavillons
haben, abgesehen von den
einfachen Baumreihen
sämmtlicher Strassen, keine
grösseren, die Luftbewegung
hemmenden Bäume, sondern
bestehen aus Rasenflächen,
Ziersträuchern und niedrigen
Bäumen, welche verschieden-
förmig zu laubenartigen Sitz-
plätzen angeordnet sind. Die
grösseren freien Plätze sind
mit Waldbäumen bepflanzt.
Das Leichenhaus ist durch
Einfriedung sowohl nach der
Strasse, wie auch nach der
Anstalt abgesondert worden.
Ueber die Lösung aller architektonischen und konstrukti-
ven Aufgaben urtheilen zu
wollen, wäre gewagt, doch
darf man wohl sagen, dass
wir einer von ungewöhnlich
reicher technischer Empirie
zeugenden Arbeit gegenüber-
stehen. Die Schönheit der
Formen, die Gestaltungskraft
der grossen Auffassung und
die Pracht in der Gesammt-
wirkung muss man den Er-

Landesspital in Sarajevo.

bauern zuerkennen. Durch die Wirkung der kontrastvollen Horizontal-
linien, der Silhouetten, der gleichgeneigten Flächen der Dächer und der
proportionirten Giebel ist ein Effekt erzielt worden, welchen vielleicht
keine zweite ähnliche Anlage der Neuzeit aufzuweisen hat Die ver-
bauten Flächen betragen ca. 6500 m² und die Mitte der Anlage bildet
das Aufnahmsgebäude mit einem schön gestalteten Vorsprung von drei
Giebeln, mit einem Schlaguhrthürmchen gekrönt und von drei Giebeln
flankirt. Die zu beiden Seiten des Mittelbaues angeordneten Verbindungs-
gänge treten um ein Bedeutendes zurück und werden einerseits vom internen,
andererseits vom chirurgischen Pavillon, die mit Risalitgiebeln geschmückt
sind, flankirt. Gegenüber steht das Wohnhaus der Aerzte, und pylonen-
artig nach rechts und links abzweigend entwickeln sich die übrigen vier
Krankenpavillons, das Wärterinnen-Wohnhaus und parallel zum Aufnahmegebäude die drei Oekonomie- und verschiedene Wirthschaftsgebäude.
Abseits gelegen ist das Leichenhaus und das Verbrennofenhäuschen;
südlich und nördlich je ein Portierhaus. Die Anstalt ist für 250 Kranke
berechnet. In der inneren Ausstattung sind eine Menge Neuerungen zu
finden. Hervorzuheben sind die Canalisirung in Betonrohrkanälen mit
Monierwänden und eigenartigen Syphons gegen Rückschlag der Kanalgase.
Niederschlag, Wasch- und Spülwasser wird in besonderen Kanälen abgeführt
und sind sämmtliche Abläufe und Kanalverschlüsse mit Syphons gegen
das Aufsteigen der Gase versehen. Die Heizung geschieht in den Kranken-
sälen mittelst Ventilations-Füllreguliröfen mit Aussenluftzufuhr in Kanälen,
sonst mittelst Kachelöfen; in den drei Oekonomiegebäuden mittelst Dampf.
Die Trink- und Nutzwasserleitung, von der städtischen Leitung abgezweigt,
liefert pro Tag und Kopf 500 Liter. Als Beleuchtung wurde elektrisches
Licht gewählt. Die Warmwasserbereitung für die Wannenbäder in den
Pavillons, mit Ausnahme jener im Badhause, geschieht mittelst der Patent-
öfen, in welchen gleichzeitig die Batterie anmontirt ist. Für die Wasch-
tische, Spülgefässe, fahrbaren Wannen und Operationstische geschieht dies
mittelst Reservoir-Mantelöfen mit Expansions-Rerservoir direkter Speisung;
die Warmwasserbereitung für die Oekonomiegebäude in Reservoirs, die mit
Dampf gespeist werden. Es wäre noch Vieles zu erwähnen über die eigenartige
Ausführung der Operationssäle, die vorzüglich ventilirten und geräumigen
Krankenzimmer, über die Küchenräume, die Leichenhausräume, besonders
über die Prosectur-Maceration und Entfettung, über das bacteriologische
Zimmer, die amerikanischen Eiskeller mit den Kühlräumen, die Apotheke mit
dem Laboratorium u. s. w., doch möge es bei dem Vorstehenden bewenden.
Um den Botendienst zu erleichtern, führt das Telephon zum neuen Polizei-
gebäude in der Stadt. Das Mobiliar besteht fast nur aus Glas und Eisen.

Das neue Landes-Spital ist an Stelle des früher bestandenen Vakuf-
spitals getreten, das den gesteigerten Bedürfnissen nicht mehr entsprechen

konnte. Es dient selbstverständlich den Ansprüchen aller Konfessionen, und für Mohammedaner ist ganz gesonderte Küche eingeführt.

Und von was soll ich noch erzählen von Sarajevo? Von seiner Handels- und seiner vorzüglichen technischen Mittelschule, die bereits im Jahre 1889 gegründet wurde oder von dem Klosterpensionat der Töchter der göttlichen Liebe? Von den neugegründeten Wohlthätigkeitsvereinen, dem Gesangverein, dem Frauenverein, den Volksküchen oder dem Touristenverein? Es fehlt nichts in der bosnischen Hauptstadt und sogar eine heimische Volksbank ist gegründet worden, die Spareinlagen übernimmt und bisher recht segensreich wirkt. Vor Kurzem wurde auch eine privilegirte Landesbank für Bosnien und die Hercegovina mit 20 Millionen Kronen Gründungskapital errichtet. Die verschiedenen im Lande gegründeten Sparkassen sind von bestem Einfluss auf das Volk gewesen, das eine fruchtbringende Anlage seiner Gelder — mit Ausnahme der wucherischen Geschäftsleute — gar nicht kannte. Besonders die Sparkasse in Brčka an der Save hat sich zu einem namhaften Geldinstitut entwickelt.

Die Privat-Bauthätigkeit ist in Sarajevo, das nach der Volkszählung von 1895 41173 Einwohner zählt, ungemein rege; sie war aber auch sehr nothwendig, da der Wohnungsmangel für die europäische Bevölkerung schon zu einer Kalamität geworden war und die Miethszinse eine kaum glaubliche Höhe erreicht hatten. Bemerkenswerth sind besonders die Bauten des Pensionsfonds der Landesbeamten, der auch am Džidžikovac ein förmliches Villenviertel aus stockhohen Wohnhäusern in ländlicher Architektur aufführen lässt. Gegenwärtig bestehen in Sarajevo elf Ziegeleien, welche theils in Ring-, theis in Feldöfen jährlich zusammen ungefähr 18 Millionen Ziegel brennen. Obenan steht hier die industrielle Anlage des Ingenieurs Braun, von dem im Jahre 1884 der erste Ringofen in Bosnien erbaut wurde. Sein bedeutendes Unternehmen umfasst ausser der Herstellung von Dach- und Mauerziegeln (zwei Ringöfen) Thonwaaren, Klinkerund Steingutröhren, auch eine Sägemühle, Parquettböden-Erzeugung, Bautischlerei und ein Zimmermeistergeschäft. Ueberall herrscht reges Leben, ein kräftig pulsirender Verkehr, der in den steigenden Ziffern des städtischen und des Landesbudgets zum Ausdruck kommt.

So hätten wir unseren Rundgang durch Sarajevo beendet. Wir steigen nun beim alten Magistratsgebäude vorüber auf einem etwas steinigen Fusswege noch auf die Hrid-Höhe, die auch » Stadtwäldchen « genannt wird. Gegen die Miljačka zu steht hier auf einer vorgeschobenen Kuppe ein kleiner Aussichtsthurm; weiter aufwärts befindet man sich auf der Kammlinie der die Miljačka begleitenden Höhen und nun wechseln Wiesen mit grösseren oder kleineren Gebüschen ab, dazwischen ein eingefriedetes Gehöft — eine Idylle inmitten rauher Berge. Auf dem Wege zum Stadtwäldchen ist ein türkisches Kaffeehaus, das vorzüglichen Mokka braut. Die Aussicht von dort ist überraschend schön.

Den sogenannten Appelweg verfolgend, der sich rechts hinter dem Magistratsgebäude in die Berge zieht, erreicht man in 1½ Stunden die Velika Kapa, einen der lohnendsten Aussichtspunkte, einen hohen spitzen Kegel. Dann gelangt man an die Schlucht des Bistrik-Potok, die den Gebirgs-stock des Trebević von den ihm vorgelagerten Höhen scheidet. Von der Kapa aus führt ein Reitweg auf den Gipfel des Trebević, 1629 Meter über dem Meere. Der Aufstieg von der Stadt dauert über vier Stunden, in seinem letzten Theile durch Wald und Wiesen mit Hochgebirgsflora.

Touristenhaus am Trebević.

Die Fernsicht vom Trebević gegen Norden und Westen ist fast unbegrenzt; gegen Süden breitet sich das Hochplateau der Jahorina aus, umschlossen von einer Kette bewaldeter Berge. An den spitzen Kegel des Kmor bei Foča reihen sich die ungeheuren Wellenformationen des Volujak, der massive Stock des Maglid, die zerklüftete Kammlinie der Treskavica und die Umrisse der Bjelašnica. In weiter Ferne sieht man bei klarem Wetter den dreitheiligen Gipfel des Dormitor in Montenegro. Im Norden und Osten fällt der Blick auf die dunkeln Waldungen der Romanja-Planina, die wir bei weiteren Reisen noch des Näheren kennen lernen werden. Der Touristenklub in Sarajevo hat auf dem Trebević ein Schutzhaus er-baut und Reisende sind am besten berathen, wenn sie sich vor Antritt der Tour an den Klub wenden. Zum Abstieg kann man einen anderen

Weg auf dem linken Hange des Bistrik-Baches wählen. Da geniesst man noch einmal den vollen Ueberblick über Sarajevo und man kann sich das wundervolle Bild für ewig in's Gedächtniss prägen.

Ein weiterer für Touristen sehr empfehlenswerther grossartiger Aussichtspunkt ist von der Station Pazarić der Bahnstrecke Sarajevo-Mostar aus auf Reitwegen in wenigen Stunden zu erreichen: es ist das im Jahre 1894 errichtete meteorologische Observatorium auf dem 2067 Meter hohen Gipfel der Bjelašnica, in welchem sich auch Touristenzimmer befinden. Das Observatorium ist die einzige meteorologische Höhenstation auf der Balkanhalbinsel. Es bietet sich hier eine Fernsicht, wie auf wenigen anderen Gebirgsspitzen des Landes, bis weit nach Montenegro und in das Paschalik Novibazar, abgesehen von den prächtigen Panoramen der näheren bosnischen Gebirgs- und Waldwelt. Von Bad Ilidže oder vom Dorfe Hrastnice aus kann der Ausflug auf die Bjelašnica auch ganz zu Pferde oder zu Fuss auf romantischen Pfaden unternommen werden, doch erfordert diese Tour zwei Tage.

Observatorium auf der Bjelašnica.

Eine Perle Bosniens.

Als einen Theil von Sarajevo muss man heute das in der Nähe gelegene prächtige Bad I l i d ž e betrachten. Während der Badesaison vom 15. Mai bis 15. September, aber auch früher und später, finden förmliche Wallfahrten dorthin statt und die Züge der Lokalbahn, die fast ununterbrochen verkehren, sind meist gut besetzt. Die Fahrt dauert 15 Minuten, mit Wagen eine Stunde. Rechts und links der Strecke schweift der Blick über Felder und Wiesen zu den Abhängen der Berge; Landhäuser türkischer Grundbesitzer wechseln mit kleineren Bauernhäusern, die hier schon einen europäischen Anstrich tragen, und mit Interesse ruht das Auge auf all den Neuanlagen der Ebene von Sarajevo. Dann kommt links die landwirthschaftliche Station Ilidže oder Butmir, weltberühmt geworden durch die dort gemachten neolithischen Funde, die das Erstaunen der europäischen Gelehrten erregen und über welche die Zeitschrift des Landesmuseums die umfassendsten Auskünfte giebt. Die landwirthschaftliche Anstalt ist eine ganze Häusergruppe. Der eigentliche Wirthschaftshof umfasst die beiden Viehstallungen sammt Futterkammern und Schüttböden, ein Molkereigebäude mit angebautem Eiskeller sammt Dampfkessel, Futterdämpfapparaten, Wasserreservoirs u. s. w. Für die Beamten und die einheimischen landwirthschaftlichen Zöglinge ist ein hübsches Wohnhaus errichtet, an dem letztere

---

Kopfleiste: Landwirthschaftliche Station Butmir.

Bad Ilidže.

gleich lernen können, wie man eigentlich wohnen soll, wenn man des Tages Last und Hitze getragen hat. Von hier und aus den übrigen landwirthschaftlichen Anstalten des Landes, auf deren einzelne wir noch gelegentlich zu sprechen kommen, sollen jene Pioniere hervorgehen, die Bosnien auf eine höhere wirthschaftliche Stufe zu bringen bestimmt sind. Hier wird der praktische Unterricht aber nicht nur an Lehrlinge ertheilt, er wird auch den erwachsenen Bauern durch Unterweisung gegeben; es werden ihnen zur Kreuzung Nutzthiere besorgt und auch umsonst übermittelt, Möllthaler, Wippthaler oder ungarische Kühe, Zuchtochsen und hauptsäch-

Bauer aus dem Sarajevskopolje.

lich auch bessere Pflüge, die an die Stelle der bisherigen antidiluvianischen treten müssen. Daneben wird auch die Gärtnerei berücksichtigt und in Ilidže-Butmir ist ein nettes Gärtnerhaus, ein Glashaus und eine sehenswerthe Bewässerungsanlage für die Gemüsegärten errichtet worden. Die Anstalt besitzt einen guten Abnehmer für ihre Erzeugnisse an dem Bade Ilidže selbst und an Sarajevo. Butter und Milch — einst zwei sehr rare Artikel in Sarajevo — werden in grossen Quantitäten geliefert.

Und wenn man weiterfährt, erblickt man nicht weit von der Station Ilidže einen neuen Beweis des Fortschrittes: eine Volksschule und ein Wohngebäude für Lehrer und Lehrerinnen. Beide Häuser sind im Renaissancestil sehr geschmackvoll erbaut. Das eigentliche Schulgebäude besteht aus einer Abtheilung für Knaben und getrennt hiervon aus der Mädchenabtheilung. Jede Abtheilung enthält zwei grosse Klassenzimmer. Da diese Schule für die im Sarajevsko-Polje wohnenden schulpflichtigen Kinder mit bestimmt ist, wurde für die vom Schulgebäude entfernter wohnenden Kinder durch Unterkunftsräume, Küchen und Vorrathskammern Sorge getragen. Kaum eröffnet, wurde diese interkonfessionelle Schule bereits von über 100 Kindern besucht.

Der Zug überschreitet vor seiner Ankunft
in der Station die Željeznica auf einer Brücke
und hält endlich vor einem hübschen Bahn-
gebäude. Wir sind in Bad Ilidže,
in seiner gegenwärtigen Gestalt
eine Schöpfung des Reichsfinanzministers v. Kállay.
Die Quelle selbst war
schon den Römern be-
kannt, die hier grössere
Badeeinrichtungen be-
sassen. In der Türken-
zeit wurde das Wasser
ebenfalls benutzt, doch
waren die Anlagen mehr
als primitiv. Ueber dem
Bassin erhob sich ein einfacher Bau, der in nichts
verrieth, dass man sich
in einem Badeorte be-
finde. Für Unterkunft
sorgten einige türkische
Hans (Einkehrwirthshäu-
ser), doch fehlte jede Be-

Hotels.
Die Quelle in Bad Ilidže.

quemlichkeit. Ich lernte das Bad noch in seiner Ursprünglichkeit kennen
und am Morgen der Erstürmung von Sarajevo, am 19. August 1878,
während die Kanonen von den Höhen gegen die Stadt und die Stellungen
der Insurgenten donnerten, nahm ich mit zwei Kollegen in Ilidže ein Bad.
Eine Stunde später überfiel eine fliehende Streifkolonne der Aufständischen
den Ort und wir konnten Gott danken, der Niedermetzelung entgangen zu
sein. Die nach der Okkupation eingetretene Entwicklung von Sarajevo,
der Zuzug fremder Bevölkerung, äusserte auch seine Wirkung auf das Bad.
Es wurden einige Bauten durch Dr. Kötschet und einen serbischen Kaufmann ausgeführt, die von der Landesregierung das Bad gepachtet hatten,
es wurden einige Anlagen geschaffen, aber bald genügte der vorhandene
Raum nicht den gesteigerten Ansprüchen und so nahm die Regierung
die Angelegenheit in ihre Hand.

Heute kann sich Ilidže getrost den besseren europäischen Badeorten
an die Seite stellen. Seine Lage inmitten eines schönen Parkes am Ufer
der Željeznica, überragt von dem 1248 Meter hohen, dicht bewaldeten
Igman, ist unvergleichlich. Unmittelbar aus dem Parke führt eine 3½ km
lange Promenade mit Fahr- und Reitallee zu den wunderbar romantisch

gelegenen Quellen der Bosna am Fusse des Igman. Eine Unzahl Quellen — nach einigen etliche dreissig, nach anderen mehr als doppelt so viel — vereinigen sich und wenige Schritte abwärts bilden sie bereits einen ansehnlichen Fluss. Unter prächtigen alten Bäumen ist ein türkisches Kaffeehaus errichtet und hier können die Besucher in unverfälschter Gebirgsnatur schwelgen. Eine spottbillige Omnibusverbindung vermittelt einen bequemen Verkehr mit Ilidže. Auch ein Aussichtsthurm ist am Ende der Fahrstrasse erbaut. Ein anderer genussreicher Ausflug ist zu dem am Bergabhange gelegenen mohammedanischen Orte Hrastnice und der gleichnamigen Quelle, einem Idyll im Walde. An der Quelle wurde ein reizender Punkt zum Ausruhen geschaffen. Für Nimrode bietet der Igman noch immer genügend Wild und in den entfernteren Partieen sollen noch Bären zu finden sein. Einige zahme Exemplare zeigt der Bärenzwinger im Badepark, wo auch eine Volière riesige Exemplare einheimischer Adler und Raubvögel enthält.

Im Jahre 1893 wurde durch Bohrungen eine neue Quellenspalte erschlossen, aus der ein mächtiger Sprudel zu Tage tritt, der in 24 Stunden eine Wassermenge von 13 800 Hektoliter liefert. Das Wasser besitzt eine Temperatur von 58° C. und ist nach der vom Hofrath Professor Dr. Ludwig in Wien vorgenommenen Analyse charakterisirt durch einen beträchtlichen Gehalt an Glaubersalz, Chloriden, doppelkohlensaurem Kalk und freier Kohlensäure. Von Schwefelwasserstoff und unterschwefliger Säure enthält es nur wenig. Zur Erzielung der für die Bäder erforderlichen Temperatur des naturheissen Thermalwassers wurden zwei grosse Kühlbassins angelegt, in die das Thermalwasser geleitet wird. Die Therme von Ilidže, die bis auf den Eisengehalt dem Wasser der Quelle Ficoncella in Civitavecchia

Bosnaquelle.

(54° C.) ähnlich ist, muss zweifellos zu den werthvollsten heissen Mineral-
quellen gerechnet werden. Ihr Wasser ist nach seiner chemischen Zusammensetzung nicht nur für Bäder, sondern auch vortrefflich für den
inneren Gebrauch geeignet.

An Bade-Etablissements bestehen: das sogenannte » Altbad « mit 14
modernen Cabinen, die 16 Porzellan-Badewannen enthalten; das » Neubad «,

Sonntag-Nachmittag an der Bahnstation in Ilidže.

welches am 1. September 1893 eröffnet wurde, besteht aus einem Mittel-
bau mit zwei symmetrischen Flügeln, in denen sich je ein Thermal-
Vollbad und 14 Einzelbäder befinden. Es ist die Einrichtung derart
getroffen worden, dass der eine Flügel für Männer, der andere für Frauen
bestimmt ist. Nächst dem Neubade befindet sich noch ein Bad mit
6 Cabinen für mohammedanische Frauen. Ohne direkte ärztliche Ordination
darf ein höher graduirtes Thermalbad als 28° C. nicht verabfolgt werden.
Auch ist ein Moorbad eröffnet worden, das mit einer von kaum einer
zweiten Kuranstalt übertroffenen Eleganz ausgestattet ist. Das Badehaus
enthält 2 heizbare, vornehm eingerichtete Wartesalons und 10 heizbare,
mit allen erforderlichen Utensilien versehene geräumige Badelogen, wovon

Bauernrennen in Ilidže.

zwei mit anstossenden eleganten kleinen Salons. Die verwendete Moorerde, welche am Moorfelde bei Žepče gestochen wird, ist nach der chemischen Analyse des Hofrathes Professor Dr. Ludwig ein ausgezeichnetes Pflanzenmoor.

Park von Ilidže.

Schliesslich verfügt Ilidže zum Gebrauche der kalten Bäder über ein kaltes Voll- und Schwimmbad mit zwei grossen gesonderten Bassins für Damen und Herren. Beide Bassins sind betonirt und für Schwimmer und

Nichtschwimmer, sowie für Kinder eingerichtet. Das krystallklare Wasser der Željeznica, mit welchem die Bassins gespeist werden, hat während des Sommers eine beständige Temperatur von 16° — 19° R. Zur Vervollständigung der Mittheilungen über die Einrichtungen der Bade-Etablissements kann noch beigefügt werden, dass auch Massagekuren und elektrische Behandlung ermöglicht, ein Verkauf aller Arten in- und ausländischer Mineralwässer eingerichtet ist, aus der landwirthschaftlichen Station frische und saure Milch, sowie Kuh- und Schafmolke verabreicht wird und dass für eine eventuelle Traubenkur täglich die prächtigsten Hercegovinaer Trauben aus Mostar zugeführt werden.

Drei grosse Hotels, » Austria «, » Hungaria « und » Bosna « mit 106 Fremdenzimmern und Salons bieten genügend Raum, da auch sonst Wohngelegenheit zu haben ist. Elegante Restaurationsräume mit Parkterrassen und Wandelbahnen, Kegelbahnen, Stallungen und Wagenremisen sind vorhanden, billige Fahrgelegenheiten zu jeder Zeit zu haben, und eine ungarische Kurkapelle sorgt für musikalischen Genuss. Für Zerstreuung der Kurgäste ist aber auch sonst in reichlichem Maasse Vorsorge getroffen: Croquet- und Lawn-Tennisplätze, ein Caroussel, mechanische Schiessstätte, Schaukeln etc. lassen Langeweile nicht aufkommen.

Ein Sonntag in Ilidže ist aber ganz besonders anregend; auch die schönste Unterhaltung für die Sarajevoer Bevölkerung, besonders wenn auf der eine halbe Stunde vom Bade entfernten Rennbahn eines der landesüblichen Pferderennen abgehalten wird, zu denen die Regierung recht ansehnliche Preise bewilligt. Seit zwei Jahren finden auch grosse, vom ungarischen und vom österreichischen Jokeyklub mit europäischen Pferden veranstaltete internationale Rennen statt, über welche die fremden Zeitungen farbenprächtige Schilderungen veröffentlichten. Der Bosnier ist ein besonderer Pferdeliebhaber, die kleinen Gebirgspferde sind ausdauernd, unermüdlich und unbedingt verlässlich auch auf den schwindlichsten Pfaden. Durch Zuchtanstalten, durch Errichtung des Hengstendepots in Sarajevo, sorgt die Landesregierung für Veredelung der Rasse, Pferdeschauen mit ausgesetzten Preisen animiren die Bevölkerung und es sind bisher vorzügliche Erfolge zu verzeichnen. Ausser den Rennen werden in Ilidže auch noch internationale Taubenschiessen und Falkenjagden (mit abgerichteten Jagdfalken), sowie auch Volksfeste mit Tombola und Feuerwerk veranstaltet, die aus der ganzen Umgebung die eingeborene Bevölkerung versammeln. Nicht wenig trägt zum Aufschwunge des Bades die Anwesenheit Ihrer Excellenz der Frau Minister v. Kállay bei, die seit einigen Jahren den ganzen Sommer mit Familie in Ilidže verweilt. Hier empfängt sie die Notabilitäten der Stadt und des Landes, und ihrer herzgewinnenden Liebenswürdigkeit ist es gelungen, auch die mohammedanischen Frauen aus ihrer Zurückgezogenheit hervorzulocken.

» Zur Gesundheit! « (Christliche Bauern aus der Umgebung von Sarajevo.)

Ilidže besitzt aber auch noch den Vorzug der Billigkeit. Da die Hotels ebenso wie das Bad der Landesregierung gehören und nur verpachtet sind, werden die Preise behördlich festgesetzt. Es bestehen vier Klassen von Fremdenzimmern: zu 80 kr., 1 fl., 1½ fl. und 2 fl. für den Tag, einschliesslich Bedienung. Bei Aufnahme eines Zimmers für länger als eine Woche werden 10 pCt, bei länger als drei Wochen 20 pCt. der nach dem Tagespreise berechneten Miethe in Abzug gebracht. Wer also einmal einen von der gewöhnlichen Route abweichenden Badeaufenthalt geniessen will, ohne die europäischen Bequemlichkeiten und Annehmlichkeiten zu entbehren, der gehe nach Ilidže. Sarajevo ist leicht und billig erreichbar und ein Ausflug in neunstündiger genussreicher Bahnfahrt führt über den Ivan nach Mostar in die romantische, einst mit Recht blutig genannte Hercegovina.

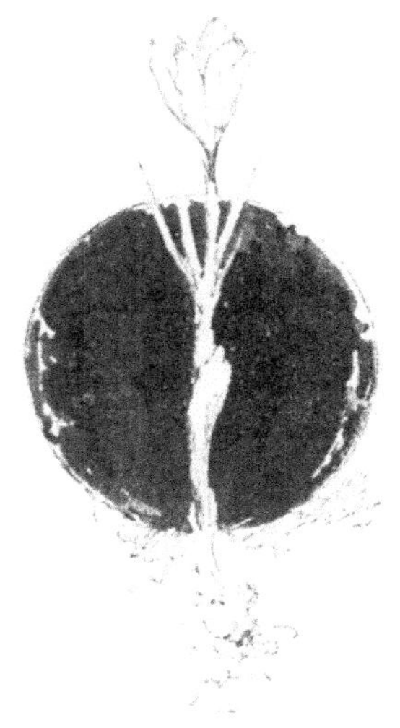

Schlussvignette: Crocus Vilmae (Fiala).

Ins Drinagebiet.

Es war an einem Freitag anfangs September, als unser von Vejsil Sarajčić im Tašli-Han in Sarajevo gemietheter Fiaker, mit zwei tüchtigen Pferden bespannt, die bosnische Hauptstadt verliess, um uns nach Südosten zu führen, jene Strasse, die trotz ihrer einstigen Unwegsamkeit durch Jahrhunderte den Haupthandelsweg nach Novibazar und nach Salonichi bildete. Zur Zeit der Kontinentalsperre unter Napoleon I. hatte diese, nur mit Tragthieren zu begehende Strasse, ihre Blüthezeit erlebt; die Kolonialprodukte nahmen ihren Weg von Salonichi nach Sarajevo, von hier gingen sie nach Brod und wurden dann weiter in die Binnenländer eingeführt und eingeschmuggelt. Damals hiess es, die Strasse sei mit Kaffeebohnen gepflastert; von Viertelstunde zu Viertelstunde stand ein Han, und griechische wie serbische Kaufleute legten den Grund zu grossen Vermögen. Aber die Kontinentalsperre erreichte mit dem Zusammenbruch der napoleonischen Herrschaft ihr Ende, die zahllosen Tragthierkolonnen nahmen ab, die Hans und Karawansereien verödeten und verfielen, nur einzelne prächtige Brunnen erinnern noch an die goldenen Zeiten.

Kozija-Čuprija (Ziegenbrücke) bei Sarajevo.

Und heute braucht man nicht mehr auf dem Rücken des Pferdes
den schmalen und beschwerlichen Weg über Alifakovac am linken Ufer
der Miljačka einzuschlagen, heute führt eine neue prächtige Fahrstrasse
am rechten Ufer unter dem Kastellberge, an dem Ausflugsorte Da Riva
vorbei, mitten in die Berge und Felsen. Langsam steigt der Weg, wir
haben die Kozja-Čuprija (die Ziegenbrücke) erreicht, ein Meisterwerk türkischer Baukunst. Zwei die Miljačka verengende Steinklippen wurden als
natürliche Pfeilerfundamente benutzt und dann die Brücke in einem einzigen kühnen Bogen über den Abgrund geschlagen. Zur Entlastung derselben ist beiderseits des Rundbogens ein grosses kreisförmiges Loch im
Baue gelassen, sodass auch die abenteuerliche Form desselben der wildromantischen Umgebung entspricht. Tief unten im felsigen Bette schäumt
die grüne Miljačka; jenseits des Flusses steigen fast senkrecht die Hänge
des Trebević in die Höhe, von der Brücke nur gerade einen kleinen Spalt
offen lassend, der zur sogenannten » Johanna-Ruhe « führt. Auf der rechten
Seite aber schliessen zerrissene Wände die Strasse ein, die sich jetzt in
langen Serpentinen die Höhe hinanzieht. Ein Kaffeehaus mit primitivem
Garten bietet im Sommer Ausflüglern einen erwünschten Ruheplatz. Und
weiter, wo das rechte Ufer etwas sanfter ansteigt, liegt ein alter türkischer
Friedhof, dessen mächtige Grabpfeiler nicht in der Erde, sondern in Unter-
platten aus weicherem Stein stecken. Es ist das der Schehidler-, der

Märtyrerfriedhof, weil hier die im Glaubenskampfe des Islam gefallenen Blutzeugen ruhen. Als das christliche Denkmal desselben Kampfes aber erhebt sich gegenüber am linken Flussufer eine Burgruine, Starigrad genannt, die (nach Hoernes) einst Chodidjed hiess und um die Mitte des 15. Jahrhunderts ein Stützpunkt der türkischen Waffenmacht war, von wo dieselbe das noch dem christlichen Herrscher gehörige Bosnien zu bedrängen pflegte. Im Jahre 1459 schreiben die Ragusaner an den König von Ungarn, der König von Bosnien habe den grossen wohlbewohnten Stadtplatz von Chodidjed niedergebrannt und belagere die Veste. Damals oder früher schon, als Starigrad durch Beschiessung von der Höhe des Trebević den Christen entrissen wurde, fielen die auf dem Schehidler Friedhofe ruhenden Koranstreiter. Der Burggipfel trägt heute nur ein wüstes Konglomerat von Schutt und Mauerresten auf schroffen Felszinnen.

Die Abhänge, durch welche die Strasse führt, sind bewaldet und zwar zeigt sich der Nutzen der eingeführten Forstschonung; wo einstmals am grösseren Verkehrswegen eine grenzenlose Raubwirthschaft betrieben wurde, ist heute alles im besten Stande. Bei Han Derventa wird kurze Rast gemacht. Hier ist die Abzweigung der neuen Strasse nach Mokro und auf die Romanja-Planina. Der Verkehr auf der Strasse ist bedeutend; Fuhrwerk über Fuhrwerk, mit Mehl, Bier, auch Maschinentheilen beladen, überholten wir, während Tragthierkolonnen, meist mit Holz und Heu beladen, nach der Stadt zogen. Zur Seite der Thiere oft eine Bäuerin, die emsig auf der Spindel spann, dabei aber sorgte, dass die Thiere rechtzeitig auswichen. Auf schwindelnden Pfaden am linken Miljačka-Ufer kletterten Schaf- und Ziegenheerden, gehütet von Kindern, die mit gemsenartiger Geschicklichkeit von Stein zu Stein sprangen, oft laute Jodler ausstossend. Han Derventa ist ein ganz erträgliches Einkehrhaus für die Fuhrwerke, und das Geschäft scheint glänzend zu gehen, denn sechs frisch geschlachtete Hammel hingen am Stallthor. Der Besitzer, ein Hercegovce, hat sich schon ein schönes, mehrstöckiges steinernes Haus an der andern Seite der Strasse als Familienwohnung gebaut und einen recht netten Garten angelegt. Wieder neue Zeit!

Dann passiren wir Han Ljubogosta und treten in prächtigen Nadelwald, zum grossen Theil eingezäunt, ein. Die landschaftliche Scenerie

Blick von Pale auf die Romanja - Planina.

wechselt ganz überraschend; die hohen kahlen Berge sind verschwunden, an ihre Stelle treten sanft gerundete Kuppen, durchwegs dicht mit Nadelholz bestanden. Inmitten der sanften lieblichen Landschaft liegt der Ort Pale, heute eine Sommerfrische für viele Bewohner Sarajevos. Auf einem isolirten Hügel erhebt sich eine burgartige Kaserne, längs der Strasse, zu beiden Seiten aber stehen villenartige Gebäude im Schweizer Stil, oft anmuthig im Grün halbversteckt Auch der englische Konsul Freemann besitzt hier ein Landhaus. Ein gutes Gasthaus sorgt für des Leibes Nahrung und Nothdurft, eine kleinere bescheidenere, aber recht saubere Wirthschaft ist ausserdem mehr ausserhalb des Ortes vorhanden.

Und immer prächtiger wird die Gegend.

Han bei Pale.

Prača - Defilé.

Ueber Han Kadin und Gorović erreichen wir die Höhe von 1050 Metern an den Abfällen des Vitez, ein mächtiger Eichenwald dehnt sich zu beiden Seiten aus, dem stundenlang hundertjährige Buchen folgen. Wir sind der Grabovička, dann dem Pračabache gefolgt, bis wir die wichtigste Station zwischen Sarajevo und Gorazda, Prača, erreichen, das wundervoll in einem weiten Thalkessel liegt. Die Witterung hatte sich mittlerweile verschlechtert, es war Regen eingetreten, und gerade als unser Kutscher Mušan vor der » Gostionica kod Andrie « hielt, brach das Unwetter mit aller Gewalt los. Wir waren aber unter Dach und Fach, und in dem bescheidenen, aber reinen Gastzimmer konnten wir die Beruhigung der himmlischen Gewalten abwarten. Es war für die drei Offiziere der Station gedeckt; der Wirth legte für uns noch zwei Couverts auf, und bald machten wir die Bekanntschaft der drei Herren, die in liebenswürdigster Weise, wie fast immer die Offiziere der k. k. Armee, die erwünschten Auskünfte ertheilten und in deren Gesellschaft die Ruhezeit nur zu schnell verging. Prača besteht heute aus wenigen Häusergruppen, die sich längs des Baches hinziehen. Einst soll hier aber eine grosse Stadt von 60 000 Bewohnern gestanden haben und schon unter Ban Ninoslav wird sie in einem Dokumente von 1244 als Bischofssitz erwähnt. In dem Hofe der baufälligen Moschee soll noch ein römischer Sarkophag stehen, den ich aber nicht zu Gesicht bekam. Dagegen finden sich in der Gegend sehr viele mittelalterliche Grabsteine mit Ornamenten und Figuren. Die grössten finden sich — nach

Bauer im Alltagskostüm.
(Karolinensattel.)

Prača mit der Ranjen-Planina.

Asbóth — 1½ Kilometer südöstlich von Prača auf dem Schlossberge
Pavlovac, unter welchem der Weg in einer Felsenenge weiterführt. Die
Ruinen von Pavlovac stehen auf dem Hügel unterhalb der Felsenwand
Vlaška Stjena am linken Ufer der Prača. Die Burg war einst ein Hauptort
des » comitatus Berec « (Borač), Dominiums des Fürsten Paul Radinović,

Rast bei der Feldarbeit (Pale).

zu welchem Prača, Dobrunj, Ustikolina an der Drina, Vlasenica, Olovo, ja
eine Zeit lang selbst die Burg Vrhbosna gehörte. » Novi in Praza « nennen
sie die Gesandten von Ragusa, die den Sohn Pauls, Radoslaw, im Jahre 1423
besuchten. 1550 lag die Burg bereits in Ruinen.

Das Wetter hatte sich wieder aufgeheitert und in wundervoller staub-
freier Luft ging es an fruchtbaren Feldern die Prača entlang, an einer
grossen Dampfsäge vorüber. Dann verlassen wir das Flüsschen, das sich
geradenwegs nach Osten durch dichte Wälder und Schluchten den Pfad

Wölfe vor Beginn des Treibens auf der Ranjen-Planina.

zur Drina bricht. Unsere Strasse wendet sich scharf nach Süden und steigt in kühnen Serpentinen den Ranjen hinan. Es ist ein hoher Gebirgssattel mit Hochgebirgsflora. Dichter Eichen- und Buchenwald, hin und wieder untermischt mit Silberpappel, Nadelholz und in den höheren Lagen mit Birken empfängt uns in ewigem Schweigen. Prächtige Glockenblumen und eine Genzianenart schauen aus dem grünen Teppiche des Waldes, überall liegen durch die Gewalt des Sturmes gebrochene Riesenstämme, über denen schon wieder neue Vegetation wuchert. Ausblicke eröffnen sich von Zeit zu Zeit in tiefer gelegene Schichten; es ist, als wogte überall ein grünes Meer. Hier ist es still und einsam, und ehe sich noch nicht die neue Fahrstrasse durch diese Gebirgswildniss zog, war die Gegend

Alter Mohammedaner
aus Gorozda.

ein berühmter Schlupfwinkel für Haiduken, weshalb auf dem alten Saumpfade mit werthvolleren Gütern beladene Tragthierkolonnen nur unter Militärbedeckung reisten. Ich hatte 1879 die alte Strasse zweimal passirt und damals war ich noch ernstlich gewarnt worden. Die bosnische Verwaltung hat dem Unwesen ein Ende bereitet und heute reist man in voller Sicherheit

Endlich ist die Passhöhe erreicht; ein weites ebenes Schussfeld, von Farrenkraut bestanden, zeigt sich, über das der Wind schneidend kalt fährt, — wir haben die » Ranjen-Karaula « (das Wachthaus der Verwundeten) erreicht, 1196 Meter. Dort steht auch bereits das weitläufige eingefriedete Gehöft, in dem die bewaffnete Macht ihre Tage verbringt. Es ist ein einsamer rauher Punkt und doch einer, der in Betreff der Aussicht seines Gleichen nicht leicht findet. Kuppe erhebt sich neben Kuppe, alle bewaldet, aber terrassenförmig zur Drina abfallend, deren Silberband sich in der fernen Ebene schlängelt. Dahinter, hinter dem Flusse aber steigt eine Gebirgswand nach der anderen in immer kühneren und wilderen Umrissen auf. Da stehen im Vordergrunde dunkle, bewaldete Berge, hinter ihnen schroffe graue Felsenmassen und wieder weiter eine braune Wand, als wolle sie den Horizont abschneiden. Das sind schon die Gebirge an der montenegrinischen Grenze, und dahinter noch schimmern Kuppen schneeweiss, das Braun der Vorberge wie mit einem Silberturban verzierend: das sind die trotzigen Höhen an Albaniens Grenzen, die Wohnstätten der tapferen Skipetaren, denen schon an der Mutterbrust die Lieder von wildem Kampf, von steter Blutrache gesungen werden. Und so wie dort, war es einst hier, in der gesegneten Bosna; wo wir gegenwärtig stehen, ist der Boden von Blut gedüngt.... Vor einem kleinen Wirthshause. das von einem Birkenwäldchen geschützt wird, machen wir kurzen Halt. Wir blicken nach Norden, nach dem scharfen Profile der Romanja-Planina, wir grüssen noch im Süden den Fürsten der Schwarzen Berge, den 9000 Fuss hohen Dormitor, und dann geht es in scharfem Trabe in mächtigen Serpentinen abwärts.

Die Gegend ist gut angebaut, überall zeigen sich einzelne Gehöfte, auch weidende Heerden, — wir sind aus der Wildniss in die Civilisation eingelenkt. Das Wasser der » Victorquelle « bei Han Jabuka wird gekostet; immer wieder erhalten wir den Ausblick auf die Drina und das sich längs derselben hinziehende Gorazda, aber der Weg zieht sich, und erst eine Stunde nach Akšam erreichen wir den langgestreckten Ort, der recht viele Neubauten aufweist. Wir halten vor dem » Hotel Olehla «, wo wir in freundlichster Weise empfangen werden und sehr gute Unterkunft finden.

Der Markt Gorazda zählt nach der Volkszählung von 1895 1460 Einwohner, von denen zwei Drittel Mohammedaner sind. Der Ort ist ungemein betriebsam, und unter seinen Bewohnern giebt es viele Fabrikanten, Handel und Gewerbtreibende. Eine Lokalsage will wissen, dass Gorazda einst 18 000 Häuser besessen habe. Das ist entschieden zu hoch gegriffen, aber auf der langen Zeile am breiten Flusse, wo sich das heutige Gorazda an die steil ansteigenden bewaldeten Gebirgshänge lehnt, kann leicht eine fünf- und zehnfache Häuserzahl stehen. Bekannt ist, dass Gorazda im 15. Jahrhundert einer der Haupthandelsplätze war, als noch die Theilfürsten im nahen Samobor residirten. Hierin machte auch die türkische Eroberung wenig Unterschied. In den Jahren 1529—1531 bestand hier sogar eine Druckerei cyrillischer Kirchenbücher, 1568 baute Mustafa Pascha von Ofen an Stelle der ehemaligen Ueberfuhr eine solide Steinbrücke über den 150 Schritt breiten, zwar seichten, aber gefährlichen Strom. Von dieser waren nur mehr die Pfeiler an den Ufern und vier schmale sechseckige im Flussbett erhalten, die Brückenbogen waren den gewaltigen Hochwässern zum

Junger Mohammedaner
aus Gorozda.

Opfer gefallen. Jetzt ist eine neue Brücke die » Kaiser Franz Josefsbrücke «, erbaut worden. An der Brücke stand einst ein grosses Karawanserai, das den von Osten kommenden Kaufmann und seine Waaren unmittelbar nach dem Ueberschreiten des Flusses gastlich aufnahm. Es war schon in türkischer Zeit verfallen, wie so vieles in diesen Ländern und in den Mauern der ausgedehnten Ruine wurden Stallungen eingerichtet. Die Moscheen von Gorazda sind nur unbedeutend, die Čaršija. bietet keine besonderen Sehenswürdigkeiten. Von Interesse war mir dagegen eine neue Volksschule, die sehr gut besucht wird, und der hübsche Garten des Militärstations-Gebäudes. Von den zahlreichen Neubauten gehören die meisten einheimischen Geschäftsleuten, die den fremd zugezogenen längst überlegen sind und diesen immer mehr die Kundschaft entziehen..

So klagten die Kaufleute, ohne zu bedenken, dass dies nur das ganz natürliche Verhältniss ist, denn zuerst muss der Boden eines Landes seine eigenen Kinder ernähren, so schmerzlich diese Erfahrung auch für den fremden Geschäftsmann, der sich jahrelang redlich geplagt hat, sein mag, und vorläufig finden noch immer die Eingewanderten in Bosnien ein ganz erträgliches Fortkommen.

Schlussvignette: Weber.

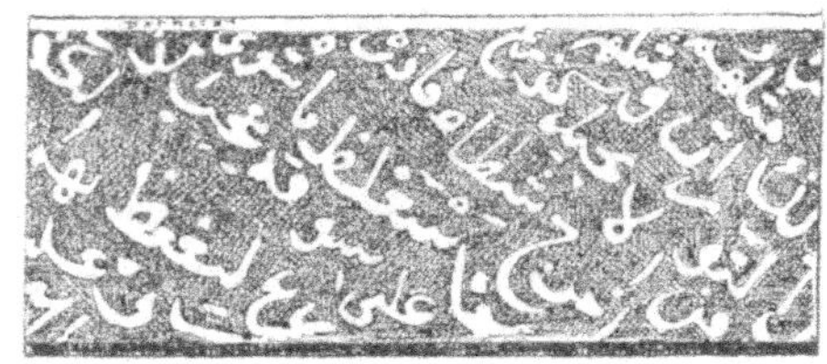

Von Gorazda nach Foča.

ei Beginn des Morgens wurde ein Ausflug nach Foča auf
der wundervollen Fahrstrasse unternommen, die sich am
linken Ufer der Drina hinzieht. Es ist erst einige Jahre,
dass diese Strasse gebaut wurde; früher war das wichtige,
ausgedehnte und gewerbsreiche Foča von allen Seiten nur
auf beschwerlichen Reitwegen zu erreichen. Jetzt geht es in schlankem
Trabe vorwärts. Zuerst an Zwetschkengärten vorbei, deren Bäume so dicht
mit den dunkelblauen Früchten behangen sind, dass man fast keine Blätter
mehr sieht; dann zeigen sich Tabakfelder und viele riesige Nussbäume,
sonderbarerweise auch auf einem Felde Lupinen. Die Strasse führt längs
der Drina, immer an Höhenzügen entlang; das Flussbett ist breit und ver-
sandet, das Wasser scheint den Minimalstand erreicht zu haben. Unsere
Uferseite ist sehr belebt, gut angebaut, und viele freundliche Gehöfte lugen
aus dem frischen Grün. Es ist bei den Gebäuden bereits eine ganz andere
Bauart; an Stelle der Holzhäuser treten neue Ziegelbauten und bezeich-
nenderweise fast stets dort, wo Tabak an langen Schnüren zum Trocknen
aufgehängt ist oder wo solcher noch auf den Fluren auf dem Stengel un-
geblattet steht. Es unterliegt keinem Zweifel, dass zwischen dem Tabak-
und dem Häuserbau ein Zusammenhang besteht. Die Bauern haben
bessere Einkünfte, sie werden naturgemäss an höhere Bedürfnisse gewöhnt,
und dazu gehört auch eine angemessene Wohnung. Welche Bedeutung
die stete Vermehrung des Tabakbaues für die beiden Provinzen besitzt,
zeigt der Ausweis der Finanzverwaltung für das Jahr 1894. Darnach sind
die Einnahmen für das Tabakgefälle mit 4 606 000 fl. eingestellt; gegen-

Kopfleiste: Korantext auf einem Säbel.

über dem Vorjahre ein Mehr von 620 000 fl. In erster Linie steht der Tabakbau der Hercegovina, wo er hauptsächlich in den Bezirken Trebinje, Stolac und Ljubuski gepflegt wird; in Bosnien um Foča und Srebrenica. In der Hercegovina wurden auf 2700 Hektaren 45 000 Doppelcentner gewonnen, wofür den Producenten 1 800 000 fl. ausgezahlt wurden. Der Tabak wird durchwegs zu Cigaretten und zu Tschibuktabak verarbeitet; die Erzeugnisse der Regie gehen grösstentheils nach Österreich und Deutschland und ist die Nachfrage in steter Zunahme begriffen. Dass das Land selbst ein starker Konsument ist, ist begreiflich. Wie gewinnbringend der Anbau ist, zeigt sich darin, dass in der Hercegovina der Uebergang der Kmeten zu den Freibauern sich am raschesten vollzieht.

Auf dem Wege berühren wir nur wenige Ortschaften: Covčići, Mravinjac, Han Osanica und das Städtchen Ustikolina; dafür finden sich verschiedene kleine türkische Strassenkaffeehäuser, denen — jedenfalls von Soldaten — recht anmuthende Namen an die Wände gepinselt wurden: » Café Bertha «, » Café Julie « und » Café Mizi «, wahrscheinlich in Erinnerung an Lieben in der fernen Heimath. Ustikolina macht einen ungemein freundlichen und wohlhabenden Eindruck. Seinen Namen erhielt der Ort vom Flüsschen Koluna, das hier in die Drina mündet. (Usće = Mündung). Zur Zeit der Eroberung Bosniens durch die Osmanen war dieser Ort bedeutender; damals blühte die Goldschmiedekunst, der Handel war umfangreich und in der Umgebung bestanden ausgedehnte Weinkulturen, deren Plätze

Bosnische Bäuerinnen.

noch heute » Loze « (Reben) und » Vina « (Weine) genannt werden. Im Orte stand eine aus Stein gebaute Kirche, deren Fundamente noch sichtbar sind. In unmittelbarer Nähe derselben fanden Arbeiter beim Baue der neuen Strasse unter der Erde ein mit Mauerwölbungen versehenes Grab und in diesem menschliche Knochen. Das Volk behauptet, dass hier die zur Kirche gehörigen Mönche bestattet worden seien. Dass die Gegend von Ustikolina schon viel früher gut bevölkert war, beweisen die grosse Zahl vorhistorischer Grabstätten, die sich auf dem Cvilinskopolje neben Ustikolina und unmittelbar am linken Drinaufer befinden, ferner für eine spätere Periode, die grosse Zahl alter Burgruinen in der Umgebung des Ortes. In der Mitte des Cvilinskopolje sieht man den Grundbau eines alten Kastells; die Stelle wird noch heute » Gradina « oder auch » Cvilinski Grad « genannt.

In einem Hudžet (Urtheil), welches vor 150 Jahren für eine Frau aus Curevo geschrieben wurde, wird erwähnt (Miron R. v. Zarzycki im » Glasn. zemaljs. muzeja «), dass der betreffende Prozess vor dem Mutesarif Omer Pascha Čengić in Dolnji-Odžak bei Ustikolina verhandelt wurde, woraus hervorzugehen scheint, dass der Mutesarif zu jener Zeit dort seinen Sitz hatte. In einem alten Ferman wird Ustikolina als Scheher (Stadt), Foča hingegen als Kassaba (Marktflecken) bezeichnet, woraus hervorgehen würde, dass Ustikolina damals eine wichtige Stadt war. Als Sultan Mehmed Fatih im Jahre 1463 mit seinem Heere in diese Gegend kam, stieg er den Bergrücken am linken Ufer des Flüsschens Jošanica (rechts von der Drina) hinab, wo sich der Kampf mit den Bosniern entspann. Die Schlacht war blutig, es fielen auf beiden Seiten zahlreiche Menschen und Führer, die auf dem Kampfplatze begraben wurden. Damals entstand der Fried-hof an der Jošanica mit seinen zahlreichen steinernen Grabdenkmälern, auf denen Morgensterne, Säbel, Fahnen, Bogen und Pfeile eingemeisselt sind. Man erzählt, dass ein türkischer Anführer den grössten bosnischen Helden, Ivko von Jošanica, bis zum Cvilinski Grad verfolgt habe, wo er ihn erreichte und niederhieb. Ivko wurde auf der Stelle, wo er gefallen, begraben, und der Stein, den man auf sein Grab legte, wird noch heute » Ivkov kamen « (Stein des Ivko) genannt. Der erwähnte türkische An-führer kehrte hierauf wieder auf den Kampfplatz an der Jošanica zurück, wo ihm ein Bosnier den Kopf abhieb. Dies geschah unmittelbar am Ufer des Flüsschens. Der Getödtete nahm — so erzählt das Volk — seinen Kopf unter den Arm und begab sich an das rechte Ufer des Flüsschens, wo er auch begraben wurde. Auf dem Steine, den man diesem Anführer zu Häupten des Grabes setzte, ist eine Aushöhlung, aus welcher das Volk Wasser zu trinken pflegt, und es soll Jeder, mag er an welcher Krankheit immer leiden, sofort genesen, sobald er von diesem Wasser getrunken und am Grabe sein Gebet verrichtet hat. Diese » Heilstätte « wird am letzten Dienstag vor Gjurgjev-dan (Georgstag) am zahlreichsten besucht.

Moschee.

Zu jener Zeit," als Sultan Mehmed Fatih mit den Bosniern den obigen
Kampf bestand, lebten in Ustikolina drei Brüder Namens Miroje, Ljuboje
und Dragoje Kujundžić, deren Familie die angesehenste in der ganzen
Gegend war. Auch die Kirche, deren Ruinen oben erwähnt wurden,
stand unter ihrer Leitung. Einige Mitglieder der Familie waren Mönche
und ihnen gehörten auch alle drei Ueberfuhren an der Drina, und zwar
in Ustikolina, Foča und Gorazda. Einer von den genannten drei Brüdern
— nach Anderen deren Mutter — ging dem Sultan entgegen und führte
ihn über die Drina nach Ustikolina. Als der Sultan in der Mitte des
Flusses war, versank sein Pferd in den Fluthen, worauf er ausrief: » Bu sû
derîn! « (Das Wasser ist tief!) Vom Worte » derîn « soll der Name des
Flusses Drina herrühren. Aus Dankbarkeit dafür, dass sie ihn über die
Drina geführt, schenkte der Sultan den Brüdern Kujundžić Spahiluks
(Lehensgüter), gab ihnen Fermane und Bujruntijas (Verleihungsurkunden),
und seit jener Zeit werden die Kujundžići auch Spahici genannt. Die

Brüder Miroje und Ljuboje nahmen den mohammedanischen Glauben an, und von ihnen sollen die bosnischen Begs Mirići und Ljubovići abstammen. Der dritte der Brüder, Dragoje, blieb dem Glauben seiner Väter treu, dennoch wurde auch er vom Sultan mit dem Spahiluk und der Bujruntija betheilt. Auf Grund dieses Fermans haben die Nachkommen des Genannten, die Kujundžići-Spahići, bis in die letzte Zeit den Zehent in der Gemeinde Ustikolina für sich eingehoben. Als die beiden ersterwähnten Brüder zum Islam übertraten, übersiedelte der christliche Bruder in das nahegelegene Dorf Ligati, wo noch heute seine Nachkommen, die Kujundžići-Spahići, leben. Zwei von dieser Familie abstammende Brüder übersiedelten nach Foča, wo sie zu den angeseheneren Bürgern gezählt werden und im Rufe der geschicktesten Goldarbeiter stehen.

Nachdem der Sultan in Ustikolina eingezogen war, liess er dort eine Heeresabtheilung unter Turhani Emin, der, wie erzählt wird, die Moschee in Ustikolina erbaute. Von hier aus sandte der Sultan eine Wache gegen das heutige Foča, welches zu jener Zeit Radovina geheissen habe, um zu erforschen, was es dort gäbe. Als die Truppe zurückkehrte, erzählte sie dem Sultan, dass sie in jener Gegend einen Ort angetroffen habe, wo es grosse Weingärten und viele Fässer (hepsi fuči) gebe. Das türkische Wort » fuči « bedeutet » Fass «, und so sei der Name der späteren Stadt Foča entstanden. Wie Andere wieder erzählen, soll Foča seinen Namen von dem vielen Obst (bosnisch voće) erhalten haben, das dort und in der Umgegend vortrefflich gedeiht.

Am nordöstlichen Ausgang des Städtchens Ustikolina erhebt sich die Moschee, die in den Jahren 866 bis 869 nach der Hedschra, also gleich in den ersten Jahren nach der Eroberung Bosniens durch die Osmanen erbaut wurde und somit zu den ältesten Moscheen im ganzen Lande zählt. Das Minaret, das an der rechten Seite des Gebäudes steht, ist wie dieses selbst aus behauenen Quadern aufgeführt und besitzt unterhalb der Scherefa (Gallerie für den Ausrufer) ringsum fein gemeisselte Stalaktiten-Ornamente. Die Moschee wie das Minaret sind mit Blei, die Vorhalle mit Ziegeln gedeckt Bei der Moschee steht ein altes Türbé (Mausoleum), in welchem Kadri Alajbeg Čengić, der Urahn der in Odžak, eine Viertelstunde von Ustikolina lebenden Familie Čengić, vor 150 Jahren bestattet wurde. Die Bewohner von Ustikolina erzählen, dass einmal ein Pferd auf den Friedhof gekommen sei und mit dem Fusse die Decke dieses Grabes durchbrochen habe. Als die Ustikoliner diesen Schaden bemerkten, liefen sie rasch herbei, um das Grab pietätvoll zu restauriren. Bei dieser Gelegenheit fanden sie drei Platten im Grabe, welche derart aufgestellt waren, dass zwei davon an den Enden aufrecht standen, während die dritte als Deckplatte diente. Der Todte war also nicht in jener Weise, wie die Mohammedaner heute ihre Todten zu bestatten pflegen, der Erde übergeben worden.

Turhani Emin, der nach der Volkstradition dieses Gotteshaus erbaute, soll auf Presjeka bestattet sein. Dieser Ort liegt 1½ Stunden nördlich von Ustikolina und soll seinen Namen daher haben, weil dort das türkische Heer das bosnische» entzweigehauen « (presjeći: entzweihauen), also geschlagen habe. Auf einem flachen Nischan (mohammedanischer Grabstein), der oben zugespitzt ist, sieht man den Halbmond mit dem Stern und darüber eine Spirale. Man sagt, dies sei das Grab eines Tataren oder Persers. Die alten Gräber sind auf einem Bergrücken zerstreut; links sieht man eine Ebene und einen kleinen See. Unter allen Gräbern, die man dort findet, zeichnen sich zwei durch Schönheit aus; ihre Nischans sind aus Marmor, aber gebrochen. Auf dem einen finden sich die Ueberreste einer Inschrift: » ... Emiri livai herceg «, d. i. Emir oder Gouverneur der Hercegovina; von der Jahreszahl nur: » Sene tisa ve sittine «, d. L im Jahre ... 69. Auf der dritten Seite: » Kad intekalel merhumu ibni «, d. i. Uebersiedelt (gestorben) der geliebte Sohn. Das Stück, auf dem das Jahrhundert der Jahreszahl und der Name des Vaters des Verstorbenen eingegraben stand, ist vom Steine abgeschlagen worden. Der alte Muhammed Beg Čengić aus Odžak erzählte, dass, als er vor 40 Jahren zum letzten Male bei den Gräbern war, die Denksteine ganz

Holzverkäufer.

gewesen seien, und dass er damals die Inschrift auf dem einen Grabsteine
noch sehr deutlich habe lesen können. Sie hätte gelautet: » Turhani Emin «
mit dem Sterbejahr 869. In der Nähe der erwähnten Grabstätten finden
sich auch viele Bogomilengräber mit grossen viereckigen Steinen und
Platten, von denen aber keiner Ornament oder Inschrift aufweist.

Jedenfalls zeigen die Ueberreste der Vorzeit, dass Ustikolina einst
eine bedeutendere Stadt war; heute ist es ein kleiner Ort, der sich durch
regen Tabakbau auszeichnet. Kein Haus ist ohne die grünen Schnüre, und
im üppigsten Flor standen auf den Feldern die saftig-
grünen Pflanzen mit den mächtigen Blättern. Die
Bewohner geniessen einen besonderen Ruf als geschickte Tabakpflanzer, der Anbau nimmt im ganzen
Džemat von Jahr zu Jahr zu und die betreffenden
Grundstücke sind wahre Musterplantagen.

Nach einer Stunde erreicht man von Ustikolina
aus die bedeutende Stadt Foča am Zusammenfluss
der Čehotina mit der Drina. Schon der erste Anblick beim Herankommen an die Stadt ist ein im-
ponirender. Zu beiden Ufern des Flusses grosse
neue Gebäude, militärische Anlagen, als ob man das
Weichbild einer Festung beträte. Eine neue eiserne
Brücke führt über die Drina, und wir passiren zuerst das Militärlager mit seinen mächtigen Defensiv-
befestigungen. Dann fahren wir durch einen Theil

Städterin aus Foča.

der Čaršija, an Moscheen und Kaufläden vorbei, durch enge und holperige
Gassen, und halten endlich vor einem sehr hübschen europäischen Gebäude,
das sich als » Hotel Gerstl « präsentirt. Gegenüber liegt das geschmackvoll
gebaute Bezirksamt. Die Restauration war ganz nach Wiener Muster, Küche
und Keller liessen nicht das Mindeste zu wünschen übrig, nur klagte der
Wirth über die angeordnete Verminderung der Garnison, da ihm dadurch ein
grosser Theil seiner täglichen Gäste entgehe. Ich begrüsste dies als ein
Zeichen der Ruhe und Ordnung auch in jenem Gebiete, das noch 1882
zu den aufrührerischesten und turbulentesten gehörte. Die Forts, oder
wie sie hier genannt werden » Defensivkasernen « rings um die Stadt auf den
verschiedenen Höhen geben ein recht kriegerisches Bild. Hier, eingekeilt
zwischen Novibazar und Montenegro, kam die Bevölkerung nur mit der
Büchse und dem Handschar in der Hand zu ruhiger Arbeit, vorausgesetzt,
dass sie sich nicht selbst in Aufständen erging. Im Beginn der Insurrektion
von 1881/82 hatte die kleine Garnison, die damals nur 200 Mann betrug,
schwere Kämpfe zu bestehen, und es mag nicht heimlich in Foča gewesen
sein, wenn von allen Bergen, welche die Stadt wie ein grüner Kranz um-
säumen, die Wachtfeuer der Aufständischen loderten. Heute ist das anders

Totalansicht von Foča.

Partie aus Foča.

geworden, und alle Personen, mit denen ich in Berührung kam, drückten ihre Zufriedenheit mit den gegenwärtigen Verhältnissen aus.

Nach kurzer Rast begann ich meinen Rundgang durch die Stadt — eine eigentlich hercegovinische Stadt, doch wurde der Bezirk Foča seit dem Jahre 1880 vom hercegovinischen Kreise Mostar abgetrennt und dem Kreise Sarajevo zugewiesen. Ich kannte Foča von früher her noch nicht, sodass sich der Unterschied zwischen einst und jetzt für mich nur an den neuen Gebäuden und europäischen Verbesserungen ermessen liess. Es war gerade Markttag, daher Gelegenheit, die prächtigen Gestalten der Gebirgsbewohner zu bewundern, die aus der Zelengora, selbst aus Montenegro und Novibazar gekommen waren. Es ist ein stolzer Menschenschlag, diese Hercegoviner. Schlank gewachsen wie die Tannen oder wie die bosnischen Buchen, mit Muskeln von Stahl und Sehnen von Eisen, der Haltung eines geborenen Befehlshabers, mit dem schönen südslavischen Profil, Adlernase und Falkenblick bildet Jeder den echten Typus des Junak — des Helden. Dabei ist die Kleidung weit knapper, netter als bei den bosnischen Bauern und zum Theil auch reinlicher. Die schwarze schirmlose, seidenumränderte Kappe, auf deren rothem Deckel sich meist ein gesticktes Wappen befindet, steht den kühnen Gesichtern gut. Auch die Frauen sind von hoher stolzer Haltung und haben oft recht hübsche Gesichter. Foča ist berühmt wegen seiner Woll- und Lederwaaren, ganz besonders aber wegen seiner Eisenarbeiten. Einstmals, als noch die Handžare eine Hauptwaffe der Bevölkerung bildeten, war diese Industrie bedeutend ausgedehnter; heute beschränkt sie sich auf Messer mit eingelegten Griffen. Dafür ist das Kunstgewerbe durch wundervolle Arbeiten in Gold- und Silberfiligran glänzend vertreten und in einem von der Regierung — ähnlich wie in Sarajevo und Livno — errichteten Atelier werden alle Zweige der sogenannten » Focaner Kunstarbeit « durch einige alte Meister jüngeren Kräften gelehrt.

Der Haupttheil der Stadt liegt am linken Ufer der Čehotina, über die zwei hölzerne Brücken führen. Einige Strassen ziehen sich in sehr malerischer Weise die Berge hinan, und einzelne der alten Häuser zeigen eine recht originelle Bauart. Am rechten Ufer liegen einige stille Viertel; hier sind die schönsten und ältesten Moscheen des Landes, monumentale Bauten aus der Glanzzeit der Osmanen, mit Bleidächern, die im Sonnenschein wie Silber glänzen, mit Kuppeln von riesigen Dimensionen und Minarets von imposanter Höhe. Vor allen zeichnet sich die Aladža-Moschee aus, die ungefähr 2000 Schritte vor der Mündung der Čehotina in die Drina gelegen ist.

Den Namen Aladža (» die Bunte «) erhielt das Gotteshaus von seinem reichen Farbenschmuck. Oberhalb des Einganges nennt eine arabische Aufschrift den Erbauer und die Zeit des Baues:

قد بنى هذ الجامع الشريف والمسجد المنيف صاحب الخيرات والحسنات حسن ابن يوسف

والق هاتف الغيب تاريخه يا قيوم تقبل بتقبول حسن

» Dieses schöne Gotteshaus, den Ort des Gebets, erbaute der barmherzige Hassan, Sohn des Jussuf, und eine unbekannte Stimme setzte ihm den Tarih (Tarih = Zeitpunkt der Erbauung):
O Alleinherrscher der Welt, dies Werk soll dir genehm sein! «

Das Jahr der Erbauung ist 977 n. d. Hedschra (1549 n. Chr.). Vom Erbauer Hassan Nazir weiss das Volk nur, dass er Čelebija (Hofjunker) im Dienste des Sultans war und dass er in dem Orte Vakuf bei Čelebić (Gemeinde Tetima) geboren wurde. Man sagt, dass er sein ganzes Vermögen dieser Moschee vermacht habe, worauf auch der Name seines Geburtsortes zurückgeht. Heute gehören der Moschee nur zwei Kmetenansässigkeiten in diesem Orte; das übrige Vermögen sollen sich die Verwandten des Hassan Nazir und andere ihm nahestehende Personen vor 200 Jahren angeeignet haben.

Rechts von der Moschee — wir folgen der eingehenden Beschreibung des Gotteshauses in den vom Landesmuseum herausgegebenen » Wissenschaftlichen Mittheilungen aus Bosnien und der Hercegovina « — steht ein in sehr schönem Stile erbautes Turbé (Grabdenkmal), in welchem der Sohn des Erbauers, Ibrahim, der noch bei Lebzeiten seines Vaters starb, begraben liegt. Die Aufschrift auf dem Denkmal lautet: » Hier ruht der gefallene (getödtete) Ibrahimbeg, Sohn des Hassan Nazir-Čelebija, gestorben im Jahre .... (hier fehlt ein Stück des Steines) und neunhundert. « An der Südseite der Moschee befindet sich ein gut. erhaltenes, aus weissem Marmor hergestelltes Grab, in welchem der Erbauer der Aladža-Džamija ruht. Die türkische Aufschrift lautet:

قد ذاق بالملك من الدنان كاس كل من عليها فان وارتحل من دارالاحزان الى دار الكرامة والرضوان

مرحوم مغفور ناظر حسن بن سنان فى اواخر ذى الحجة من سنة ستين وتسعمائة

» Mit Hilfe der Engel hat den bitteren Kelch geleert, von dem Jeder auf dieser Welt kosten muss, und ist aus dem Hause des Elends in jenes der Seligkeit und Zufriedenheit übersiedelt: der gottbegnadete, gottselige Nazir Hassan, Sohn des Sinan, Ende des Monats Zilhidže 960. «

Somit hat der Erbauer der Moschee drei Jahre nach deren Vollendung das Zeitliche gesegnet.

Der hohe Titel »Čelebije«, welchen von Anfang an die Sultane selbst führten, sowie der ganze künstlerische und kostspielige Bau deuten nach der Meinung des Volkes darauf hin, dass der Erbauer eine hochgestellte und vermögende Persönlichkeit gewesen ist. Deshalb vermutet der Kadi von Foča, Ibrahim Efendi Mulavdić, dass Hassan Nazir der Sohn jenes Sinan gewesen sei, der nach der türkischen Eroberung des Landes zweimal (an fünfter und an elfter Stelle) unter den Vezieren Bosniens erscheint. Zwischen dem Wirken dieses Veziers und dem des Hassan Nazir liegt ein Zeitraum von 34 Jahren, sodass es leicht möglich ist, er sei der Sohn des Veziers Sinan gewesen und dass er selbst mit jenem Vezier identisch ist, der als der siebzehnte genannt wird.

Wer und woher der Baumeister und die Maler der Moschee waren, weiss Niemand anzugeben; auch giebt es keine Aufschrift, die darüber belehrt. Ebensowenig existirt ein Volkslied über den Bau der Moschee, und die Ueberlieferung weiss nur, dass Hassan Nazir die Baumeister habe aus Asien kommen lassen. Die Hauptzierde der Moschee ist der »Minber« — die Kanzel — die in schönem Stile aus weissem Stein hergestellt ist. Im mittleren Felde (Orta) an der Hauptfront des Minber befindet sich eine Halbkugel aus geglättetem buntem Stein mit bräunlich-grünen und weissen Flecken (wahrscheinlich ein Serpentin), von der das Volk sagt, sie wäre so kostspielig, dass um das Geld, was sie gekostet hat, ohne Weiteres eine zweite Aladža-Džamija gebaut werden könnte. Von dieser Kugel behaupten die Leute ferner, dass sie einstens gleich einem Diamant gefunkelt habe, bis einmal ein Ungläubiger sie berührte, worauf sie sofort ihren Glanz verlor.

Unter den Mohammedanern hat sich folgende Ueberlieferung vom Gründer Hassan Nazir erhalten: Hassan war der Sohn armer Eltern aus Vakuf, welcher, als er mit seinen Eltern in Streit gerathen war, in die Welt hinauszog und beim Sultan Aufnahme fand. Hier beendete er seine Studien und ward beim Kaiser »Nazir«, d. h. Aufseher, Inspektor, also eine vertrauenswerthe Person. Mehrere Jahre stand er im Hofdienste beim Sultan, begleitete diesen auf Reisen und Kriegszügen, und als nun viele Jahre vergangen waren und Hassan Nazir sich ein grosses Vermögen erworben hatte, da bat er den Sultan, er möge ihm gestatten, nach Hause zurückzukehren, damit er seine Mutter wiedersehe. Auch bat er den Kaiser um einen Ferman, in Foča eine Moschee als Andenken erbauen zu dürfen. Der Kaiser willfahrte seiner Bitte und Hassan Nazir machte sich mit »drei Gürteln voll Gold« auf den Weg nach der Heimath. Unterwegs nahmen ihn vierzig Räuber gefangen, fesselten ihn, beraubten ihn seiner Schätze und brachten ihn in einen Han, wo sie übernachteten. Hier betranken sich die Räuber und schliefen ein. Hassan Nazir sprach ein Gebet und in demselben Augenblick lösten sich die Ketten von seinen Händen. Er ward frei, raffte seine drei Goldgürtel zusammen, bestieg ein Pferd und entkam glücklich nach Foča. Als er in die Gegend der heutigen Aladža-Moschee kam, fand er dort seine alte Mutter, welche Kornfrucht an der Sonne trocknete. Er frug sie, wie sie heisse, und sie hub an zu erzählen, dass sie einen einzigen Sohn Hassan gehabt, mit dem sie sich einmal gezankt habe, worauf dieser in die Welt hinausgezogen sei. Seit jener Zeit habe sie nie wieder etwas von ihm gehört.

Hassan Nazir fragte die Mutter, ob sie im Stande wäre, ihren Sohn jetzt noch zu erkennen, und sie erwiderte, dass ihr Sohn ein Muttermal am Arme gehabt habe; an diesem Zeichen würde sie ihn leicht erkennen. Hassan schlug den Aermel zurück, zeigte ihr das Mal an seinem Arme und frug, ob sie ihren Sohn erkenne. Sie aber umarmte ihn und starb vor grosser Freude. An der Stelle, wo dies geschehen, begann Hassan Nazir die Aladža-Moschee zu bauen. Die Baumeister liess er aus Asien kommen, und er selbst begab sich eines Tages in ihrer Begleitung in das Dorf Vikoć, um dort einen Steinbruch zu suchen. Als sie nach Vragolovo kamen, nächtigten sie bei der Vranjača unter dem Felsen Sokolovica. Um Mitternacht löste sich in einiger Entfernung von ihrem Nachtlager der Felsen ab und stürzte mit Donnerschall zur Erde, worüber sie alle erwachten und heftig erschraken. Der Bauleiter beruhigte sie, indem er sagte: »Fürchtet euch nicht, die Moschee wird sicher zu

Ende gebaut werden, denn es sprang irgendwo in der Nähe der Felsen, wodurch Got:t selbst uns den Steinbruch aufthat und die Stelle zeigte, wo wir den Stein zu suchen haben. « Als es wieder Tag wurde, gingen sie zu jenem Felsen, wo der Absturz stattgefunden hatte und fanden dort abgelöste Steine, so gross wie ein Haus. Da fingen nun die Meister an, sogleich jene grossen Säulen zu behauen, von denen vier Stücke, jedes 3 Meter hoch und 1,27 Meter im Umfange messend, vor dem Eingange in die Aladža-Moschee stehen. Nachdem die Säulen fertiggestellt waren, führte man sie und die übrigen Bausteine nach Foča, über das Gebirge Bać, über welches in alter Zeit eine breite Strasse ging, von der man noch heutigen Tages stellenweise Spuren findet. Eine von den damals zugehauenen Steinsäulen befindet sich noch heute am Fusse der Sokolovica.

Als der Bau der Moschee schon so weit gediehen war, dass die Hauptmauern fertig standen, rief der Hair-sahibija (Wohlthäter, hier Bauherr) dem Neimarbaši (Bauleiter) zu, er solle sich beeilen und mit der Herstellung der Kuppel beginnen. Der Bauleiter nahm hierauf von den Mauern das Maass, gab davon dem Bauherrn Hassan Nazir ein Exemplar, während er das andere für sich behielt und entfloh aus der Nähe seines Gebieters, um sich ein volles Jahr verborgen zu halten. Da erzürnte der Bauherr heftig wider den Bauleiter, der sich so lange seiner Pflicht entzog, und als dieser nach einem Jahre zurückkehrte, wollte er ihn tödten lassen. Der Bauleiter bat den Bauherrn, seinen Zorn einen Augenblick zu bemeistern und ihm jenes Maass, das er ihm vor einem Jahre übergeben hatte, zurückzugeben. Zugleich zog er das Maass, das er bei sich behalten hatte, hervor und verglich damit die unbedachten Mauern der Moschee. Als er damit fertig war, zeigte er dem Bauherrn, dass die Mauern um einen ganzen Arschin (türkische Elle) niedriger geworden seien, da sie sich im Laufe des Jahres gesetzt hätten, und er sagte zu Hassan Nazir: »Wenn ich damals nach deinem Willen die Kuppel auf den frischen Mauern errichtet hätte, wäre die Moschee in wenigen Jahren eingestürzt; jetzt aber, wenn ich die Kuppel aufstelle, kann ich dir verbürgen, dass die Moschee sicher bis in alle Ewigkeit stehen und dass ihr nichts fehlen wird. «

Der Uhrthurm (Sahat-Kula) in Foča

Als die Kuppel und das Minaret fertig waren, pflanzte der Bauleiter den Alem (Schlussaufsatz und die Spitze) auf dem Dache des letzteren auf; dann verfertigte er sich selbst Bretterflügel und flog vom Minaret über den Čehotinafluss auf einen Rain gegenüber dem Minaret, ohne sich im Geringsten zu verletzen. Nach Vollendung der Moschee, und als die Herstellung des Säulenganges vor derselben im Zuge war, fanden die Meister eines Morgens zur rechten Seite des Einganges einen grossen schwarzen Stein, den die Engel an dieser Stelle niedergesetzt hatten. Dieser Stein steht noch heute auf demselben Platze und es ist noch heutigen Tages Sitte, dass Frauen, die sich von Allah etwas erbitten wollen, auf diesem Steine ihr Gebet verrichten.

Auf der Hauptmauer der Kanzel (hudba) befindet sich — wie erwähnt — eine Halbkugel aus grünem Stein, von der Hassan Nazir, nachdem die Moschee fertiggestellt war, gesagt haben soll: » Aus diesem Stein kann eine ganz gleiche Moschee erbaut werden, wenn diese einmal einstürzen oder beschädigt werden sollte. « Das Volk glaubt jedoch, dass an dieser Stelle ein grosser Schatz vergraben oder eingemauert sei. An den Innenwänden der Moschee sieht man fünf grosse weisse Kreise, deren Radius 44 cm beträgt. Man erzählt sich, dass zu jener Zeit, als die Moschee gebaut wurde, ein Somun (landesübliches Laib Brot) von der gleichen Grösse einen Para gekostet habe und dass die Meister jene Kreise in der Absicht gemacht haben, um den Nachkommen das Andenken an die Billigkeit zurückzulassen, die zur Zeit des Baues in Foča geherrscht habe.

Die Moschee zeigt uns den reinen Typus des mohammedanischen Gotteshauses. Auf quadratischer Basis stehen die Hauptwände, über diesen das Oktogon und auf diesem die Kuppel. Von aussen ist das prismatische Minaret angebaut. An der Hauptfront der Moschee befindet sich der Portikus mit drei Kuppeln, welche auf gemauerten Kielbögen und schlanken Säulen ruhen. Vor dem Portikus steht, wie üblich, die Česma (der Auslaufbrunnen zu rituellen Waschungen) und um die Moschee herum die Grabdenkmäler. Die innere Einrichtung, welche im engsten Zusammenhange mit ihrer äusseren Form steht, ist folgende: Bis zur Höhe von 8,35 m geht der Anlauf der Bögen, deren es acht giebt und welche die Form einer Columba haben. Vier von ihnen stehen auf den Hauptwänden und ragen nur unbedeutend heraus, während vier andere zwischen ihnen stehen und quer über die Ecken des inneren Raumes situirt sind. Auf diese Weise entsteht am Anlauf der Bögen ein Achteck, welches dem oberen Oktogon der Moschee entspricht. Auf die Bögen, welche quer über den Ecken stehen, stützen sich die Halbkuppeln, welche sich an zwei benachbarte Wände anschliessen, deren Winkel verdeckend. Unter der Halbkuppel in den Ecken giebt es stalaktitische Consolen, sodass der Uebergang des Baues aus seiner quadratischen in die polygone und in die Bogenform vollkommen harmonisch ausgeführt erscheint. Oberhalb und zwischen den besprochenen Bögen spannen sich acht Pendentifs, die in das Kranzgesimse übergehen. Dieses ist aber die Basis des mehrerwähnten Oktogons, welches die Kuppel trägt. Drei von den Hauptwänden haben je fünf Fenster, zwei unten in rechteckiger Form, über diesen zwei mit Spitzbögen, und endlich über diesen eines, gleichfalls mit spitzer Wölbung. In der vierten Wand an der Nordseite befindet sich die Thür, welche mit Marmor eingerahmt ist. Das Oktogon für sich hat auf jeder Seite ein Spitzbogenfensterchen.

Leider wird der Gesammteindruck der Džamija, die so überaus malerisch liegt, etwas durch das zum Schutze der Malerei in der Vorhalle angebrachte Schutzdach gestört. Allerdings war eine derartige Vorrichtung nothwendig, doch hätte sie bereits vor Jahrzehnten angebracht werden sollen, denn die Malerei hat sehr durch Wind und Wetter gelitten, und nur farblose Fragmente bezeugen, dass hier einstmals eine Künstlerhand ersten Ranges geschaffen hat. Namentlich die eine Wandfüllung, welche die Fläche zu beiden Seiten der Fenster bedeckt, verräth eine durchweg meisterhafte Behandlung des Ornamentes. Der mittlere Theil zeichnet sich besonders durch die Vornehmheit seiner Linien und durch geschickte Vertheilung der Formen aus, deren Ueppigkeit durch eine elegante Zergliederung gemildert wird. Das Auge entdeckt hier keine Lücken in der Komposition, frei und ungezwungen schliessen sich die Linien dem Raume an. Ein Fries welcher in demselben Charakter gehalten ist, umrahmt den mittleren Theil und bildet ein gefälliges Uebergangsglied zwischen dem mittleren Stück und dem äusseren Theil, einem Flachornament, das musterartig die innere Füllung mit Fries umrahmt. Leichter, mehr in schlanken Linien laufend, zeigt auch dieses die unverkennbare Meisterhand. Keine Magerkeit der Formen, keine Ueberladung macht sich hier geltend. Das Ganze wird durch einen halbkreisförmigen Aufsatz, ebenfalls Flachornament, gekrönt. Die

Ausführung der ganzen Arbeiten zeigt, dass der Meister nicht nur die Komposition des Ornaments beherrschte, sondern sich auch in der technischen Ausführung gleichwerthig zeigte. Sauber und korrekt ist die Pinselführung in der Kontur, hier ist kein Strich mechanisch kopirt, selbst an den nebensächlichsten Theilen zeigt sich volle Empfindung für die Formen.

Hat man bereits am Eingang einen so gediegenen Eindruck von der künstlerischen Ausstattung erhalten, so hofft man auch im Innern der Džamija einer gleichen Befriedigung theilhaftig zu werden. Leider ist dies nicht der Fall. Während draussen Sturm und Wetter an der Vernichtung gearbeitet haben, ist im Innern die Zerstörung wohl der Feuchtigkeit und sonstigen schädlichen Einflüssen zuzuschreiben. Der Eindruck ist deshalb durchaus nicht erhebend; statt farbenprächtiger Ornamente zeigen sich Fragmente der früheren Dekorationen zwischen Stockflecken, Kalkrissen u. s. w. und zeugen von dem Unverstandniss der letzten Generationen, die mit geradezu stumpfsinniger Gleichgültigkeit der Vernichtung zugesehen haben.

Schlank und aufwärts strebend, rein in der Architektur, zeigt sich der Aufbau der Kanzel (minber). Bei näherer Betrachtung der Einzelheiten ergeben sich aber beträchtliche Lücken in der Ausführung. Theilweise sind die Ornamente meisterhaft und können mit der ornamentalen Malerei konkurriren, theilweise sind sie aber in ihrer Anlage wie Ausführung vollständig ungeschickt. Die arabischen Aufschriften im Innern der Moschee geben wir nach der Niederschrift und Uebersetzung des Kadi von Foča. Die Thür der Moschee hat zwei Flügel mit je vier Feldern; auf dem obersten der letzteren befindet sich links die Inschrift: » Addžilu bissalati kable el feuti «, d. i. » Eilet zu beten vor dem Tode! « Auf dem rechten Flügel dagegen: » Addžilu biteubeti kable el meuti «, d. i. » Beeilt Euch mit der Reue vor dem Tode! « Auf der Wand oberhalb der Thür steht: » We innel mesadžide l'illah fela ted' u me' allahi ehaden «, d. i. » Die Moscheen (Gotteshäuser) gehören Gott, und so rufet neben Allah nicht einen anderen an! « Oberhalb der Kuppel: » Ćullemah dehale alejha zekerija el mihrabe «, d. i. die Koran-Sure » Ali imran «. Um den Scheitel der Kuppel steht die Aufschrift. » Esmaul husna «, d. i. » Die 99 schönen Gottesnamen. « Am Eingange zur Kanzel steht der Spruch: » Es gibt nur einen Gott und Mohammed ist sein Prophet. « Zum Schlusse seien auch noch die Worte erwähnt, welche vor etwa 200 Jahren ein persischer Reisender an der Aussenmauer der Moschee unterhalb des Gesimses niederschrieb: » Sefer kerdem beher šehri residem — We lakin enčunan džaji nedidem «, d. i. » Ich bin viel gereist und kam in jede grössere Stadt, aber einen Ort wie diesen sah ich noch nie! «

Von der Besichtigung des Gotteshauses die lange Strasse längs des Flusses gegen die Čehotinabrücke gehend, bemerkten wir rechter Hand ein sehr originelles Café. » Café Luft « stand mit grossen Buchstaben aufgeschrieben und wirklich spielte sich der gesammte Verkehr im Freien ab, sogar der Kaffee wurde im Garten gekocht. Ueberall aber standen Bänke und Tische ganz nach Art der Heurigengärten um Wien und der Verkehr war ein sehr reger. Das Getränk war ganz vorzüglich. Die eine den Garten abschliessende Wand war mit Bildern aus illustrirten Blättern beklebt und die Fočaner konnten auf diese Weise die Bekanntschaft des damaligen Wiener Bürgermeisters Grübl und einer ganzen Reihe von Schauspielern machen.

Während sich die Fürsorge der Landesregierung, wie bereits erwähnt, der Erhaltung des Fočaner Kunsthandwerks zuwendet, hat sie auch in der weiteren Umgebung sehr segensreiche Einrichtungen geschaffen. Da liegt westlich von Foča, auf dem Wege nach Kalinovik, tief eingebettet zwischen den Ausläufern der Zelengora und der Lelija-Planina, der Ort J e l e č, dessen

Bewohner seit undenklichen Zeiten die Le-
derfabrikation betreiben. Die Alpenweiden
ringsum auf den mächtigen Gebirgen liefern
alljährlich Tausende von Schaf- und Ziegen-
fellen, die hier, an dem schnellen Wasser des
Gjafer-Potok zu dem im ganzen Lande ge-
rühmten Jelečer Leder verarbeitet werden.
So wie jede Industrie in Bosnien früher auf
eine äusserst ursprüngliche Weise betrieben
wurde, so waren auch die Gerbereien in
Jeleč nicht im Stande, sich nach der Okkupation im geschäftlichen Leben zu behaupten. Die Erzeugnisse entsprachen den
modernen Anforderungen nicht, der Handel
selbst schlug andere Wege ein, und so ver-
siegte plötzlich die einzige Erwerbsquelle
für die Bewohner von Jeleč, die sich natur-

gemäss in die neuen Verhältnisse so rasch nicht finden konnten. Als einziges
Mittel gegen diesen wirthschaftlichen Rückschritt erwies sich die Errichtung
einer Lederfabrik in Jeleč auf Landeskosten, durch welche nicht nur für
eine Beschäftigung der Bevölkerung, sondern auch für eine entsprechende
Verwerthung der Rohhäute, dieser finanziellen Hilfsquelle des Hütervolkes
des ganzen umliegenden Gebirgsdistriktes, gesorgt würde. Im Jahre 1892
wurde, nachdem zuerst versucht worden war, die Gerber zu einer Genossen-
schaft zu vereinigen, die landesärarische Fabrik erbaut, die 1894 bedeutend
erweitert und für die neueste Produktionsweise eingerichtet wurde. Dazu
gehört auch die neue Art, das Enthaaren der Felle durch ein Schwitz-
verfahren zu bewerkstelligen, das, entgegen der früheren Giftkalk-Enthaarung,
durch welche nur die minderwerthige Gerberwolle gewonnen wird, die
sogenannte Schwitzwolle liefert, die der reinen, von dem lebendigen
Schafe geschorenen Wolle an Qualität gleichkommt. Die Betriebskraft
besteht aus einem Dampfmotor von 130 Pferdekräften. In neuester Zeit
wurde die Anlage auch durch eine Färberei und Appretur erweitert, und
die angestellten Versuche in der Erzeugung von Galanterie- und anderem
Luxusleder fielen befriedigend aus. Die Fabrik erzeugt vor allem sumach-
gares Leder in allen gangbaren Sorten, ferner sämmtliche Arten von
Saffianleder, Corduanleder, Buchbinderleder, Oberleder für Schuhmacher,
Tapezierer- und Galanteriewaarenleder. Ausser dem Schaf- und Ziegen-
leder wird auch türkisches dolmirtes Bockleder produzirt.

Alljährlich werden im Durchschnitt bei 80 000 Stück Schaf- und
Ziegenfelle verarbeitet, was ein Quantum von etwa 70 000 Kilogramm
Wolle ergiebt. Die Felle werden im ganzen Lande je nach den Markt-

verhältnissen aufgekauft, und kommen grundsätzlich nur die Felle aus-
gewachsener über ein Jahr alter Thiere schwerer Gewichtssorten zur
Verwendung. Da Bosnien-Hercegovina beiläufig 300 000 Stück Felle im
Jahre liefern kann, und der Bedarf im Lande selbst, sowie die Nachfrage
von auswärts ziemlich bedeutend ist, so kann bei einer rationell betriebenen
Gerberei auf einen guten Geschäftserfolg gerechnet werden. Rindsleder
wird derzeit in Jeleč noch nicht verarbeitet; dasselbe wird jetzt ausschliesslich in Visoko und Travnik für die Opankenmacher erzeugt. Auch
werden Rindshäute jetzt nach Italien, Dalmatien und Kroatien ausgeführt,
und da die Fabrikation von Rindsleder sich dem Anschein nach als
lohnend erweist, so gedenkt man auch in Jeleč sich später damit zu
beschäftigen. Das Jelečer Leder, dessen Qualität von Fachleuten lobend
anerkannt wurde, wird auch in bedeutenden Mengen nach Oesterreich
ausgeführt, desgleichen Wolle.

Die Fabrik beschäftigt bei ihrem inneren Betriebe fast alle Gerber
von Jeleč, welche die Ausübung ihres selbstständigen Gewerbes willig auf-
gegeben haben, da sie durch die Accordarbeit in der Fabrik lohnenderen
Erwerb finden. Die Beschaffung der wichtigsten Betriebsmaterialien, wie
Kalk und Sumach, bildet für Hunderte von Menschen eine gute Einnahme-
quelle. Besonders ist das Sammeln des Sumachs, der in dem ganzen
südlichen Grenzgebiete wild wächst, sehr lohnend, da sich auch Kinder
damit beschäftigen können. Die Fabrik benöthigt ein Quantum von 200 000
Kilo und wird für das Kilo trockenen Sumachs 4 kr. gezahlt. Um die
Einlösung des Sumachs zu erleichtern, wurden von der Regierung acht
Sumach-Hütten errichtet; zwei davon befinden sich in der Sutjeskaschlucht,
zwei am Hum bei Bastahi, zwei bei Predražje und eine in Perović.

Die Anlage- und Betriebskosten der Lederfabrik in Jeleč waren nicht
unbedeutend; die Opfer mussten aber gebracht werden, um dem durch
Zeit und Umstände gänzlich zu Grunde gegangenen Gewerbe der Gerberei
nicht nur aufzuhelfen, sondern um daraus einen gesunden Industriezweig
zu schaffen, der lebens- und konkurrenzfähig der verarmten Bevölkerung
Ersatz für die verlorenen Hilfsquellen schafft. Es ist daher erfreulich, dass
das Unternehmen gedeiht und bereits einen ansehnlichen Reingewinn liefert.

Von Jeleč führt ein Reitweg in wilder Gebirgsgegend auf die Z e l e n -
g o r a , wo sich die prächtigsten Alpenweiden befinden. Hier herrscht im
Sommer ein idyllisches Hirten- und Sennerleben und für der Ruhe Be-
dürftige wäre diese wundervolle Landschaft, die sich der Schweiz kühn
an die Seite stellen kann, wohl geeignet, wenn bessere Verbindung vorhanden und die Unterkunft in den hercegovinischen Bauernhäusern nicht
mehr als primitiv wäre. Es soll jedoch eine Fahrstrasse von Foča aus
über die Zelengora nach Gacko hergestellt werden, wodurch die Drina-
gegend auf dem kürzesten Wege mit Ragusa und dem Meere verbunden

würde. Alle diese Gebirgssteige sind übrigens uralte Handelsstrassen,, auf
denen sich durch Jahrhunderte und Jahrtausende der Waaren- und Personen-
verkehr zwischen Ragusa und dem Osten der Balkanhalbinsel vollzog und
über die schon grosse gelehrte Abhandlungen geschrieben wurden. Uns hat
in der Zelengora mehr die Gegenwart zu interessiren und die ist durch eine
von der Landesregierung errichtete landwirthschaftliche Station vertreten, die
hauptsächlich Käse und Butter fabrizirt und versendet. Auch die Senner liefern
bedeutende Mengen Schafkäse für die nächstgelegenen Städte. Dieses ganze

Auf der Zelengora. (Zwischen Foča und Gacko).

Gebirgsterrain, südlich bis zur montenegrinischen Grenze, westlich über
die Lelija-Planina bis Ulok und über die Morinje bis zur Cevanj-Planina
am Nevesinjsko-Polje reichend, nördlich über Kalinovik, die sogenannte
Zagorje und die Treskavica-Planina umfassend, war. bis vor einem Jahr-
zehnt berüchtigtes Räuberterrain und hier rekrutirten sich auch meist die
Aufständischen. In den fast unzugänglichen Gebirgen und Felsennestern,
in den Schluchten und dunkeln Wäldern fanden sie genügend Verstecke
und Zufluchtsorte. Die türkische Verwaltung unternahm nur Streifungen,
wenn zufälligerweise einmal ein vornehmer Beg niedergeschossen wurde,
sonst liess sie die » freien Söhne der Berge « ziemlich unbehelligt und so
erhielt sich jene Räuberromantik, die sich in Balladen und Volksliedern
recht schön ausnimmt, die in Wirklichkeit aber verteufelt unangenehm für
die betroffene Bevölkerung ist. Die gegenwärtige Verwaltung verstand

es denn auch, dem Haidukluk, von dem die Guslare noch unzählige Ge-
sänge recitiren, ein Ende zu bereiten. Es war keine leichte Aufgabe,
besonders als der Aufstand von 1882 dem Räuberwesen einen politischen
Anstrich verlieh. Aber die Truppen verstanden es, die Räuber in ihren
Verstecken aufzusuchen, sie zur Unterwerfung zu zwingen oder nach
Montenegro zu jagen. Mitten in ihrem Gebiet, in Kalinovik und Ulok
wurden befestigte Lager errichtet und als der Aufstand unterdrückt war,
da sorgten die Gendarmen für gänzliche Ausrottung des Räuberwesens.
Die » Strafuni «, wie sie von der Bevölkerung genannt wurden — aus Freiwilligen gebildete Gendarmerie-Streifkorps — entdeckten auch die ent-
legensten Schlupfwinkel; kein Unwetter, keine Bora konnte sie in ihrer
Pflicht aufhalten, und das Haidukenthum wurde so gründlich ausgerottet,
dass keine Spur mehr davon geblieben ist. Die unvergleichlich tüchtige
Gendarmerie — die Streifkorps sind längst aufgelöst — sorgt auch dafür,
dass ein neuer Versuch zur Belebung aussichtslos bleibt und es ist eine
Thatsache, dass Bosnien-Hercegovina zu den sichersten Ländern gehören,
dass der Reisende auch in den abgelegensten Gegenden für Leben und
Eigenthum nicht das Mindeste zu fürchten hat. Das ist auch eine Kulturthat und wahrlich nicht die geringste!

An der Grenze des Paschaliks Novibazar.

Picea Omorica Pancie

Von Foča nach dem an der Grenze des Paschaliks Novibazar gelegenen Čajnica — dem serbischen Mariazell — führt ein Reitweg über mittelhohes, spärlich bewohntes und reich bewaldetes Bergland. Anfangs im Čehotinathale gehend, steigt der Weg bald nordostwärts in die Berge, welche das Dreieck zwischen der Drina und der Čehotina ausfüllen. Halbwegs zwischen Foča und Čajnica, vier Stunden von beiden Städten entfernt, bietet der Berg Preluča eine schöne nördliche Fernsicht auf zahlreiche Kuppen, Wände und blaue Hügelketten. Von hier ab gehts am Rande einer tiefen Thalschlucht durch majestätischen Hochwald. Riesige Bäume, die über den Weg gestürzt sind, bilden manchmal hohe, mit Schlingpflanzen verzierte Triumphbögen. Eine Stunde vor Čajnica geht rechts ein näherer Weg nach Plevlje ins Paschalik. Die Aussicht ins Drinathal ist von hier an frei, aber kalt weht der Wind von den Schneegipfeln Montenegros herab.

Das ist der beschwerliche Wee, der in Kürze durch eine Fahrstrasse
ersetzt sein wird, wie eine solche von Gorazda nach Čajnica führt. Auf
unserer letzten Reise verfolgten wir die letztere, weshalb wir von Foča
nach Gorazda zurückkehrten. Ueber die neue eiserne Drinabrücke gelangten
wir ans rechte Ufer des Flusses und folgten mit der Strasse eine Zeitlang
dessem Laufe durch ungemein gut angebaute Felder und zwischen Zwetschkengärten. Dann trafen wir auf ein Zigeunerlager. Vier elende Zelte,
durch die Wind und Wetter pfiff, dienten einer zahlreichen Gesellschaft
als Wohnung, eine Menge Kinder tummelten sich nackt im thaufrischen
Grase mit einigen halbverhungerten Hunden, im Kessel über einem mächtigen Feuer aber summte und brodelte es. Wir wurden nicht angebettelt,
was ich darum anführe, weil mir dies bei Zigeunern in anderen Ländern
stets passirt ist. Es giebt mehrere Tausend Zigeuner in Bosnien, die sich
zu den Mohammedanern zählen, denen aber das Betreten der Moscheen
nicht gestattet ist. Meist leben sie als Nomaden in der Nähe der Ortschaften, verdingen sich manchmal als Feldarbeiter, öfter als Kutscher,
fungiren als Schmiede, die Weiber als Wahrsagerinnen, Quacksalberinnen
u. s. w. Oft genug ist ihr Nahrungserwerb kein lauterer, doch geniessen
sie im Ganzen eines besseren Rufes, als die meisten ihrer Stammesgenossen
in den christlichen Ländern Europas. Die Musik ist auch in Bosnien
eines ihrer Erwerbsmittel; sie spielen auf Märkten und bei hohen Festen,
doch reichen sie mit ihren Fertigkeiten in keiner Weise an die künstlerischen
Leistungen der ungarischen Zigeuner heran.

Nach kurzem Verlaufe in der Ebene steigt die Strasse prächtige bewaldete Höhen hinan. Hier stehen Buchenwaldungen von der mächtigsten
Ausdehnung; mitten zwischen ihnen Birken von gigantischer Höhe, wie
sie der Norden gar nicht kennt, und zahlreiche
Nussbäume. Die vorzügliche Fahrstrasse beschreibt
ziemlich steile Serpentinen und kreuzt mehrfach
den alten ausgetretenen Reit- und Saumweg, dessen
Abkürzungen auch heute noch von den Tragthier-
treibern und den Fussgängern vielfach benutzt
werden. Dann senkt sich die Strasse ins Thal
der Janina, die, aus tiefer Schlucht hervortretend,
lachende Wiesen be-
spült. Bei Han Mil-
janow wendet sie sich
östlich der Drina zu.
An ihrer Mündung
liegen die Ruinen der
altberühmten Burg Sa-
mobor auf einem zu

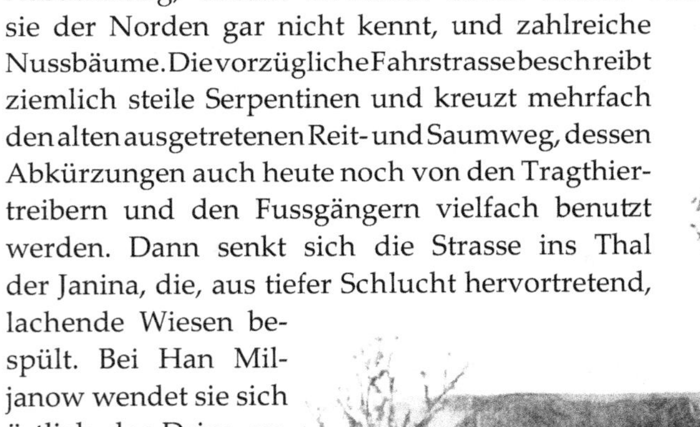

beiden Seiten steil abfallenden Vorsprung der Gostonj-Planina. Ein halb verfallener Thurm, eine Moschee innerhalb der Schlossmauern und vier Brunnen in kühler Felsengrotte, das sind die geringen Wahrzeichen der Stätte, wo einst Chlums mächtigster Vojvode Sandalj und sein Sohn Stefan ihre Sommer zugebracht. Wie der Burgname Sokol, am Zusammenflusse der Tara und Piva, so ist auch der von Samobor nach dem Verfalle des Schlosses auf den nächstgelegenen höheren Berg übergegangen. Die Ortssage erzählt, dass zur Zeit des Falles von Samobor Herzog Stefans jüngste Tochter

Alter Bauer aus Čajnica.

auf der Burg geweilt, welche den eindringenden Feinden erklärte, dass sie sich nur in vollem Schmucke ihren Händen überliefern wolle. Die Türken gewährten ihr deshalb eine kurze Frist, während der sie ihr Zimmer bewachten. Sie aber sprang in festlichem Anzuge aus dem Fenster von dem hohen Burgfelsen herab, um durch den Tod der Schmach zu entgehen. Aber ihr langes, freiwallendes, an den Enden mit goldenen Knöpfen verziertes Haar blieb an einem Felszacken hängen, und so schwebte sie in qualvoller Angst, bis die Kraft der Haare nachliess und sie sterbend in den Abgrund fiel. Die goldenen Haarknöpfe blieben am Felsen hängen und wurden zum Beweise der Sage noch lange Zeit gezeigt. Herzog Stefan lebt noch an mehreren Punkten des oberen Drinathales in der Erinnerung des Volkes; die Sage, welche sich dergestalt in einen geschichtlichen Rahmen einfügt, ist aber mit verschiedenen Variationen über ganz Bosnien und die angrenzenden Länder verbreitet. Die Geschichte — schreibt Dr. M. Hoernes in seinen » Dinarischen Wanderungen « — weiss nichts von einer Tochter des genannten Fürsten, die auf Samobor endete. Wohl aber war die durch ihr tragisches Geschick berühmt gewordene Gattin des vorletzten bosnischen Königs, Katharina, eine Tochter Stefans, und auf sie zielt wahrscheinlich die mitgetheilte Sage. Denn zu Prozor im Rama- thale, wo die bosnischen Könige, wie urkundlich feststeht, hin und wieder verweilten, lässt die Lokalsage ebenfalls die letzte Königin Bosniens auf dem dortigen Schlosse Studenac von den Türken belagert werden und umkommen. In Wirklichkeit floh Katharina, nachdem sie vergeblich ver- sucht, sich gegen ihren vatermörderischen Sohn in Bosnien zu behaupten, nach Italien in den Schutz des Papstes und starb als Nonne in Rom, wo in der Kirche Ara coeli ihr Grabdenkmal noch heute gezeigt wird.

Nach dieser Abschweifung vom Wege kehren wir auf unsere Strasse zurück, die durch landschaftlich ungemein malerische Gefilde führt. Im Han Soka (Velić), einem Ausflugsort der Serben von Čajnica, machen wir Rast und laben uns in der oberen Putzstube der Wirthin an einem aus- gezeichneten Kaffee. Dann geht es weiter, durch kleine Ortschaften, vor- über an vielen einzelnen Häusern, die wunderhübsch an den Berglehnen liegen. Die Felder sind gut angebaut, und alles lässt auf Wohlstand schliessen. Zwei Brunnen am Wege: » Fonte d' Antonietta « und » Erz- herzog Josef-Quelle « erinnern an die Erbauer der Strasse. Immer dicht an der Janina entlang, die im tiefen Bette rauscht, zieht sich die Strasse die Berglehnen hin, und erst dicht vor der Stadt, wo sich in der Fluss- niederung militärische Baracken, hoch oben auf der Höhe aber die Kuppeln der serbischen Wallfahrtskirche mit einem mächtigen goldenen Kreuze zeigen, wird man gewahr, dass man sich einem grösseren Orte nähert.

Čajnica ist durch seine wundervolle Lage eine Perle unter den vielen schön gelegenen Orten Bosniens. Es ist bei 2000 Fuss hoch am oberen Rande einer fast senkrecht abfallenden Felsschlucht erbaut, in deren Tiefe der Fluss schäumt. Dicht gegenüber, jenseits des Abgrundes, ist eine imposante Felspartie, von riesigen Urwaldtannen gekrönt. Darüber er- heben sich in trotziger Nähe die nie gelichteten Gipfel des Čivči-Brdo, während im Süden über Čajnica der gewaltige kahle Čičel doppelt so hoch emporragt, als sein von den Wellen der Janina gebadeter Fuss zur Höhe der Stadt anstrebt. Seine oberen Abhänge sind reich bebaut und nach allen Richtungen von Wegen durchzogen. Im Westen, zwischen Čičel und Čivči, öffnet sich eine blaue Fernsicht weit über die Drina hin-

Stadtansicht von Čajnica.

weg. Die Stadt konnte sich nur nach oben entwickeln und gewährt den Anblick eines vor uns aufgerollten plastischen Ortsplanes. Im Mittelpunkt des Ganzen befinden sich zwei Gotteshäuser: auf der Höhe die serbische Wallfahrtskirche, in der am tiefsten gelegenen langen Čaršija eine berühmte alte Moschee.

Es war Sonntag, als wir in Čajnica ankamen, die meisten Läden des Marktviertels gesperrt, dafür aber ungemein viel Bauernbevölkerung anwesend, die dem Gottesdienste beigewohnt hatte. Dadurch schien es, als ob das Städtchen von 300 Häusern und etwa 1800 Bewohnern sich mindestens verdreifacht hätte. In einem netten Gasthause fanden wir sofort einige Serben, die sich erboten, uns in ihr Heiligthum zu geleiten. Čajnica ist eine Art von Mariazell für die serbische Bevölkerung in Bosnien, der Hercegovina, Montenegro und dem Paschalik Novibazar. Auch aus dem benachbarten Königreiche Serbien kommen am Tage Maria Himmelfahrt, am 27. August (15. a. St) Hunderte von Wallfahrern hierher. So war es schon unter türkischer Zeit, und gegenwärtig, wo vollste Sicherheit herrscht, wo die Christen keinerlei religiösen Beschränkungen unterliegen, sind die Wallfahrtstage grossartige Volksfeste geworden. Die Kirche selbst sieht mit ihren vierzehn Blechkuppeln eher einem türkischen Bade, als einem Gotteshause ähnlich, und nur die zahllosen Kreuze, die nach der Okkupation überall angebracht wurden, lassen die Bestimmung erkennen. Mit Recht schreibt daher Dr. M. Hoernes, dem wir bei der sachlichen Schilderung der Wallfahrtskirche folgen, » sie sei eines jener Produkte neuserbischer Kirchenbaukunst, denen die Ehre einer kritischen Beleuchtung versagt werden müsse; sie sei nur dadurch merkwürdig, dass sie von einem einheimischen Meister gebaut wurde. « Ueber dem reich bemalten Portale der Ostfront liest man in serbischer Sprache folgende Inschrift, die uns belehrt, dass wir in diesem Gotteshause eine Frucht des Hat-i-Humayum vor Augen haben: » Mit Gottes Hilfe ward diese Kirche zu Ehren der Gottesmutter am 28. Juni 1857 begonnen laut Erlaubniss des grossen Kaisers Sultan Medschid und Einwilligung des hercegovinischen Metropoliten Gregorius. Beendet aber und eingeweiht wurde sie von dem bosnischen Metropoliten Ignatius im Jahre 1863. Die Aufsicht über den Bau hatten der Klostervorsteher Anton Postić, der Priester Tanas Nekomadanović, der Priester Josef Tanović und der Schriftführer Priester Dmitri Popović. In der Stadt Čajnica am 15. August geschrieben von Peter Neimartodorović. « Der Baumeister und die Werkleute haben sich in Gestalt primitiver Reliefskulpturen an den Ecken des Gebäudes verewigt. An einer derselben liest man in cyrillischer Schrift: » Staniša Krul, geboren zu Ljubinje, begann im Jahre 1857 mit Gottes Hilfe den Bau dieser Kirche der Gottesgebärerin. « Daneben sieht man ein gesatteltes Ross, das über ein Hinderniss hinweg auf ein Ziel zu sprengt.

Dass Innere des geräumigen Gotteshauses bietet ein Gemisch von neuen und alten Kostbarkeiten, reich geschmückten und trostlos kahlen Stellen. Die grösste Merkwürdigkeit ist ein uraltes Gnadenbild Mariä, das bis zum Ende des 16. Jahrhunderts im Kloster Banja bei Priboj am Lim bewahrt und nach Einäscherung desselben hierher gerettet wurde. Es ist der Sage nach ein Werk des Evangelisten Lukas und soll völlig gleich sein mit den beiden anderen Bildern desselben Meisters, die sich auf dem Berge Athos und in Jerusalem befinden. Das Bild in Čajnica — oder vielmehr die beiden Bilder, denn die Holztafel ist auf beiden Seiten bemalt — zeigt vorn Maria mit dem Kinde, hinten den Täufer Johannes, bärtig, Daumen und Zeigefinger der rechten Hand zusammendrückend. Soviel zu erkennen, sind es sehr alte, aber keineswegs vorzügliche byzantinische Gemälde. Man sieht zwar unter dem Glas nur die geschwärzten Gesichter der Originale, doch sind auf den massiv silbernen und theilweise vergoldeten Platten, welche das Uebrige schützend verhüllen, die darunter liegenden Theile der Bilder in getriebenem Basrelief nachgeformt. Das schön geschnitzte Stufenzelt des Bildes, sowie die Kanzel und der Bischofs-Stuhl, endlich die zierliche Bemalung der mittleren Kuppel sind von einem renommirten griechischen Meister aus Veleš in Makedonien um den Preis von 1000 Dukaten hergestellt.

Die Ikonostas, die dreithürige Zwischenwand, welche nach orthodoxem Ritus den Altarraum (Templon) vom Mittelschiff der Kirche trennt, ist dicht mit Bildern von sehr verschiedenem Werth und Alter, einer Auswahl aus den massenhaft aufgespeicherten Votivgaben der früheren Klosterkirche, behängt. Merkwürdig wegen der schönen und feinen Ausführung ist ein Bild, welches zwei Brüder Taskalović aus Novibazar 1875 vollendet und gewidmet haben. Es stellt den Tod der heil. Maria in Verbindung mit einer Legende dar, wonach ein habgieriger Jude den Mantel der vom Sterbebett zum Himmel entrückten Jungfrau erfasste und nicht los liess, bis ihm der Erzengel Gabriel mit dem Schwerte die Hände abhieb.

Die alte Wallfahrtskirche, dicht neben der neuen, ist ein nur wenige Fuss über dem Erdboden erhabener kellerartiger Bau von ganz schmucklosem Aeussern und eigentlich beispiellos verwahrlostem Innern. Durch ein enges und niederes Pförtchen, auf ausgetretenen halsbrecherischen Steinstufen, gelangt man in das einstige Heiligthum, das heute nur eine Art Rumpelkammer bildet. Es ist ja richtig, dass die Baubewilligung für christliche Kirchen in Bosnien an die Einhaltung gewisser sehr beschränkter Dimensionen gebunden war, wodurch die Erbauer genöthigt wurden, ihre Gotteshäuser halb unterirdisch anzulegen, damit wenigstens der Innenraum eine entsprechende Höhe erreichte; es konnte also kein besonderer Glanz entfaltet werden, selbst wenn die Mittel vorhanden gewesen wären. Dass man aber das alte Gotteshaus, das Jahrhunderte lang die Christen unter den schwersten Bedrängnissen in seinen Mauern versammelte, das die flehenden Gebete ganzer Generationen um Errettung und Hilfe, nicht selten die flammenden Racheschwüre zum Kampf gegen den Erbfeind ausziehender Tscheten vernahm, so verwahrlost, zeugt von einer Pietätlosigkeit, von einem Mangel an Gefühl, der den Čajnicaer Orthodoxen kein gutes Zeugniss ausstellt. Die alte dunkle Kirche enthält einige alte Kirchenstühle, eine Menge Votivgeschenke, Bilder und alte Bücher, aber das Meiste in Kisten, bestaubt und zerfressen — ein wahrer Jammer. Nur die alten Brustgürtel aus dreifachem Leder, ringsum mit Messing- oder Silberplatten, vorne mit Achatstücken oder farbigen Steinen besetzt, haben der Zerstörung widerstanden. Oft über ein Kilogramm schwer, sind diese Gürtel auch Widmungsgeschenke, an die sich blutige Erinnerungen knüpfen, Diese Gürtel wurden von serbischen Frauen, denen die Türken den Mann getödtet, angelegt, Handschar und zwei Pistolen hineingesteckt und dann zogen die rachsüchtigen Witwen getreu den Gesetzen der Blutrache auf Schleichwegen umher, bis es ihnen gelang, den Mörder oder einen von seiner Sippe zu erlegen, worauf der Gürtel als Weihegeschenk dem Kloster Čajnica gestiftet wurde.

Um beide Kirchen zieht sich ein unregelmässiger Hof, der weitläufige Klostergebäude mit Holzgalerien in seine Steinmauern einschliesst. Die Anlage war festungsartig und gut zur Vertheidigung geeignet, doch erwähnt die Geschichte nichts von besonderen Bedrängnissen, denen die Čajnicaer Orthodoxen von den heimischen Mohammedanern ausgesetzt gewesen wären. Nur erzählte der Küster, zwei Jahre vor der Okkupation wären die Türken ins Kloster gekommen und hätten gegen 500 Kilo Pergamentschriften und Bücher weggenommen und verbrannt. Man wird gut thun, gerechte Zweifel in diese Angabe zu setzen, denn von anderer Seite wird behauptet, die Geistlichkeit habe aus Unverstand und Unkenntniss selbst Kisten von halbvermoderten Handschriften auf den Mist werfen lassen. Wer die durchschnittliche geringe Bildung der orthodoxen Popen und der Kaludjer (Mönche) kennt, wird diese Barbarei für leicht möglich halten.

Von dem Wallfahrtskloster, dem jetzt ein Thurm angebaut wird, stiegen wir wieder in die untere Stadt hernieder, vorüber an einer sehr hübschen Volksschule, einem Casino und netten militärischen Anlagen. Auch eine besondere orthodoxe Schule besteht seit langem, an der ein Lehrer aus Süd-Ungarn wirkt. Wir statteten nun der Moschee einen Besuch ab, die vor vier Jahrhunderten von Ghazi Sinan Pascha, dem aus Čajnica gebürtigen berühmten Vezier Bosniens erbaut wurde. Er zerstörte das Kloster Banja und gab durch Uebertragung des wunderthätigen Marienbildes nach Čajnica, ohne es zu wollen, den Anstoss, dass seine Vaterstadt ein christlicher Wallfahrtsort wurde. Die Moschee ist ein prächtiger Kuppelbau, im Innern neu restaurirt Der Hodscha (Geistliche) führte uns selbst ins Gotteshaus und erklärte uns dessen Geschichte. Neben der Moschee befindet sich das Türbé (Mausoleum) Sinan Paschas nebst den Grabstätten seiner Frau und seiner Söhne.

Durch die Marktstrasse fliesst in einem schmalen Graben eiskaltes klares Gebirgswasser; am Ausgange der Stadt, auf einer Höhe, steht aber über einer Quelle ein schöner moderner Brunnen, ein Bauwerk der jetzigen Zeit. Durch seine entzückende Lage, seinen Wald- und Wasserreichthum, durch seine erfrischende Gebirgsluft wäre Čajnica zu einem Sommeraufenthalt oder zu einem klimatischen Kurort wie geschaffen, allerdings gehören solche Pläne einstweilen noch zu den Träumen. Ueber den Metalkasattel — wo die Grenze des Paschaliks Novibazar beginnt — führt eine gute Strasse nach Plevlje (Tašlidža), der ersten grösseren Stadt auf türkischem Gebiet mit gemeinsamer österreichisch-ungarischer und türkischer Besatzung. Die kaiserliche Garnison hat grossartige Anlagen und Bauten hergestellt und ihrem europäisirenden Einfluss ist es zuzuschreiben, wenn das einst halbarnautische Plevlje schon theilweise einen abendländischen Anstrich erhalten hat. Die Stadt selbst liegt in einem kahlen und reizlosen Kessel, aber der Weg bis zur Grenze von Čajnica aus, ist eines Ausfluges werth. Die dichten Urwälder, unterbrochen von einzelnen Lichtungen, bieten wundervolle Partien, entzückende Ausblicke, ein Labsal für Leib und Seele.

Nach Gorazda zurückgekehrt, wurde dort noch der neueingerichtete Dörrofen für Zwetschken, von dem es in der Posavina schon sehr viele giebt und die alte serbische Kirche in Augenschein genommen. Dann trafen wir die letzten Vorbereitungen für die Flossfahrt auf der Drina, die am andern Morgen angetreten werden sollte.

Schlussvignette: Siegel des Despoten Stefan auf der goldenen Bulle desselben.

Eine Flossfahrt
auf
der Drina.

Die Drina ist einer der mächtigsten Ströme Bosniens, der Grenzfluss zwischen Serbien und dem Okkupationsgebiete. Sie entsteht etwa vier Stunden südlich von Foča, aus dem Zusammenflusse der Tara und Pliva dicht an der montenegrinischen Grenze, bei dem Dorfe Hum, wird durch die Sutjeska, die Bjelava, Bistrica und Čehotina nach kurzem Laufe verstärkt, nimmt ihren Weg anfangs nach Nordosten und dann direkt nach Norden, bis sie bei Rača in die Save mündet. Von der Mündung bis nach Zwornik hinauf, ist sie einen beträchtlichen Theil des Jahres für grössere Fahrzeuge schiffbar und die bosnische Landesregierung hat einen besonderen Dampferverkehr von Brčka an der Save bis nach Zwornik eingerichtet. In ihrem Oberlaufe verhindern Felsbänke, Klippen und Stromschnellen einen geregelten Schiffsverkehr. Es können während des höheren Wasserstandes wohl Flachboote und Flösse verkehren, einen Theil des Jahres jedoch nur unter grossen Schwierigkeiten. Schon im Jahre 1865 liess die türkische Vilajetsregierung Studien wegen Sprengung der hauptsächlichsten Verkehrshindernisse anstellen, es wurden auch Geldmittel angewiesen, aber die Ausführung der Arbeiten unterblieb, die erst die Gegenwart wird vornehmen müssen.

Der Fluss durchströmt landschaftlich hochinteressante Gegenden und darum ist eine Fahrt auf der Drina ein Genuss, wie er sich in solcher

Eigenart nicht so leicht wieder bietet. Das Fahrzeug ist aber nur das gewöhnliche, aus Baumstämmen zusammengefügte Floss und auf besondere Bequemlichkeit muss von vornherein verzichtet werden. Unsere Drinafahrt fiel Anfang September, in die Zeit sehr niedrigen Wasserstandes und daher dehnte sich die sonst auf zwei bis drei Tage berechnete Tour von Gorazda nach Lubovija auf fünf Tage aus. Sie bot aber mit ihren Zwischenfällen einen so eigenen Reiz, dass sich kein Tourist von einer Wiederholung der Fahrt abschrecken lassen sollte.

Dank der Zuvorkommenheit der bosnischen Behörden hatte der Leiter der Bezirksexpositur in Gorazda die Zusammenstellung eines Flosses veranlasst und so konnte die Reise eines Montagsmorgens in Gesellschaft eines liebenswürdigen Forstadjunkten angetreten werden; meine Frau als die erste europäische Dame, welche die gesammte Flossfahrt auf der Drina unternahm. Auf dem Flosse, das aus mächtigen Baumstämmen bestand, war aus Brettern eine Art erhöhtes Podium mit zwei Bänken und einem Tisch errichtet worden, das Gepäck war so gut als möglich vor Nässe geschützt und am Steuer wehte die bosnische rothgelbe Flagge lustig im Morgenwinde. Die Verpflegung hatte der Hotelier in Gorazda in vorzüglicher Weise besorgt. Eine Anzahl gebratener Enten, Schinken, Käse, ganze Brote, Flaschenbier, eine Batterie von Bouteillen Wein, Obst, wie mehrere Büchsen Conserven sollten für des Leibes Nahrung und Nothdurft sorgen.

Ein leichter Nebel lagerte über dem Flusse, als wir gegen 7 Uhr früh unser Fahrzeug bestiegen. Die beiden Flösser, echte Mohammedaner aus Čajnica, waren bereits seit langem beschäftigt, die letzte ordnende Hand anzulegen und noch immer einen schwarzen Kaffee zu trinken. Unter herzlichen Abschiedsworten der Beamten und Offiziere von Gorazda, die uns das Geleite zum Flussufer gegeben, wurde die Fahrt angetreten. Fast lautlos glitt unser Floss dahin und es schien, als würden wir nur langsam vom Flecke kommen. Mit peinlichster Aufmerksamkeit wurde von den Flössern das Fahrwasser beobachtet und es war ein hoher Genuss, wenn wir zwischen Felsblöcken in eine tiefere Rinne einlenkten, das gebrechliche Fahrzeug tief in den weissen Gischt tauchte, wenn die Wellen hoch über den Stämmen zusammenschlugen. Immer höher erhoben sich Ufergebirge, meist bewaldet; von Zeit zu Zeit wurden einzelne Häuser sichtbar, einige Reiher strichen über das Wasser, sonst herrschte geheimnissvolle Stille, Bei Mušici erfolgte auf einmal von steiler Höhe ein Zuruf, ein weisses Tuch wird zum Gruss geschwenkt, — es ist ein Bekannter, der uns zu Pferde auf dem Landwege bis hierher noch das Geleite gegeben. Da kommt eine Biegung des Flusses; wir tauchen in einen Strudel, ein letztes » Živio! « und wir sind wieder allein. So währte die Fahrt stundenlang. Gegen ½12 Uhr — wir befanden uns gerade an einer wildromantischen Stelle

zwischen schroffen Felsen, aus denen nur hin und wieder einzelne mächtige
Bäume und niederes Gestrüpp sprosste, — gab es einen mächtigen Knall,
wie von einem Kanonenschusse, das Floss krachte in allen Fugen, die

Flossfahrt auf der Drina.

festen Verbindungen zwischen den einzelnen Stämmen waren am Hinter-
theil gesprungen und es hatte den Anschein, als sollten wir ein unfrei-
williges Bad in der Drina nehmen. Wir waren auf eine verborgene Klippe

aufgefahren, aber gleich wieder flott geworden. Unsere Flösser sorgten sofort mit bewundernswerther Schnelligkeit für Wiederbefestigung der einzelnen Stämme und weiter ging die Fahrt.

Hoch oben in einer Kamm-Einsattlung wurde das Dorf Drabošilje sichtbar, überall auf den Abhängen weideten Heerden und laute Jodler stiegen von den kleinen Hirten in die Lüfte, entferntere Kameraden auf das Floss — eine Abwechslung im ewigen Einerlei — aufmerksam machend. Mit doppeltem Appetit wurde das Mittagessen eingenommen und mehr als ein Glas stieg auf das Wohl des schönen Landes, das sich im Sonnenglanze an beiden Ufern ausbreitete. Die Felsen waren oft so glatt abgeschliffen, als ob sie bearbeitet und polirt wären; unten waren sie vom Wasser unterwaschen und bildeten mächtige Höhlen. Manchmal engten sie den Strom von allen Seiten ein, dass man sich auf einem Binnensee zu befinden glaubte. Bei Gradina zeigten sich interessante geologische Schichtbildungen, Auf einmal ertönen laute » Merhaba « auf dem linken Ufer; Felder und Häuser werden sichtbar, eine Moschee mit Minaret steht in malerischer Lage und in beherrschender Position eine neue Gendarmerie-Kaserne. Es ist der mohammedanische Ort Megjegje. Kaum waren wir an ihm vorübergefahren, als wir festsassen. Wir waren auf eine Schotterbank gerathen und obwohl unsere Fährleute ins Wasser sprangen und das Floss flott zu machen suchten, gelang ihnen dies nicht. Aber schon nahte Hilfe. In Megjegje hatte man unsere Noth bemerkt; ein Türke legte die Kleider ab, sprang ins Wasser und schwamm auf uns zu. Er tauchte unter das Floss und mit einem mächtigen Ruck schob er dasselbe von der verhängnissvollen Stelle. Wir hatten wieder tieferes Fahrwasser; unser Helfer aber war, ohne erst einen Dank abzuwarten, zurück ans Ufer geschwommen.

Kurz hinter Megjegje öffnet sich rechts ein wundervoller Blick ins Limthal, wo der Lim in die Drina mündet, dann geht es an dem schön am Berge gelegenen Dorfe Orahovci vorüber in flotter Fahrt bis Višegrad. Es war bereits dunkel geworden, denn wir hatten über zwölf Stunden zu dieser Strecke gebraucht. Hier empfing uns der Bezirksvorsteher nebst einigen anderen Herren, wir wurden — ein Hotel giebt es nicht — im Offiziersfremdenzimmer untergebracht, in dem ein behagliches Feuer im Ofen loderte und bald sassen wir inmitten einer gemüthlichen Gesellschaft im einzigen Gasthause. Für den nächsten Tag hatte uns der Bezirksvorsteher seine Begleitung angekündigt, da er im Gebirge einen amtlichen Besuch abzustatten hatte. Auch ein Oberlieutenant wollte von der Partie sein, desgleichen ein Gendarmeriewachtmeister, der nach Syrmien auf Urlaub ging und der den Umweg über Sarajevo durch die Flossfahrt zu ersparen hoffte.

Višegrad macht, wenn man sich der Stadt nähert, einen sehr stattlichen Eindruck. Die quaiartigen Uferränder, der breite majestätisch dahin-

Stadtansicht von Višegrad.

fliessende Strom, eine mächtige alte Brücke über denselben, unmittelbar jenseits die Reste der Ruinen eines alten türkischen Karawanserei, daneben eine Kaserne, von der Stadt selbst nur zahlreiche hohe Giebel zwischen Baumwipfeln, dahinter der stolze Ruinenkegel der Burg Starigrad, all das verspricht einen interessanten Ort, der aber nur in seiner Marktstrasse einen rein städtischen Charakter trägt, wo jetzt auch ein schönes Amtsgebäude steht. Višegrad liegt in seinen Haupttheilen zu beiden Seiten der Ržava, eines im Winter und Frühling gewaltig anschwellenden Flusses, der unterhalb Višegrad in die Drina fällt; alle Bergkuppen und Felswände umher sind noch mit ehemals türkischen Forts (Karaulas) gekrönt, die nach Serbien ebenso Respekt einflössend hinübersehen, wie die Wachthäuser vom Javor und Zlatibor auf Višegrad herunterschauen. Einstmals war Višegrad nur ein Uebergangspunkt an der Drina, den sich die christlichen Landesherren durch Erbauung eines festen Schlosses sicherten. Seine Bedeutung wuchs, als die Türken zur Herrschaft kamen. Damals entstand die berühmte Brücke und das jetzt in Ruinen liegende Karawanserei, ein Prachtbau mit luxuriösen Badeanlagen, Wohnräumen und Stallungen: beides Werke des Mehmed Pascha Sokolović, der als Grossvezir Sokolly zu den hervorragendsten Staatsmännern des osmanischen Reiches gehörte. Seine Amtszeit fällt in die Jahre 979—991 der Hedschra, die Erbauung der Brücke 979. Višegrad lag nicht nur in der Nähe seiner Stammburg Sokol, sondern auch an der grossen Heeresstrasse, die von der Provinzhauptstadt nach der Reichsresidenz führte, und war der erste grössere Ort, den der Osmane von Stambul auf bosnischem Boden betrat. So waren Brücke und Palast — wie Hoernes sich ausdrückt — gleichsam Denkmäler des patriotischen Stolzes, mit welchem der Bosnier seine geliebte Heimat den herrschenden Osmanen gegenüber in ein günstiges Licht zu stellen suchte. Dass er es erreicht hat, sehen wir mindestens aus der Erwähnung der Brücke im geographischen Werke des Hadschi Chalfa (» Rumeli und Bosna «, deutsch von Hammer) und daraus, dass die Unerschütterlichkeit dieses Bauwerkes in südslavischen Ländern sprichwörtlich geworden ist, wie die Redensart: » ostade kao čuprija na Višegradu « (das steht wie die Brücke auf Višegrad) bezeugt.

Die Brücke überspannt mit elf Spitzbögen, die gegen die Mitte bedeutend ansteigen, in einer Länge von 170 und einer Breite von 6,3 m die Drina. Die Spannweite der Spitzbögen schwankt zwischen 13,7 und 18,6 m. Ein auf gründliche Studien basirtes Gutachten spricht sich dahin aus, » dass der Brückenbau von Višegrad volle Bewunderung verdiene, die noch durch die Erwägung gesteigert werde, dass den damaligen Baumeistern, meistens Ragusanern, nicht jene Hilfsmittel der Technik zu Gebote standen, welche heute die Bewältigung der schwierigsten Arbeiten erleichtern. Aelter sei zwar die Narentabrücke in Mostar, erbaut 1566, schöner

Brücke in Višegrad.

und grossartiger aber jedenfalls die Drinabrücke in Višegrad. (» Das Bauwesen in Bosnien und der Hercegovina «, herausgegeben von der Landesregierung, Wien 1887.) Inmitten der Brücke, oberhalb der noch erhaltenen Ruhebänke, stand bis zum Jahre 1886 ein aus Eichenholz erbautes stockhohes Häuschen. Dieses früher als Unterkunft der Brückenwache verwendete Gebäude wurde im bezeichneten Jahre wegen Baufälligkeit entfernt, was übrigens auch aus ästhetischen Gründen gebilligt werden kann.

Der in der Brücke eingemauerte Inschriftstein giebt Kunde davon, dass die Brücke vom Grossvezier Mehmed Pascha Sokolović im Jahre 979 n. d. H. (1571 n. Chr.) erbaut worden sei. Die in türkischer Sprache abgefasste Inschrift lautet in der Uebersetzung:

> » Mehmed Pascha, zur Zeit dem Asaf*) vergleichbar,
> Hat durch seine erhabene Persönlichkeit die Welt verherrlicht.
> Er verwendete sein Vermögen auf Stiftungen zur Ehre Gottes.
> Niemand wird behaupten wollen, dass das Vermögen, so verwendet, verschleudert
> worden sei.
> Lebenslang hat er Gold und Silber zu Stiftungen gewidmet,
> Denn es war ihm bekannt, dass diese ein schönes Andenken hinterlassen.
> Ueber die Drina in Bosnien erbaute er eine grossartige Brücke.
> Eine Reihe von Bögen spannte er über diesen Fluss,
> Diesen tiefen Fluss, dessen Gewässer reissend sind.

*) Asaf war Rathgeber Salomons des Weisen.

Seine Vorgänger konnten Aehnliches nicht erbauen;
Nach Gottes Rathschluss that es aber der Pascha,
Damit sein Name mit Ehrfurcht und Dank genannt werde.
Er baute diese Brücke, die ihres Gleichen nicht hat auf der Welt.
Gewiss wird Niemand sagen, dass das Geld, so verwendet, vergeudet sei!
Von Gottes Gnade erhoffe ich, dass des Erbauers
Leben im Glück verlaufen und durch keinerlei Ungemach getrübt sein werde.
Badi*) welcher sah, wie der Bau beendet wurde, schrieb nieder den Tarih**);
Gott möge diesen Bau, diese wunderbar schöne Brücke segnen!

979 « (=1571).

Die zweite, gegenwärtig ziemlich beschädigte und an einigen Stellen nicht zu entziffernde Brückeninschrift lautet nach dem Türkischen:

» Zur Zeit Sultan Murads, des Sohnes Sultan Selims,
fasste der Wohlthäter Mehmed Pascha
den Entschluss und hat auf dem Flusse Drina
eine grosse Brücke mit vieler Mühe unter eigener Aufsicht (Leitung) erbaut.
Gott gebe, dass sein Bau fest, das Glück seines Lebens ihm aber immer treu bleibe,
und dass seine Wünsche auf beiden Welten fruchtbar sind.
. . . (unleserlich) . . .
Solche Werke . . . (unleserlich) . . . die Bewunderer dieses
soll für den Erbauer zu Gott beten.
. . . (unleserlich) . . . Brücke erbaute, möge Gott segnen.
Im Wasser . . . (unleserlich) . . . hielt er die Perle der Perlmutter gleich:
Ich erbaute die Brücke auf diesem Gewässer, ich Mehmed Pascha.

985 « (= 1577).

Die Reste des Geburtshauses von Mehmed Pascha Sokolović sind noch heute im kleinen Dorfe Ravanci zwischen der grossen und der kleinen Varda unweit des Städtchens Rudo sichtbar. Als Baumeister der Brücke wird ein Meister Mitar oder Rade genannt, und es knüpfen sich an ihren Bau eine Menge Volkssagen, die sich zum grössten Theile auf die Bauopfer bei den Südslaven — auf die Einmauerung menschlicher Wesen — beziehen. Eine der schönsten gereimten Sagen veröffentlicht Regierungsrath Hörmann in seinen » Narodne pjesne Muhamedovaca u Bosni i Hercegovini «:

Dreien Kaisern diente Mehmed Pascha,
Drei der Thürme voll mit Gold erwerbend.
Ueberlegend nun dacht er im Innern,
Was er mit dem grossen Schatz beginne:
Ob er ihn den Armen schenken solle
Oder gar dem Flusse Drina opfern,
Oder Bosnien damit beschenken.
Und nachdenkend, hat er dies beschlossen:
Bosnien will ich damit beglücken,
Eine Brücke ihm zuerst erbauen! «

*) Badi ist der Name des Dichters dieses Chronogrammes.
**) Tarih ist Zeitangabe. Die türkischen Schriftzeichen des letzten Verses geben durch Addition ihres Zahlengehaltes als Summe das Jahr 979 nach der Hedschra.

Und er beginnt die Ausführung seines Entschlusses, indem er dem Baumeister Mitar den Befehl sendet, derselbe möge Alles zum Bau einer Brücke über die Drina bei Višegrad vorbereiten und hierauf den Bau beginnen. Ausserdem

> » Hundertdrei der besten Meister sammele
> Und auch tausend frischer Werkgesellen,
> Die den kalten Stein beschaffen werden. «

Dieser Befehl findet aber bei dem Meister Mitar keinen Beifall, da er ihn für unausführbar hält:

> » O bei Gott, du Soko Mehmed Pascha,
> Wenn am weiten Višegrader Felde
> Tovar du an Tovar Goldes häuftest
> Und auf jede Last drei Beutel Goldes,
> Und dein Schatzmeister versuchen wollte
> Diesen unschätzbaren Schatz zu zählen,
> Kaum würd' für den Bau der Brück' er reichen. «

Der Pascha jedoch beruhigt ihn und versichert, dass er alle Kosten des Brückenbaues, und wenn sie noch so ungeheuer wären, tragen und beschaffen werde. Auf dies hin schreitet Meister Mitar an das grosse Werk, indem er Bauleute sammelt und alles Nöthige an Ort und Stelle schaffen lässt. Er selbst aber

> » Schwingt sogleich sich auf den starken Rappen
> Und erscheint vor Višegrad der Veste.
> In den Fluss treibt er den starken Rappen
> Um der Drina Tiefe auszuforschen:
> Ob es möglich sei, die Brücke bauen.
> Doch als nun der Rapp' inmitt' des Flusses,
> Nicht kann er sich von der Stelle rühren.
> Mitar treibt mit Peitsche und mit Sporen,
> Doch das Ross, es steht wie angewurzelt.
> Mitar schlägt mit dreifach starker Geisel,
> Doch das Ross, es steht wie angewurzelt «.

Vom Ufer aus bemerkt der Pascha das unerklärliche Ungemach des Meisters und er wirft ihm einen Talisman zu, den der Meister auch glücklich auffängt und seinem Pferde um den Hals bindet, worauf dasselbe sogleich das Ufer erreicht. Jedoch

> » Mit sich zieht er eine weisse Vila*),
> Deren goldig Haar sich umgeschlungen
> Um des Rappenrosses Vorderfüsse,
> Denn den Meister wollte sie ertränken
> Und mit ihm den edlen starken Rappen.
> Sie nun zog der Rappe auf das Festland,
> Und als Meister Mitar sie erblickte,
> Riss er rasch das Schwert von seinem Gürtel,
> Um das Haupt ihr von dem Rumpf zu trennen. «

*) Vila ist eine südslavische Fee.

Doch die Vila beschwört ihn, sie am Leben und frei zu lassen, dafür verspricht sie ihm ihre Hilfe beim Baue der Brücke. Mitar lässt sich überreden und schenkt ihr die Freiheit. Er beginnt den Bau und hat schon sieben lange Jahre darauf verschwendet, ohne auch nur den mindesten Fortschritt erzielt zu haben. Was er am Tage erbaut, das wird ihm Nachts durch unsichtbare und unbekannte Macht wieder zerstört, sodass endlich der Pascha selbst ungeduldig wird und ihn auffordert, er möge doch die Vila, die ihm ihren Beistand versprochen, anrufen und sie um Abwendung der dem Baue entgegentretenden Hindernisse bitten. Mitar befolgt diesen Rath; die Vila erhört auch seinen Ruf, antwortet ihm aber:

> » Gott mir helfe, Bruder Meister Mitar,
> Aber ich kann Dir nicht Beistand leisten,
> Denn es dulden's nicht die Vilen-Schwestern. «

Sie giebt ihm jedoch einen Rath, dessen Befolgung den Bau der Brücke ermöglichen werde: er möge zwei Jungfrauen in die Grundpfeiler der Brücke einmauern. Mitar thut dies und siehe, das Tags über Erbaute wird nicht mehr Nachts vernichtet, die Arbeit kann ohne Unterbrechung und Störung fortgesetzt werden; im neunten Jahre steht das Bauwerk vollendet da.

> »Trüb und brausend aber kam die Drina
> Und vom Berg brach sie die schlanke Fichte.
> Diese stürmte gen die Brückenpfeiler,
> Und die Brücke, — sie begann zu wanken. «

Mehmed Pascha erschrickt; er befürchtet den Einsturz der Brücke. Mitar meint, die Drina sei empört, weil man ihr noch keine Gaben dargebracht habe und werde sich sicher beruhigen, wenn man dieses Versäumniss gut mache. Hierauf häuft Mehmed Pascha einen Haufen Goldes inmitten der Brücke auf und opfert ihn dem Flusse. Mit einer silbernen Schaufel schüttet er den Schatz » nach allen vier Seiten « in die Wogen. Mitar aber lässt sich an einem Seile über die Brüstung der Brücke hinab und zerschmettert mit einem kraftvollen Axtschlage die Fichte.

> » Aus der Fichte aber sprang ein Blutstrahl,
> Aus der Fichte tönte eine Stimme:
> » Bleiben wird die Brücke auf der Drina,
> Bleiben wird sie bis zum End' der Zeiten! «

Und der Fluss nahm wieder seinen gewöhnlichen Lauf. Da nun also die Brücke vollendet und keine Gefahr mehr für sie besteht, übergiebt sie der Pascha dem Verkehre, nicht aber, ohne einen Brückenzoll bestimmt zu haben. Die Bosnier wissen den Schatz, den sie erhalten, zu würdigen,

aber der Zoll behagte ihnen nicht, und so apostrophirt bald ein Fuhrmann
den Pascha:

<blockquote>

» Höre mich, o Soko Mehmed Pascha!
Wohl hast Wunderbares Du verrichtet,
Eine Brücke hast gebaut Du, Pascha.
Aber einen Fehler auch begangen:
Angeordnet einen Zoll, den harten,
Für den Wand'rer zwei Dinare,
Für den Reiter aber vier Dinare.
Und wer vier Dinare nicht besitzet,
Dem wird Ross und Sattelzeug gepfändet. «
— Als dies hörte Soko Mehmed Pascha,
Hat mit Recht den Zoll er aufgehoben. «

</blockquote>

Hier heisst es bei der Darbringung des Bauopfers nur, dass zwei
Jungfrauen eingemauert wurden. In einem anderen Volksliede wird überhaupt nur von einer Frau gesprochen. Die erste, welche sich Morgens
dem Baue nähern würde, sollte in die Pfeiler eingemauert werden. Unglücklicherweise war es die junge Frau des Meisters selbst, die trotz alles
Flehens von den Bauleuten ergriffen wurde und das furchtbare Schicksal
erlitt. An alle Burgen und Brücken des Landes knüpfen sich ähnliche
Sagen, und noch Anfang der siebziger Jahre unseres Jahrhunderts, als die
Trebinjaner eine Brücke über die Trebinjčica bauen wollten, stahlen sie
auf Ragusaner Gebiet eine Kindesleiche, um sie in das Fundament zu vermauern!

Am rechten Ufer der Drina steht auf einem kegelförmigen Berggipfel am Nordende eines Höhenzuges, der die Drina begleitet und
mit dem gegenüber liegenden senkrechten Abfall der 700 Meter hohen
Butkova-Stjena ein enges Flussdefilé bildet, die alte Burg Starigrad, das
heisst, die geringen Ueberreste der einstigen Akropolis von Višegrad. Ein
von Gebüsch umwucherter Schutthaufen und ein zackiger geborstener
Mauerrest etwas tiefer, das ist von jenem Bollwerk übrig geblieben, welches
der Stadt den Namen gab. Fast alle Mauern zeigen sich als Fortsetzungen
natürlicher Felswände. Auf einer Felsenklippe unterhalb steht aber ein
alter Thurm, den die Volkssage mit dem serbischen Nationalhelden, dem
Königssohne Kraljević Marko in Verbindung bringt. Der Thurm ist kreisförmig gebaut, die Mauern 1,90 m stark, die Höhe heute noch 8 m, aber
dem Erdgeschoss ist die Pfattform erhalten, und da der untere Theil keinen
eigenen Zugang hat, so musste der Weg zu demselben nothwendig über
die Plattform führen. Mit dem oberen Theile von Starigrad stand der
Thurm durch eine 1 m breite festgemauerte Gallerie, deren Reste noch
sichtbar sind, in Verbindung. Der Zweck des Thurmes war offenbar der
Auslug in das Drinathal. Unterhalb des Bauwerkes werden einige Vertiefungen in der Felswand, als » Markosstuhl « (Markovo sjedalo), Markos

» Fussstapfen « (Markove stope) und ganz nahe an der Drina die Hufspuren seines Pferdes » Scharac « gezeigt. Der Durchmesser der Hufspuren ist 30 und 35 cm und die Breite zwischen den Vorderbeinen 1½ m. Marko soll im Thurme neun Jahre als Gefangener geschmachtet haben. Als ihm endlich die Stunde der Befreiung schlug — so erzählt die Sage — durchbrach er das Dach des Thurmes und schwang sich in einem Satze hinüber aufs jenseitige Ufer der Drina.

Eine andere Burgruine, an die sich viele Sagen knüpfen, liegt unweit des Weges nach Priboj. Wenn man diesen Weg die Ržava 10 km lang von Višegrad aufwärts verfolgt, sieht man jenseits des Flusses auf einem bei 500 Fuss hohen Felsen die verfallenen Reste einer ausgedehnten Baulichkeit. Darunter, diesseits des Flusses, die Grundmauern einer zerstörten christlichen Niederlassung und etwas entfernt die einer Moschee oder christlichen Kirche. Es sind die Ruinen von Dobrunj, einer Burg, die sammt ihrem Suburbium sotto Dobrunj in der ersten Hälfte des 15. Jahrhunderts als Handelsplatz öfters genannt wird. Als die Türken vor der Veste erschienen — so erzählt Hoernes — befand sich auf derselben Jerina (Jrene), die Gemahlin des Despoten Georg Branković (1427—1455), welche sich in den Führer der Belagerungstruppen verliebte und demselben heimlichen Einlass in die Burg versprach, wenn er sie zum Weibe nehmen und gegen seine bisherigen Waffenbrüder vertheidigen wolle. Der Türke willigte scheinbar ein und begehrte nur, sammt seinen Schätzen in die Burg aufgenommen zu werden. Auf 200 Rossen wurden die letzteren bei Nacht heimlich gebracht;, doch als sich das Thor hinter ihnen geschlossen, entstiegen den vermeintlichen Schatzkisten 200 bewaffnete Feinde, welche die schwache Besatzung überwältigten, das Schloss den Ihrigen öffneten und die verrathene Verrätherin gefangen hinwegführten. Die Geschichte weiss von diesem Vorfalle natürlich nichts. Georg Branković gelangte erst mit sechzig Jahren in den Besitz des Despotats. Seine Gemahlin Jerina, eine griechische Prinzessin, überlebte ihn und sollte während der Minderjährigkeit ihrer Söhne die Regentschaft führen, wurde jedoch von dem jüngsten derselben, Lazar, mit Gift beseitigt. Das Volkslied, in dem Jerina öfter vorkommt, behandelt sie mit entschiedener Ungunst als eine verhasste Person, der alle möglichen Frevel angedichtet werden, darunter auch Landesverrath durch Vermählung ihrer Tochter mit dem Sultan (Karadžić II., 80 und 499). Als ihre Heimath wird Ragusa angegeben; ihre Vermählung mit Georg Branković erscheint als ein grosses, nationales Ereigniss.

Doch aus der geschichtlichen Vergangenheit reisst uns die lebendige Gegenwart, und wir sehen in Višegrad überall neues Leben aus den Ruinen blühen. Der bisher geringe Geschäftsverkehr nach Serbien und dem Paschalik Novibazar beginnt sich zu heben, und es ist bezeichnend

Gemse aus den Gebirgen an der Drina.

Auf den Ausläufern des Crni Vrh.

(Pinus leucodermis-Gruppe.)

für die verschiedenen Sicherheitsverhältnisse in den beiden Grenzländern, dass die Serben aufathmen, wenn sie bosnischen Boden unter den Füssen haben.

Wir hatten für den nächsten Morgen die Weiterfahrt auf dem Flusse beschlossen, doch regnete es in Strömen, sodass eine ernste Berathung stattfand, ob nicht ein Warten geboten sei. Gegen 7 Uhr schien sich das Wetter zu bessern und so ging es denn mit frischem Muthe vorwärts. Unser Floss, das am Abend unterhalb Starigrad hatte anlegen müssen, war früh bis zur Drinabrücke vorgedrungen, und hier vollzog sich die Einschiffung der wesentlich vergrösserten Reisegesellschaft Wir hatten schon einige Male auf eine glückliche Fahrt angestossen, als sich plötzlich wieder der Himmel zu verfinstern begann und ein Unwetter niederging, wie es ärger nicht sein konnte. Aber um so wildromantischer zeigte sich die Gegend. Rechts und links traten die Felswände immer näher an den Fluss, immer stiller wurde es in der Natur, nur hoch oben in den Lüften kreisten einige Adler. Wie unser forstmännischer Begleiter sagte, ist hier überall Bären- und Gemsenrevier. Anderthalb Stunden von Višegrad entfernt mündet ein mächtiger warmer Bach am rechten Ufer in die Drina. Es ist der Banjski-Potok, der Ausfluss einer starken Quelle von 28 Grad Réaumur mit schwach salzigem Geschmack, aber ganz reinen und geruchlosen Wassers. Ein altes steinernes Brunnengehäuse überwölbt ein aus massiven Quadern hergestelltes Bassin. Die Anlage ist uralt und die Bewohner der Umgebung hegen noch heute das grösste Zutrauen zur Heilkraft dieser Naturspende; sie benutzen die Quelle bei den verschiedensten Anlässen zur Bade- oder Trink-Kur. Der 508 m hohe Berg, in welchem die Thermenschlucht liegt, heisst bei den Anwohnern Banjsko-Brdo, der Badeberg. Eine zweite Therme von gleicher Temperatur und Mächtigkeit findet sich eine halbe Stunde von der ersten entfernt in derselben Schlucht.

Hoch oben auf einem Berge wird das türkische Dorf Milošević sichtbar; in einer Einsattlung zeigen sich Adlerhorste, an den Felswänden sieht man Höhlen, einige mit künstlichem Gemäuer, die von der Bevölkerung für alte Gefängnisse erklärt werden. So ging es bei andauerndem Regenwetter stundenlang fort. Links hatten wir die Ausläufer des Crni Vrh und der 1288 m hohen Snježnica, dann passiren wir die sogenannte Metnaluka, eines der wildreichsten Terrains der Gegend, auch von Bären bevölkert. Sodann kommen wir zur Einmündung des Baches Suchidol und bald darauf hatte unsere Fahrt für diesen Tag ihr Ende erreicht. Das Wetter besserte sich nicht, und da unsere Flösser erklärten, beim Mali Bug — einem Katarakt — müssten wir aussteigen, da möglicherweise das Floss zerschellen könne, sie würden allein versuchen, durch die wilde Fluth zu kommen, so beschlossen wir, die Umgehung über Staribrod anzutreten. Das Dorf liegt auf einem Plateau, über das die Drinastrasse nach Višegrad führt. Es ist ein alter, viel benutzter Weg, wahrscheinlich schon in römischen Zeiten angelegt worden, aber nur für Reiter und Fussgänger passirbar. Doch ist die Anlage einer Fahrstrasse projektirt. Unser Aufstieg nach Staribrod bei strömendem Regen über Steingeröll war gerade nicht angenehm, aber bald fanden wir in einem bosnischen Bauernhause gastliche Unterkunft. So sassen wir um das stets offene Herdfeuer in dem einzigen grossen Raume, der Wohn- und Schlafzimmer wie Küche zugleich bildet, und der in der Höhe bis unter das steile Dach reicht, wo dem Rauch durch einige Luken ein Ausweg gelassen ist.

Da keine Aussicht auf Besserung der Witterung war, beschlossen wir hier zu übernachten. Unser Wirth war ein ziemlich wohlhabender

Schluchtmündung des Žepaflusses.

Mann, er besass viel Vieh, das, von den Kindern gehütet, sich auf der Weide befand. Seine Frau Ljubica hatte eine hohe prächtige Gestalt nebst einem geradezu klassischen Profil, und sie suchte in jeder Weise für das Wohlbefinden ihrer Gäste zu sorgen. Stühle gab es nicht. Die Pritsche, die einen grossen Theil des Küchen- und Wohnraumes in einem bosnischen Bauernhause einnimmt und die Nachts als Lagerstätte dient, wurde frisch

Alte Brückie über die Žepa.

gewaschen, mit Stroh und dann mit neuen Decken, die im Hause
angefertigt waren, belegt. Hier sass ein Theil der Gesellschaft. Eine
Truhe diente einem anderen als Ruheplatz, und nur meine Frau erhielt
einen niedrigen Schemel nach Art der Schusterstühle. Es wurde von
unserem mitgebrachten Proviant gegessen, getrunken, schwarzer Kaffee
gekocht. Die Unterhaltung war sehr lebhaft, da immer neue Besucher
aus den umliegenden Häusern kamen, die sich die Fremden ansehen wollten.
Unsere Flösser waren auch eingetroffen und lagerten auf dem Erdboden
am Feuer, das mit starken Scheiten stets genährt wurde. An allen
Wänden und auf Stangen über dem Feuer aber hingen die nassen Kleider,
Regenmäntel und Plaids, die Luft durch die nassen Dünste nicht gerade
verbessernd. Hier mussten der Bezirksvorsteher und der Oberlieutenant
Abschied nehmen. Ihr Dienst erlaubte kein Uebernachten; sie hatten noch
einen dreistündigen Gebirgsmarsch vor sich, ehe sie zu dem Orte gelangen
konnten, wohin sie Pferde vorausgesandt hatten. So trennten wir uns
denn mit lebhaftem Bedauern von den liebenswürdigen Herren und versuchten dann, uns die Zeit durch Rauchen und Erzählen zu verkürzen.
Unser Wirth brachte aus dem Garten frische Zwetschken und Wallnüsse,
und es liess sich eigentlich ganz behaglich hausen, wenn die Gesammtlage
auch einen etwas feldmässig wilden Anstrich hatte.

Um unseren Proviant für die nächsten Tage zu schonen, wurde
zwei Haushühnern der Garaus gemacht und sie am Spiesse gebraten, dazu
vorzügliche Kartoffeln in der heissen Asche gebacken. Ein Kochen der
Kartoffeln oder eine andere Zubereitungsart kennt der bosnische Bauer
nicht. Und dann kam die Ruhe! Der Hausherr, der sich neben das
Feuer niedergestreckt, unterhielt dieses die ganze Nacht. Auf der Pritsche
lagen wir Mann neben Mann, selbstverständlich angezogen und mit eigenen
Sachen zugedeckt; am Feuer schnarchten die mohammedanischen Flösser.
Draussen aber regnete es unaufhörlich weiter. Ich musste an die armen
Kinder unseres Gastfreundes denken, die am Abend mit dem Vieh nach
Hause gekommen waren, in Wasser gekochte kohlschwarze Nudeln, ein
Stück Brot und ein paar Pflaumen bekommen hatten und die dann in das
Kukuruzfeld gehen mussten, um die Frucht vor Wildschweinen zu be-
wahren. Sie hatten nur Leinenhosen und Hemd, ein Stück einer aus
Ziegenhaaren gewebten Decke und damit genug. Ein Beil war zur
Vertheidigung bestimmt. Es ist unbeschreiblich, wie genügsam Menschen
und Thiere in Bosnien sind. Auch die Thiere haben nur in seltenen
Fällen beim Bauer Ställe; sie bleiben Sommer wie Winter im Freien.
Erst in neuerer Zeit beginnen die Landleute nach und nach Ställe oder
wenigstens nothdürftige Unterkünfte herzurichten.

Der Morgen tagte nicht besonders hoffnungsreich. Dicker Nebel lag
auf den Bergen und in der Richtung des Flusses, aber es regnete wenigstens

Am Slap im Drinathal.

nicht So nahmen wir Abschied von Staribrod, drückten unseren Haus-
wirthen die Hand und begannen den Umgehungsmarsch zur Drina.
Unsere Bemannung sprang mit dem Gepäck über Stock und Stein. Aus
Vorsicht hatten wir schwere Kotzen geborgt, um erforderlichenfalls ein
Wetterdach errichten zu können. Unser Fahrzeug hatte den Katarakt
ohne Unfall passirt, um 6 Uhr früh ging es abwärts vom Malibug. Die
Gegend war entzückend. Schroff hoben sich hinter uns die Hänge der
Rujnik Planina empor, vor uns rechts den 1341 m hohen Rogopek, links
die Zlatarica und die Tesla Planina. Hoch oben aber in den Schluchten
wurde von Zeit zu Zeit ein Dorf oder einzelne Häuser sichtbar, über den
Staragorske Stjene Razdolje, rechts in bezaubernder Lage Dolnji-Stitarevo.
Aber unsere Fahrt dauerte nur einige Stunden, dann musste sie wieder unterbrochen werden. Vor uns lag der Slap, eine Felsenenge von gigantischen
Formationen, wo das ganze Flussbett von Felsklippen starrt. Nur ein
schmales Rinnsal ermöglicht bei gutem Wasserstande das Passiren und
doch kommt es häufig vor, dass das Floss in dem brausenden Gischt
zerschellt, dass die einzelnen Stämme weiter unterhalb aufgefangen und
das Floss neu zusammengesetzt werden muss. Die Flösser lassen hier
meist ihr Fahrzeug leer laufen, sie selbst schlagen den Landweg zur
Umgehung des Slap ein. Es ist dies ein bedeutendes Hinderniss für die
Schifffahrt, und die Regierung beschäftigt sich mit dem Gedanken der
Sprengung der hauptsächlichsten Verkehrshindernisse. Die Kosten sind
allerdings ziemlich bedeutend.

Auch wir mussten vor der Einmündung der Zepa in die Drina am
linken Ufer aussteigen. Unser bisheriges Floss blieb bis zu höherem
Wasserstande liegen, denn jenseits des Slap erwartete uns bereits ein
anderes Fahrzeug mit steirischen Flössern. Zwei Flösser aus der grünen
Steiermark haben sich in diesem Theile Bosniens angesiedelt; sie schlagen
Bauholz aus den unermesslichen Urwaldungen und bringen es zum Verkauf
nach den Savegegenden, meist nach Schabatz und Belgrad. Da sie über
kein grösseres Kapital verfügen, die Stämme der Forstverwaltung aber
baar bezahlen müssen (freilich wenig genug), so ist ihr Geschäft mühsam
und nicht besonders lohnend. Erst der Bau einer grossen Holzriese wie
in den heimischen Bergwäldern könnte es ertragreicher machen. Die
bosnische Bevölkerung nennt die beiden Steirer » Sterci «, jedenfalls abgeleitet von » Štajerci «, so aber mehr an den steirischen Sterz erinnernd
und daher auch nicht schlecht gewählt. Diese Flösser erwarteten uns
— selbstverständlich ohne ihr Fahrzeug — vor der Žepamündung, und da
sie einen Weg längs des Ufers, auf dem von einem Stein auf den andern
gesprungen werden muss, für » Europäer « mit ihren Fussbekleidungen als
absolut unpassirbar bezeichneten, hiess es die Höhe hinanklettern. Es
war ein entsetzlicher Geröllweg, kaum für Gemsen oder Ziegen einen

»Frohe Tage.« (Lammbraten am Spiesse.)

sicheren Tritt bietend. Auf der linken Seite eine Felswand, rechts fast stets Abgründe und Abstürze, dazu das Gestein vom Regen nass und glitschig. Es war ein unangenehmer Aufstieg, und wie wir später erfuhren, hätte es etwas vorher erträglichere Punkte gegeben, um die Strasse auf dem Gebirge zu gewinnen. Unsere Begleiter halfen aber mit Kraft und Geschick über die schwierigen Stellen hinweg. Endlich erreichten wir einen Fusspfad, die Reste einer gepflasterten Strasse, und da bot sich ein wundervoller Anblick. Mitten in der Wildniss führt eine prächtige steinerne Brücke in einem einzigen kühnen Bogen über die Zepaschlucht. Tief unten wälzt der wilde Gebirgsbach seine reissenden Fluthen der Drina zu, oben aber zeigt das Gebilde von Menschenhand die einstige türkische Baukunst. Sokolović Pascha hat auch diese Brücke, wahrscheinlich zu der gleichen Zeit wie diejenige in Višegrad errichten lassen, und noch heute geht über sie, so schlecht der Reitweg ist, die Hauptverbindung der Drina-Ufergegenden.

Auf einem Plateau liegt das zerstreute Dorf Žepa, wo wir bei einer Quelle ruhten, um dann den Abstieg längs der Ausläufer der Sjemač-Plantna anzutreten. Es dauerte geraume Zeit, bis wir unser zweites Floss erreichten, das erst etwas bequem hergerichtet werden musste. So errichteten

wir zuvor eine Art Freilager am Flusse und hielten ein lukullisches
Mahl, zu dem uns die Sonne von oben ihre wärmsten Strahlen sandte.
Vergessen waren alle Strapazen und Beschwerden der letzten Stunden.
In der Berg- und Waldeinsamkeit fühlten wir uns glücklich und die smaragdgrünen Wellen der Drina rauschten ein Schlummerlied. Hier nahmen wir
Abschied von unseren Gorazdaer Flössern, die noch das Gepäck auf das
neue Fahrzeug übertragen hatten und die nun den Marsch in die Heimath
zu Fuss antraten. Sie hatten sich in jeder Beziehung bewährt und es that
uns förmlich leid, sie scheiden zu sehen. Dann bestiegen wir wieder
unser » Schiff «, und vorwärts ging es in die hier rauschende Fluth. Die
Gegend ist hoch interessant, an den Kazanpass der unteren Donau erinnernd. Vier Stunden lang fährt man zwischen steilen Felswänden, die
oft unterwaschen sind und tiefe Höhlen zeigen. Todtenstille herrscht in
der Natur, nur Geier und mächtige Adler schweben in den Lüften, während
hin und wieder ein Fischreiher über dem Wasser streicht oder auf einer
Sandbank ohne jede Scheu ausruht. Die Felswände selbst sind wenig bewaldet, doch wachsen Schwarzkiefern, riesige Nussbäume und auch Silber-
linden oft mitten aus dem Gestein, an Stellen, wo das Auge nicht den
mindesten Halt gewahrt. Auf den Höhen aber ist dichte Waldvegetation,
meist Steinbuche, Kiefer und Weissdorn.

Wir haben, von der Einmündung des Bausničkabaches angefangen,
rechterseits jetzt das Königreich Serbien, dessen Ufergebirge auf weite
Strecken sich ziemlich kahl zeigen. Anfangs hat der Fluss noch einen
streng nördlichen Lauf; links wird er von dem 1094 m hohen Jasenovac,
dann von der 1246 m hohen Zvjezda, hinter der sich der Igrišnik (1518 m)
erhebt, begrenzt. Dann springt die Javor-Planina scharf gegen den Strom
vor, der einen weiten Bogen nach Osten beschreibt. Es war schon ziemlich
spät am Tage geworden, als wir an der mächtigen Kuppe der Ljutica
(1243 m) vorüber, deren äusserste Hänge eine umfangreiche Burgruine mit
zwei zerfallenen Wachtthürmen tragen, gegen Klotievac zulenkten. Eine
gefährliche Stelle wollten unsere Flösser nicht bei Dämmerung passiren,
und so legten sie vorzeitig am Ufer an, während es für uns hiess, einen
Marsch von dreiviertel Stunden nach der Finanzwach-Kaserne in Klotievac
zurückzulegen. Fremde Reisende, die von der Regierung empfohlen sind,
finden in solchen Gegenden, wo keine Gasthäuser oder nur die landesüblichen Hans vorhanden sind, in den Gendarmerie- oder Finanzwach-
Kasernen Unterkunft und Verpflegung gegen einen billigen Tarif. Es ist
dies eine nicht genug anzuerkennende Vergünstigung, und besonders bei
der Gendarmerie ist man ganz vorzüglich aufgehoben. Wir hatten einen
unangenehmen Aufstieg vom Ufer zur Höhe, fanden dann aber einen Fussweg, den wir nicht verfehlen konnten. Hierauf überschritten wir einen Bach
auf einem einfachen Baumstamme als Brücke, über einen zweiten konnten

wir erst setzen, nachdem aus einer nahen türkischen Mühle einige Balken requirirt worden waren. Nicht lange darnach erreichten wir unser Tagesziel. Die Finanzkaserne war ein schönes, grosses Gebäude, das einen Hügel krönte und weithin auf das serbische Drina-Ufer einen Rundblick erlaubte. Die Aufnahme war freundlich, Zimmer und Betten rein und gut, aber ausser Milch war zur leiblichen Stärkung nichts zu bekommen, auch war keine Köchin vorhanden. Wir hatten jedoch noch Enten und Gulyasch-Konserven, Wein und Trauben, sodass ein köstliches Mahl hergerichtet wurde. Dann stieg der Duft vorzüglicher bosnischer Cigaretten in die kühle, aber würzige Nachtluft, bis uns endlich der Traumgott umfing.

Der nächste Morgen sah uns mit dem Tagesgrauen auf den Beinen. Einen steilen Pfad ging es durch thaufrische Wiesen und niedriges Gestrüpp, ziemlich senkrecht zur Drina hinab, wo unser Floss bereits angelegt hatte. Wir hatten heute kaum 15 Minuten gebraucht. Die Sonne tauchte gerade hinter den serbischen Grenzgebirgen auf, als unser Floss sich in Bewegung setzte. Das Ufer ist hier anfangs auf bosnischer Seite niedriger als auf serbischer; das Wasser hat wenig Gefälle und schleicht ziemlich träge dahin. Unsere Flösser hatten eine schlechte Unterkunft gehabt, auch früh noch keinen Sterz machen können, sodass sie griesgrämig in die Welt sahen, Diesem Missmuth wurde aber bald abgeholfen. Unser forstmännischer Begleiter, selbst ein Steirer, errichtete aus einigen grossen Steinen einen provisorischen Herd auf dem Hintertheile des Flosses; die Hälfte eines leeren blechernen Petroleumbehälters wurde darauf gestellt und in diesem Feuer angemacht, das lustig flackerte. Dann bewies der eine der Flösser seine Kochkunst, sodass auch ihr Magen sich bald gesättigt zeigte, besonders als wir durch einen Liter Wein dafür sorgten, dass der fette Sterz besser verdaut werden konnte.

Die serbische Seite ist dem äusseren Anblick nach weit civilisirter; dort sieht man überall Anbau und Felder, sogar eine Fahrstrasse längs des Ufers. Die Befreiung von türkischer Herrschaft hat ihre Früchte getragen. Wenn man freilich der Sache tiefer auf den Grund gehen wollte, würde man bald erkennen, wie trügerisch diese serbische Civilisation ist und wie viel mehr die bosnische Bevölkerung Grund hat, mit ihren Verhältnissen zufrieden zu sein. Nach einigen Stunden Fahrt erreichten wir Gjurgjevac, dessen neue Gendarmeriekaserne schon von weither sichtbar ist. Hoch über dem Orte liegen ausgedehnte Mauerreste einer alten Burg; am serbischen Ufer in den Felsen das Dorf Branovina, wo einstmals Weinbau betrieben wurde. Bei Pernočac, unweit davon, aber nahe am Flusse gelegen, ist dies heute noch der Fall. Dort steht eine stattliche Säge nebst einer Holzriese. Die Gegend wird beiderseits belebter; die Berge treten mehr zurück, die jähen schroffen Abstürze sind seltener, die sanfteren Abdachungen häufiger. Hin und wieder tritt auf bosnischer Seite eine Moschee

Auerhahnbalz in den Wäldern an der Drina.

in den Vordergrund, besonders malerisch in dem Dörfchen Gornji-Peči.
Bei Barakovac starrt der Fluss voll Klippen; nur eine kleine Fahrrinne
blieb bei dem niederen Wasserstande, doch entging unser Fahrzeug allen
Fährlichkeiten. Längs des serbischen Ufers wäre leichteres Fahren gewesen, doch scheuten unsere Flösser diese Seite, da Chikanen serbischer
amtlicher Organe nicht gerade zu den Seltenheiten gehören. Das Gelände
ist rechts und links niedrig und schön bewaldet, in Serbien wie ein ge-
pflegter Park. Hier bekamen wir seit Tagen den ersten Wagen zu Gesicht,
der in schlankem Trabe dem Städtchen Bajna-Bašta zustrebte. Der Ort
selbst, der dem bosnischen Skeliani gegenüber liegt, ist nicht sichtbar, er
liegt etwas landeinwärts, am Ufer steht nur eine serbische Karaula (Wachthaus) und eine Mehana (Gasthaus). Auf bosnischer Seite ist eine neue
Gendarmerie-Kaserne erbaut, und da hier eine Ueberfuhr besteht — wie der
Name des Ortes anzeigt — ist auch eine Finanzwache stationirt. Auf den
Feldern stand Tabak, der übrigens auch schon um Klotievac angebaut wurde.

» Deutsche Worte hör' ich wieder! « konnten wir auf einmal ausrufen;
nur kamen sie nicht, was weniger zu verwundern gewesen, vom bosnischen,
sondern vom serbischen Ufer. Unsere Begleiter waren von einem kleinen
lebhaft gestikulirenden Herrn, der gerade einigen Serben das Gegentheil
von Schmeicheleien an den Kopf geworfen hatte, erkannt worden. Es
war ein Wirth aus Srebrenica, den Holzgeschäfte hierher geführt hatten
und der sich mit uns auf Distanz lebhaft unterhielt. Immer lieblicher
wurden die Ufer, saftig grüne Matten dehnten sich bis zum Wasser aus,
reizende Baumpartien, in denen serbischerseits hübsche Ziegelhäuser standen,
konnten an Schweden erinnern. Da der Abend hereingebrochen, landeten
wir eine halbe Fahrstunde unterhalb Faković, in dessen Finanz-Kaserne
wir auf gastliche Unterkunft hofften. Es stand uns aber noch ein wenig
angenehmer Nachtmarsch bevor. Ueber einen schlechten Geröllweg hatten
wir die Anhöhe erklommen, aber nun trat die Dunkelheit mit aller Macht
ein, der Fusspfad war nicht mehr sichtbar, zudem begann es zu regnen.
Ueber Stock und Stein, immer in der ungefähren Richtung der Kaserne
ging es vorwärts, über Stoppelfelder, an langen Trockenschuppen für
Tabak vorüber. Einmal stolperten wir über Stricke, mit denen Rinder im
Freien angepflockt waren, aber wir erreichten eine breite Fahrstrasse und
damit hatten wir gewonnen. Bald befanden wir uns unter Dach, doch
mussten wir von unseren Vorräthen zehren.

Trübe brach der fünfte Morgen unserer Argonautenfahrt herein. Ein
leichter Sprühregen, der sich bald in einen ausgiebigen Guss verwandelte,
schien uns eine wenig angenehme Fahrt zu versprechen. Nach dem
üblichen Frühmarsch zum Floss versuchten wir ein Regendach zu impro-
visiren, was theilweise gelang. Erst gegen 8 Uhr traten wir die Fahrt an.
Es herrschte etwas gedrückte Stimmung, besonders da unsere Weinvorräthe

ihrem Ende nahten und wir auf Sparsamkeit angewiesen waren. Die
Gegend wurde auf beiden Seiten flacher, gut bebaute Felder, zahlreiche
Häuser, hie und da kleine Kirchen neuer Bauart wurden sichtbar, oft
grüsste uns freundlicher Zuruf der Bewohner, und auch Serben riefen uns

Im Drina - Defilé.

ihr: » Sretan put! « (Glückliche Reise!) zu. Im Flusse traten immer mehr
Sandbänke, kleine Inseln und Schotterbänke auf, und unsere Flösser begannen besorgte Gesichter zu machen. Dafür besserte sich das Wetter
und um 10 Uhr leuchtete die Sonne in voller Klarheit So wurden die
Schlangenwindungen der Drina bei Tegare überwunden; links grüssten

uns die Waldgebirge der Srebrenicaer Gegend, rechts winkten die hohen Häupter der Azbukova-Planina. So waren wir glücklich bis in die Nähe von Voljevica gelangt, als unser Floss auf einmal auf einer Schrotterschicht festsass. Flugs sprangen unsere Flösser ins Wasser und versuchten das Fahrzeug flott zu machen, aber dieses wich und wankte nicht. Da war guter Rath theuer, besonders als die angestrengten Bemühungen sämmtlicher Fahrenden zwei Stunden lang vergeblich blieben. So nahe am Ziele zu scheitern, wäre doch ein zu schmerzliches Ende der prächtigen Wasserpartie gewesen. Das Schicksal hatte es auch anders beschlossen, es war uns noch einmal günstig. Es wurde mit vereinten Kräften ein Drehen des Flosses versucht. Lange rührte es sich nicht, dann ein plötzlicher Ruck, ein Krachen und Knirschen in den Stämmen, und langsam glitten wir von der Stelle. Noch einige kleine Hemmnisse suchten uns zwar aufzuhalten, aber bald befanden wir uns in besserem Fahrwasser und nach 3 Uhr Nachmittags legten wir am Ufer in Ljubovija an. Die Wassertour war trotz des niedrigen Wasserstandes geglückt! Das Floss wurde am Lande befestigt, da es hier vorläufig liegen bleiben musste, wir aber suchten die auf einer kleinen Erhöhung an der Fahrstrasse Zwornik-Srebrenica liegende Gendarmerie-Kaserne auf, wo wir mit offenen Armen empfangen wurden. In den schön gepflegten Gartenanlagen sassen wir bald bei schäumendem Bier, und die Köchin bereitete einen vorzüglichen Mailänder Risotto.

Ljubovija besitzt eine ungemein malerische Lage. Die Drina ist sehr breit, und am serbischen Ufer in einer ausgedehnten Ebene liegt der serbische Ort gleichen Namens, im Vordergrunde ein Wachthaus, Zollgebäude und eine Mehana. Hier findet ein ziemlich reger Verkehr zwischen beiden Ufern statt, weshalb auch in Bosnisch-Ljubovija eine Finanzkaserne und umfangreiche Lagerräume erbaut sind. Ueberhaupt macht der Ort mit seinen vielen neuen Gebäuden — darunter ein grosser türkischer Han — einen wohlhabenden und freundlichen. Eindruck. Wir blieben bis zum Einbruch der Dämmerung, dann bestiegen wir einen mittlerweile besorgten Wagen und rollten in schlankem Trabe unserem nächsten Ziele, der alten Bergwerksstadt Srebrenica zu, die in zwei Stunden erreicht wurde. Am Wege liegen einige gut gebaute ausgedehnte Dörfer mit Läden, Cafés, Kirchen und Moscheen, rechts und links der Strasse wohlbestellte Felder, zum Theil mit Tabak bepflanzt. Bewaldete Höhen, über die sich immer höhere Kuppen erheben, begrenzen auf allen Seiten den Blick. Es ist ein entzückendes Meer von Grün. Endlich verengt sich das Thal — wir sind in Srebrenica!

Eine alte bosnische Bergwerksstadt

Srebrenica ist ein kleines, etwa 1500 Bewohner zählendes, malerisch gelegenes Gebirgsstädtchen, durch das sich die Križevica und der Čicečac-Bach schlängeln. Hoch über der Stadt steht auf einem Trachytgrate ein kleines türkisches Fort und noch höher eine schöne ausgedehnte mittelalterliche Burgruine mit zwei Thürmen. Wem die Stadt ihre Entstehung verdankt, ist unbekannt; 1376 wird sie (wie Professor Dr. Jireček in seinem Werke: » Die Handelsstrassen und Bergwerke von Serbien und Bosnien während des Mittelalters «, Prag 1879, angiebt) zuerst genannt, wo sie bereits ein lebhafter Handelsplatz war und eine ragusanische Ansiedlung besass. Im Jahre 1410 wird Srebrenica von den Ungarn erobert. 1411—1440 ist es in serbischem, 1440—1443 in türkischem Besitze und wird 1443 wieder von den Bosniern eingenommen. Dies gab jedoch Veranlassung zu einem langen Kriege zwischen Serbien und Bosnien um den Besitz des wichtigen Bergwerksortes, wobei die Stadt durch wiederholte Eroberungen sehr viel zu leiden hatte. Seit 1417 bestand in dem Silber, Blei und Kupfer produzirenden Srebrenica (die Silberstadt) eine Münzstätte. Das Franziskanerkloster, einst das Hauptkloster des Ordens und mitten in der Stadt gelegen, erscheint schon 1425 in Ragusaner Urkunden und wurde 1686 zerstört. Von ihm erhielt die bosnische Kirchenprovinz den Namen » Bosna Argentina «. Ragusaner gab es hier noch am Ende des 15. Jahrhunderts. Im Anfange des 16. Jahrhunderts ging der Bergbau vollständig ein. Im Jahre 1881 wurde der alte Bergbau durch die Gewerkschaft » Bosnia « wieder

<hr>

Kopfleiste: Vignette auf dem Titelblatt einer Evangelien-Uebersetzung aus der alten Bergwerksstadt Olovo von 1586, gedruckt in Venedig in altkroatischer Sprache.

erweckt und die vorgenommenen Detailstudien, die Untersuchung der überall vorhandenen Schlackenhalden, erbrachten den Nachweis, dass bei Srebrenica ein räumlich ausgedehnter und sehr lebhafter Bergbau betrieben worden sei, dessen Mittelpunkt sich in dem heutigen Dorfe Gradina befand. Hier war das Centrum unter der römischen Kaiserzeit, während das Dorf Sase und die Stadt Srebrenica die Hauptansiedlungen der Bergleute des Mittelalters waren.

Zur Kenntniss der alten römischen Ansiedlung kam man ganz zufällig durch Münzen- und Inschriftenfunde. Im Jahre 1883 wurde der Bergmeister Ludwig Pogatschnig, der die Untersuchung der alten Gruben am Kvarac leitete, aufmerksam, dass in Gradina zur Eindämmung des Wassergrabens bei einer kleinen Hausmühle ein kannelirter Gesimsstein verwendet war, den der Mühlenbesitzer einem in der Nähe gelegenen Steinhaufen entnommen hatte. Bei weiterer Umschau fand er Bruchstücke eines Inschriftsteines, die zusammengestellt eine Ara mit folgender theilweise verstümmelter Inschrift ergaben:

> » I(ovi) o(ptimo) m(aximo) et Genio loc(i) pro salute imp(eratoris) M(arci) A(ntonii) Gor(diani) Pii Fel(icis) Aug(usti) n(ostri) ... tus v(ir) e(gregius) proc(urator) eius devotus numini maiestatique eius. «

Gelegentlich der Vorarbeiten für eine Freifahrung der grossen Bleischlackenhalde in Gradina entdeckte der Bergmeister 1884 einen Denkstein von hohem archäologischen Werthe. Derselbe bildet einen Würfel von 1,14 m Höhe, 0,69 m Breite und 0,45 m Dicke. Die Schriftfläche ist von einem einfach profilirten Rahmen eingefasst und lautet nach der Lesung des Professors Dr. v. Domaszewski:

> » L. Domitio ... Eroti viro ex equestribus turmis egregio procuratori metallorum Pannoniorum et Delmatiorium, mirae integritatis et bonitatis M. Aur. Rusticus v. e. ducenarius amico praestantissimo «.

Der Stein ist demnach ein Ehrendenkmal des Lucius Domitius Eros, procurator metallorum Pannoniorum et Delmatiorum. Domitius war nach dem angeführten Titel der oberste Leiter der Bergbaue von ganz Dalmatien und Pannonien, d. h. der heutigen Länder Dalmatien, Bosnien und des Landes westlich der Donau vom Einflüsse der Theiss bis an den Wienerwald, dann der östlichen Theile von Steiermark und Krain. Es muss somit Srebrenica während der römischen Kaiserzeit ein Hauptpunkt des Bergbaues in diesem ausgedehnten Gebiete gewesen sein. Nun galt es aber, die genaue Lage der römischen Niederlassung selbst zu entdecken. Die Gewerkschaft » Bosnia « liess durch Monate Grabungen in Gradina veranstalten, und da stiess man bald auf ein Mauerfundament, das an einigen Stellen bis zu 2½ m unter der Grasdecke lag. Es wurden die Umrisse eines rechteckigen Gebäudes von 51m Länge und 19,5 m Breite aufgeschlossen, dessen Hauptfront gegen Norden gerichtet war und welches an der Südseite in der

Mitte eine halbrunde Apsis und an jeder Seite derselben einen rechteckigen Anbau besass. Aus der Form des Mauerwerkes konnte man
ferner ersehen, dass an der Westseite des Gebäudes ein späterer Zubau
vorgenommen wurde, welcher die ursprüngliche Symmetrie des Ganzen
störte. Der Bau bedeckt eine Fläche von 910 qm und besitzt drei Ein-
gänge, nämlich ein breites Thor an der nördlichen Hauptfront und zwei
schmale Thüren an der Südseite. Man fand bei der weiteren Grabung
zwei grosse Inschriftsteine, die zum ersten Male den Namen des alten
römischen Municipiums erkennen liessen:

> » Imp. Caes. M. Aurel. Severo Alexandro pio fel. invicto Aug. pont. max,
> trib. pot. X. pat. p. cos I indulgentissimo principi ordo mun. Dom. d. d. p. p.
> dedicante Jul. Tacitiano v. e. proc. Aug. n. numini eius devotissimo et
> dicatissimo «.

> » Juliae Mamaeae Aug. matri Imp. Caes. M. Aur. Severi Alexandri pii fel.
> invic. Aug. et cast. et Senat ac patr. ordo mun. Domav. d. d. p. p dedicante Jul.
> Tacitiano v. e. proc. Aug. (n.) devotissimo numini eorum «.

Es sind dies zwei Ehrensteine des Kaisers Alexander Severus und
seiner Mutter Julia Mammaea, errichtet von dem Municipium Domav. . . aus
öffentlichen Geldern und geweiht von dem Prokurator Julius Tacitianus,
welcher wahrscheinlich Prokurator der Bergwerke war. Stellenweise sind
die Inschriften dieser zwei Steine durch nachträgliche Ausmeisselung un-
deutlich geworden, und es mag diese Verstümmelung im Jahre 235 nach
dem Sturze des Kaisers Alexander Severus durch seinen Nachfolger
Maximus erfolgt sein, zu welcher Zeit nach römischem Brauche alle dem
Ersteren geweihten Denkmale umgestürzt werden mussten. Der Fund
dieser zwei Steine war wichtig, weil aus ihnen sich der Name des Municipiums, wahrscheinlich Domavia, ergab, das bis dahin gänzlich unbekannt
war. Man fand noch eine 12 cm hohe gut erhaltene Broncestatue der
Venus sammt dem dazu gehörigen Postament aus Bronce. An der Statue
sah man Stellen, wo noch der Formsand angebrannt war und am Postamente
solche, welche nicht gut ausgelaufen waren. Es hatte daher den Anschein, dass diese beiden Gussstücke als Ausschuss verworfen worden seien,
und Bergmeister Pogatschnig schloss daraus, dass entweder in dem ge-
öffneten Gebäude selbst oder in dessen nächster Nähe eine Metallgiesserei
beziehungsweise eine Hütte bestanden habe. Westlich vom Haupteingange
stiess man auf einen Bleikuchen im Gewichte von 6700 g, auf dessen
Oberfläche die Zahl XX eingeschlagen stand, offenbar jene Form, in welcher
die römische Hütte in Domavia das Blei zur Versendung brachte. Die
Zahl XX bedeutet wahrscheinlich 20 römische Pfunde und dürfte dies das
Normalgewicht für die Bergwerksprodukte gewesen sein. Zwanzig römische
librae entsprechen zwar nur einem Gewichte von 6549 g, aber das kleine
Uebergewicht des Kuchens von 151 g dürfte theils auf eine Ungenauigkeit
der Gussform, theils auf die Oxydation des Bleies an der Oberfläche zu-

Stadtansicht von Srebrenica.

rückzuführen sein. Ausserdem wurden Münzen, die bis zum Jahre 340 reichen und sonstige Gegenstände in reicher Zahl gefunden, sodass der Beweis erbracht war, man habe hier eine bedeutende römische Bergwerksstadt entdeckt.

Erst im Jahre 1890 ermöglichte die bosnische Landesregierung durch Bewilligung von Geldmitteln die Fortsetzung der Ausgrabungen in Gradina in grösserem Umfange und wurde Bergrath Radimsky mit der Leitung der Arbeiten betraut. Vor allem war es nöthig, einen Ueberblick des Umfanges der alten römischen Ansiedlung zu erhalten, was natürlich, da das Terrain bebaut war, nur mit grosser Vorsicht und Geduld zu erreichen war. Im Osten und Südosten des sogenannten Grad wurden ausgedehnte römische Gebäuderuinen entdeckt und auf einem Plateau am rechten Ufer des Sasebaches, unweit von seinem Zusammenflusse mit dem Majdanski Potok, ein Rechteck von etwa 2500 Quadratmetern Fläche, an dessen Umfange häufiges Mauerwerk mit dem ziegelgemischten römischen Mörtel beobachtet werden konnte und in dem ein römisches Castrum vermuthet wurde. Im Jahre 1891 wurden weitere Ruinenhügel sowohl in den Thälern des Majdan- und Sasebaches, als auch auf der Anhöhe, welche das heutige Dorf Gradina trägt, entdeckt, und eine Aufnahme aller dieser Punkte ergab einen vollständigen Plan der Römerstadt Domavia.

Es war ein wundervoller Septembermittag, als wir von Srebrenica aus
die Fahrt nach Domavia antraten. Der Weg führt auf der Strasse gegen
Ljubovija fast anderthalb Stunden, dann zweigt er rechts ab und führt in
schnurgerader Richtung zwischen gut bebauten Feldern zu einem Han und
mehreren Häusern, wo der Wagen stehen gelassen und der Weg zu Fuss
angetreten werden musste. Anfangs zwischen prächtigen saftigen Wiesen,
an einigen Bogomilensteinen vorbei, führt er dann an den Abhängen des
Kvarac entlang, alle Augenblicke einen Bach kreuzend, der entweder auf
einem Baumstamme überschritten oder durchwatet werden muss. Soviel
ist gewiss, dass der etwa fünfviertelstündige Weg nach Gradina an Bequemlichkeit viel zu wünschen übrig lässt und dass nach dem alten Domavia
einst eine bessere Strasse geführt haben muss. Die Gegend selbst aber
ist wunderschön; überall dunkle Laubwälder, üppige Matten und, wo sich
ein Fernblick bietet, die Aussicht auf die Höhenzüge an der Drina und
die in dunklen Tinten sich abhebenden serbischen Grenzgebirge. Bald
konnten wir unseren Fuss auf den Boden Domavias setzen, das gänzlich
verschollen war, dessen Namen keine Geschichte nennt, wenn nicht jetzt
die Steine selbst für sein einstiges Bestehen Zeugniss ablegen würden.
Die Erhöhung zum alten Castrum hinansteigend, begrüsste eine junge
Bäuerin unsern Begleiter, Herrn Bergverwalter Kolb, der ihr wohl bekannt
war, und sie versprach, uns bald Kaffee dorthin zu bringen, wo einst die
alten Römer sich dem dolce far niente hingegeben: nach den Ruinen des
Bades. Dort begrüsste uns der heutige Leiter der Ausgrabungen, Herr
Worliczek, der uns bald als sachkundiger Führer diente. Die öffentlichen
Gebäude, die Curia, das Tribunalsgebäude, die öffentlichen Bäder sind
vollkommen freigelegt, und das Hypocaustum — die grosse Heizanlage —
ist vorzüglich erhalten. Man wandert heute in den Strassen der alten Stadt,
die Umrisse der Gebäude sieht das Auge, das Ganze selbst muss die
Phantasie gestalten.

Wann Domavia zerstört wurde, erzählt keine Chronik; dass es nach
340 geschah, bezeugen die gefundenen Münzen. Gründlich war die Zerstörung jedenfalls, denn die Ausbeute an kleineren Funden, an Metall-
objekten ist nur gering. Entweder haben sich die römischen Provinzialen
vor den andringenden Barbaren, den Avaren und später den Gothen,
freiwillig zurückgezogen, und dann nahmen sie sicher ihr bewegliches
Eigenthum, namentlich ihre Habe an Metallgegenständen soweit als möglich mit, oder sie wurden von den Feinden mit Gewalt verdrängt. Im
letzteren Falle folgte zweifellos eine vollständige Ausraubung und Zerstörung der Gebäude. Wie in Domavia gewüthet wurde, zeigen die sämmtlich umgestürzten und theilweise zerschlagenen Ehrensteine in der Curia,
von welchen der des Kaisers Septimus Severus sogar in seinen Bruch-
stücken aus verschiedenen Räumlichkeiten des Gebäudes zusammen ge-

sucht werden musste. Auch die vielen, aber sämmtlich kleinen Fragmente
der lebensgrossen Broncestatue, die auf dem Piedestale der Apsis stand,
sprechen für einen gewaltsamen Untergang. Der Schwerpunkt der er-
zielten Resultate liegt darin, dass der Bestand und die Ausdehnung einer
unbekannten römischen Bergwerksstadt in Gradina nachgewiesen ist, welche
eine Burg, sowie eine Ober- und eine Unterstadt besass. Unter den bisher gefundenen Inschriftsteinen, wovon 6 leider nur in Fragmenten erhalten
sind, finden sich zwei Aren, deren eine dem Jupiter und der Juno, die
andere dem Jupiter und dem Genius des Ortes geweiht war, 6 Ehrensteine
von Kaisern und deren Verwandten, 2 Ehrensteine von kaiserlichen Pro-

Ockertabrik in Srebrenica.

kuratoren, 2 Steine, die sich auf die Wasserversorgung und eine Restau-
rirung der öffentlichen Bäder beziehen, endlich ein Grabstein. Ferner sind
die Namen von sieben hohen Würdenträgern bekannt geworden: Marianus
Julianus, procurator Augusti; L. Domitius Eros, procurator metallorum
Pannoniorum et Delmatiorum; M. Aurelius Rusticus, Ducennarius; Julius
Tacitianus, procurator Augusti; C. Julius Silvanus Melanio, procurator
Augusti; Valerius Super, procurator argentariarum; Aurelius Verecundus,
procurator argentariarum. Den Funden in Domavia, die sich jetzt grösstentheils im Museum in Sarajevo befinden, ist daher eine besondere Wichtig-
keit beizumessen und die fortgesetzten Ausgrabungen dürften noch manche
Ueberraschung bringen.

Und als die Barbaren über Domavia dahingebraust waren, herrschte
Jahrhunderte lang Stille auf der Stätte des einst so grossen Verkehres. Auf
den Ruinen wuchs Gras, es wuchs Wald, und schliesslich verdeckte eine
Wildniss die Bergwerksstadt. Aber selbst in den Zeiten der steten Völker-
wanderungen, in denen Bosnien unzählige Male verheert wurde, bis sich

schliesslich die Stämme der Kroaten und Serben festsetzten, muss sich die Tradition von Mineralschätzen erhalten haben. Ein halbes Jahrtausend nach der Vernichtung Domavias lassen die bosnischen Bane wieder schürfen am Kvarac und um Srebrenica. Sie trafen nicht die alten Stellen, aber es ist nur ein Zufall, dass nicht sie bereits wieder Domavia entdeckten. Deutsche Bergleute waren es hauptsächlich, die in jener Zeit des Mittelalters dem bosnischen Bergbaue ihre Dienste widmeten. Sachsen sind es gewesen, und der Name des heutigen Ortes »Sase« (Sachse) hat ihr Gedächtniss bewahrt Sie kamen theils aus Siebenbürgen, theils aus der Gegend von Freiberg in Sachsen, wenigstens ist eine Urkunde erhalten, in welcher von dort gekommenen Bergleuten besondere Vergünstigungen zugestanden werden. Ebenso waren sächsische Bergwerksansiedlungen in Olovo, wo auf Blei geschürft wurde, entstanden.

Da kam die Eroberung des Landes durch die Osmanen. Der Bergbau schlief ein, und immer stiller wurde es in dem schönen Winkel zwischen Drina und Jadar. Nicht einmal die Kriegsunruhen belästigten dieses Gebiet. Es lag abseits von der grossen Heerstrasse und in den Wäldern suchte man weder Schätze, noch die Nachkommen der alten Bergleute, die ohnedies kein Metall mehr verborgen hatten. Nur Schlackenhalden erzählten von der alten gewerbsreichen Zeit, und als die neue Aera anbrach, als Oesterreich-Ungarn Bosnien zu einer neuen Auferstehung verhalf, da erstanden auch die Bergwerke von Srebrenica aus ihrem halbtausendjährigen Schlafe. Die Ausbeute lohnte sich aber nicht; der Betrieb wurde nach mehrjährigen Bemühungen wieder eingestellt und nur die s t a a t l i c h e O c k e r f a b r i k liefert ein gutes Erträgniss.

Dafür hat aber Srebrenica durch ein anderes flüssiges Produkt seiner Berge einen Weltruf gewonnen, durch das Wasser der G u b e r q u e l l e. Früh Morgens war es, als wir uns von der Stadt aus auf den Weg machten, um eine der interessantesten neuen Anlagen in Bosnien zu besichtigen. In südöstlicher Richtung führt eine gutgebaute Fahrstrasse, immer bergan steigend, durch eine entzückende Waldlandschaft nach der Heilquelle des Crni Guber, des einzigen natürlichen arsen-eisenhaltigen Wassers in Europa. Immer zur Rechten den Gebirgsbach, zur Linken den Westabhang der Ausläufer des Kvarac, zieht sich der Weg etwa ¾ Stunden zu Fuss in einen förmlichen Gebirgskessel, der von drei Seiten durch steile Hänge umschlossen, ein massiges Plateau von überraschender Lieblichkeit bildet. Die üppigste Waldvegetation, von der jungen Birke bis zur vielhundertjährigen Buche und Eiche, entzückt das Auge, und in das Rauschen der Waldriesen mischt sich das leise Flüstern der Tannen und Fichten, die einen berauschenden bruststärkenden Wohlgeruch ausströmen. Im Waldteppich aber, ganz im Gegensatz zum sonstigen bosnischen Urwald, eine Fülle der schönsten Blumen in allen Farben, von der Erica bis zur

Crni Guberquelle bei Srebrenica.

Genziana. Darüber eine leuchtende Sonne, Vogelgezwitscher von allen Zweigen. Und in dieser das Herz berückenden Gegend erheben sich eine Reihe von Gebäuden, die eine grosse Kuranstalt darstellen. Hoch oben am Berge befindet sich die Arsenquelle, die nach dem Füllhause geleitet ist, von wo das Wasser zur Versendung nach Europa gelangt. In langen Sälen wird von unzähligen einheimischen Mädchen, Frauen und auch Männern gearbeitet. Hier werden nur Flaschen mit besonderen Apparaten gespült, dort wird das Wasser gefüllt, jede Flasche genau geprüft und, falls das Wasser nicht Krystallklarheit zeigt, zurückgestellt. In einem anderen Saale wird nur etikettirt, eingepackt und schliesslich Kisten zur Versendung bereit gemacht. Es ist ein grossartiges Fabriksunternehmen, und wenn man erwägt, dass schon jetzt eine Million Flaschen des segenbringenden Wassers zur Versendung gelangen, das grossentheils durch die bekannte Firma Heinrich Mattoni (Wien, Karlsbad, Franzensbad) bis in die entferntesten Gegenden, hauptsächlich auch nach Amerika, England, Dänemark, Holland und Schweden, verschickt wird, lässt sich leicht ermessen, welche Zukunft dieser Quelle noch beschieden ist.

Das Guberwasser enthält nach der vom k. k. Professor der medicinischen Chemie und k. k. Obersanitätsrathe Dr. Ernst Ludwig in Wien vorgenommenen chemischen Analyse in 10 000 Theilen: Chlornatrium

0,017, schwefelsaures Kalium 0,166, schwefelsaures Natrium 0,037, schwefelsaures Calcium 0,209, schwefelsaures Magnesium 0,219, s c h w e f e l s a u r e s
E i s e n o x y d u l 3,734, schwefelsaures Mangan 0,009, schwefelsaures Zink
0,078, schwefelsaures Aluminium 2,277, freie Schwefelsäure 0,093, saur.
phosphorsaures Calcium 0,010, A r s e n i k s ä u r e a n h y d r i d 0,061, Kiesel-
säureanhydrid 0,648, Lithium, Kupfer-Spuren, organische Substanzen 0,074.
Summe der festen Bestandtheile 7,539. Gebraucht wird das Wasser gegen
Krankheiten, die auf abnormer Zusammensetzung des Blutes beruhen
(Anämie, Chlorose); Schwächezustände nach erschöpfenden Krankheiten,
ferner Malaria, Wechselfieber und den-
selben folgenden Kachexieen; Krankheiten des weiblichen Genitaltraktes
und deren Folgezustände; Hautkrank-
heiten; Nervenkrankheiten; gewisse
Formen von Neubildungen (Lym-
phome).

Hat nun die Brunnenanstalt Crni-
Guber schon jetzt eine grossartige
Bedeutung erlangt, so müsste dieselbe
noch mehr wachsen und sie könnte
Srebrenica zu einem bedeutenden Kur-
orte machen, wenn der Brunnen direkt
als Trinkquelle eingerichtet würde. In
dieser idyllischen Gegend würde bald
Leib und Herz der Kranken gesunden,
Srebrenica aber könnte jenen Aufschwung nehmen, den es seiner Lage
nach in jeder Weise verdient. Allerdings ist dies Zukunftsmusik, denn heute
ist die Verbindung noch zu beschwerlich.
Erst wenn von Brčka an der Save die

Bosnischer Mohammedaner.

Bahn nach Tuzla, von dort eine Zweigbahn nach Zwornik geführt würde, wäre
ein solcher Plan zu realisiren oder aber, wenn die Regulierung der Drina
einen beständigen Dampferverkehr nach Zwornik oder besser nach Ljubovija
ermöglichte. Die bosnische Landesregierung hat schon so viel unmöglich
Scheinendes in Thatsachen übersetzt, dass wir auch der obigen Idee die
Verwirklichung nicht absprechen. Wie sagte doch ein Gendarm auf einem
einsamen Gebirgsposten: » Gott und unserer Landesregierung ist nichts unmöglich! « Nach unseren Erfahrungen im Lande sind wir derselben Ueber-
zeugung, daher wünschen wir Srebrenica, dass es bald ein besuchter Kurort sei.

Die heutige kleine Stadt hat etwas an sich, das sich ins Herz
schmeichelt. Nicht die pittoreske Lage allein macht dies, sondern auch

die Eigenart ihrer Bewohner, die ausserordentlich zuthunlich sind. Für
uns fand sich eine wundervolle Oase im Gasthause Edbauer im » Kegelklub «,
dem Kasinozimmer. Es ist nur ein einziger kleiner Raum und Abends
sitzen die Beamten, Offiziere und Fremden ziemlich dicht gedrängt, aber
selten wird sich auf so beschränktem Raume so viel Gemüthlichkeit, Humor,
Witz und dabei Verstand zusammenfinden, als hier. Die Bierverhältnisse
könnten freilich bessere sein, aber wenn Aktienbier aus Sarajevo ankommt,
ist Jedermann doppelt vergnügt. Die Stadt selbst ist nett und reinlich.
Ein grosses Spital, das aber damals noch keinen Kranken hatte, grüsst am
Eingange des Ortes. Eine stattliche serbische Kirche würde einen weit
besseren Eindruck machen, wenn auf dem rings um sie gelegenen Friedhofe die Grabkreuze nicht den geschmacklosen Schmuck der nationalen
serbischen Bänder (blauweissroth) tragen würden. Ein hübscher neuer
Konak als Amtsgebäude und eine Schule vervollständigen das Bild der
Gegenwart.

Schlussvignette: Denkstein » Angjelia « bei Oprašić.

Nach Zwornik.

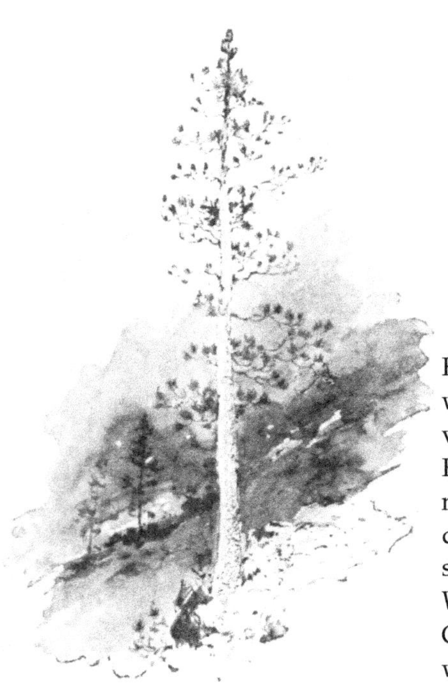

Pinus Leucodermis.
(Antoine.)

Avdi Beg hatte seinen Wagen zur Fahrt nach Zwornik gesandt. Es war eine wirkliche Kalesche, nur über alle Maassen verwahrlost. Dafür waren Pferde und Kutscher um so besser. Es war erst ¼ nach 6 Uhr früh; dichter Nebel lag über der Gegend und der Herbst hatte schon stark seinen Einzug gehalten. Noch ein Winken, ein letztes » S Bogom! « (Mit Gott!) die Pferde ziehen an, wir sind wieder auf der Landstrasse. Es geht denselben Weg nach Ljubovija zurück, den wir bei der Fahrt nach Srebrenica verfolgt haben, nur ist es Sonntag und überall wandern Bauern und Bäuerinnen im Sonntagsschmuck zur Kirche. Bald ist Ljubovija erreicht, — ein Gruss hinauf zur Gensdarmerie-Kaserne und dann weiter. Da erscheint die Sonne über den Kuppen der Azbuka, mit goldenem Scheine den weiten Wasserspiegel der Drina vergoldend. » Drina voda zeleni « (grünes Wasser der Drina) heisst es im serbischen Liede, und wirklich glänzt es im Strahle der Morgensonne wie Smaragd. Es ist eine genussreiche Fahrt, und stellenweise könnte man sich in Madagaskar glauben. Ganze Wälder von Farrenkraut stehen in den Lehnen längs der Strasse. Das ist nicht unsere heimische bescheidene Pflanze, das sind förmliche Bäume, manneshoch, wie aus vergangenen Weltperioden übriggeblieben. Es ist ein imposanter Anblick, der sich dem Gedächtniss unauslöschlich einprägt. Dann kommen vorzügliche Tabakfelder, Häuser auf beiden Ufern. Und wie auf bosnischer Seite auf vorzüglicher Fahrstrasse unser Wagen dahinrollt, verfolgen auf serbischer Seite landesübliche Bauernwagen ein gleiches Ziel, wahrscheinlich das bis zum Berliner Vertrage in türkischem Besitz befindliche Mali-Zwornik, das letzte Zwinguri auf serbischem Boden.

In Drinača, am Einflusse des durch die Drinača verstärkten Jadar in die Drina, wird Halt gemacht. Ein hübsches Wirthshaus nimmt uns in seine gastlichen Schankräume auf. Hier treffen wir das, was jetzt in ganz Europa äusserst modern geworden ist: » nothleidende Landwirthe. « Türkische Grundbesitzer klagen über die niedrigen Zwetschkenpreise! Da die Menge den Preisausfall deckt, haben wir kein Mitleid; wir besichtigen den im Aufschwung begriffenen Ort mit seiner Gendarmerie- und Finanzkaserne, und dann geht es über die Drinačabrücke nach Zwornik weiter. Immer pitto-

Brücke über die Drinača.

resker wird die Gegend; wundervolle Felspartieen zeigen sich auf beiden Ufern des Flusses; überall Grün, überall Wald und Obstgärten. Da plötzlich bei einer Biegung des Weges öffnet sich ein Blick auf unser heutiges Ziel. Auf hohem Felsen liegt die alte Feste Zwornik, drohend nach dem serbischen Ufer. Und dort ganz friedlich Klein-Zwornik und Sakkar inmitten von Gärten mit drei Moscheen, den einzigen (ausser Belgrad) im eigentlichen Königreich Serbien. Hohe Thore führen durch die Festung in die wirkliche Stadt Zwornik, die nach einem Brande fast ganz neu erbaut ist. Vor dem » Hotel zur Stadt Wien «, einem wahren Prachtbau, halten wir. Bald befinden wir uns in mit Teppichen belegten Räumen, wie sie die europäischen Grossstädte nicht besser bieten, wir sitzen dann in einer Restauration ganz wie in Wien, deutsch ist die Bedienung, und wenn nicht ein Blick auf die Strasse uns zeigen würde, dass wir in Bosnien sind, könnten wir nicht glauben, uns in einer alten türkischen Festung zu befinden, die einstmals kaum die bescheidenste Unterkunft bot.

Zwornik, am Eingang vom Thor
aus gesehen

Zwornik zählt etwas über 3000 Bewohner, ist aber ein ungemein betriebsamer und lebhafter Ort. Die Stadt zieht sich langgestreckt zwischen dem steilen Gebirge und der Drina hin. Ihre Lage ist prachtvoll. Wie erwähnt, liegt am Südende der Stadt die eigentliche Festung, welche die Wegenge vollständig absperrt und durch Thürme und Schutzmauern mit der nahezu senkrecht über ihr auf einer Spitze des Velavnik emporragenden Citadelle verbunden ist. Dieser 660 Fuss hohe Punkt muss erklommen werden, wenn man die Lage Zworniks in ihrer ganzen Romantik geniessen will. Hinter uns kahles Gebirge, über welches der Weg nach Tuzla führt. Nach vorn schweift der Blick über nahezu senkrecht abfallende Festungsmauern und dringt in die eigentliche, die Wegenge absperrende Burg, von welcher sich flussabwärts in langer Linie die Stadt hinzieht. Vor uns aber das silberne Band der Drina, darüber hinaus unter den serbischen Bergen Mali-Zwornik.

Heute haben die Festungsbauten Zworniks wenig Bedeutung, aber in ihrem mittelalterlichen Zustande wohl erhalten, bieten sie ein interessantes Bild der damaligen Befestigungskunst Ehemals war Zwornik allerdings der Schlüssel zu diesem ganzen Theile des Landes. Nach der türkischen Besetzung wurde es von kaiserlichen Heeren wiederholt belagert. Im Jahre 1688 durch Ludwig, Markgraf von Baden, eingenommen, wurde es 1689 von den Türken wieder zurück erobert. Im Jahre 1717 erlitt General Petrasch hier eine schwere Niederlage. Mehr als 1000 Mann fielen, 300 geriethen in Gefangenschaft, und auch diese liess Osman Pascha Küprüli über die Klinge springen. In der Burg Zwornik blieb aus dieser Zeit bis heute eine österreichische Kanone, die nun ihren alten Herren wiedergegeben ist.

Alte Sagen umrauschen die verwitterten Mauern der Burg Zwornik und besonders ein Bild ist es, das den Kenner der bosnischen Geschichte

Stadt-Ansicht von Zwornik.

nicht verlässt, wenn er von hier auf das Wasser der Drina schaut. Eine rothe Marmortafel in den Mauern der Burg, auf der sich eine Frauen-gestalt und eine unleserlich gewordene altbosnische Inschrift befinden, er-innern an die schönste Herrin von Zwornik, an Jelena, die im Volks-munde nur » Prokleta Jelena « (die verfluchte Helene) genannt wird. Es ist

eine wilde Geschichte, die Milena Mrazović in ihrem » Selam « (Berlin, Deutsche Schriftsteller-genossenschaft) zu einer wirkungsvollen Novelle verarbeitet hat. Jelena regierte angeblich allein auf Burg Zwornik, als Bosnien noch immer den Zankapfel zwischen Ungarn, Serbien und den bosnischen Theil-fürsten bildete. Sie war weit und breit berühmt wegen ihrer Schönheit und ihres jungfräulichen Stolzes, der jeden Freier abwies. Drei Brüder des edlen Vuk Jugović irrten bereits auf weiten Abenteuerzügen im Schmerze über ihre hoffnungslose Liebe zu der Burgherrin, und Vuk Jugović selbst — der Held — verweilte lange Nächte am jen-seitigen Ufer der Drina, schmachtende Blicke hinübersendend auf die

Ausgesprengte Strasse bei Divić zwischen
Srebrenica und Zwornik.

Gärten der bosnischen Semiramis, die sich, von starken Mauern umgeben, auf senkrecht in die Drina abfallenden Felsen ausbreiteten. Ganze Tage, lange Nächte weilt die Königin in diesen Gärten, aber Muley, der treue Mohr, der die Pforte des Burggartens bewacht, lässt ausser ihr Niemanden ein. Das Falkenauge Vuk Jugović's entdeckt wohl hoch oben in der Felsen-mauer über der Drina noch eine andere Thür, dicht bedeckt von wilden

Divić mit dem Blick nach Serbien.

Rosen, — wer vermöchte aber dort hinaufzudringen? Hat es vielleicht der Unglückliche versucht, dessen Leichnam Vuk einst in der Morgendämmerung mit einer Rosenknospe zwischen den Fingern die Drina hinabschwimmen sah? Und der Fährmann weit unterhalb der Festung hatte so oft einen Leichnam zu beerdigen, der stets die Rose vor seinem Tode gebrochen hatte!

Bei einem Festmahle der Königin, als diese die geladenen Helden ihrer Lustbarkeit bei den Weinkrügen überliess, um sich einsam in die kühlen Gärten zurückzuziehen, stiehlt sich Vuk Jugović, der neben der Königin gesessen hatte und seinem Herzen nicht mehr zu gebieten vermochte, ihr nach. Vergebens bestürmt er Jelena mit seiner heissen Liebe. Als sie ihn an der Thür des Gartens zum letzten Male zurückweist, fleht Vuk sie an, ihn wenigstens in den Garten eintreten zu lassen. » Begehre es nicht, Vuk Jugović «, spricht die Königin mit starrem Antlitz, » denn sobald du eintrittst, bist du mein und kannst mich nimmermehr verlassen, so lange du lebst! « Da aber Vuk nicht ablässt, sie mit heissen Bitten zu bestürmen und betheuert, dass er nichts sehnlicher wünsche, als stets um sie zu sein, verspricht sie mit einem tiefen Seufzer und betrübten Angesichtes, ihm zu willfahren, vorher aber möge er zu seinen Genossen zurückkehren und ihnen erklären, dass er gleich seinen Brüdern in die weite Welt auf Heldenabenteuer gehe..... Unbeschreiblich selig war Vuk in dem zauberhaft schönen Garten, denn Jelena war hier nicht kalt, nicht stolz mehr, sondern erwiderte seine heisse Liebe mit fiebernder Gluth. Nur dass nach den ersten Wochen die Königin immer seltener und auf immer kürzere Zeit kam. Vuk wurde aber immer bleicher und trauriger in seiner einsamen Gefangenschaft. Als er nach Monaten in einer finsteren Nacht abermals wie schon oft die Fürstin bat, ihm die Freiheit zurückzugeben, dringt Waffenlärm und Getöse aus der Burg in den Garten und voll Entsetzen meldet Muley, dass Vuk Jugović's getreuer Schildknappe, von dem Verdachte ergriffen, dass dieser von der Königin gefangen gehalten werde, an der Spitze einer empörten Schaar seinen Herrn überall in der Burg suche. Jelena lässt ihr Schwert holen, um den Meuterern selbst entgegen zu treten. Den Beistand Vuks lehnt sie ab, weil ihre Ehre verbietet, dass ihr Geliebter hier getroffen werde. Sie verlangt sogar Vuks Flucht » Entferne dich durch diese Thür! « spricht die Fürstin, einen gewaltigen Felsblock von der Gartenmauer entfernend. Ein entsetzlicher Angstschrei ertönt, die eindringenden Empörer haben Muley niedergeschlagen, und im selben Augenblick erleuchtet ein zuckender Blitz die finstere Nacht. Vuk, schon an der Thüre stehend, erblickt die Drina viele hundert Fuss tief unter sich. — » Jelena, bin ich der Erste, der dieses Weges geht? Jelena, du ermordetest meine Brüder? « — » Ja, Vuk Jugović, weil ich ihre Liebe bis zum Ekel genossen habe, wie die der Anderen und auch deine. « — » Jelena, Heissgeliebte, nun bist du ein Kind des Todes, sei verflucht! « Mit Riesenkraft umfasst Vuk die Fürstin. Jelena will aber nicht allein sterben, und die eintretenden Bewaffneten erscheinen im selben Augenblicke, als beide bei dem schrecklichen Ringkampfe vereint in die Drina stürzen.....

Ausser verschiedenen Kaufläden und einigen Moscheen bietet Zwornik nichts Bemerkenswerthes; es ist nur der Reiz der historischen Erinnerung, der es umfliesst. In einem Wirthsgarten am Drina-Ufer liessen wir uns eine Zeit lang nieder. Hier schoben Mohammedaner, Serben, Soldaten und selbst Zigeuner miteinander Kegel! Es war wohl die allgemeine Brüderlichkeit, aber doch kein angenehmes Bild. Aus einem militärischen Wachzimmer hörten wir meisterhaftes Tamburicaspiel. Das war schöner, und die melancholischen Melodieen schmeichelten sich ins Herz hinein. So war es mittlerweile dunkel geworden, als wir auf unserem Rundgange vor einem grossen türkischen Gehöfte stehen blieben, in dem ein geradezu tolles Treiben herrschte. Zigeunermusik ertönte, Tanz und Gesang. Wir hatten erst einige Augenblicke zugehört, als wir von einem jungen Mohammedaner, der sehr fein gekleidet war, eingeladen wurden, ins Innere zu kommen und an der Festlichkeit theilzunehmen. Es war die Vorfeier einer türkischen Hochzeit. Der Sohn des Hauses, ein reicher Beg, verheirathete sich mit einer Dame aus der Gegend von Brčka, die ihm 200 Čiftluks (Kmeten-

Kolotanz.

güter) mitbrachte, und da hier Geld zu Geld kam, wurde Alles bewirthet, was sich einfand. Es ist dies türkischer Brauch, aber hier konnte man doch sagen, dass zwei Drittel von Zwornik an dem Gelage theilnahmen. In einem riesigen Hofe waren Bänke aufgestellt, auf denen Offiziere, Civilpersonen, Mohammedaner aller Schattirungen Platz genommen hatten. Das war anscheinend die Honoratiorenecke, denn hier wurde nur Bier verzapft, und der Bräutigam bediente selbst die Gäste. In den anderen Theilen des Hofes lagerte Jung und Alt, männlich und weiblich bei Bier und Kaffee und unter einem Vorbau sassen auf Minderluks einige ehrwürdige Greise um ein offenes Feuer, bei dem sie sich selbst ihren Kaffee bereiteten. Inmitten des Hofes tanzte aber eine heitere Gesellschaft beim Spiele einer Zigeunerkapelle Kolo — den bosnischen Rundtanz — der bald mit einem echten Csardas, von Soldaten aufgeführt, abwechselte. Mitten in diesem Treiben sah man geschäftig eine tolle Figur: den sogenannten » Tschausch «, den Lustigmacher. Es war ein türkischer Zigeuner, der sein Gesicht mit Kohle noch besonders geschwärzt hatte. Ueber der Schulter trug er ein Lammfell, auf dem Kopfe eine Fellmütze mit einem langen Fuchsschwanz, in der Hand eine Peitsche. So trieb er sich unter gellenden Ausrufen unter den Anwesenden umher oder er trat auf die Strasse, den Kindern zum Gespött dienend. An den Fenstern der Frauengemächer des Hauses bemerkte man aber, soweit dies bei den Muscharabiehs möglich war, weibliche Gestalten, die sich an dem lauten Treiben ergötzten.

Diese allgemeine Bewirthung dauert bis zu dem Tage, an dem die junge Frau ins Haus gebracht wird. Sobald ein Mohammedaner sich zur Heirath entschlossen hat, verlangt er das Mädchen durch die Vermittlung zweier Verwandten oder zweier Freunde, welche die Braut hinter verschlossener Thür befragen, ob sie dem Salih oder Mehmed, Sohn des und des, als Frau folgen wolle. Natürlich ist dies nur leere Formalität, denn die näheren Vereinbarungen sind längst zwischen den Familienvätern getroffen. Erfolgt die Bejahung, so verfügen sich die Verwandten sammt den Zeugen zum Kadi, wo sich mittlerweile der Bräutigam mit seinem Imam, sowie der Imam der Braut eingefunden hat, während die Braut selbst die Verhandlungen zu Hause abwartet. Beim Kadi werden nun die gegenseitigen Einwilligungen, die Verpflichtungen bezüglich der Erhaltung der Frau im Falle einer Trennung u. s. w. festgesetzt, sodann durch die beiden Imams Braut und Bräutigam als vor Gott wie Adam und Eva, wie Mohammed und Chadidscha vereinigt erklärt. Diese Erklärung wird dreimal wiederholt, womit die eigentliche Vermählungsceremonie beendet ist. Nach diesem gerichtlichen Verbindungsakte werden die beiden Imams und die Geladenen, sowie die Braut vom Bräutigam mit Geschenken bedacht, welche diese erwidert. Diese gegenseitige Aufmerksamkeit, welche auch die Uebersendung verschiedener Hauseinrichtungsstücke, wie Teppiche, in sich begreift, wird durch mehrere Tage fortgesetzt und endet mit der Zustellung des Hausservice in das Haus der Braut, worauf diese endlich, nachdem sie sich einer mehrstündigen Toilette im Bade unterzogen, von den Verwandten des Bräutigams in einer Araba oder in einem modernen aber zugemachten Wagen (in Gebirgsgegenden zu Pferde) abgeholt wird. Erst nach einem gemeinschaftlich eingenommenen Mahle und nach einem, vom Imam gesprochenen Gebet und Segen tritt die Braut in die Rechte einer Hausfrau und beginnt ihr zurückgezogenes Haremsleben. Entführungen von Mädchen, wie sie einst gebräuchlich waren, kommen heute nur noch selten vor.

Idyllische Fahrten.

In Zwornik hatten wir für die Fahrt nach Vlasenica, unserem nächsten Ziele, einen Wagen gemiethet, der uns in sechs Stunden dorthin bringen sollte. Um 6 Uhr früh verliessen wir das altersgraue Zwornik durch das Festungsthor und verfolgten bis Drinača die an der Drina führende Strasse, die wir bereits, von Srebrenica kommend, zurückgelegt hatten. Hier zweigt sich der Weg ins Jadarthal ab, immer am rechten Ufer des tief eingeschnittenen Flüsschens führend. Es ist eine äusserst genussreiche Fahrt inmitten steten Grüns, wie in einem wenig gepflegten wildromantischen Park. Hohe Felswände säumen lange Zeit die eine Seite der Strasse ein und auf steilem Kegel erblickt man plötzlich eine kleine Moschee, die einen ungemein malerischen Anblick bietet. Hinter ihr liegt allerdings das Dörfchen Kušlat, von dem aber kein Haus wahrzunehmen ist. Aus dieser schwindelnden Höhe war vor etwa einem Jahre ein Kind direkt auf die Strasse gefallen, hatte sich aber seltsamerweise nicht im Mindesten verletzt. In Nova-Kassaba, einem Orte von etwa 400 Bewohnern, machten wir Fütterungsstation. Ueber eine sehr hübsche neue Brücke gelangten wir in den betriebsamen Ort, den man als eine Tabakstadt bezeichnen könnte. An allen Häusern hingen die langen Schnüre mit den aneinander gereihten Blättern und eigene Gerüste waren zum Trocknen des Tabaks in grosser Anzahl aufgestellt. Ausser einer alten Moschee mit einem hübschen Minaret enthält der Flecken nichts Bemerkenswerthes. Wir kletterten im Han (dem Einkehrwirthshause) auf die hölzerne Divanhané. — Balkon würde man

Kopfleiste: Prämiirte Kälber.

in unseren Ländern nicht ganz zutreffend sagen — und erquickten uns an
vorzüglichem Kaffee. Ich hatte in einem Tabaksladen einige Einkäufe
gemacht und war gerade auf einem Rundgange durch die Ortschaft begriffen,
als mir der Besitzer — ein Muselmann — athemlos nachgelaufen kam. Er
hatte sich beim Wechseln verrechnet und mir einen Kreuzer zu wenig
herausgegeben. Den trug er mir nun nach!

Die Sonne brannte heiss vom Himmel, als wir unsere Weiterfahrt
antraten. Unsere Pferde waren die letzten Tage entschieden überange-
strengt gewesen, denn sie wollten nur langsam vorwärts, und unser Kutscher konnte sie weder im Guten noch im Bösen zu einer schnelleren
Gangart veranlassen. So blieb nichts übrig, als ihnen ihren Willen zu
lassen und die Zeit durch Naturbetrachtungen aus-zufüllen. Das gelingt in
dieser reizenden Gegend vorzüglich. Hinter Nova-Kassaba, wo wir auf das
linke Ufer des Jadar übergegangen sind, er-weitert sich das bis da-hin enge
Thal zu einem weiten fruchtbaren Kessel. Ueberall sieht man gut angebaute Felder, weidende Heerden

Darinkafelsen zwischen Nova-Kassaba
und Drinača

und vereinzelte Gehöfte. Bei Vrtoče und Jelište muss einst eine grössere
Niederlassung gewesen sein, denn mächtige Bogomilensteine finden sich
überall zerstreut, doch weisen sie keinerlei Skulpturen auf. Wir stiessen
hier auf eine wandernde Horde von Zigeunern, unter denen eine Frau
durch ihre majestätische Schönheit und ihr prächtiges blauschwarzes Haar
Bewunderung zu erregen geeignet war. Sie bot sich zum Wahrsagen an,

doch verzichteten wir auf diesen Genuss. Wie wir erfuhren, waren es sogenannte » Karawlachen «. Im Bezirke Vlasenica unterscheidet die Bevölkerung nämlich drei Arten von Zigeunern: weisse, braune und die Karawlachen. Die erst genannten zwei Arten sind Mohammedaner und

nennen sich am liebsten » Türken «, sie werden aber von den einheimischen Mohammedanern nur » Ciganin « oder verächtlich » Firaun « genannt. Die weissen werden zwar in den Džamijen — allerdings ganz im Hintergrunde — gelitten, die braunen jedoch (čergaši gurbeti), die als unrein gelten, in den Moscheen gar nicht geduldet. Die dritte Art sind orientalisch-orthodoxe Zigeuner, die angeblich vor etwa 100 Jahren aus der Walachei nach Bosnien eingewandert sind und von der Bevölkerung schlechtweg » serbische Zigeuner « genannt werden. Sie selbst nennen sich » Karawlachen «, worunter man in Bosnien eigentlich Rumänen versteht. Sie

Moschee am Felsen Kušlat zwischen Nova-Kassaba und Drinača.

haben es nicht gerne, wenn man sie Zigeuner nennt, indem sie auf die vielen zwischen ihnen und den mohammedanischen Zigeunern bestehenden Unterschiede hinweisen. Abgesehen von dem Religionsbekenntnisse unterscheiden sich die Karawlachen zunächst durch ihre rumänische Umgangssprache von den zigeunerisch redenden mohammedanischen Zigeunern, dann durch einen höheren Bildungs- und Gesittungsgrad, weshalb sie auch von der einheimischen Bevölkerung mehr geachtet werden.

Im Bezirke Vlasenica bewohnen sie eine geschlossene Ortschaft, Purković in der Gemeinde Gojčin im oberen Sprečathale und zählen 175 Seelen in 23 Häusern. Sie gehören zu der griechisch-orthodoxen Pfarre in Lovnica und werden von ihrem Pfarrer als anständige, nüchterne, friedliebende, fleissige und sparsame Leute geschildert. In Religionssachen weisen die Karawlachen gewisse Eigentümlichkeiten auf. Sie gehen selten in die Kirche, obwohl zu Taufen, Trauungen und Beerdigungen stets der Pope zugezogen wird. Sie feiern das bloss bei den Serben vorkommende Fest des Hauspatrons, und zwar die heilige Petka. Die heilige Communion empfangen sie seit vielen Jahren nicht, weil angeblich vor etwa 30—40 Jahren mehrere Karawlachen, welche in Lovnica zur Communion gingen, unmittelbar darauf plötzlich verschieden sind. Das landesübliche Fluchen kommt bei den Karawlachen selten vor; in höchster Aufregung wird der Fluch auf einen indifferenten Gegenstand bezogen. Bei den Behörden sind sie äusserst seltene Gäste und erscheinen in der Regel nur im Passbüreau. Auch sind sie pünktliche Steuerzahler. Sie heirathen fast ausschliesslich untereinander und wird die Frau von dem Bräutigam gekauft. Der Preis wird in Baarem an die Eltern der Braut entrichtet und ist sehr verschieden. Ein gewisser Pero Kostić aus Purković, ein nicht besonders wohlhabender Bauer, zahlte z. B. für seine Frau Toda baare

Tanzender Zigeunerknabe.

200 fl. Bei der Wahl der Frau wird vornehmlich auf ihre Geschicklichkeit in der Beschäftigung des Mannes gesehen, daher Ehen mit Serbinnen äusserst selten vorkommen. Ihren Frauen wird Sittenreinheit nachgerühmt. Ihre Familienverfassung ist die der übrigen Bosnier, bald Hauskommune, bald Einzelwirthschaft. Die Tracht ist jener der griechisch-orthodoxen Bauern des oberen Sprečathales gleich, bloss die herumziehenden Musikanten tragen » fränkische « Kleider.

Die Karawlachen von Purković sind insgesammt Feldbauern und zwar nach Kmetenart; einige Familien haben kleinen Eigenbesitz. Neben dem Feldbaue und der Viehzucht ist ihr Haupterwerb die Holzindustrie, ausserdem liefern sie herumziehende Musikanten, Tänzerinnen und Bärentreiber. Sie schnitzen Gegenstände für bäuerliche und selbst bürgerliche Haushaltungen, und zwar Löffel, Schüsseln, Spindeln, Spulen, Leuchter, Waschtröge, Kinderständer und dgl. Im Winter werden diese Artikel in den Wohnungen der Karawlachen verfertigt, und nehmen an der Erzeugung Männer, Weiber und Kinder theil. Der Sommer bringt eine entsprechende Arbeitstheilung mit sich. Ein Theil des Dorfes zieht, nachdem die Felder bestellt sind, in die mit Erlen bestockten Wälder, schlägt dort Zelte und Drechselbänke auf und fabrizirt die erwähnten Gegenstände aus dem frisch gefällten Holze direkt an Ort und Stelle. Andere, meist ältere Frauen, wandern mit der fertigen Waare von Ort zu Ort und tauschen dieselbe ein. Selten gegen Baargeld, häufiger gegen Getreide, Leinwand, Wolle, Butter. Diese Frauen befassen sich zugleich mit Kurpfuschen und Wahrsagen und sind bei dem Landvolke, besonders den Frauen und Mädchen, gern gesehene Gäste. Die Instrumente, deren sich die Karawlachen bei der Holzschnitzerei bedienen, sind sehr primitiv und bestehen vor Allem aus der Hacke und der Säge, dann einer eigenthümlichen Drechselbank (terdžaj), bei welcher nebst dem bekannten Drucke mit dem Fusse des Arbeiters ein frischer, bogenartig gespannter langer Ast den Dienst eines Motors versieht. Ausserdem kommen in Anwendung » dubač « und » mali dubač «, eine Art mit Hammer kombinirte Hacke, ein Messer zum Aushöhlen der Löffel, grosse und kleine Feilen und das bosnische Generalwerkzeug — das Messer.

Mit ihrer Musik und dem Tanz halten die Karawlachen den Vergleich mit den ungarischen Zigeunern nicht aus. Sie spielen zwar gleich jenen ohne Noten, bloss nach dem Gehör; es fehlt ihnen jedoch die staunenswerthe Raschheit im richtigen Auffangen einer einmal gehörten Melodie. Ihre Instrumente sind Geige, Cello, manchmal auch die Trommel in der Form eines Tamburins. Ihre Musik trägt den unverkennbaren Stempel der rumänisch-slavischen schwermüthigen Weisen. Die Harmonie besteht in der Regel aus Terzen, zu welchen sich oft die Oktave des Grundtones gesellt. Die Melodie ihrer Originalkompositionen ist abwechslungsreicher,

Im Waldgebirge.

als jene der bosnischen Bauernlieder, der Rhytmus lebhafter. Die Karawlachen spielen alle südslavischen Volkslieder und gelten als Meister im Vortrage aller Koloarten. Sie spielen auch europäische Tonstücke, so vor Allem die österreichische Volkshymne, den » Szózat «, Märsche, Tänze, sogar frisch aufgefangene Wiener Gassenhauer — Alles jedoch in ihrer Art: Alles in Moll, Alles in Terzen und mit der ihnen eigenthümlichen Färbung, sodass ihre Produktionen auf die Dauer ein musikalisches Ohr zur Verzweiflung bringen können.

Ihr Tanz, soweit derselbe als Vorführung für Zuschauer bestimmt ist, besteht aus einem gleichmässigen Hüpfen auf der Stelle bei grader und steifer Haltung des ganzen Körpers, wobei es hauptsächlich auf das kräftige rhytmische Stampfen auf den Fussboden anzukommen scheint. Bessere Tänzerinnen bringen in diese eintönige Bewegung eine Abwechslung hinein, indem sie sich von Zeit zu Zeit um ihre eigene Achse drehen, einzelne oder beide Arme in die Höhe strecken und durch das Schnalzen der Finger die fehlenden Castagnetten ersetzen. Manchmal singt die Tänzerin gleichzeitig ein Lied, meist erotischen Inhalts. Tanzen die Karawlachen zu eigenem Vergnügen, dann ist es der bosnische Bauernkolo.

Das Geschäft der Bärentreiber ist im Niedergang begriffen, seit die bosnische Landesregierung mit Recht die Ausstellung der Reisepässe für Bärentreiber eingestellt hat. Die Karawlachen verstehen es jedoch, das Gesetz auf die einfache Weise zu umgehen, dass sie den Pass unter einem anderen Vorwande lösen, eventuell ohne Reisepass sich ins Ausland begeben, sich dort junge Bären verschaffen und dann die ersehnte Wanderung antreten. Denn obwohl die Karawlachen in Puratović feste Wohnsitze haben, stellt sich bei ihnen von Zeit zu Zeit der ihrer Rasse eigenthümliche Drang zum Wandern ein. Ohne die geringsten geographischen Kenntnisse durchziehen sie fremde Länder und ferne Welttheile und bleiben dabei in Verbindung mit ihrer bosnischen Heimath. So weilen — wie wir in der » Bosn. Post « lesen — zwei Familien und ein Stellungspflichtiger in Südamerika, und vor zwei Jahren ist eine alte Karawlachin in Nizza als Bettlerin gestorben. . . . .

Wir hatten die wandernden Karawlachen bald hinter uns gelassen und lenkten aus der fruchtbaren Ebene wieder in schön bewaldetes Hügelland ein. Kuppe erhob sich über Kuppe, bis der Horizont von schwarzen Hochgebirgen begrenzt wurde. Es ist eine Gegend voll der reizendsten Motive für Landschaftsmaler und ein Paradies für Fusswanderer, die nicht nur Werth auf gute Schenken und frisch angezapftes Bier legen. Die Strasse steigt in zahlreichen Windungen gegen Vlasenica an, das schon 700 Meter hoch förmlich im Grün vergraben liegt. Das ist eine Kleinstadt, welche das Entzücken jedes Naturfreundes erregen muss, ein Bild,; wie man es in der Schweiz und Tirol selten, mit der Urwaldvegetation aber kaum irgendwo in Europa — ausser auf dem Balkan — findet.

Stadtansicht von Vlasenica.

Gleich am Eingang in die Stadt steht ein hübsches einstöckiges Gebäude in einem Vorgarten: das » Hôtel Zukowik «. Hier fanden wir bei zuvorkommendster Bedienung eine vorzügliche Aufnahme und sehr gute Küche. Frisches Bier that uns nach der Hitze des Tages wohl. Da bereits ein zur Weiterfahrt bestellter Wagen bereit stand, besichtigten wir sofort die Stadt, die in ihrer Lage allerdings das Schönste bietet. Vlasenica hat etwa 2000 Bewohner, darunter gegen 1400 Mohammedaner, für die mit Unterstützung der Landesregierung eine neue Moschee in maurischem Stile erbaut wurde. Die Griechisch-Orthodoxen besitzen eine Kirche. In förmlichen Terrassen ziehen sich die einzelnen, sehr ausgedehnten Theile der lang gestreckten Ortschaft an den Berglehnen hin, meist von Obstgärten umgeben. Eine Kaserne auf einem Plateau nächst der Moschee dominirt die Stadt.

Unser Kutscher Suljo — ein brauner Zigeuner — hatte während unserer Abwesenheit seinen Wagen so bequem als möglich hergerichtet, und auf einer neuen vorzüglichen Serpentinenstrasse ging es die Hänge der Javor-Planina, die sogenannte Ploča hinan. Eine Zeit lang erhält man noch wundervolle Fernblick über das gesammte Jadargebiet bis gegen Zwornik, im Westen gegen Kladanj bis zum Debelo-Brdo (1314 Meter), ein Anblick von überwältigender Grossartigkeit und Anmuth. Dann empfängt uns die Majestät des Urwaldes. Himmelhohe Buchen bilden mit reichem Untergehölz ein undurchdringliches Dickicht. Ueberall liegen wegen des Strassenbaues gefällte oder durch Windbrüche geworfene Riesen neben ihren noch in voller Pracht aufrecht stehenden Genossen, von Moos bewachsen und bereits neues frisches Leben aus ihren vermodernden Stämmen spriessend. Hier steht noch Holz für Jahrhunderte, vorläufig auch noch in voller Ruhe, bis durch Bahnen eine auswärtige Verwerthung möglich ist. Und auch da werden Bosniens Bergwälder nicht gelichtet

Mädchen aus Podromanja.

werden, weil der Holzreichthum ein geradezu enormer ist An der Strasse arbeiten Steinklopfer und Strasseneinräumer; sonst herrscht Stille, es ist wenig Verkehr und es scheint, dass die Bauern mit den Tragthieren noch immer die alten Reitwege ziehen, deren Spuren zeitweise aus dem Waldesdunkel auftauchen. Auch Vogelgezwitscher ist nicht zu hören, nur der heisere Schrei einer Krähe unterbricht manchmal das grossartige Schweigen in der Natur. Direkt an mächtigen Abgründen und Abstürzen führt unser Weg, aber starke Geländer sichern die Strasse.

Nach zweistündiger Fahrt von Vlasenica ab öffnet sich plötzlich das Walddickicht, und eine ausgedehnte Alpenweide mit zahlreichen Heerden bietet dem entzückten Auge eine angenehme Abwechslung. Wir sind auf der Kraljevo Gora. Ueberall liegen zerstreute Gehöfte, der Han Napogled ladet zur Einkehr ein, und Hirtenbuben begrüssen das Gefährt mit lauten Juchzern, während starke Wolfshunde uns eine Strecke das Geleit geben. Es ist ein Bild aus den Schweizer Gebirgen, verbunden mit der Lieblichkeit steirischer Sennenpoesie. Der Buchenwald weicht hier dem Nadelholz, und bald umfängt uns wieder das geheimnissvolle Flüstern der Tannen und Schwarzkiefern, deren mächtige Stämme so Manches erzählen könnten von vergangenen Tagen, als diese Gegend noch ein Paradies für Räuber und Freibeuter war. Und heute fährt ein europäisches Ehepaar mutterseelenallein und unbewaffnet mit einem Zigeuner durch diese Waldwildniss und hegt nicht die geringste Furcht vor einem Ueberfall. Die Räuberromantik ist in Bosnien ausgestorben, die Gendarmerie hat für absolute Sicherheit gesorgt! Nach etwa anderthalbstündiger Fahrt sehen wir wieder Gebäude. Auf einem Hochplateau, » tannenumrauscht, von Winden umtost «, stehen bosnische und europäische Häuser. Es ist H a n P j e s a k und die gleichnamige Gendarmerie-Kaserne nebst einem Forsthause in 1700 Meter Höhe.

Während unser Kutscher sich im Han einquartirte, wartete unser in der Kaserne die liebenswürdigste Aufnahme. Man braucht sich unter einer Kaserne nicht ein Gebäude wie in unseren Grossstädten vorzustellen mit einem Belagraum für ganze Regimenter. Die Kaserne Pjesak ist nur ein starkes Blockhaus aus Holz, aber geschmackvoll und geräumig gebaut mit verschiedenen Nebengebäuden, Ställen etc. und einem in der Anlage befindlichen Garten. Der kommandirende Wachtmeister, ein geborener

Grenzer, empfing uns mit freundlichem Grusse und geleitete uns durch das Mannschaftszimmer in das Fremdenzimmer, das eine entzückende Aussicht bot. Bald waren wir mit Flaschenbier versorgt und nach einiger Zeit stand ein vorzügliches Mahl auf dem Tische, wie wir es in dieser Wildniss nie erwartet hätten. Besonders eine Mehlspeise, von der alten tüchtigen Köchin » Gendarmennudeln « genannt, war eine Delikatesse, und wir verfehlten nicht, der Köchin unsere volle Anerkennung auszusprechen. Dann gaben wir uns noch eine Zeit lang der Lektüre hin; wir fanden

kroatische Familienblätter, schön jahrgangweise gebunden. Dass aber auch die edle Musica gepflegt wird, bewiesen verschiedene an der Wand hängende Tamburicas und das kroatische Liederbuch von Kuhać-Koch mit Noten. Um einen Wiener Ausdruck zu gebrauchen, fühlten wir uns hier sehr mollig; als wir doppelte wollene Bettdecken erhielten, wussten wir aber auch, dass hier die Nächte sehr kühl zu werden pflegen. Unser Schlaf war herrlich. Als wir gegen 5 Uhr früh erwachten, glaubten wir uns in einer Winterlandschaft zu befinden. Der Reif hatte Bäume und Matten mit einer zarten Silberdecke überzogen, die unter den Strahlen der aufgehenden Sonne bald wich und in einen dichten Thau überging,

der wie Tausende von Diamanten glänzte und glitzerte. Es war empfindlich
kalt, aber ein Morgenspaziergang in dieser Höhe ein Genuss, wie er dem
Gossstädter ja nie zu Theil wird. Die Heerden hatten im Freien in Umzäumungen genächtigt; sie erhoben sich aber zum Morgenfrühstück. Hier
bemerkte ich neben tüchtigen Wollschafen unter den Rindern bereits Thiere
grösserer Gattung, die augenscheinlich nicht bosnischer Abstammung waren.

Nach einem ausgiebigen Frühstück und nachdem wir uns mit kräftigem
Handschlag von den Wächtern der Landessicherheit verabschiedet, fuhren
wir um ½ 7 Uhr weiter nach Südwesten. Suljo war guter Laune, ungemein gesprächig, und die Pferde gingen im schönsten Trab in der thaufrischen Landschaft. Wald wechselte mit Alpenhochweiden ab, stellenweise
bis Mrkalje hatten wir wieder Urwald mit Tausenden von gebrochenen
oder gefallenen Stämmen. Die höheren Kuppen der Vraočnik Planina
zur Rechten, der Studena Gora zur Linken, wurden nur zeitweise sichtbar. Was einen sehr angenehmen Eindruck machte, waren die vielen
kleinen Wasserläufe und Bächlein, die Verbürger der Fruchtbarkeit.
In Han Hanić, wo sich wieder eine Gendarmerie-Kaserne befindet,
machten wir kurzen Halt. Dann ging es über das weite Plateau der
Kopita-Planina. Hier verschwindet der Wald. Anfangs giebt es noch
vereinzelte Felder und Wiesen, dann tritt der Karst in seine Rechte.
Ueberall kommt der nackte Stein hervor, oft an alten Seeboden erinnernd.
Das spärliche Gras dient noch immer zahlreichen Schaf- und Ziegenheerden
zur Nahrung, deren Genügsamkeit man bewundert. Die wenigen Häuser,
auf die man stösst, reichen mit ihren Dächern zur Erde, und sie sind
obendrein mit grossen Steinen beschwert, ein Zeichen, dass die Winde
mit verheerender Gewalt über die weite Hochebene brausen. Gegen
11 Uhr Vormittags kamen wir nach S o k o l a c, einem grösseren geschlossenen Orte mit einer griechischen Kirche und einem Kloster. Die
drei Kuppeln des Letzteren, ganz im russischen Zwiebelstil erbaut, sind
mit Blech bedeckt und grellroth angestrichen, sodass sie in der vegetations-
losen Gegend von grosser Weite sichtbar sind. Einen erfreulichen Eindruck machte es, ganze Reihen von Kindern aus der Schule kommen zu
sehen, und alle grüssten freundlich die Fremden. An der Strasse liegen
einige Einkehrwirthshäuser und mehrere Kramläden. Gegen Mittag erreichten wir P o d r o m a n j a mit seiner frei auf einem Hügel stehenden grossartigen Militärkaserne. Das ist eine förmliche Festung, wie man sie sonst
nur noch in der Hercegovina findet, mit Vertheidigungsthürmen und dicken
Mauern, das Terrain weithin beherrschend. Wir sind im alten Räuber-
gebiet der Romanja-Planina, — doch verschollen und vergessen sind die
Heiduken, und nur noch Sagen und Lieder erzählen von der einstigen
wilden Zeit, die allerdings noch vor anderthalb Jahrzehnten bestand.

Die Romanja und der Glasinac.

Han auf der Romanja-Planina.

Hier auf dem Hochplateau ist der Schauplatz des Novak-Sagenkreises, einer ganzen Reihe bosnischer Räuberlieder, über die Johann v. Asbóth in seinem » Bosnien und die Hercegovina « (Wien, Alfred Holder) sehr interessant berichtet. Im ersten Liede zecht der alte Novak beim Knez Bogosav und erzählt diesem, wie er Räuber wurde. Jerina, die Gattin des serbischen Despoten Paul Branković, nahm ihn während des Baues der Burg Semendria als Taglöhner in Arbeit, bezahlte ihm aber keinen Heller Lohn. Dann schrieb sie eine Steuer aus zur Vergoldung der Thürme. Drei Litra, d. h. dreihundert Stück Dukaten, sollte jeder Hof bezahlen. Novak kann die Steuer nicht zahlen, er nimmt seine Axt und flieht in die Romanja-Planina. Ein reisender Türke, dem er im Wege steht, peitscht ihn. Novak erschlägt den Türken und eignet sich nach landesüblichem Brauche die bei ihm gefundenen drei Beutel Dukaten, seine Waffen und sein Pferd an. Seither sagt er:

> » Die Planina ist mein Alles,
> Meine Heimath, mein Vermögen.
> Giebt mir und den Raubgenossen
> Nahrung, Kleidung, was wir brauchen.
> Ich erjag' mir reiche Beute,
> Weiss geschickt den Feind zu fliehen,
> Scheue nichts und wag' das Schlimmste,
> Fürchte Gott allein, den Schöpfer. «

Als eines Tages Wein und Tabak zu Ende gehen, beschliessen Novak und sein Genosse Radivoj, Grujo — den Sohn Novaks — zu verkaufen. Der möge dann sehen, wie er wieder frei werde. Als Kaufleute verkleidet bringen sie ihn auf den Markt nach Sarajevo. Eine türkische Jungfrau bietet zwei Tovars (Pferdelasten) Waaren für den Jüngling, dem selbst die Mädchen nicht an Schönheit gleichkommen. Aber eine Witwe kauft ihn um drei Tovare. Das Mädchen verflucht sie:

> » Nimm den Sklaven, Djafer Begin,
> Doch nicht lange freu' Dich seiner,
> Eine Nacht nur, dann verschmachte. «

Die Begin (Grundherrin) lässt Grujo waschen und mit einem Abendmahl bewirthen, dann weist sie ihm das weiche Bett. Am Morgen des nächsten Tages kleidet sie ihn mit eigener Hand in prächtige Gewänder und stattet ihn aus mit glänzender Rüstung. Die Agraffe allein ist 1000 Dukaten werth. Der Griff des Schwertes wäre mit drei Burgen des Sultans nicht bezahlt. Grujo sehnt sich nach der Jagd, und mit dreissig Mann Begleitung zieht er aus. Im Walde der Romanja fällt er mit einem Streiche den Anführer der Bewachung und flüchtet sich zurück zu seinem Vater.

Als Novak zu altern beginnt, verlassen ihn Radivoj und seine Genossen, er bleibt allein mit seinen Söhnen Grujo und Tatomir. Aber der Mohr Mehmed und dreissig seiner Mannen erschlagen die Genossen Radivoj's und nehmen diesen selbst gefangen. Novak sieht die Türken herankommen; neben Mehmed den gefesselten Radivoj und auf jeder türkischen Lanze einen Christenkopf. Novak schiesst den Mohren vom Pferde, befreit Radivoj und ihrer vier mähen alle Türken nieder.

> » Sag' mir Bruder Radivoj doch:
> Kann nicht ich, der alte Novak,
> Ueberbieten dreissig Helden? «

Einst liess Bečir Pascha Čengić aus der Zagorje dem Knez von Grahovo durch einen Brief entbieten, er solle dreissig Zimmer mit dreissig Mädchen bereithalten, im weissen Thurme aber für den Pascha selbst ein Lager rüsten und seine Tochter Ikonia im Schlafgemache des Pascha lassen. Grujo Novaković mit seinen dreissig Genossen verkleiden sich hierauf als Mädchen; so erwarten sie den Pascha und sein Gefolge und metzeln während der Nacht alle Türken nieder. Nur gegen den alten Griechen Manojlo aus Sofia kann selbst Novak nicht aufkommen. Manojlo hat bereits Radivoj, Grujo und Tatomir verwundet. Jetzt treibt er Novak vor sich her, dessen Schwert an dem Panzer des furchtbaren Griechen zerbrochen ist. Da tritt die Vila der Romanja — die gütige Fee — die mit Novak Bundesbruderschaft geschlossen hat, selbst auf und berückt in Gestalt eines schönen Mädchens den Griechen. Novak wirft ihm seinen Streitkolben nach, der ihn erschlägt. Grujo behält nun die Braut Manojlo's,

die Tochter des Palatin, für sich. Dieser
Bund aber nimmt ein schlechtes Ende.
Die schöne Maxima verräth den schla-
fenden Grujo dreien Türken. Als nun
aber die Türken und auch Maxima
eingeschlafen sind, schneidet der kleine
Sohn Grujo's die Fesseln seines Vaters
entzwei. Grujo bringt die drei Türken
um, gräbt Maxima bis an die Brust in
die Erde, bestreicht sie mit Pech,
Schwefel und Pulver, begiesst sie mit
Branntwein und zündet sie an. Vergebens fleht die Frau zu dem ruhig
zechenden Grujo, ihr schwarzes Haar
zu schonen, das er so oft gestreichelt,
ihre schwarzen Augen, die er so oft
geküsst, ihr weisses Antlitz, desgleichen
er auf der Welt nicht mehr finde. Erst
als das Feuer schon den Busen erreicht

Mohammedanischer Bauer
aus Rogatica.

und der kleine Sohn Grujo's den Vater anfleht, den weissen Busen zu
schonen, der ihn ernährt, löscht Grujo das Feuer und begräbt die Frau.

......So zog einst der Wanderer mit Bangen seine Strasse
durch die Romanja-Planina, und schon die Türken legten überall Karaulen
(Wachthäuser) zum Schutze der Strassen an. Aber immer erhielten sich die
Banden, verstärkt durch politische Flüchtlinge, die bei der Bevölkerung-
Unterkunft und Unterstützung fanden. Noch 1882 waren in der Romanja
Aufständische, denen aber bald das Handwerk gelegt wurde. Heute ist
alles ruhig und friedlich, Jedermann wandelt ungestört seine Strasse, die
Kaserne in Han Podromanja, die Posten auf dem Glasinac und oben im
Gebirge erinnern aber jederzeit daran, dass das Auge des Gesetzes wacht,
dass es eine Wiederkehr der alten Zustände nicht duldet.

In einem Gasthause, direkt an der Strasse, hielten wir Mittagsrast.
Es ist ein kleines freundliches Häuschen, in dem gute wenn auch beschränkte
Unterkunft zu haben ist. Sonst besteht Podromanja nur aus vereinzelten
Häusern und einer Moschee. Weit und breit sieht man keinen Baum, —
für die Geschosse der Kaserne ist ein ungehindertes Schussfeld vorhanden.

Von Han Podromanja zweigt sich in südöstlicher Richtung die Fahrstrasse nach Rogatica ab, die über die Hochebene von Glasinac führt,
einen der berühmtesten archäologischen Fundorte der Erde. Seit dem
Archäologenkongresse in Sarajevo 1894 ist der Name Glasinac überall bekannt geworden, er wird in allen wissenschaftlichen Zeitschriften genannt,
und die Welt erwartet noch viele Aufschlüsse von den Geheimnissen, die

in den Tumuli des Glasinac verborgen sind. In den Zehntausenden von Gräbern, die auf dem Glasinac verstreut liegen, verbirgt sich ein grosser Theil unserer alten Geschichte, und die Funde, die hier gemacht werden, können allein ein grosses Museum füllen, sie sind einzig in ihrer Art. Und wenn auch im Volke Sagen gingen von einer mächtigen untergegangenen Stadt, von einem grossen Volke, das einst die Ebene bevölkerte, wenn auch manchmal Funde an seltenen Schmuckgegenständen und Münzen ganz zufällig gemacht wurden, so blieb diese Kunde doch in der Wildniss der Romanja-Planina verborgen. Keiner der Barbarenstämme, die in den ersten Jahrhunderten unserer Zeitrechnung über Bosniens Gefilde verheerend brausten, nicht die späteren slavischen Einwanderer, nicht die Türken hatten die Grabesruhe der alten Helden gestört, die einst den Glasinac bevölkerten, erst der neuesten Zeit blieb die Erschliessung einer ganz fremden Kulturwelt vorbehalten. Als im Jahre 1880 der Bau der Strasse von Sarajevo nach Višegrad in Angriff genommen wurde, nahm man auf der Hochebene Glasinac das Schottermaterial mit leichter Mühe aus den dort massenhaft vorhandenen Grabhügeln, wobei viele alte Broncegegenstände, selbst ein Kesselwagen in Gestalt eines Vogels und eine schöne Oinochoe gefunden wurden. Der Leiter des Strassenbaues sandte die Stücke an das naturhistorische Hofmuseum nach Wien, aber die ferneren Ausgrabungen wurden nicht planmässig betrieben, bis endlich im Jahre 1888 die bosnisch-hercegovinische Landesregierung Arbeiten im grossen Maassstabe anordnete, die ununterbrochen fortgesetzt, eine ständige Post in den wissenschaftlichen Arbeiten des Landesmuseums bilden.

Bei den Ausgrabungen am Glasinac beim Dorfe Sokolac.

Die Hochebene Glasinac erscheint durch ihren flachen und einförmigen Charakter als auffallende Unterbrechung in dem abwechslungsreichen Berggebiete Mittelbosniens. Das Plateau wird von einem mächtigen, im Durchschnitte 900 Meter hohen Karststocke gebildet, welchen an der West- und Südseite die schroff emporsteigenden Felsen der Romanja-Planina überragen. Die höchsten Spitzen dieses Gebirges, welches sich gegen Glasinac zu einer Terrasse (Na-Romanja) abstuft, erreichen eine bedeutende Höhe, so die Velika Stiena 1615 m, Orlova Stiena 1507 m und Veliki vrh 1328 m. Dieses Gebirge bildet gegen Mokro zu steile Felswände, an welche sich an der Südecke die Bogovičke Stiene anschliessen, wodurch es sich zu einem natürlichen Bollwerk des Glasinac gestaltet. Im Südosten ist der Uebergang ins Thal der Prača minder schroff, immerhin führen nur enge Schluchten dahin, während sich das Plateau im Nordosten in ein sanftes welliges Hügelsystem auflöst. Nur ein geringer Theil des Plateaus ist vollkommen eben; der sogenannte » Ravni Glasinac «, an den sich im Norden und Südosten kleinere flache Mulden anschliessen. Diese Theile sind von dichtem Moorgrund überzogen, durch welchen sich ein träger Bach — die Rešenica — schlängelt, um bald in versteckten Karstlöchern zu verschwinden. Nur nach starkem Regen und nach der Schneeschmelze erreicht er einen eigentlichen Abfluss in einem weiten Felsenschlunde bei Pavići, den das Volk » Megara « nennt. Der weitaus überwiegende Theil der Landschaft ist sanftwelliges Hügelland, dessen ausgedehnte, nur stellenweise von Tannenhainen unterbrochene Weidegründe grosse und vorzügliche Heuvorräthe liefern. Dieses Gebiet erscheint daher wie geschaffen für eine Bevölkerung, deren Hauptbeschäftigung und Erwerbsquelle die Viehzucht war.

In dieser Beziehung nimmt Glasinac noch heute in ganz Bosnien den ersten Rang ein, und es ist nicht zu verwundern, wenn sich hier die meisten und reichsten Denkmäler aus prähistorischer Zeit finden. Diese Denkmäler kommen in so überwältigender Anzahl vor, dass sie selbst dem Landschaftsbild einen eigenthümlichen Ton verleihen und auch dem flüchtigen Beobachter den grossen Unterschied zwischen der einstigen Kultur und dem jetzigen Verfalle eindringlich vor Augen führen. Dieser Verfall scheint ein jäher, nur durch wenige Uebergangsstufen vermittelter gewesen zu sein. Aus römischer Zeit besitzen wir — ich folge hier den hochinteressanten Ausgrabungsberichten des Herrn Custos Dr. Ćiro Truhelka in den » Wissenschaftlichen Mittheilungen aus Bosnien und der Hercegovina « (Wien 1893) — die Spuren einer Strasse, die über das Plateau ins Drinačathal führte. Die Erbauung dieser Strasse, die ins 3. Jahrhundert n. Ch. fällt, wird vom Volke der sagenhaften Königin Jerina zugeschrieben, die ihre Unterthanen durch solche und andere Frohnden unsäglich gedrückt haben soll. Die Tradition ist vielleicht auf eine im Mittelalter erfolgte Er-

Han Obhogjaš am Glasinac.

neuerung und Umlegung der Strasse zurückzuführen und sie wird wohl mit jener identisch sein, welche die Ragusaner Karawanen über Mokro und Glasinac nach Zwornik führte. Auch die häufiger vorkommenden mittelalterlichen Grabmonolithen sind im Vergleiche zu anderen Gegenden nicht sehr zahlreich, während die in Bosnien sonst so häufigen mittelalterlichen Burgen, mit Ausnahme der im Pračathale liegenden, gänzlich fehlen.

In mittelalterlichen Urkunden wird Glasinac selten erwähnt. Professor Konstantin Jireček fand den Namen in Ragusaner Urkunden aus der Zeit von 1404 bis 1430 nur elfmal genannt. Nach jenen Quellen war Glasinac ein Besitz des Grosswojwoden Sandalj Hranić, der hier ein Zollamt besass. Von den heutigen Ortschaften wird nur Mokro und Obre erwähnt. Ausserdem wird öfters einer Kirche gedacht, deren Standort Jireček nach Angaben des Ingenieurs Stratimirović auf jenen Crkvina genannten Felsen versetzt, auf welchen nach dem Okkupationsfeldzuge inmitten eines grossen mittelalterlichen Friedhofes den bei Senkovići gegen die Schaaren des Mufti von Tašlidža Gefallenen ein Denkmal in Gestalt eines Obelisken errichtet wurde. In allen Urkunden wird Glasinac nur als Durchgangsgebiet erwähnt, und es besass demnach im Mittelalter niemals den Rang eines Kulturcentrums, den es ersichtlich in vorgeschichtlicher Zeit einnahm. Die wichtige Handelsstrasse lockte höchstens verwegene Strassenräuber oder Haiduken in die wald- und höhlenreiche Romanja-Planina und von dieser Romantik haben wir früher einige Proben aus der Volkspoesie gegeben. Nur in strategischer Hinsicht blieb die Bedeutung des Glasinac als die eines Bollwerkes zwischen dem Westen und dem Osten Bosniens unverändert, und in dieser Eigenschaft hat das Plateau wiederholt in Kämpfen, die über das Schicksal Bosniens entschieden, eine geschichtliche Rolle gespielt

Wie sich aus der Terrainschilderung ergiebt, ist die Hochebene Glasinac von Natur aus stark geschützt. Aber die Sicherheit, welche das Gebirge den einstigen Bewohnern bot, wurde noch durch eine systematisch angelegte Kette von Wallburgen erhöht.*) An allen halbwegs praktikabeln Zugängen wurden die beherrschenden Anhöhen mit Ringwällen gekrönt, und es gestaltete sich die Hochebene mit der Zeit zu einer riesigen Festung, die ihren Bewohnern fast absoluten Schutz gegen feindliche Ueberfälle bot Schon auf der Romanja-Planina trägt die 1331 m hohe Spitze des Veliki vrh unter den Ruinen einer türkischen Karaula die Ueberreste einer Wartburg, von welcher sich ein weiter Ausblick in die westliche Landschaft erschliesst. Von diesem Punkte bis zum Kamme des Kopitogebirges ist die ganze Nordlinie mit Wallburgen besetzt. Wir finden den Sabinski grad bei Schahbegovići, andere bei Bukovik und Palež; eine grosse Wallburg an der Pritojska Kosa, eine kleine bei Gradić. An diese schliesst sich eine Reihe von Wallburgen, welche die Ebene Ljuburićpolje dominiren. Die Nord- und Ostseite dieses Thales wird von den Wallburgen am Gradinahügel, am Südabhange des Kotarište, oberhalb Košutica, die Südseite von der Burg auf der Rasovača und den beiden Ringwällen auf dem Berge Mači oberhalb Staroselo beherrscht. Von Košutica an erstreckt sich in südöstlicher Richtung als natürliches Bollwerk das Kopitogebirge, an welches im Süden die in das Rakitnicathal führenden Schluchten Dolovi und Berek anschliessen. Obwohl der Zugang zum Glasinac an dieser Seite nur dem mit der Oertlichkeit vollkommen Vertrauten möglich ist, finden wir auch hier an den wichtigsten Punkten Wallburgen; so am steilen Felsen der Laznica, weiter südlich bei Oskoplje und eine kleine Thalburg zwischen beiden bei Praščići. Den Zugang aus dem Rakitnicathal über Ivanpolje beherrschen die Wallburgen bei Kovanje, zwei bei. Senkovići, zwei am Krečberge oberhalb Staroselo, die feste Burg am Vitanj und der sogenannte Hreljin Grad jenseits der Plieschkuppe. Von Vitanj bis zum Südrande der

---

*) Wir möchten gleich hier erwähnen, dass Professor Dr. Hoernes anstatt » Wallburgen « lieber » Ringwälle « sagen möchte, da er den alten Illyriern keine so hohe Entwicklung zugesteht, dass sie offene Ansiedlungen und korrespondirende Fluchtburgen besessen hätten. Das heutige Volk nennt diese Ringwälle » gradine « und bezeichnet sie damit unbewusst richtiger. Ob nun das slavische Wort » grad « ursprünglich mit dem deutschen gart = Zaun, Umfassung (dänisch gaard, Hof, grösseres Stadthaus; englisch yard, Hof; lateinisch hortus usw.) identisch ist oder nicht, wahrscheinlich sind die Gradine auf dem Glasinac doch nichts wesentlich Anderes, als die der Landesnatur gemäss aus Klaubsteinen hergestellten Umzäumungen und Abgrenzungen jenes Raumes, der innerhalb des Gemeindelandes oder allgemeinen Weideplatzes als Sonderbesitz an Grund und Boden gelten sollte. Es ist dies die » Hofstätte « (in Urkunden des deutschen Mittelalters » Hofreite « oder » area « genannt), wo nach jener älteren Gesellschaftsordnung die Einzelfamilie ungestört schaltete und hauste. Wenn unten Moor und Weide, steiniger Grund und flüchtig bestelltes Ackerland mit einander abwechseln, ohne dass dem Einzelnen oder der Einzelfamilie ein Sondereigenthum daran zukäme, während der grosse undurchdringliche Wald und die rauhen Gebirgshänge den Gemeinbesitz des ganzen Stammes schützend umschliessen und ihm seine natürliche Grenze setzen, stehen dort oben innerhalb des steinernen Geheges die Hütten der Einwohner im Kreise um den Mittelraum gereiht. Die Anlagen sollten daher statt » Ringwälle « oder » Burgen « lieber » Runddörfer « heissen.

Markt in Rogatica

Romanja-Planina, bis zu den sogenannten Wänden von Bogovići, ist auch fast jede Anhöhe besetzt und wir finden Wallburgen bei Buljukovina oberhalb Bjelosalići (die Velika- und Mala-Gradina), am Pliesch oberhalb Podromanja und am Gradinahügel unweit von Bogovići. Innerhalb dieses Festungsgürtels befinden sich noch Wallburgen am Puhovac, westlich von der Ortschaft Sokolac, in Sokolac selbst, wo die St. Eliaskirche auf den Ruinen einer Wallburg steht, und zwei bei Kusače.

Die Anlage aller dieser Wallburgen ist eine höchst primitive. Wo es der Raum gestattete, wurde die einfachste Grundrissform — die eines mehr oder minder regelmässigen Kreises — gewählt und der Raum durch eine Anschüttung von Klaubsteinen, wie sie die nächste Umgebung bot, eingefasst. Die ursprünglichen Maasse dieser Wälle lassen sich nach dem vorhandenen Material nur annähernd bestimmen.

Geradezu verblüffend ist auf dem Glasinac die Zahl der Hügelgräber, der Tumuli. Dr. Truhelka schätzte sie anfangs auf 20 000, doch überzeugte er sich bei genaueren Forschungen, dass diese Schätzung zu gering sei und die fünffache Zahl der Tumuli angenommen werden dürfte. Alle Rücken des östlichen Hügellandes sind mit zahlreichen kleineren oder grösseren Tumuli übersät, und es reiht sich eine Nekropole an die andere. Der westliche Theil des Glasinac, d. h. die Terrasse des Na-Romanja und der Ravni Glasinac, haben keine Tumuli. Nur zwei befinden sich in der Ebene südlich von Sokolac. Aber diese sind Erdhügel mit Massengräbern ohne Beigaben und stehen allem Anscheine nach in keinem Zusammenhange mit den anderen Nekropolen. Die Westgrenze des Nekropolengebietes wird durch eine nahezu halbkreisförmige Linie, welche dem Rande der Ebene im Nordosten, Osten und Süden folgt, bezeichnet. Das ganze wellige Hügelland, welches von dieser Linie umschlossen ist, ist mit Hügelgräbern über-

sät, die in dichter Reihenfolge bis zum Knežinathal, Kopitogebirge, Rakit-
nica- und Pračathal reichen. Ausserhalb dieser Zone kommen Tumuli in
nördlicher Richtung sporadisch, in südöstlicher aber häufiger und in
grösseren Gruppen vor. Namentlich findet man Nekropolen auf den Anhöhen, welche den Kessel von Rogatica einschliessen. Die äussersten Ausläufer dieses Grabhügelgebietes reichen aber viel weiter und können im Osten
bis an die Drina, im Westen bis zur Bosna verfolgt werden. Am dichtesten
stehen die Hügelgräber am Ostrande der Ebene von Glasinac. Je weiter
sie davon entfernt sind, desto geringer werden sie an Zahl und Grösse.
Die Form der Hügelgräber ist die eines regellos aus Klaubsteinen hergestellten Aufwurfes, welcher der Gestalt eines flachen Kegels nahekommt.
Die Grössen der Hügel sind verschieden; der Durchmesser an der Sohle
variirt von 5 bis 30 ja 40 Meter, die Scheitelhöhe von 0,4 bis 4 Metern.
Am zahlreichsten sind die kleineren Hügelgräber, während grosse vereinzelt auf den hervorrragendsten Plätzen erscheinen und gewöhnlich den
Mittelpunkt einzelner Grabhügelgruppen bilden.

Die Tumuli von Glasinac enthalten Skelett- oder Brandgräber und
nicht selten Beides unter einem Hügel. Der Leichnam oder die ver-
brannten Reste desselben wurden nie in die Erde versenkt, sondern immer
auf den flachen Boden oder bei Terrassengräbern auf die Steinpflasterung
gelegt und mit zusammengeklaubten Steinen so lange überschüttet, bis
ein dem Herkommen entsprechender Hügel entstand. Bei einer solchen
Bestattungsweise ist es erklärlich, dass die Skelette und aller halbwegs
gebrechliche Inhalt nach kurzer Zeit
in Trümmer ging. Die Knochen
zerbrachen, die Gefässe und Eisen-
sachen zerfielen in Fragmente, und
wohlerhaltenbliebennursolcheBron-
cen oder Thongefässe, die durch
einen glücklichen Zufall in die
Spalten zwischen grösseren Steinen
zu liegen kamen. Meist haben die
Skelette die Richtung von Ost (Kopfende) nach West, sodass das Gesicht des Todten der aufgehenden
Sonne zugekehrt war. Wo die
Leichen verbrannt wurden, fanden
sich die Brandreste nie in einer Urne
oder in einem anderen Behälter ge-
borgen, sondern wie die Skelette
stets auf dem Urboden oder auf
einer Steinpflasterung niedergelegt.

Gendarmerie-
Kaserne
Naromanja.

Am Brunnen in Rogatica vor dem Abdest
(Waschung vor dem Gebet).

Die zweifache Bestattungsart erklärt sich vielleicht daraus, dass die Feuer-
bestattung das Privilegium einer bevorzugten Kaste, etwa der Krieger,
bildete. Dafür spricht der Umstand, dass bei den Ausgrabungen fast ausnahmslos in allen Brandgräbern Waffen gefunden wurden, während die
Skelettgräber nur geringere Funde lieferten und wo solche reichlicher
vorhanden waren, sich als Frauengräber erwiesen.

Die Funde bestehen aus Lanzen (die » Sibyna « der illirischen Stämme),
Schwertern und Messern, Streitäxten, eisernen Trensen für Pferde, Bronce-

helmen, Panzerfragmenten, Broncegürteln, Schmucksachen, Armbändern, Fibeln, darunter zweischleifge Bogenfibeln, die eine für die Glasinac-Kultur typische Form darstellen. Es ist eine Bogenfibel mit viereckiger Fussplatte, bei welcher der Uebergang vom Bügel zur Nadel einerseits und zum Fuss andererseits durch je eine Schleife vermittelt wird. Ferner fanden sich interessante runde Schliessen (Zierscheiben), Arm- und andere Ringe, Schmucknadeln und Knöpfe aus Bronce, Ohrringe, Glas-, Email- und Bernsteinperlen und bemerkenswerthe Steinobjekte, auch Thongefässe sehr origineller Form. Die Funde befinden sich im Museum in Sarajevo und sie werden tagtäglich vermehrt, sodass sie ein genaues Bild der prähistorischen

Hodža aus Rogatica.

Illyrier zu bieten vermögen. Ueber die Zeit der Blüthe des Glasinac konnten allerdings die auf dem Archäologenkongress in Sarajevo versammelten Gelehrten zu keinem abschliessenden Urtheil gelangen, und wir wagen auch gar keine selbstständige Vermuthung. Nach den bei den letzten Arbeiten gesammelten Erfahrungen reicht die Anlage der Tumuli und somit auch die Besiedlung des Glasinac von der ersten Eisenzeit über die La Tène—Periode bis in die Völkerwanderungszeit hinein. Jedenfalls ist ein so ausgedehntes Nekropolengebiet bisher in Europa einzig dastehend.

Auf dem Wege nach Rogatica und um diese Stadt selbst finden sich zahlreiche römische und bogomilische Grabsteine. Mommsen hat schon einen in seiner Sammlung beschrieben, andere sind von Dr. Blau und Dr. Hoernes näher bestimmt worden. Unter den Bogomilensteinen sind einige bemerkenswerth wegen der sonst sehr selten vorkommenden Aufschriften. So lautet die eine, die auffallenderweise von rechts nach links zu lesen ist:

> » Va ime otca i sina i sv. duha. Ovdi leži Vlatko Vladjević koji neimaše otca, ni mater, ni sina, ni brata niti i jednog čovjeka, osim greha (?). Obidje mnoge zemlje o kod kućje pogibe. I na njega usijeće kamen njegov vojvoda Miotoš i družina s Božijom pomoću i knezu Pavla milošću, koji pohrani Vlatka, spomenuv Boga. « (» Im Namen des Vaters, des Sohnes, und des heil. Geistes. Hier ruht Vlatko Vladjević. Er hatte weder Vater noch Mutter, noch Sohn, noch Geschwister, noch sonst Jemanden, nur seine Sünde. [Vielleicht, nach bogomilischer Auffassung, seine Gattin.] Viele Länder hat er durchzogen und ist daheim gestorben. Diesen Stein haben auf ihn sein Wojwode Miotosch und seine Anhänger (Genossenschaft) verfertigt (gewälzt) mit Hilfe Gottes und der Gnade des Fürsten Paul, der Vlatko begrub, Gott anrufend. «)

Von hisher unbekannten Aufschriften (mitgetheilt von Johann v. Asbóth), bezieht sich eine bei Rogatica auf die Familie Obrenović. Sie lautet:

> » Va ime otca, i sina i sv. duha. Ovdi leži dobri vojvoda od dobroga doma Obrenovića sin. U to doba nebijah se omrazio zlu ni dobru i kogod me poznavaše svako me žaljaše. Htjedoh biti dobar junak, ali mi smrt to prekrati. Otidoh od otca veoma pečalna i podjoh inoj družini običnim mojim novim putem. Rano odoh na onaj svet. « (» Im Namen des Vaters, des Sohnes und des heil. Geistes. Hier liegt der gute Wojwode, ein Sohn des guten Hauses Obrenović. In diesem Alter habe ich mich noch nicht verhasst gemacht, weder bei den Guten noch bei den Bösen. Wer mich gekannt hat, hat mich bedauert. Ich wollte ein tapferer Held werden, aber der Tod hat mich darin verkürzt. Ich habe meinen sehr traurigen Vater verlassen und bin zu einem neuen Bunde gegangen auf meinem gemeinen neuen Wege. Früh bin ich ins Jenseits gekommen. «) ....

Rogatica selbst ist ein ungemein freundlicher und betriebsamer Ort. Er ist vorwiegend mohammedanisch, jeder Mensch ist ein Frommer, jeder Zweite ein Schriftgelehrter oder ein Hadschi (Mekkapilger), jeder Dritte ein Hafiz (vom glücklichen Gedächtniss, d. h., welcher den Koran auswendig kann), ein Hodža (Geistlicher) oder ein Kadi. Dort sind sogar die mohammedanischen Frauen unterrichtet. Man würde aber fehlgehen, wenn man glauben würde, diese mohammedanische Gelehrtenstadt kümmere sich nicht um weltliche Bedürfnisse. Der Bezirk Rogatica liefert die besten Pferde, er besitzt in seinen Stierstationen von der Landesregierung geschaffene Einrichtungen zur Hebung der Rindviehzucht, die mustergiltige Ergebnisse liefern. Die jedes Jahr stattfindenden Prämiirungen (s. Abbildung-Seite 199) liefern hierfür den besten Beweis. Für Forscher auf dem Glasinac ist Rogatica ein geradezu idealer Aufenthaltsort.

Vom Han Podromanja steigt die nach Sarajevo führende Fahrstrasse in zahlreichen Windungen das Gebirge hinan. Anfangs herrscht noch Karstgegend, dann beginnen dichte Waldungen. Bei Han Naromanja (1376 m) haben wir den Kamm erklommen und erfolgt der Abstieg auf zahllosen steilen Serpentinen bis Mokro. Stundenlang sieht man die weite fruchtbare Ebene wie ein prächtiges Panorama vor sich liegen. Hin und wieder stehen am Wege einzelne Gehöfte. Mokro ist ein ausgedehnter

»Gute Rast.« (Bauer aus Mokro)

Ort, der einst grössere Bedeutung besass. Hier rekrutirten sich die » Helden « der Planina, heute ist ihnen das Handwerk gelegt. Damit sie aber nicht rückfällig werden, liegt eine kleine Garnison hier. Bis Han Derventa führt die Strasse mit nur geringen Steigungen zur Einmündung auf die Strasse

Sarajevo-Gorazda. Dann beginnt wieder der steile Anstieg im wild-romantischen Miljačkathale, das wir früher kennen gelernt haben. Der Abend war bereits hereingebrochen, als wir unter dem Kastell in die bosnische Hauptstadt einfuhren. Die kleinen Pferde unseres Suljo hatten die 100 Kilometer glänzend zurückgelegt.

Blick von der Romanja-Planina gegen Mokro.

Von Sarajevo nach Mostar.

Im Bazar von Sarajevo.

Der Bahnzug, der uns nach der Hauptstadt der heldenmüthigen, aber blutigen Hercegovina bringen sollte, verliess Sarajevo gegen Mittag. Zuerst durchzieht er die Ebene bis zum Bade Ilidže, dann übersetzt er die Željeznica auf einer neuen Eisenbrücke und erreicht die Station Blažuj. Der kleine Ort, der sich durch neue Häuser und Zubauten fortdauernd vergrössert, liegt in einem hübschen wohlkultivirten Thale. Direkt über ihm streckt der 1248 m hohe Jgman sein bewaldetes Haupt in die Lüfte. Hier hatten wir 1878 den letzten Tag vor der Einnahme von Sarajevo gelagert, aber es sind ganz kuriose Wandlungen seit jener Zeit über Bosnien und über diese Gegend dahin gegangen. Wohin man blickt, sieht man die Errungenschaften der Neuzeit, regen Verkehr. Und ist nicht die Eisenbahn, die jetzt Blažuj berührt, der mächtigste Beweis des kulturellen Fortschrittes? Zweimal die Zujevina (die säuselnde) übersetzend, gelangen wir acht Kilometer weiter nach Hadžići. Grosse Brettsägen und Holzlager zeugen von industrieller Verwerthung der Schätze des Waldes.

Junge mohammedanische Mädchen winkten dem Zuge ein Willkommen zu.
Längs der Zujevina führt die Bahn durch gut angebautes Gelände bis
Pazarić, einem langgestreckten Dorfe mit europäisch gebauten Landhäusern
für Sommerfrischler. Der Ort liegt ungemein malerisch, und der Anblick
auf die dunkeln Kuppen der Bjelašnica, in deren Wäldern Bären und
Gemsen noch eine gute Zufluchtsstätte finden, bietet ganz besondere Reize.
Den grossartigsten Ausblick auf diese Gebirgskette hat man jedoch von
der nächsten Station Tarčin aus, die man nach Ueberwindung einer kleinen

Station Ivan mit Tunnel.

Wasserscheide unter theilweiser Benützung des Zahnstangensystems erreicht. Tarčin bietet durch seine Umgebung interessante Partien für Hochtouristen und gerade die Bjelašnica mit ihren bis zu 2063 m ansteigenden
Spitzen wäre näherer Erkundung werth. Bei der Station Rasteljica beginnt
der grosse Aufstieg auf den Ivan, die 15 155 m lange Zahnstangenstrecke
des eigentlichen Ueberganges. Die Steigung ist ziemlich stark; zu einer
Seite tief eingeschnittene Schluchten, an der anderen den Korčabach.
Jeder Blick bietet neue überraschende Fernsichten. So erreichen wir die
Station Ivan mit der Wasserscheide zwischen dem Schwarzen und dem
adriatischen Meere. Eine Gedenktafel erinnert an den Bahnbau: » Gewidmet dem Andenken des verewigten Herrn Hermann Johann Kaut, Bau-

inspektor der bosnisch-hercegovinischen Staatsbahn 1891. « Zur eigentlichen Passhöhe (1010 m) führt von der Station aus eine neu angelegte, einen Kilometer lange Fahrstrasse. Dort oben befindet sich die Kolonie Ivan, zum Theil angesiedelte Südtiroler. Hier war einst, solange noch der Tragthierverkehr zwischen Mostar und Sarajevo bestand, ein wichtiger Haltepunkt. Eine feste türkische Karaula sorgte für die nöthige Sicherheit, einige Hans für Unterkunft. Jetzt ist, seit die Fahrstrasse erbaut wurde und durch den Bahnbau ganz neue Anlagen geschaffen sind, eine kleine Villenkolonie entstanden, die inmitten prächtigen Buchenwaldes für Sommergäste guten und genussreichen Aufenthalt bietet. Für Touristen befindet sich in der Bahnstation ein Touristenzimmer und eine gute Restauration.

Direkt nach dem Verlassen der Station fährt der Zug in einem Tunnel von 648 m Länge mit dem geringen Gefälle von 3‰. Wir sind in der Hercegövina, und förmlich wärmere Lüfte wehen um das Haupt. Der Blick fällt beim Hinaustreten aus dem Tunnel auf ein ungemein liebliches, von sanften Hängen mit grünen Matten umsäumtes Thal; nach rückwärts blickend auf die Höhen des Ivan und auf die steile, langgestreckte Felswand der dicht bewaldeten Preslica. Wir folgen dem Oberlaufe der Trešanica, die hier Bradina Rjeka genannt wird, und kommen nach der Station Bradina. Die gleichnamige kleine Ortschaft liegt in äusserst malerischer Umgebung, inmitten von Eichen- und Buchenwäldern. Ein kleines europäisches Gasthaus sorgt für Stärkung. Interessant ist der Ausblick auf den Duboški-Potok mit der 1743 m hohen Lisina-Gruppe.

Die Bahn tritt jetzt in eine lange Thalenge ein. Ueberall sieht das Auge grossartige Schluchten, steile Abhänge, die schönen Wasserfälle von Unter-Bradina. Ein kleiner Tunnel (103 m) wird durchfahren, dann die Ortschaft Sunje passirt, und nun bietet sich eine Ueberraschung nach der andern. Ueber hohe Steinmauern, durch tiefe Felseinschnitte, durch fünf Tunnels ist der Weg gebahnt. Immer imposanter erheben sich am Horizonte die Riesen der hercegovinischen Gebirgswelt, der Prenj bei Jablanica stets im Vordergrunde. Die Vegetation ist bereits südlicher geworden; ungemein häufig ist die Edelkastanie. Da wieder ein Tunnel und gleich darauf eine Brücke von ganz eigenartiger Konstruktion, welche die wilde Lukaschlucht übersetzt Das ist ein imposanter Anblick. Und immer neue Einschnitte, neue Tunnels. Dicht an den Felsen und am steilen Abgrunde die Bahn, als kühnes Gebilde von Menschenhand. So erreichen wir die Station Brdjani mit herrlicher Rundsicht. Auf der Lehne des eigentlichen Trešanicathales dahinfahrend, haben wir tief unter uns das Pravošnicathal und die Fahrstrasse Mostar-Sarajevo, vor uns den schneebedeckten Prenj. Und abermals fahren wir in Tunnels, durch das Trešanicathal zur Station Podorožac, wo von der Hercegovinaer Seite der eigentliche Ivanaufstieg mit ununterbrochener Zahnstangenanlage und Steigungen bis zu 60 Prozent beginnt. Hier wird die

Zwischen dem Ivan und Konjica.

Die Lukaschlucht.

Trešanica übersetzt; in tiefem Einschnitt, vorüber an interessanten Felspartieen, mit dem Blick auf romantische Schluchten und die ringsum an-
strebenden Berge treten wir in das Thal der Narenta und erreichen die
Stadt K o n j i c a.

Die Station liegt abseits des eigentlichen Ortes in erhöhter Lage, sodass man einen vorzüglichen Ausblick über die gesammte Gegend geniesst. Die Stadt Konjica liegt in einem Kessel zwischen hohen Bergen,
an beiden Ufern der Narenta, die hier in ihrem tief eingeschnittenen, aber
mit Geröll bedeckten Bette meist so seicht dahinfliesst, dass sie im Sommer
durchwatet werden kann. Eine schöne steinerne Bogenbrücke, deren Erbauung die Christen dem König Hvalimir gegen Ende des 7. Jahrhunderts,
die Türken aber richtiger dem Vezier Achmed Sokolović (1715) zuschreiben,
verbindet die beiden Stadttheile. Der grössere westliche war früher nur
von Mohammedanern bevölkert; heute aber wohnen hier die meisten
Fremden. Gegenwärtig hat Konjica ungefähr 2000 Bewohner. Es haben
sich in diesem einst durch den Fanatismus seiner Bevölkerung berüchtigten

Orte eine Menge Fremde niedergelassen und mehrere Gasthäuser
(» Elephant «, » König von Ungarn «, » Kaiser von Oesterreich « und besonders
die Bahnhofrestauration) bieten ganz gute Verpflegung. Als ich im Jahre
1885 einmal in Konjica übernachtete, genoss das Gasthaus » zum Kaiser
von Oesterreich « durch seine dicke Wirthin, die » Schmauswaberl « in der
ganzen Hercegovina einen wohlverdienten Ruf. Nicht etwa durch die
Schönheit der Wirthin, denn diese war sehr negativer Natur, sondern durch
die vorzügliche Küche. Die Lachsforellen aus der Narenta wurden unter
ihrer Hand zu einer Delikatesse, welche das Herz jedes Feinschmeckers
befriedigen musste. Der Fluss — hier eigentlich nur Neretva genannt —
liefert diese Forellen in grossen Mengen, darunter solche von 10 und mehr
Kilo Gewicht.

Konjica war im Mittelalter ein wichtiger Grenzort zwischen Bosnien
und der Grafschaft Chlum. Hier soll im Jahre 1446 der bosnische Landtag abgehalten worden sein, der so scharfe Beschlüsse gegen die Bogomilen
fasste, dass 40 000 von ihnen nach der Hercegovina auswanderten. Der
Landtag sollte überhaupt in Glaubenssachen Ordnung schaffen, die unbot-
mässigen Vasallen zum Gehorsam, das königliche Ansehen in Achtung
bringen. Stefan Kosača, der Lehensträger von Chlum (Hum) hatte sich
der bosnischen Oberhoheit entzogen, unter jene des deutschen Kaisers
gestellt und das Herzogthum von St. Sava errichtet Dieser Akt sollte
nun ungültig erklärt werden, Herzog Stefan und alle übrigen Lehensträger
und Wojwoden dem Könige den Eid der Treue leisten. Das auf dem
Landtage zu Konjica erlassene königliche Patent lautet:

» Wir Stefan Tomaš, durch die Gnade Gottes König von Bosnien und Serbien
u. s. w. erklären hiermit und thun zu wissen allen, welche es angeht: Die Glieder
Unserer allgemeinen Versammlung, abgehalten in Konjica, Unsere Prälaten und
Magnaten, haben Uns zu Unserer Prüfung mehrere Verordnungen unterbreitet und
Uns gebeten, dieselben zu bestätigen und zu sanktioniren und unter diesen die
folgenden Artikel:

Art I. Die Manichäer (Bogomilen) sollen keine neuen Kirchen bauen noch die
verfallenden restauriren. — Art. II. Die der katholischen Kirche geschenkten Güter
sollen ihr niemals abgenommen werden. — Art. III. Derjenige, welcher das Schwert
ziehend, einen Menschen tödtet, soll mittelst königlichen Dekretes verhaftet und ein-
gekerkert werden und seine Güter zur Hälfte dem Fiskus, zur Hälfte den Söhnen
oder Erben des Getödteten verfallen. — Art. IV. Die Räthe, Sekretäre, Wojwoden
und Grafen des Hofes sollen bei Antritt ihres Dienstes in die Hände des Königs
den Eid der Treue leisten. — Art. V. Der Herzog von St Sava soll illegitim erklärt
sein, wenn er nicht durch den König von Bosnien ernannt wird. Nach so gethaner
Ernennung soll der Herzog den Eid der Treue in die Hände Sr. königl. Majestät
leisten. — Art VI. Blutschande und Verführung einer Blutsverwandten sollen mit
dem Tode bestraft werden. — Art. VII. Die Verräther des Vaterlandes und ihres
Herrn sollen gestraft werden gleich den Hochverräthern, desgleichen die Falsch-
münzer und diejenigen, die ohne Berechtigung Münzen schlagen. — Aus diesem
Anlasse wollen Wir, dass die vorstehenden, mit dem Einverständnisse unserer Prälaten,

Wojwoden und Edlen dieses Königreiches, gleichwie Unseres gewöhnlichen Rathes
festgesetzten Verordnungen durch die Beisetzung Unseres königlichen Siegels, legalisirt
und sanktionirt werden. Gegeben zu Konjica unter der Obsorge des hochwürdigen
Vaters in Jesu Christo, des Herrn Wladimir Wladimirović, Bischofs von Kreševo,
Unseres lieben und getreuen königlichen Sekretärs für die Narentaner Kirchen des
griechischen Ritus, am Tage des Festes des heil. Johannes des Täufers, im Jahre
Unseres Herrn 1446 und im dritten Unserer Regierung. «

Die erhoffte Ruhe trat nicht ein und es währte nicht lange, so war
die ganze Hercegovina und mit ihr Konjica in der Gewalt der Türken.
An die Stelle der christlichen Unduldsamkeit trat der mohammedanische
Fanatismus. Aus den Wäldern und Schluchten kamen die gehetzten
Bogomilen zum Vorschein, sie wurden Islamiten und erlangten die leitenden
Stellungen. Einzelne Familien behielten aber stets den Glauben ihrer Väter
und erst kurz vor der Okkupation trat in Dobačani bei Konjica die letzte
dort lebende Bogomilenfamilie Helež zum mohammedanischen Glauben über.
In Konjica war es auch, wo die zur Zeit der Insurrektion von 1878 aus
Sarajevo ausgewiesenen Oesterreicher mit dem Generalkonsul Wassitsch
in der Nacht aufgehalten und mit Niedermetzelung bedroht wurden. Nur
der Intervention der von Hadži Lojo beigestellten Bedeckung, besonders
den Bemühungen des alten Posttataren Derwisch Aga, welcher erklärte,
nur über seine Leiche führe der Weg zu den Flüchtlingen, die ihm anvertraut seien, war es zu danken, dass die Weiterreise nach Metković
fortgesetzt werden konnte.

Die Umgebung von Konjica ist wildromantisch, besonders der B o r k e -
S e e ist eines Besuches werth. Der See, vom Volke » Boračko Jezero «,
auch kurzweg » Jezero « genannt, liegt nach den im Frühjahr 1892 vorgenommenen barometrischen Messungen 405 m über der Adria in einer
grossen Mulde, die einerseits von der Crnagora, andererseits von den Abhängen des bis 1055 m hohen Rückens Tranjine (auch Dolovska strana
genannt), endlich von den Abhängen des bis 860 m hohen Plateaus, auf
dem die Ortschaft Borke sich ausdehnt, begrenzt wird. Er ist 20 km in
südöstlicher Richtung von der Stadt Konjica entfernt.

Nachdem man auf einem verhältnissmässig guten Reitwege den Ort
verlassen und den imposanten Einblick in das von den schneebedeckten
Spitzen der Borašnica, Poslušnik, Motika, Ortiš, Kapa etc. umgrenzte
Bjelathal genossen hat, beginnt der etwas steile, jedoch sowohl für Reiter
wie für Fussgänger leicht überwindbare Aufstieg auf den Vrbassattel, von
wo man auf der alten türkischen Heerstrasse, die von Sarajevo über Lipeta-
Karaula nach Mostar und Nevesinje führte, das Plateau, auf dem die Ortschaft
Borke liegt, erreicht. Die abgeholzten Lehnen der Borašnica, an denen in
den siebziger Jahren eine englisch-französische Kompagnie nicht gerade zum
Vortheil der Waldkomplexe gehaust hat, sowie die in der Ferne sichtbaren
Spitzen des Osobac (2026 m), Poslušnik (1744 m), Živanj und Črvanj um-

Konjica.

grenzen den Horizont. Nach etwa einer Stunde erreichen wir den steilen Rand des Plateaus, von dem der die Abwässer der Borašnica führende Borački Potok in engen Schluchten und Kaskaden herabstürzt. Noch einige Schritte und es eröffnet sich uns ein wundervolles Bild.

Durch saftig grüne Gesträuche auf der Dolovska strana, tiefgrüne Waldbestände auf der Crnagora begrenzt, zeigt sich in der Tiefe der dunkelgrüne spiegelglatte See, ein wahres Meerauge, so verschieden in seiner Farbe von den übrigen hercegovinischen Seen, wie Place, Bak und Derjansko Jezero. Auf steilen Serpentinen erreichen wir in etwa einer halben Stunde (4 Marschstunden von Konjica) das Seeufer. Der wohlthuende Schatten der Erlen-

Christliche Bäuerin aus Konjica.

bestände und die kaum durch den Schrei eines Buchhehers getrübte Stille nebst dem Blicke auf die ruhige, leicht gekräuselte Seefläche sind der Lohn für die kleinen Reisestrapazen. Der jetzige See bildet nur den kleineren und unteren Theil des grossen Beckens, welches, von der Crnagora (Jelovina), Tranjina, Oštra und Košutica umgrenzt, steil gegen die Narenta abfällt. Die Konfiguration spricht dafür, dass ursprünglich das ganze Becken vom See ausgefüllt war, der von den zahlreichen dort befindlichen Quellen und dem Schneewasser aus dem umliegenden Gebirge gespeist wurde und erst nach und nach einen stärkeren Abfluss gegen die Narenta durch den Sisticabach, welcher sich zwischen die Košutica und Jelik einzwängte, erhielt. Im Laufe der Zeit wurde der obere Theil des Sees durch das Gerölle und herabgeschwemmte Erde verschüttet und diesem Schicksal geht leider auch der heutige See entgegen. Nach der neuesten Aufnahme misst der See 26,42 Hektar, seine grösste Länge ist 786 m, seine grösste Breite 402 m.

Nach einer unter den orthodoxen Bewohnern verbreiteten Sage soll der heilige Sava die Gegend, um die Bewohner wegen schlechter Aufnahme, die er bei ihnen gefunden hatte, zu strafen, in einen See umgewandelt haben. Die Sage giebt dem See eine unermessliche Tiefe, in welcher Ueberreste der einst blühenden Ortschaft gelegen sein sollen. Bis heute nennt die Bevölkerung die einzelnen Buchten des Sees » Kuće « (Häuser) und will in den in der Tiefe sichtbaren Baumstämmen Ueberreste der Häuser erkennen. Nach den genauesten Tiefemessungen hat man jedoch nur die grösste Tiefe mit 17,10 Meter gefunden, im Durchschnitt 13 —15 Meter.

In den mohammedanischen Bevölkerungskreisen von Konjica ist über die Entstehung des Borkesees folgende Sage verbreitet, die Regierungsrath Hörmann mittheilt: In uralter Zeit, als noch die Heiligen auf dieser sündhaften Welt zu wandeln pflegten, stand dort, wo gegenwärtig der Borkesee liegt, ein blühendes Städtchen, dessen Name leider Niemandem mehr bekannt ist. Die Bewohner dieses Städtchens waren mit allen irdischen Reichthümern gesegnet, doch waren sie im Herzen verdorben und so geizig, dass bei ihnen die Gebote der Gastfreundschaft und der Nächstenliebe nicht mehr eingehalten wurden. Diese Sünden führten endlich zu ihrem Verderben. Nach Gottes weisem Rathschlusse kam einst ein heiliger Mann in diese Stadt und bat um Speisung und Obdach. Höhnend wiesen ihn aber die Reichen ab; Niemand wollte seinem Flehen willfahren. Als er vergeblich an alle Thüren geklopft hatte, kam er zu der abseits der Stadt gelegenen Hütte der einzigen Armen dieser reichen Gemeinde. Es war das eine arme Witwe, die ausser ihrem Häuschen, einem Gärtchen, einer Kuh und einem Pferde nichts mehr ihr Eigen nannte, als einen Sohn, der eben im besten Jünglingsalter stand. Mutter und Sohn waren Gott ergeben, fromm und für fremdes Leid empfänglich. Sie nahmen den armen Wanderer gastfreundlich auf und theilten mit ihm das frugale Mahl und Obdach. Am nächsten Morgen, als sich der heilige Mann zur Weiterreise anschickte, sprach er zur Mutter und deren Sohn: » Mit Gottes Beistand werde ich diese Stadt wegen der Sünden ihrer Bewohner strafen. Nehmet Eure Habseligkeiten und verlasset diesen dem Untergange geweihten Ort. Zieht gegen Nordwest und verfolgt den Fluss, zu dem ihr kommen werdet. Dort, wo euer Pferd mit dem rechten Vorderhufe den Boden dreimal schlagen wird, dort siedelt Euch an; Gottes Segen wird Euch dort belohnen. « Sofort befolgten Mutter und Sohn diesen Rath, und bald waren sie weit von der Stadt und dem bei ihrer Hütte verbliebenen Wanderer. Als sie den letzten Blick der Heimath zuwendeten, erfasste Schreck ihre Herzen: sie sahen eben, wie die Stadt unter dem Wehgeschrei ihrer Bewohner in die Erde versank und ein aus zahlreichen Quellen hervorsprudelnder See das neue Becken erfüllte. Der

heilige Mann verschwand zu gleicher Zeit vor ihren Blicken. So war der
Borkesee entstanden. Mutter und Sohn zogen weiter und verfolgten den
Flusslauf (Narenta), den ihnen der heilige Mann bezeichnet hatte. Nach
mehrstündigem Wandern blieb plötzlich das Pferdchen stehen. Das
Mütterchen munterte es durch den Zuruf: » Hajde, hajde, moj konjicu! «
(Geh', geh', mein Pferdchen!) auf, doch das Pferd rührte sich nicht von
der Stelle. Auf einmal scharrte es mit dem rechten Vorderfusse dreimal
die Erde. Jetzt erkannten Mutter und Sohn, dass sie an dem ihnen von

Im Narenta-Defilé mit dem Blick auf den Prenj.

dem heiligen Manne bezeichneten Flecke angelangt seien. Dort bauten sie
sich eine Hütte, und bald darauf verheirathete die Mutter ihren Sohn.
Das Anwesen gedieh von Tag zu Tag, denn es ruhte Gottes Segen auf
dieser Familie. Zu ihr gesellten sich die Verwandten der jungen Frau,
und bald entstand ein blühender Ort, dem zur Erinnerung an das Pferdchen,
welches durch sein Scharren die Stelle zu dieser Ansiedlung bezeichnete,
der Name » Konjica « gegeben wurde.

Ein direkter Ausflug von Konjica in das romantische Bjelathal, dessen
Lage wir oben andeuteten, ist gleichfalls zu empfehlen. Hier werden sehr
hübsche Holzschnitzereien und Holzgeräthe, hauptsächlich die Truhen, in
denen die Landbewohner ihre Kleider und Werthsachen aufbewahren, angefertigt. Die gesammte Gegend vom Ivan bis Konjica, Jablanica und

Katholikin von der Zec-Planina.

Mostar ist ein landschaftliches Paradies, dem eine grosse touristische Zukunft zu wünschen wäre. Es giebt keine Worte, um die vielen eigenthümlichen Reize der Landschaft zu schildern:

Von Konjica geht die Bahn eine geraume Zeit in einer weiten Ebene bis zu der 9 Kilometer weiter gelegenen Haltestelle Lisičić. Dann beginnt wieder die hochinteressante Gebirgsgegend. An der Einmündung der Neretvica in die Narenta liegt am linken Ufer das Dorf Ostrožac mit der gleichnamigen Station. Die ganze Gegend ist reich an Bogomilengräbern und anderen Denkmälern mittelalterlicher Kultur. Zunächst dem Bahnhofe führt eine eiserne Strassenbrücke über die Narenta und vermittelt die Verbindung des Bahnhofes mit der Strasse Sarajevo-Mostar, die sich von hier aus stets parallel mit der Bahn, aber stets am entgegengesetzten Ufer des Flusses hinzieht. An schönen bewaldeten Höhen, dem Idbar und der auch im Sommer noch schneebedeckten Zec-Planina, die mit der prächtigen serbischen weissrindigen Kiefer bestanden sind, vorüber, gelangt man nach der Station R a m a, nachdem vorher die Neretvica und der Toščanica-Bach übersetzt wurden. Der Eingang in das wundervolle und fruchtbare Ramathal selbst, das wir auf einer späteren Tour kennen lernen werden, wird nur auf einen Augenblick sichtbar. Der Name des ThaiLes kommt seit dem 12. Jahrhundert im ungarischen Königstitel vor, während er im bosnischen Titel fehlt. Den Ungarn war Rama, als das Gebiet zwischen Kroatien und der Hercegovina, gleichbedeutend mit Bosnien, daher die Ausdrücke in alten Urkunden: » Rama seu Bosna « oder » Bosnense regnum, quod et Ramam vocamus. «

Der Ramafluss wird am Eingange des Thales auf einer Eisenbrücke übersetzt, dann gelangt die Bahn in eine Thalenge, in welcher die Narenta als echter Bergstrom schäumend und tosend im tiefen steinigen Bette dahinbraust; auf hoher Brücke wird die wildschöne Doljankaschlucht übersetzt, worauf wir die Station J a b l a n i c a erreichen.

Von Konjica bis Jablanica ist die Gegend sehr fruchtbar. Ueberall sieht man edle Obstsorten, Kirschen, Pflaumen, Kastanien, Wallnüsse und besonders viele, aber meist wilde Birnen. Auch die Häuser sind weit freundlicher als in den südlicheren Theilen der Hercegovina, wo es oft in den Dörfern nur Steinhöhlen zum Wohnen giebt; anders kann man die roh aufgerichteten menschlichen Behausungen, die jeder Bequemlichkeit entbehren, nicht nennen. Hier aber sind noch Holzbauten, hohe Dächer, weisser oder bunter Anstrich. Die Holzzäune und die grüne Umgebung machen das Bild eines deutschen Gehöftes. Jablanica selbst besteht aus zwei Theilen, Dolnja- (Unter-) und Gornja- (Ober-) Jablanica. Es liegt in einem herrlichen Hochthale, um das sich Bergkuppe über Bergkuppe thürmt. Im Nordwesten die 1648 m hohe Kuppe der Raulja, im Westen die Trinaca (2045 m). Weiter rückwärts die mächtigen Wände der Velika Cvrstnica (höchste Spitze 2227 m) und im Osten die gewaltige Prenj-Planina mit dem 2102 m hohen Lupoglav. Das ist schon wild zerklüftetes Karstterrain, das bis in den Sommer hinein mit Schnee bedeckt ist. Der

Landes-Hotel in Jablanica.

imposante Gebirgsstock reicht von der Drežanjka-Mündung bis gegen Konjica hinauf. Seine Abdachungen fallen nach Westen ungemein steil ab, während der nördliche Hang sanfter ist und üppige Kulturen wie Weideplätze trägt. Der Name Prenj soll auch Weide im Altillyrischen bedeuten.

Jablanica ist ein Paradies für Touristen und für Sommerfrischler, und in richtiger Erkenntniss der bevorzugten Lage und der ausserordentlich günstigen klimatischen Verhältnisse hat die Landesregierung hier ein grosses Hotel mit 19 schön eingerichteten Zimmern, vorzüglichen Restaurations- und Gesellschaftsräumen erbauen lassen. Es liegt mitten in einem herrlichen, wenn auch noch jungen Parke dicht neben der Bahnstation und bietet nach allen Seiten die wundervollste Fernsicht. Es ist im Sommer bereits sehr gut besucht und Parteien aus Mostar und Sarajevo weilen oft Monate hier; es werden sogar Romane erlebt und Verlobungen gefeiert, wie das Fremdenbuch mit seinen oft recht drolligen Herzensergüssen verräth. Der Touristenverkehr ist sehr bedeutend, darunter vorzugsweise Dänen und Franzosen mit hocharistokratischen Namen. Aber auch Hochtouristen haben die Gipfel des Prenj und der Cvrstnica bestiegen, darunter zu botanischen Forschungen der Direktor des botanischen Gartens zu Berlin, Dr. Engler, der einen begeisterten poetischen Hymnus auf Jablanica ins Fremdenbuch schrieb. Jäger finden noch eine reiche Ausbeute, namentlich einen vortrefflichen Gemsstand, im Prenj-, Moharnica- und Dreznica-Gebiete auch zahlreiche Bären und Lämmergeier.

Die Verpflegung im » Hotel Jablanica « ist eine musterhafte, die Preise, von der Landesregierung festgestellt, durchwegs mässig. Um die Bahnstation und das Hotel hat sich nach und nach eine förmliche Villenkolonie entwickelt; es sind die Wohnhäuser der verschiedenen Beamten, des Bahningenieurs, Forstinspektors usw. Eine Kaserne beherbergt den bewaffneten Schutz, doch ist er bei der Bevölkerung nicht mehr nöthig. Die Leute sind sehr zuvorkommend und finden bei dem gesteigerten Verkehr ihr gutes Auskommen. Als ich vor langen Jahren das erste Mal nach Jablanica kam, da sah es hier ganz anders aus; in einem Han fand ich türkisches Unterkommen mit sehr viel Ungeziefer. 1885 traf ich ein grosses Truppenlager. Eine Kärntnerin hielt ein Gasthaus, das mehr einer grosser Kantine glich, das aber doch schon gutes Essen bot. Im Jahre 1888 war eine Art Fremdenkolonie durch den Bahnbau entstanden; neben den grossen Militär- und Arbeiterbaracken hielten sich viele Kantinen, ein ordentliches Gasthaus, mehrere Kaffeebuden, einige Krämer, und auch ein böhmischer Schuhmacher war schon angesiedelt. 1894 hatte sich aus den provisorischen Fortschritten der dauernde entwickelt. Jablanica ist ein Luftkurort ersten Ranges, und in vieler Hinsicht wird man an schweizerische und Tiroler Sommerfrischen in den Hochalpen erinnert. Durch die bequeme Ver-

Am Fusse des Prenj.

bindung mit Sarajevo und Mostar, sowie durch die regelmässigen Diligence-
fahrten durch das Ramathal nach Prozor und Bugojno zum Anschluss an
die dortigen Bahnlinien nach Jajce und Travnik-Lašva besitzt Jablanica
aber einen grossen Vorzug vor seinen in Tirol und der Schweiz gelegenen
Rivalen und es ist ihm ein bedeutender Aufschwung sicher. Jablanica,
dessen Bevölkerung meist mohammedanisch ist, nimmt im Islam eine
eigene Stellung ein, weil hier die Frauen nicht verschleiert gehen. Schon
bei der Einführung des Mohammedanismus scheinen die Frauen die Hosen

Im Narenta-Defilé.

hier angehabt zu haben, die sie allerdings sichtbar auch heute noch tragen;
sie verweigerten die Annahme von Feredža und Jaschmak, blieben der
alten Kleidung treu und tragen sie heute noch. Da der Türke den Volksgebrauch — das Adet — stets achtet und ihn als Gesetz betrachtet, so
blieben auch die Vorkämpferinnen der Frauenrechte von Jablanica stets
unbehelligt. Von verschiedenen Seiten wird dieses Festhalten der Frauen
an ihrem alten Rechte als eine Nachwirkung des bogomilischen Glaubens
bezeichnet. Dass hier ein grosser Mittelpunkt dieser Sekte war, wird durch
die zahlreichen Grabsteine bewiesen.

Die Häuser der Einheimischen sind in Jablanica grossentheils aus
schwarzweissen Lavaschlacken erbaut und mit den Platten jenes Thon-
schiefers gedeckt, der neben dem Jurakalk in dieser Felsengegend das

herrschende Gestein bildet und mit seinen phantastischen Gestaltungen und Schichtungen das enge Defilé, in welchem unten das Wasser der Narenta rauscht, fast so erscheinen lässt, als ob es von übermenschlichen Händen künstlich erbaut worden wäre. Und in das Narentabett ist von der modernen Technik buchstäblich die Bahn gesprengt und aufgemauert. Es giebt wenige so waghalsige und so interessante Bauwerke in Europa. Von Jablanica abgehend, kommt der Zug auf einer Brücke von bemerkenswerther Eisenkonstruktion auf das linke Narenta-Ufer, passirt einen Tunnel und windet sich eine Zeit lang zwischen sanfteren Berglehnen und der dahinbrausenden Narenta. Dann übersetzt er auf einem grossen Viadukt mit 5 Bogenöffnungen das Glogošnica-Thal, durchfährt den gleichnamigen Tunnel, beschreibt mehrere grosse Kurven und lenkt in ein breiteres Thal. Abermals wird ein Tunnel passirt, der unter den Ausläufern des auf dieser Seite zerklüfteten Prenj-Gebirges angelegt ist. Ueberall sind Wasserfälle, so unmittelbar unter der Fahrstrasse die starke Quelle Praporac (auch Komadina-Quelle genannt) die in mächtigem Sturze zum Flusse hinabrauscht. Jetzt gelangen wir abermals in einen Engpass von 3 km Länge mit gewaltigen, bis 600 m hohen senkrechten Felswänden auf beiden Seiten, dann auf einer Brücke neuerlich aufs andere Ufer der Narenta und an Steilschluchten und Bergpartien von besonderer Schönheit vorüber nach der Station Grabovica.

Durch mehrere kleine Tunnels erreicht man eine merkwürdige Stromenge, die man glaubt mit einem Sprunge übersetzen zu können. Das eigentliche Felsufer unter den steilen Wänden ist überall aus Konglomeratgestein gebildet und mit Geröll bedeckt, doch ist jeder Fusstritt brauchbarer Erde für die Kultur erobert, mit grosser Mühe eingezäunt und mit Steinmauern umfriedet. In den höheren Lagen des Narentabettes aber finden sich ausgewaschene natürliche Höhlen, die trotz ihres gefährlichen Aussehens zu Ställen benutzt und mit Thüren von Flechtwerk primitiv geschlossen werden. Zwischen wieder höher ansteigenden bewaldeten Bergen erreichen wir D r e ž n i c a, hinter welcher Station auf einer Eisenbrücke die Drežanjka übersetzt wird. Ein kurzer Einblick bietet sich in das enge Felsenthal dieses Flüsschens, in die Wildniss, aus der es sich der Narenta zuwindet. Wenn man einem schmalen Ziegenpfade folgen will, kommt man nach drei Stunden zu dem Orte Drežnica, der von allen Dörfern des Landes die eigenthümlichste Lage hat. Eingeengt von den furchtbarsten, mehrere tausend Fuss hohen Felswänden, die den Dorfbewohnern auch zur Sommerszeit nur kurze Stunden des Tages den Anblick der Sonne gönnen, scheint es, von oben gesehen, auf dem Boden eines Abgrundes zu liegen. Nur längs des Flüsschens und auf einem einzigen Wege übers Gebirge, der im Winter meist ungangbar ist, gelangt man wie die Gemsen kletternd und springend in dieses » Thal der Schatten «.

Ein ganz kleines, aber an Wein, Obst und Getreide fruchtbares Feld nährt hier eine Bevölkerung von etwa 800 Seelen, die in ihrer rauhen Zurückgezogenheit die Eigenheiten der Hercegoviner am treuesten bewahrt haben. » Inter idiotum hercegovinensem populum «, sagt eine geistliche Quelle, » habitatores Dreznicae sunt idiotissimi, non minus quam bardi et silvestres. « Uebrigens glauben die Leute, dass in ihrer Wildniss Schätze versteckt seien, und thatsächlich fand der Türke Asan Kumrić in einer Ruine 1867 mehrere hundert byzantinische Goldstücke des elften Jahrhunderts. Von den Eigentümlichkeiten dieser Einsiedler gehen viele Erzählungen, so unter anderem, dass sie für einen Falken von seltener Schönheit, den sie dem Sultan schickten, Steuerfreiheit für alle Zeiten erhielten. Jedenfalls war es einstmals schwer, in Drežnica etwas mit Gewalt einzuheben; seine Bewohner waren und blieben vergessen in goldener Ruhe.

Gegenüber der Drežanjka-Einmündung, an der Kunststrasse, liegt der Militärposten Han Sjenice. Hier beginnt bereits die Feige vereinzelt aufzutreten, die dann nebst der Granate schon in Janjeni als gemeiner Strassenstrauch und Baum vorkommt, bis in Mostar die wundervollste südliche Vegetation das Auge erfreut. Dicht hinter Han Sjenice fällt die Quelle Crno Vrelo (Schwarzquell) mit tosendem Sturzbach in die Narenta. Man hat dieselbe unter der Strasse durchgeführt, doch ist der Anblick noch immer grossartig. Die Quelle entspringt in einer märchenhaft schönen Grotte, deren dichte Verkleidung von lang herabhängenden Moosflechten kein Luftzug bewegt, deren Wasserspiegel keine Welle kräuselt, am Fusse einer hohen Felswand. Die Bahn fährt zumeist auf hohen Stützmauern; die wechselnden Landschaftsbilder werden immer pittoresker, immer wilder. Das gesammte Narenta-Defilé, das sich von Jablanica bis zur Station Raskagora, die wir jetzt erreichen, erstreckt, ist von bezaubernder Grossartigkeit und Schönheit. Jetzt ändert sich wieder das Bild. Der Fluss hat ein weiteres Bett, und bei Station Vojno erhält man bereits den Blick auf die ausgedehnte Ebene, in der die hercegovinische Hauptstadt gebettet ist. Hier ist die Gegend gut angebaut, eine Menge Gehöfte zeigen die Nähe der grösseren Stadt. Das » Bjelopolje « (weisse Feld) soll einstmals ein Seebecken gewesen sein, und die Bewohner führen hierfür einen allerdings ganz merkwürdigen Beweis. An verschiedenen Randstellen der Ebene, bei Kuti, Suhodol, Vojno und Rastani hängen von den Felsen grosse eiserne, in Blei eingegossene Ringe herab und diese sollen früher zur Befestigung der Schiffe gedient haben. Heutzutage ist allerdings von diesem Wasserüberfluss selten etwas zu spüren; selbst die Narenta macht bei der » Skakalo « (Sprung) genannten Stelle den Versuch, unterirdisch zu verschwinden. Die Felsen verengen nämlich das Flussbett so, dass man das Wasser kaum sieht, und der Fluss kann wirklich mit einem kühnen Sprunge übersetzt werden.

Es war 8 Uhr Abends geworden, als wir in Mostar einfuhren. Hohe Berge mit vielen Befestigungen deuten an, dass wir uns in einem Lande befinden, in dem man noch vor wenigen Jahren dem Frieden nicht trauen durfte. Helles Gaslicht auf dem Bahnhofe, Omnibusse von Hotels, Fiaker zeigen aber, dass in der einst so wilden Hercegovina Kultur und Civilisation eingekehrt sind. Wenige Minuten Fahrt bringen uns nach unserem Absteigequartier, dem landesärarischen » Hotel Narenta «, einem Prachtbau, in dessen gastlichen Räumen wir in fröhlicher Gesellschaft bald Erholung von den vielen Genüssen des Auges finden. Eine grosse Cook'sche Reisegesellschaft ist gerade über Dalmatien aus Metković gekommen, ein Beweis dass Bosnien-Hercegovina in den Welt-Rundreiseverkehr eingereiht wurde.

Hôtel Narenta in Mostar.

Flussansicht von Mostar.

Im Bazar in Mostar.

Die hercegovinische Hauptstadt

Es giebt wenig pittoreskere Orte als die Hauptstadt der Hercegovina. Eingebettet zwischen hohe Berge, den Podvelež und den Hum, zwischen denen die Narenta im tiefen wild zerklüfteten Bette dahinbraust, zeigt sie so recht den Charakter der Residenz eines kriegerischen Volkes. Im Süden die grosse Ebene Bišće, im Norden das weite Bjelopolje, hätte sie Raum genug zur Ausdehnung in weite Gefilde gehabt, aber sie blieb eng zusammengedrängt in einer Art Verteidigungsstellung, und die vielen Forts auf den Bergkuppen, die ihr Entstehen der neuen Zeit verdanken, dienen nicht dazu, den kriegerischen Eindruck zu mildern. Die Häuser sind durchwegs von Stein, und angesichts der kahlen Berge tragen sie so recht das Aussehen, an das man beim Hören des Wortes Hercegovina unwillkürlich denkt: das des steten Kampfes. Aber Mostar ist nicht nur hercegovinisch, es ist auch italienisch und sehr viel orientalisch. Diese Mischung im gesammten Stadtbilde, zu dem sich noch jetzt das europäische Bauelement gesellt, bringt einen so eigenen Reiz hervor, dass jeder Besucher von Mostar gebannt und gefesselt wird. Dazu tritt der malerische Anblick des wild zerrissenen Narentabettes und als wirksamster Kontrast, gegenüber den starren kahlen Abhängen des Hum, die üppigste tropische Vegetation in den Gärten und Feldern. An den Felshängen grünen nur Büschel von Salbei zwischen den Steinen, sich kaum vom steinigen Grunde abhebend, in den Feldern die üppigste und saftigste Blüthe — ein botanisches Märchenparadies....

Mostar ist aber auch in klimatischer Beziehung eine tropische Stadt. Auf die Strassen brennt den grössten Theil des Jahres eine afrikanische Sonne, welche die Hitze bis zu 40 und mehr Grad steigert und ein Spazierengehen zur Qual macht. Die Abende bieten wenig Erholung; aus den Steinen strahlt nach Sonnenuntergang die Wärme eines Dampfbades aus, und man muss sich in den Wohnungsräumen vor den » Papadači « — einer winzigen blutdürstigen Moskitoart — wohl in Acht nehmen. Wenn aber einmal — was sehr selten geschieht — der Winter hereinbricht, dann ist die Kälte zwischen den Steinmauern und bei oft nicht vorhandenen Oefen eine doppelt empfindliche, die nur einer Steigerung fähig ist, wenn die Bora von den Bergen mit verheerender Gewalt daherbraust. Den Fremden, der in vorzüglichen Hotels untergebracht ist, berühren diese Mostarer Eigentümlichkeiten allerdings nicht, und ihm wird sich die interessante Stadt ins Herz schmeicheln, dass er sie nie wieder vergisst.

Die hercegovinische Hauptstadt hat eben auch ihre idyllischen Plätze. Wenn man den Bazar durchwandert und die alte Narentabrücke (deren wir später noch eingehend gedenken) überschritten hat, kommt man in den Stadttheil Zahumje. Hier ist das stille Viertel von Mostar, das Terrain der Gärten. Ueber niedrige Mauern grüssen die Granatblüthen, riesige Maulbeer-, Feigen- und Nussbäume strecken ihre Aeste über die Strasse und bieten Schatten, eine Menge von blühenden Gesträuchen und Blumen haucht berauschenden Duft aus. Hier ist der Kreisgarten, der Versuchsgarten der Obstbauschule angelegt, der ein wahres Eden für den Kenner bietet und der besonders prächtiges Obst an Zwergstämmchen enthält. Dicht dabei steht hinter hohen Mauern die katholische Kirche, ein Neubau von der Form einer Basilica, die Details im korinthischen Stile. Ueber dem Hauptportale liest man in der Landessprache die Inschrift:

> » Gott dem allmächtigen Schöpfer, dem heil. Petrus und dem heil. Paulus steht diese Kirche errichtet. Der gütige Kaiser von Stambul gab zu ihrem Bau eine freundliche Stätte und überdies fünfzig Beutel. Das arme Volk trug eine kleine Beihilfe zusammen; alle übrigen schweren Kosten steuerte das Ausland durch die Sorge der Brüder Franziskaner und ihres bischöflichen Oberhauptes. A. D. 1866. 7. März. «

Die Geschichte der katholischen Kirche in Mostar ist eine lange Leidensgeschichte. Bis in die Fünfziger Jahre unseres Jahrhunderts durfte der katholische Vikar der Hercegovina nur verkleidet oder bei Nacht die Hauptstadt betreten, um den wenigen dortigen Katholiken geistlichen Beistand zu spenden. Diesem Zustande ein Ende zu machen, war das Ziel des Vikars Raphael Barišić, der in einer Hütte in Seonica residirte. Mit Ausdauer und schlauer Politik erwirkte er nicht ohne schwere Mühe und

Die alte Brücke in Mostar.

Kosten einen grossherrlichen Ferman, der ihm den Bau eines bischöflichen Hauses in Mostar gestattete. Allein die Mohammedaner in der Stadt trotzten dem Befehle des Sultans, sie griffen zu den Waffen und würden den Vikar, der auf seinem Rechte bestand, getödtet haben, wenn sich nicht der Vezier Ali Pascha ins Mittel gelegt hätte. Dieser erwarb — so erzählt Dr. Hoernes — da die Türken um alle Schätze der Welt keinen Baugrund in der Stadt verkauft hätten, ausserhalb derselben in Vukodol (Wolfsthal) unter seinem Namen ein Grundstück, das er dem Vikar um den Preis von sechs Beuteln Piaster (300 fl.) verkaufte. Obwohl auf diese Nachricht die Türken sich zusammenrotteten und schworen, dass sie lieber fallen wollten bis zum letzten Mann, als einem Ungläubigen diesen Bau zu gestatten, schritt Barišić dennoch, umgeben von zehn bewaffneten Kawassen des Veziers, furchtlos von einem Ende der Stadt zum andern, zwischen den aus allen Fenstern hervorragenden Flintenläufen der Mohammedaner hinaus nach Vukodol. Hier nimmt er, während rings umher Alles für sein Leben zittert, der Einzige, den sein Heldenmuth keinen Augenblick verlässt, einen Stein und bezeichnet damit die Grundlinien seines Hauses. Dann befiehlt er dem Werkmeister die Ausführung des Baues im strengen Tone eines kaiserlichen Gebotes und kehrt unversehrt nach Seonica zurück, wo er von den Seinen als Sieger empfangen wird. Das geschah 1847. Der Fanatismus der Türken barg eine solche Gefahr, dass selbst die Werkleute beim Bau nicht anders sicher waren, als wenn ihnen die Waffen im Gürtel steckten oder zur Hand lagen. Als aber der Bau vollendet war und Barišić von seiner Residenz Besitz ergriffen, machte sich der Einfluss dieses Schrittes in Mostar sofort nachdrücklich geltend. Vor 1852, in welchem Jahre der Vikar nach Mostar übersiedelte, gab es in dieser Stadt kaum 120 katholische Familien. Diese bestanden aus armen Knechten und Handwerkern, deren keiner auch nur den bescheidensten Platz im Bazar einnahm. Schon 1867 war die Zahl der katholischen Familien Mostars 398 mit 1715 Seelen, und sie vermehrten sich rapid, sodass bald eine Schule gegründet werden musste.

Bald erschien auch die mit dem Hause des Bischofs verbundene Kapelle zu klein für die Gemeinde und die Errichtung einer grösseren katholischen Kirche in Mostar wünschenswerth. Auch dieser Bau war das Werk von Barišić. Die Machthaber, welche der schlaue geistliche Politiker nach einander benützte, sind geschichtlich bekannte Personen. Ali Pascha Rizvanbegović aus Stolac, welcher 1832 bis 1849 die Hercegovina fast unumschränkt beherrschte, hatte die Schwäche der Pforte gegenüber dem bosnischen Aufstande von 1831 benützt, um sich zum Vezier seines engeren Heimathlandes aufzuschwingen. Treulos, oder wenn man will blos kalt gegen die nationalen und religiösen Interessen der slavischen Mohammedaner Bosniens, die Hussein Aga von Berbir glänzend vertrat,

Im Brückenviertel.

Eingang zur alten Mostarer Brücke.

hielt er zum reformfreundlichen Staate, suchte aber nachher in seiner Statthalterschaft die Hoheit desselben auf ein Minimum herabzusetzen. Durch türkische Perfidie überlistet, bei einem Gastmahl in Mostar von Omer Pascha gefangen genommen, fiel er, ein echter Repräsentant seines Stammes, von Kugeln durchbohrt oder, wie Andere wissen wollen, durch Gift.

Als nach dem jähen Sturze Ali Pascha Rizvanbegović' Omer Pascha als Oberfeldherr der kaiserlichen Truppen in Mostar herrschte, wusste Barišić diesen zu gewinnen, und er erlangte durch sein Fürwort in Stambul nicht nur die Bewilligung zum Bau der Kirche, sondern auch die Anweisung eines geeigneten Baugrundes und das Geschenk von fünfzig Beuteln Piaster. Auch diesen Bau hemmte die Missgunst der Mohammedaner von Mostar, die nicht gestatteten, dass die Steine zum Werk in der Nähe oder an einem wenn auch entfernteren Orte gebrochen würden.

Es mussten an elf verschiedenen Punkten Steinbrüche eröffnet werden, wodurch sich die Baukosten natürlich sehr steigerten. Die Werkmeister waren eingeborene Hercegoviner, meist aus dem Popovopolje, Bauleiter durch sechs Jahre der abendländisch gebildete Peter Bakula. Barišić erlebte nicht mehr die Vollendung des Baues, aber sein Werk gedieh und wurde fertig. Und heute kennt Niemand mehr in Mostar Religionshass, alle Bekenntnisse leben ruhig und friedlich nebeneinander. Wird doch dicht neben der katholischen Kirche ein Nonnenkloster direkt an die Strasse gebaut, ohne dass die meist mohammedanische Bevölkerung dieses stillen Stadtviertels auch nur mit den Wimpern zucken würde.

Und weiterschreitend auf unserer Wanderung durch die enge stille Strasse des Zamhumje-Viertels, wird das Auge immer von Neuem entzückt durch grüne Wildnisse, die sich oft über türkischen Friedhöfen zu undurchdringlichen Dickichten wölben. Wir folgen eine Zeit lang dem Lauf der Radobolja, welche die neue Wasserleitung von Mostar speist, kommen an einer Menge kleiner Kaffeegärten vorüber und kehren endlich bei einer krainerischen Wirthin ein, deren Mann früher als Feldwebel in Mostar diente. Hier gab es ein ganz annehmbares Flaschenbier, das in dem eiskalten Bache gekühlt wurde. Maulbeerbäume von riesigem Umfange, wie ich selten solche sah, beschatteten den Garten und das Haus, in dessen Gaststube zahlreiche Schwalben aus- und einflogen, die dort ihre Nester hatten. Es ist ein schöner Zug der orientalischen Völker, dass sie Thierquälerei nicht kennen, dass Vögel nicht verfolgt und gefangen, Pferde wenig oder gar nicht geschlagen werden. Es ist richtig, man pflegt in Bosnien-Hercegovina die Thiere nicht eigens, aber man lässt sie naturgemäss entwickeln und freut sich ihres Gedeihens. Oefter gab es Konflikte mit den eingewanderten italienischen Arbeitern, die heimischer Sitte gemäss keinen Vogel sehen können, ausser er liegt gebraten auf der Polenta. Auch die Landesregierung hat sich schon genöthigt gesehen, gegen diese Vertilgung Verordnungen zu erlassen. In vielen Gegenden des Landes sind die kleinen Singvögel ohnedies selten genug, weil die zahlreichen Geier für deren Vernichtung sorgen. Nur der Spatz findet sich überall und Gott sei Dank, er vermehrt sich zahlreich.

Da ich schon von der Vogelwelt spreche, möchte ich gleich noch eines idyllischen Punktes nahe der alten Narentabrücke gedenken. Dort sind grosse Höhlen, augenscheinlich einstmals vom Flusse ausgewaschen, und in diesen und dem angrenzenden Garten ist eine Bierhalle etablirt, die Niederlage der Sarajevoer Aktienbrauerei. In diesen Höhlen ist es wunderbar kühl, und selbst Kronprinz Rudolf verschmähte es 1888 nicht, diesem originellsten aller Bierhäuser einen Besuch abzustatten. Hier fliegen die Schwalben zu Hunderten aus und ein, ohne sich um die Menschen zu kümmern. Sie nisten ruhig in den » Gemächern «. Uebrigens hat man von hier aus auch einen guten Fernblick auf das wild zerklüftete Narentabett, dessen Wildheit gerade in der Stadt am meisten zur Geltung kommt.

Die Hauptsehenswürdigkeit, wegen der Mostar von alter Zeit her genannt wurde, ist die steinerne Brücke über die Narenta, die man den Römern zuschrieb, wie man auch hier die Römerstadt Matrix suchte. Nun mag ja in früheren und frühesten Zeiten hier eine grössere Ansiedlung bestanden haben, aber die Ableitung des Stadtnamens von » Most stari « (alte Brücke) ruht denn doch auf ziemlich schwachen Füssen. Die Blüthe der Stadt datirt jedenfalls erst aus der Zeit, da das mittelalterliche Blagaj im Bišćepolje verfiel und Mostar Sitz des Gouverneurs wurde. In den Kriegen der Venetianer mit den Türken war Mostar eine feste Stellung der letzteren und mehrfach misslang eine Belagerung. Die alte Brücke, die in einem einzigen kühnen Bogen von 95 Fuss Spannweite bei 75 Fuss Höhe den Fluss übersetzt, ist jedenfalls ein ungemein kühnes Bauwerk, das am meisten imponirt, wenn man es vom Flussbette aus betrachtet. Die Brücke wird von Thorthürmen flankirt, die sammt ihr im Volksmunde » Grad « (das Schloss) genannt werden.

Die Thorthürme sind halbkreisförmig, mit ungemein dicken Mauern, und dienten früher theils als Pulvermagazine, theils als schwere Kerker. Heute haben sie natürlich jede Bedeutung verloren. Ueber die Entstehung der Brücke bestehen verschiedene Versionen, von denen diejenige, welche den Bau den Römern zuschrieb, als beseitigt gelten kann. Die Mohammedaner behaupten, die Brücke wäre erst längere Zeit nach der Eroberung der stolzen Hercegovina durch Sultan Bajazid II. unter dem grossen Sultan Sulejman II. im Jahre 974 der Hedschra (d. i. im Jahre 1566) gebaut

Moschee in Predhum. (Mostar.)

worden. Als Beweis hierfür wird eine arabische Inschrift in der Mitte des Bogens angeführt, welche lautet: » Kudret kemeri « (Bogen der Allmacht Gottes). Nach arabischem Brauche soll diese Inschrift durch Zusammenzählung der Zahlenwerthe der einzelnen Buchstaben das Jahr der Erbauung ergeben. In diesem Falle erhält man 974 (1566) als das gesuchte Jahr. Da die Inschrift nur von den ziemlich weit entfernten Ufern zu sehen ist, überdies die Inschriftzeichen alt und verwittert sind, ist es sehr schwer, sie heute noch zu entziffern. Authentischen Bericht giebt der türkische Geograph Hadschi Chalfa (in » Rumeli und Bosna «):

» In Mostar ist eine sehr merkwürdige, aus einem Bogen gewölbte Brücke, im Jahre 974 erbaut. Da die meisten Gärten jenseits des Flusses liegen — im Thale der Radobolja — so passirte man denselben ehemals auf einer grossen in Ketten hängenden hölzernen Brücke, die aber, da sie keine Pfeiler hatte, so schwankte, dass man nur mit Todesfurcht hinüberging. Nach der Eroberung baten die Einwohner den Sultan Sulejman, ihnen eine steinerne Brücke bauen zu lassen. Dieser schickte den Baumeister Sinan — den grössten türkischen Architekten aller Zeiten — der nach genommenem Augenschein es für unmöglich erklärte, hier eine Brücke zu wölben. Man stand also davon ab. Späterhin verbürgte sich ein geschickter Tischlermeister des Ortes für die Ausführbarkeit des Vorschlages und die Brücke kam zu Stande. Sie hat einen einzigen Bogen, dessen Durchmesser 150 Ellen misst, ein Kunstwerk, das alle Baumeister der Welt schachmatt machte. Die Mauer, worauf der Bogen ruht, hat in der Breite beiläufig 8 Ellen. «

Bei den Orthodoxen knüpft sich an den Bau der Brücke wieder die Sage vom Bauopfer. Der von den Türken gefangene Baumeister Rade erkaufte sich die Freiheit durch dieses Werk, das ihm trotz aller Anstrengungen nicht gelingen will, bis er auf den Rath der Vila vom Berge Veleš ein Liebespaar in den Grundfesten der Brücke vermauert.

Der türkische Dichter Derwisch Pascha (1004 d. Hedschra Vezier von Bosnien), ein Mostarer Kind, besingt in einem Gedichte, welches die Beschreibung Mostars zum Gegenstande hat, die Stadt und Brücke in begeisterten Worten, die in der Uebersetzung ungefähr lauten:

» Die beispiellose Schönheit Mostars lässt sich mit der Feder nicht beschreiben! O Herz! wundere dich nicht, wenn Mostar dich bezaubert hat. Ich finde nirgends auf der ganzen Welt — ausser in den paradiesischen Sphären — solch balsamische Lüfte, welche das Herz erweitern, und solches Wasser, welches das Leben verlängert. Wer Mostar besichtigt, der erwacht mit jedem Augenblicke zu neuem Leben! Jeder Winkel Mostars erfüllt das Herz mit neuer Freude. Mit seinen Gewässern und mit seinen Fruchtbäumen kann es sich mit Anatolien messen. Jedes Gärtchen Mostars ist ein Garten Edens. Die Mostarer Brücke mit ihren zwei Thürmen gleichet dem Himmelsgewölbe, auf dem die Sternlein in ihrer Bahn wandeln. Aber nicht einmal das Himmelsgewölbe kann sich mit ihr vergleichen, denn auch seine Grösse wird überflügelt durch die Grösse des Brückengewölbes. Und wenn du die ganze Welt absuchst, so findest du nirgends ein solches Leben wie in Mostar, der Werkstätte aller Wissenschaften und Künste. Aus Mostar entsprossen gewaltige Helden des Schwertes und der Feder, wie früher so auch jetzt. Vor mir müssen verstummen die indischen Papageien, denn ich bin die Nachtigall, welche Mostar besingt «.

Beim Uebersteigen der Brücke fällt deren starke Steigung auf, die durch Staffeln vermittelt wird. Dafür belohnt vom höchsten Punkte, wo

ehedem eine Art von Pranger bestanden haben soll, eine fesselnde Schau
stromauf und -abwärts, wie hinunter in die schwindelnde Tiefe. Der Wagenverkehr über die Brücke ist jetzt verboten, da sich bedrohliche Risse im
rechtsseitigen östlichen Brückenpfeiler zeigen. Der Verkehr vollzieht sich
über zwei neue eiserne Brücken, deren eine, die » Franz Josefsbrücke «,
auch den Bahnhof mit der Stadt verbindet.

Karagjoz-Moschee in Mostar.

Die Strassen der Stadt sind in gutem Stande und so weit rein, als
es bei dem starken Verkehr mit Tragthieren überhaupt möglich ist. Ganze
Karawanen kommen vom Lande mit allen möglichen Verkaufsartikeln,
grosse Schaf- und Ziegenheerden, meist von Weibern getrieben, die noch
nebenbei auf einer Spule spinnen. Besondere Schönheiten findet man —
abgesehen von der Gestalt — unter diesen Landweibern nicht, sie sind

meist sehr gebräunt, häufig schmutzig in der Kleidung, aber keiner fehlt
der Halsschmuck von Silbermünzen oder Schnüren von Glas- und Bernsteinperlen. Auch auf dem Kopfe tragen sie Münzen, oft in das in viele
kleine Zöpfchen geflochtene Haar künstlich eingehängt. Die Unreinlichkeit
in der Kleidung ist aus dem in vielen Gebirgsgegenden herrschenden
Wassermangel zu erklären, denn dieselbe verschwindet dort, wo Wasser
vorhanden ist. Die Sonntagskleidimg ist aber stets rein, die Leinensachen
schön gestickt in den bekannten südslavischen Mustern. Dann gehen die
Frauen auch nicht gedrückt daher und ihre dunkeln Augen blitzen im
südlichen Feuer. Die Stadtbevölkerung trägt sich, soweit sie sich nicht
bereits à la franca kleidet, national. Die orientalisch-orthodoxen Christen
haben meist den schwarzumränderten montenegrinischen Fez, aber statt
der in den Schwarzen Bergen gebräuchlichen eingestickten Initialen des
Fürsten ist ein goldener Stern auf den rothen Deckel gestickt Es ist
ein kräftiger, hochgewachsener Menschenschlag, der mit grossem Selbst-
bewusstsein einherschreitet. Da ist keine Unterwürfigkeit zu spüren; man
merkt es den Männern an, dass sie stets bereit sind, für ihre Freiheit zu
kämpfen. Hier sieht man deutlich, dass Bosnier und Hercegoviner trotz
der gleichen Sprache und Abstammung sich zu verschiedenen Völkern
entwickelt haben. Dieses Volk konnte von den Türken nie vollständig
unterjocht werden und jeder Versuch wurde blutig zurückgewiesen. Dabei
sind die Hercegoviner offen und ehrlich; gegen Fremde wohl, wie alle
Gebirgsvölker, nicht besonders entgegenkommend, aber in jeder Weise
verlässlich. An das gegenwärtige Regime haben sie sich gewöhnt, die An-
gewöhnung ging freilich langsamer vor sich als in Bosnien.

Die 30 Moscheen der Stadt — darunter die prächtige Karagjoz-
Moschee — sind meist recht stattliche Bauten, besonders die Minarets von
einer Schönheit, dass denselben wenige in der Türkei an die Seite gestellt
werden können. Schon die Ausführung in grossen Steinquadern, die
wundervoll ausgearbeiteten Mauerkronen an den Galerien, welche den
Muezzins zum Ausrufen der Gebetszeiten dienen, rufen Bewunderung hervor.
Dabei stehen bei den Brunnen zu den täglichen fünf Waschungen in den
Höfen der Džamijen meist prächtige Cypressen, und die Friedhöfe, die
nach alter muselmännischer Sitte meist gleich an die Moscheen sich
schmiegen, prangen in üppigem Grün, dem die Granatblüthen ein leb-
hafteres Colorit verleihen, so dass die Ruhestätten der Todten ihren
düsteren Charakter gänzlich verlieren. Ueberhaupt wird von der Behörde
viel zur Hebung der Baum- und Gartenzucht, für Verbesserung und Ver-
schönerung gethan. Sie liess auch den ehemaligen Schindanger in Zahumje,
auf welchen alle Abfälle der Stadt geworfen wurden, in den früher erwähnten prächtigen Garten der Kreisbehörde umwandeln. Während ehemals die an den Schindanger grenzenden Parzellen gleichfalls verödet und

sozusagen unverkäuflich waren, haben heute die Besitzer derselben sich gleichfalls Gärten angelegt. Ganz besonders zu erwähnen ist jedoch die Anlage der Stefanie-Allee, die vom Bahnhof in schnurgrader Richtung ins Freie führt. Mit prächtigen Bäumen bestanden, bietet sie wundervolle Spaziergänge; rechts und links liegen förmliche Feigenwälder, von grünen Gebüschen eingefasste üppige Tabak- und Maisfelder und dazwischen immer wieder einmal eine kleine Gartenwirthschaft, ein türkisches Kaffeehaus, wo man im Grünen wunderbar ruhen kann.

Hier wird überall zielbewusst gearbeitet und die auf der Südseite entstehenden neuen europäischen Stadttheile, die vielen Neubauten in der alten Stadt zeugen von Unternehmungsgeist und Fortschritt. Das Gebäude der Kreisbehörde ist ein Monumentalbau, ein ebensolcher ist das in maurischem Stile neu errichtete Vakufgebäude, das Magistratsgebäude mit den Räumlichkeiten der Bezirksbehörde und die höhere Mädchenschule. Mostar besitzt bereits diese Einrichtung, es ist eine Art Mädchengymnasium, die sich schon wegen der Kinder der vielen Beamten, Militärs und Fremden gut bewährt, doch wird die Schule auch von Einheimischen fleissig besucht.

Grosser Anerkennung erfreut sich die Handelsschule und die allgemeine Volksschule. Neben dieser bestehen noch die verschiedenen konfessionellen Volksschulen. Die Kinder, welche die serbische oder richtiger orthodoxe Schule besuchen, sind nicht zu beneiden; sie müssen einen steilen Berg steigen, der schon in gewöhnlichen Zeiten an den beschwerlichen Weg zum Himmel erinnert, im Winter oder bei Sturm lebensgefährlich wird. Die Schule liegt nahe der griechischen Kirche und um die Aufsicht nicht aus den Augen zu verlieren, willigt die Geistlichkeit in keine Verlegung derselben. Die Kirche hat

Im Brückenviertel von Mostar.

allerdings einen impo-
santen Platz auf dieser
Höhe, von der man
einen weiten Fernblick
über ganz Mostar ge-
niesst. Sie ist in grossen
Dimensionen im byzan-
tinischen Stil gebaut.
Das Innere ist bis auf die
Ikonostas (Bilderwand)
ziemlich schmucklos,
doch macht der Raum
mit seiner imposanten
Wölbung, die von
mächtigen steinernen
Säulen, mit das Auge
jedes Kunstfreundes entzückenden Blu-
men- und Lorbeerkapitälen, getragen
werden, einen erhabenen Eindruck. Der
Metropolit empfing uns in der Kirche mit
dem Archimandriten und mehreren Geistlichen
und machte uns auf alle Einzelheiten des Bauwerkes aufmerksam. Der Metropolit ist wohl ein
geborener Grieche; er sprach die Landessprache nicht
gut und es geschah in der serbischen Kirche das Originelle, dass der
geistliche Oberhirte mit einem uns begleitenden Herrn sich türkisch ver-
ständigte. Den Geistlichen dürfte es unter der osmanischen Herrschaft nicht
gerade schlecht ergangen sein, denn sie tragen meist türkische Dekorationen.
Uebrigens bemerkt man bei den Eingeborenen viele österreichische Orden,
die mit Stolz getragen werden.

Für die gegenwärtig 17 010 (1885 nur 12 700) Bewohner zählende
Stadt ist die Čaršija — das Bazarviertel — mässig zu nennen. Die
500 Verkaufsgewölbe, die sich stromabwärts bis zur alten Narentabrücke
ausdehnen und selbst jenseits derselben noch eine Verlängerung haben,
enthalten die türkischen Waaren, auch verschiedene origineller Mostarer
Erzeugung; so sind z. B. hübsche, ganz gewöhnliche Thongefässe des
Kaufens werth. In manchem Gewölbe findet man wohl auch noch ein
Prunk- oder Schmuckstück aus alter Zeit, aber das Meiste ist bereits durch
Kauf in europäischen Besitz übergegangen. Des Ansehens werth ist die
Gasse der Schneider, wo die prächtigen, goldgestickten Anzüge der reichen
Hercegoviner angefertigt werden. Hier bereitet das Besichtigen keine
Umstände, da fast offen — wie in Italien — auf der Strasse gearbeitet

wird. In der Čaršija steht übrigens mitten auf offenem Platze ein originelles Kaffeehaus, das » Café Luft « von den Fremden genannt. In einem von allen Seiten offenen kleinen Pavillon stehen ringsumher Bänke, an der Seite ist ein offenes Kohlenfeuer und an ihm bereitet der Kafedžija einen geradezu vorzüglichen Mokka.

Am Nord- wie am Südende der Stadt befinden sich ausgedehnte, massiv hergestellte Lager (Kasernen und Baracken) für die Garnison. Ueberall sind hübsche Garten- und Baumanlagen versucht worden, doch wollen

Partie aus Mostar.

die auf der Südseite nicht recht gedeihen; der Boden ist zu steinig und des Regens zu wenig im heissen Mostar. So oft ich jetzt die Hercegovinaer Hauptstadt besuchte und das ist — abgesehen von einem kurzen Aufenthalt unter türkischer Zeit — viermal, kam es mir vor, als ob die Bäumchen beim Südlager noch verkümmerter wären, — der direkte Gegensatz zu der wildwuchernden Ueppigkeit an der Narenta und Radobolja.

Nicht weit vom Südlager, aber innerhalb der Stadt, steht die ärarische Tabakfabrik, die eines Besuches werth ist. Es sind dort 3—400 grössere und kleinere Mädchen und eine Menge männlicher Arbeiter beschäftigt, welche den ausgezeichneten Hercegovinaer Tabak zu Cigarretten und Cigarrettentabak verarbeiten. Unter dem männlichen Personale sind alle Konfessionen vertreten, unter dem weiblichen nur Orthodoxe und

Katholikinnen, da die Mohammedanerinnen — soweit sich solche zur Arbeit melden — diese nach Hause bekommen. Der Verdienst ist selbst für europäische Verhältnisse sehr anständig; die Arbeitssäle sind sehr licht und reinlich gehalten und die hübschen Gestalten der Mädchen, welche durchwegs in ihrer malerischen Tracht, mit dem Fez auf dem Kopfe, bei der Arbeit sitzen, bieten einen unvergleichlichen Anblick. Einzelne tragen Münzen, selbst Dukaten und alte türkische Goldstücke, um Fez und um den Hals. Diejenigen, welche sich diesen Luxus nicht gönnen können, tragen Blumen am Fez und im Haar. Ebenso stehen Blumen auf allen Arbeitstischen, was einen so grundverschiedenen Anblick gegenüber den Arbeitssälen unserer heimischen Fabriken gewährt, dass man glaubt, hier werde nur zum Vergnügen gearbeitet. Oft erhalten diese Mädchen ihre armen Familien mit dem für orientalische Begriffe sehr hohen Lohne. Wie uns der Direktor versicherte, gäbe es keine fleissigeren und geschickteren Arbeiter und Arbeiterinnen, als dieser jugendliche Nachwuchs, von dem so Viele aufgenommen werden, als sich nur melden. Die Fabrik muss beständig vergrössert werden, da der Anbau des Tabaks und die Ausfuhr der Fabrikate in steter Steigerung begriffen ist.

An der Strasse nach Blagaj, im Bišćepolje, steht auch die landesärarische Wein- und Obstbaustation. Inmitten einer Wein- und Baumanlage

Weinbaustation bei Mostar.

von 32 Hektaren liegt das hübsche Presshaus und das Wohnhaus der Beamten. Es werden nur aus absolut phylloxera-
freien Gegenden Reben bezogen
und gepflanzt, theils für die Pro-
duktion, theils zur Weitergabe an
Weinbauer. Der Weinbau ist
um Mostar ziemlich bedeutend
und das Gewächs von geradezu
vorzüglicher Güte, aber auch
von verdächtiger Schwere. Die
Proben, die uns in der Weinbaustation vorgesetzt wurden,
liessen uns nur wünschen, dass
bald alle kahlen Abhänge der
Hercegovina, mindestens der
gesammten Umgebung von
Mostar, mit Reben, die so
köstliches Getränk liefern, bepflanzt wären. Nicht weit davon ist bereits eine Frucht der
Station: die Weinkellereien von

An der Narenta (Mostar).

Risto Jellačić. Ein reicher Weinbauer, der seine Anlagen stets vergrössert,
liess seinen Sohn auf der Weinbauschule in Klosterneuburg (Niederösterreich)
studiren und dann nach dessen Plänen grosse Kellereien aufführen und den
Wein rationell behandeln. Es ist ein Vergnügen, in die hohen Räume zu
treten, wo die grossen Stückfässer lagern und dann einen Gang in die unterirdischen Keller zu machen, wo man aus dem Kosten und dem Wundern
nicht herauskommt. Der Wein — dunkler und heller — wird bereits viel
nach dem Auslande versandt, selbst nach Brasilien, wie uns der Besitzer
mit Stolz erzählte. Die Preise sind nicht billig, aber das Mostarer Gewächs
kann sich mit den besten Marken sämmtlicher europäischer Weinländer
messen. Der alte Herr Jellačić spricht gut italienisch, sein Sohn fliessend
deutsch, sodass Fremden ein Besuch nur empfohlen werden kann.

Von den Mostarer Hotels ist das landesärarische » Hotel Narenta «
das erste, beste und empfehlenswertheste. Die Zimmer sind vorzüglich,
die Preise vorgeschrieben und nicht zu hoch, die Restaurations-, Lese-
und Kaffeehaus räume wie in den feinsten Lokalen der europäischen Grossstädte. Entzückend ist aber eine in den Garten hinausgebaute Veranda
gegen Abend, wenn die verschiedenen fremdartigen Bäume mit einander
leise flüstern, wenn der Mond in voller Klarheit am dunkelblauen Firma-
ment erscheint und man die Gewässer der nahen Narenta rauschen hört.
Da glaubt man sich nicht in der Hercegovina zu befinden, die mit Recht

so lange Jahrhunderte die » wilde « oder die » blutige « genannt wurde. Gegenwärtig wäre neben dem » Hotel Narenta « noch das » Hotel Kronprinz « zu empfehlen. Sonst giebt es mehrere einheimische Einkehrwirthshäuser, eine Anzahl türkischer Hans und eine Unzahl kleiner Bier- und Weinwirthschaften, die meist von Oesterreichern oder Ungarn gehalten werden. Auch die Dalmatiner sind viel unter den kleineren Kneipenwirthen vertreten, wie überhaupt das dalmatinische Element im Mostarer Leben eine grosse Rolle spielt. Ist das Italienische doch schon mit Umgangssprache geworden. Deutsch wird überall gesprochen und selbst viele der Einheimischen können sich recht gut deutsch verständigen. Sie haben Lust und Liebe zum Lernen, was man besonders in den tüchtigen neuen Volksschulen beobachten kann. Dabei haben selbst die kleinen Knaben einen freien offenen Blick, einen natürlichen Anstand und ein so sicheres Benehmen, dass unsere Kinder absolut keinen Vergleich aushalten können.

Die Umgebung von Mostar ist reich an interessanten Ausflügen; einer der für Jäger besonders empfehlenswerthesten wegen der zahlreichen Sumpf- und Wasservögel ist der ins » Mostarsko Blato « — den Sumpf von Mostar. Er führt diesen Namen mit Unrecht, denn wenn er im Sommer auch theilweise austrocknet, ist er doch im Ganzen ein blauer klarer Spiegel wie ein Alpensee, der sich gegen 30 Quadratkilometer ausdehnt. Von Mostar ist er eine Stunde Wagenfahrt entfernt. Am Ende der Stefanie-Allee zweigt sich die nach dem Blato führende Strasse ab und führt an den rechtsseitigen Begleithöhen des Narentathales in grossen Windungen auf die Höhe. Rechts bietet sich ein schöner Ausblick ins Radobolje-Thal. Die Berghänge sind verkarstet, nur an einer Stelle zeigt sich eine überraschend üppige Vegetation von jungen Eichen und anderem Laubholz. Es ist dies ein im Privatbesitz befindliches Grundstück, welches zum Schutze gegen die Ziegen eingezäunt wurde und den besten Beweis dafür liefert, dass auch der Karstboden, zumal in einer vor der Bora geschützten Lage, mit Erfolg bestockt werden kann, wenn man die Anpflanzungen vor den vierbeinigen Todfeinden jedes jungen Schösslings gehörig schützt. Die Fahrstrasse biegt dann links in ein Thal ein und bald darauf öffnet sich der überraschende Blick auf das Mostarsko-Blato. Oestlich wird er von einer schroffen Felswand, nördlich von steil ansteigendem Mittelgebirge begrenzt, das kahl und unbewohnt zur Wasserfläche abfällt. Südlich hebt sich der Strand sanft ansteigend zur breiten Abdachung des waldigen Bergzuges Trtre. Hier baut — wie ich Hoernes » Dinarischen Wanderungen « entnehme — eine dichte, in zahlreichen Ortschaften wohnende Bevölkerung von achteinhalbtausend Seelen auf vortrefflichem Boden Korn, Wein, Tabak und allerhand Baumfrüchte. Die Blüthezeit dieses Landstriches datirt seit der Mitte des vorigen Jahrhunderts und den erfolgreichen Anstrengungen eines eingeborenen Gouverneurs, des Paschas

Kukavica. Wenn das Blato zum Theil eintrocknet, so werden an seiner tiefsten Stelle jene Schlünde sichtbar, welche das Wasser zur Jasenica und Radobolja abführen. Eine Menge Orte liegen um das Blato, die meist katholische Bevölkerung haben. Wohl steht am Südufer noch die malerische Ruine einer Moschee, einer seltenen Erscheinung in dieser Gegend; drei Wände und das Minaret ragen, von dichtem Epheu übersponnen, empor, aber die Mohammedaner sind verschwunden. Noch im vorigen Jahrhundert sollen viele hier ansässig gewesen, aber durch die Pest umgekommen sein. Bei dem unweit gelegenen Orte Zvatić hat nach den Aussagen der Anwohner die Bora solche Gewalt, wie nirgends im ganzen Lande. Das Volk erklärt dieses Phänomen durch die Tradition, dass hier einst Jesuitenmissionäre von den Türken getödtet worden seien. Der Ort Kraljevine, ebenfalls hier gelegen, soll seinen Namen führen nach dem Grabe eines Königs, der hier gegen die Türken fiel und bestattet wurde, oder nach Marko Kraljević, der die Blatna Župa vom Sultan zum Lehen erhalten habe. Ueberall verwebt sich Sage und Dichtung mit der Wirklichkeit und die Sage erhält in dieser Gegend viele Nahrung durch die zahlreichen Gräber mit Monolithen, die sich überall finden.

Blagaj und die Bunaquelle.

In der Hauptstadt der Hercegovina gewesen zu sein und Blagaj mit
der Bunaquelle nicht gesehen zu haben, wäre eine Schande für jeden
Menschen, der für Naturschönheiten nur das mindeste Gefühl besitzt, und
dies umsomehr, als sich hier das historische Interesse damit vereint. Blagaj
war einst die Hauptstadt des Landes, als dieses noch Chlum oder Zahumlje
genannt wurde, und der Herrscher regierte auf Stjepanograd (Stefansburg),
deren Ruinen sich noch heute mächtig und ehrfurchtgebietend auf einem
hohen kahlen Felsrücken, dem letzten Ausläufer des Podveleš, erheben.
Damals, sagt das hercegovinische Volkslied, hiess es: » Mostar — Scheher,
Blagaj — Varosch « (Mostar ist Flecken, Blagaj eine Stadt), während der
Vers heute umgekehrt laute: » Blagaj — Scheher, Mostar — Varosch. «
So klein der Ort aber heute auch ist, so interessant ist seine Umgebung,
denn er besitzt eine Sehenswürdigkeit, die in Europa in dieser Grossartig-
keit vielleicht ihres Gleichen nicht hat, die, wäre sie in der Schweiz ge-
legen, allein Zehntausende von Fremden alljährlich anziehen würde: die
Bunaquelle.

Wir verlassen Mostar mit einem der vorzüglichen Fiaker, die billig
und gut fahren und lenken unsere Schritte durch die Stadt an dem Südlager vorbei, durch die grosse Ebene zwischen Gebirgen und Narenta.
An der landesärarischen Wein- und Obstbaustation und der geschilderten
Kellerei von Risto Jellačić vorüber geht es direkt auf einen Winkel zu,
wo die Berge jedes weitere Fortkommen zu hemmen scheinen. Die Gegend

Kopfleiste: Forellenfang mit der Hand im Bunaflusse bei Blagaj.

ist an den linksseitigen Abhängen hübsch angebaut, überall sieht man Weinpflanzungen und freundliche Häuser im Grünen. Rechts unseres Weges ist Steinboden, wie ein altes Flussbett. Nur Stachelpflanzen und Salbei spriessen zwischen den Steinen, nicht einmal Schafen eine kümmerliche Nahrung gewährend. Nach einer Stunde ungefähr erblicken wir die vereinzelten Häuser von Blagaj und fahren in die sogenannte Čaršija — ein halbes Dutzend Buden und einige bessere Läden enthaltend — ein. Das ist der kleinere Theil der einstigen hercegovinischen Residenz, dem sich weiterhin eine neue katholische Kirche und eine neugebaute Moschee anschliessen. Ueber dem Flusse Buna liegt noch ein anderer Theil des Ortes, zu dem zwei alte Steinbrücken führen. Von einer sind nur die gemauerten Pfeiler übrig geblieben und mit einer Holzkonstruktion überlegt worden. Die zweite ist jedoch eine gut erhaltene Bogenbrücke, welche den Verkehr der Ortschaft über Dobrica mit Bilek vermittelt. Dieselbe übersetzt in fünf Bogen die Buna und trägt folgende türkische Gedenktafel:

> » Einziger Gott, du bist nicht entstanden, wirst auch nicht vergehen. Von dir kommt jede Hilfe und bei dir ist jede Hoffnung! Diesen Bau erneuerte Belfe Kadine, Tochter des Ali Beg Veljagić. Möge ihr Gott ihre Sünden vergeben und sie mit seiner Gnade beschenken. Errichtet 1265 (1S49). Diesen Bau habe ich wieder hergestellt zur Erinnerung, damit für mich und meine Eltern ein Gebet verrichtet werde. Wer für meinen Sohn Alija zu Gott beten wird, der wird auch für meine Seele gebetet haben. «

Der Bürgermeister von Blagaj, ein gänzlich europäisirter Mohammedaner, den ich schon aus früheren Jahren gut kannte, empfing unsere Gesellschaft das letzte Mal vor einem serbischen Laden, wo die Wagen halten mussten und bot uns sofort seine Begleitung zur Quelle an. Von der nach Nevesinje weiterführenden Hauptstrasse zweigt ein kleiner Fussweg, der zwischen dem hohen Felsen, der Stepanograd trägt, und der Buna sich hinschlängelt, ab. Der Weg ist sehr ursprünglich, aber keineswegs beschwerlich und er wird von üppigem Granaten- und Myrthengebüsch umsäumt. Nach etwa fünf Minuten endet er unter schauerlich übereinander gethürmten und überhängenden Felsen bei einer kleinen Gruppe von Gebäuden und Ruinen, über die sich die phantastisch geformten Tropfsteinbildungen der nach vorwärts neigenden riesigen Felswand herabsenken. Zuerst betritt man das Innere einer kleinen Moschee, die von einem Felsblock zerstört wurde. Ali Pascha Rizvanbegović, der mächtige Vezier der Hercegovina, hat sie in den vierziger Jahren unseres Jahrhunderts errichtet. Sein Werk wurde zerstört, gleich wie er vom Sultan! Dann passirt man eine Hofthür, die auf Klopfen von einem Hodscha (mohammedanischen Geistlichen) geöffnet wird, und tritt auf eine Veranda, von der aus sich das wundervollste Schauspiel bietet. Man blickt in eine von senkrechten Fels-

Bunaquelle.

wänden gebildete Halle, eine mit Stalaktiten reich geschmückte Grotte, aus der in mächtiger Breite die Buna entströmt, ein Schlundfluss, dessen Ursprung man im Gackopolje vermuthet. Es wird erzählt, dass eines Tages ein Schäfer seinen Stock in die Zalomska Rjeka warf und sein Vater, ein Müller in Blagaj, diesen in der Buna fand. Vater und Sohn trachteten nun, diese Entdeckung auszubeuten. Der Schafhirt schlachtete jeden Tag ein Schaf, warf es in die Zalomska, und sein Vater fischte es in der Buna heraus. Dem Aga, dem die Heerde gehörte, fiel es auf, dass diese immer geringer wurde; der Hirt schob aber die Schuld auf die Wölfe, die in der Gegend in grosser Anzahl hausen sollten. Endlich schöpfte der Aga Verdacht, er liess den Hirten überwachen, und eines Tages überraschte man ihn, als er seine Beute in den Fluss warf. Den nächsten Tag fischte der Müller anstatt des Schafes den enthaupteten

Thekia an der Bunaquelle.

Leichnam seines Sohnes auf. Dieselben Sagen werden von vielen der hercegovinischen Schlundflüsse erzählt; es wurden auch wiederholte Versuche gemacht, um den Zusammenhang dieser theilweise unterirdisch fliessenden Karstgewässer festzustellen, doch konnte kein Resultat erzielt werden. Wie mir der Bezirksvorsteher von Mostar erzählte, war eine Expedition in die Bunahöhle mit Kahn geplant, da das Wasser gerade verhältnissmässig niedrig war, doch habe ich über den Verlauf derselben nichts vernommen. Schwimmend kann eine solche Entdeckungsreise nicht angetreten werden, denn das Wasser ist eiskalt, so dass auch Baden nicht möglich ist.

Das Wasser der Buna ist lichtblau und so klar, dass man jedes Steinchen auf dem Grunde, auch jede Forelle sehen kann, die sich ihres Daseins freut. Der Kontrast mit den starren Felswänden, in deren Löchern Tausende von Schwalben und Tauben nisten, die ununterbrochen hin und herfliegen, ist daher um so überwältigender. Direkt in den einen fmstern Winkel der Schlucht ist ein Türkenhaus gebaut, das den geistlichen Wächter eines daneben befindlichen » Türbé « beherbergt. Das Türbé — ein türkisches Mausoleum — enthält den Sarg eines mohammedanischen Heiligen und seines Dieners. Beide Särge sind mit einfachen Teppichen belegt. Neben die Särge wird jeden Abend ein Krug mit Wasser gestellt und ein Handtuch dazu gelegt, das angeblich an jedem Morgen feucht ist, da der Heilige seine rituellen Waschungen verrichtet. Wir wollen den frommen Glauben Niemandem nehmen, aber jedenfalls muss es ein sonderbarer Heiliger gewesen sein, denn seine Streitaxt (Bustovan) hängt an der Wand und es wird erzählt, dass er vielen Christen den Garaus gemacht hat. Eine Sammelbüchse fordert zu milden Beiträgen für die Erhaltung des Grabes oder wohl mehr seines Behüters (der erst kürzlich geheirathet hatte) auf und es wird kaum Jemand

Särge im Innern des Türbé.

seinen Bakschisch versagen. Umsoweniger, wenn man auf der Veranda an
der Höhle ein regelrechtes Picknick gehalten hat, wie wir es thaten,
unseren recht witzigen Blagajer Bürgermeister, mit dem ich neun Jahre
früher einmal ein Lamm verzehrt hatte, in der Mitte. Er war auch noch

Burg Stjepanograd.

so freundlich, meine Frau in den Harem seines Bruders, eines Kaufmannes
zu bringen, wo sich ein recht gediegener Reichthum entfaltet haben soll.

Wir warteten indess in Blagaj in einem serbischen Laden, wo wir
uns schwarzen Kaffee bringen liessen. In einer Ecke lag auf einem
Teppich auf der Erde die Grossmutter des Besitzers, eine mehr als

hundertjährige Greisin, die hier ihre Zeit zubringt, weil es immer etwas zu sehen und zu hören giebt. Der Kaufmann aber hatte in einem bosnischen Bataillon gedient, war zwei Jahre in Wien gewesen und hatte recht gut deutsch gelernt. Er war eingebildet auf Wien und als ihn der Bürgermeister fragte, wie gross eigentlich die Kaiserstadt sei, zog er einen Plan aus einer Schublade und indem er ihn riesengross ausbreitete, sprach er die stolzen Worte: » Wie die halbe Hercegovina ist Wien! «

Der Aufstieg auf die Stefansburg (Stjepanograd) ist beschwerlich. Auf Ziegenpfaden, über Geröll, das unter den Füssen entweicht, muss die Höhe erklommen werden. Das erste Mal that ich dies unter den Strahlen einer afrikanischen Sonne bei fast 50 Grad C. Hitze. Es war 1885, wo ich die Tour mit dem in Dschedda gestorbenen Herausgeber der » Bosnischen Post « Dr. Makanec und Polizeikommissär Manigodić unternahm. Diesmal im September war die Temperatur zu Besteigungen viel besser geeignet. Die Ruinen der Burg sind gut erhalten und von bedeutender Ausdehnung. An einigen Steinen in der Höhe befinden sich glagolitische Inschriften (oder richtiger in der bosnischen Schrift des Alterthums: der » Bosančica «), deren eine von dem ehemaligen orthodoxen Metropoliten Sava Kosanović in Sarajevo entziffert wurde. Dieselbe lautet: » Hier sitzt als Gefangener Stefan Kosača, Herzog von Zahumlje. « Er wurde damals von seinem Sohne belagert, dem er die Braut weggeheirathet, der dann zum Islam übergetreten und mit einem türkischen Heere gekommen war, seinen Vater zu bekriegen. Stefan Kosača, der Lehensträger des Königs Thomas Ostoić von Bosnien, hatte sich der Oberhoheit desselben entzogen und sich unter diejenige des deutschen Kaisers (1440) gestellt. Hierfür erhielt er den deutschen Herzogstitel und seitdem nannte er sein Land Hercegovina. Der bosnische König verweigerte die Anerkennung der neugeschaffenen Verhältnisse, berief im Jahre 1446 den Landtag nach Konjica ein, auf dem Herzog Stefan für illegitim erklärt wurde, falls er nicht durch den König von Rascien und Bosnien in seiner Würde neu bestätigt würde. Ebenso müsse er den Eid der Treue leisten. Wie bereits in einem früheren Abschnitt erwähnt, fasste dieser Landtag auf Drängen der päpstlichen Legaten und der Franziskaner strenge Beschlüsse gegen die Bogomilen; eine neue blutige Verfolgung trat ein und Herzog Stefan — selbst ein Bogomile oder Patarener — stellte 40 000 auswandernde Bosnier unter seinen Schutz. Er verlachte die Beschlüsse des Landtages in seiner festen Burg, bis sich sein eigener Sohn gegen ihn wendete. Er starb als dessen Gefangener 1466. Nach seinem Tode ging das Land in türkische Verwaltung über, die es bis 1878 nicht mehr verlor. Die einst blühenden Gefilde verödeten, das Volk wurde geknechtet und gedrückt, bis diesem endlich die Geduld riss und im Jahre 1875 eine Tscheta der Aufständischen auch bei Blagaj erschien. Ein Jahr später drangen die Montenegriner mit

einer Streifkolonne bis zu diesem Orte vor und auf Stjepanograd standen
ihre Gebirgsgeschütze. Sie waren aber zu schwach, um einen Angriff auf
Mostar wagen zu können und so mussten sie sich unverrichteter Dinge
zurückziehen.

Es ist jetzt still und öde in der einst so prächtigen Burg; nur
Ziegen betrachten mit neugierigen Blicken die Fremdlinge, welche ihre
Einsamkeit zu stören wagen und in. den Lüften kreisen fünf mächtige
Adler, deren Horste sich irgend wo in den unzugänglichen Felsklüften
über der Bunahöhle befinden. Ein riesiger Maulbeerbaum spendet innerhalb der Ruine Schatten; Gebirgsblumen und die originellen kukuruz-
ähnlichen Stauden der Arum maculatum bedecken den Boden, und als

Kafedžija in Blagaj.

wir einem sonnigen Fleckchen an den zwei noch bestehenden mächtigen Cisternen zu nahe kamen, zischte eine riesige Natter hervor, sich wieder in den Trümmern verlierend. Der Blick von der Burg aber trifft zwei Kulturwerke der Neuzeit: auf der einen Seite die Eisenbahn nach Metković, auf der andern die prächtige Fahrstrasse nach Nevesinje.

Der Abstieg von Stjepanograd war ein wenig angenehmer; mit theilweise zerschnittenen Schuhen kamen wir wieder auf ebenem Boden an. In Blagaj werden wir noch auf eine neu errichtete Bierbrauerei aufmerksam gemacht, dann geht es zurück nach Mostar. Aus einem serbischen Gasthause hört man die langgezogenen melancholischen Töne der Gusla. Der Spieler recitirt die Geschichte vom Königssohne Marko, dem Haupthelden der südslavischen Volkspoesie:

> » Auf der weissen Kula Prilips tranken
> Kühlen Wein zwei treue Bundesbrüder:
> Einer ist der königliche Marko
> Und der and're der Bošnjake Relja.
> Beide sitzen, kühlen Wein sie trinken,
> Bis der Wein die Wangen liess erglühen.
>
> — — — — — —
>
> Im Gebirge hab' ich eine Vila,
> Eine Vila, meine Bundesschwester.
> Diese gab mir beide graue Falken,
> Und sie gab mir beide bösen Hunde
> Und ein Amulet aus reinem Golde.
> Damit siegte ich in so viel Kämpfen
> Als im Jahre Tage Du kannst zählen.
> Mehr gilt mir die Vila als die Mutter!
> Wenn Du mir nun folgen wolltest, Relja,
> Diese Vila hast Du Dir gewonnen.
> Fasse sie bei ihren weissen Händen
> Und wir wollen durchs Gebirg' sie führen
> Bis nach Bazar, Deinem weissen Hofe.
> Dort wirst Du mit ihr Dich trauen lassen
> Und dadurch ein bess'rer Held noch werden. «

Es wird immer später; der Guslar hat seinen Gesang noch nicht beendet, wir aber ziehen unseres Weges, um einen vorläufigen Abschiedstrunk im » Hotel Narenta « mit den Bekannten zu thun, denn am anderen Tage geht es nach der montenegrinischen Grenze. Einstweilen ist es die letzte Nacht in Mostar, aber nicht auf dem blutgetränkten Boden der schönen Hercegovina.

Längs der montenegrinischen Grenze.

Am frühen Morgen nahmen wir von Mostar Abschied, um unsere Fahrt längs der montenegrinischen Grenze — des sogenannten Kordons — anzutreten. Die Strasse führt über Blagaj, dann geht es, an der Burg Stjepanograd vorüber, in starker Steigung die Berge hinan. Wieder ist es die Arbeit der bosnisch—hercegovinischen Bauverwaltung, die wir bewundern müssen, denn einstmals bestand hier nur ein türkischer Reitweg, der über Stock und Stein in diese Gebirgswildniss führte. Wir steigen vom Wagen und gehen eine Strecke zu Fuss, um die Pferde bei der glühenden Hitze nicht zu sehr zu ermüden. Bald sind wir in Schweiss gebadet, aber je höher es geht, weht schon kühle Luft vom Podveleš, der uns zur Linken bleibt. Nach einem halbstündigen Aufstieg beginnen die Serpentinen, an der einen Seite mit Steinpfeilern zum Schutze gegen das Abstürzen versehen. Der letzten fremden Ansiedlung sagen wir vorläufig Lebewohl; es ist ein massives Häuschen mit der Aufschrift: » Wegeinräumer — Cestar «, und dann geht es in die wundervolle Landschaft, die man nicht mit Unrecht den ständigen Herd von Unruhen genannt hat Fast jede Insurrektion gegen die Türken nahm von Nevesinje ihren Ausgang; der 1875er Aufstand begann hier, als die Steuern mit barbarischer Strenge eingehoben wurden, und es ist somit eine historische Thatsache, dass eigentlich von Nevesinje aus der serbische und der russisch-türkische Krieg entstanden, dass alle Umwälzungen auf der Balkanhalbinsel diesem » Bischen Hercegovina « ihr Sein verdanken.......

Kopfleiste: Militärpostwagen an der Grenze.

Rückkehr vom Markte.

Die Gegend, die wir berühren, ist Karst, aber mit dichtem Gestrüpp bedeckt. Stellenweise stehen hohe Steineichen, niedrige Eschen und sehr viele wilde Birnbäume. Blühende Alpenpflanzen in meist sehr diskreten Farben erfreuen das Auge. Aber so weit der Blick reicht, keine menschliche Ansiedlung, kein weidendes Vieh. Wie ausgestorben ist das weite Plateau, das wir erklommen und auf dem wir noch stundenlang zu fahren haben, ehe der Weg sich wieder senkt. Eine kühle Brise weht über die Fläche; im Südosten wird der Horizont begrenzt durch die montenegrinischen Berge, über die der Dormitor achtunggebietend sein Schneehaupt erhebt. Wir selbst sind gegen 3500 Fuss hoch, aber wie erhaben und trotzig sehen diese starren Felswände zu uns herüber, auf uns herab! Endlich bemerken wir nach dreistündiger Fahrt seitwärts eine einsame Kula, einen steinernen Thurm mit Schiess-Scharten, von einer Mauer umgeben, wie er in diesen Landestheilen den Begs und Agas zum Schutze gegen Räuber und gegen aufrührerische Kmeten diente. In allen Volksliedern der Hercegovina wird von der » weissen Kula « dieses oder jenes Aga gesungen, aber wer sich darunter ein Schloss oder nur ein Gebäude mit besonderen Bequemlichkeiten vorstellen wollte, würde grausam enttäuscht werden. Ein Gemach im Erdgeschoss, ein oder zwei im oberen Geschoss ist das Um und Auf dieser adeligen Sitze. Wild wie das Land war, waren seine Bewohner und deren Behausungen, die der Bedrücker des Volkes nur zur Vertheidigung auf Tod und Leben eingerichtet.

Eine Gendarmerie-Kaserne unterbricht die Einöde; eine Patrouille kreuzt den Weg; wir haben den gleichen Weg bis zum Jovanović-Han, der einzigen Wasserstelle auf dem Wege nach Nevesinje. Einige Hütten sind noch in der Nähe. Aber es herrscht schwerer Wassermangel. Cisternen und Quellen sind fast versiegt, dabei beobachten wir aber einen Transport von Eisenröhren, die zu der neuen Wasserleitung für Nevesinje bestimmt sind. Im Han wird Rast gemacht, die Pferde gefüttert und nothdürftig getränkt. Auch wir setzen uns nieder und verzehren die von Mostar mitgebrachten Vorräthe nebst einigen Gläsern dunkeln Narentiner Weines. Es sitzt sich so gut, so friedlich in dieser Einsenkung, und doch war es vor wenigen Jahren hier noch gar nicht geheuer. Da fuhr die Post mit doppelter militärischer Bedeckung, wie es auch längs der montenegrinischen Grenze der Fall war.

Nach halbstündiger Rast geht es weiter. Zuerst der Weg wieder steigend, dann in langen Serpentinen abfallend. Am Graboksattel (1109 m) ändert sich plötzlich das gesammte Landschaftsbild. Vor uns öffnet sich eine weite Ebene, vom Sonnenglanze beschienen. In der Mitte, weithin sichtbar, Forts und Befestigungen. Das soll das einst so berüchtigte Nevesinje sein? Ueppige Wiesen, auf denen Heerden weiden, wechseln mit Feldern, die allerdings schon gemäht sind, ab; die Gegend macht einen so friedlichen Eindruck, wie ein deutsches Dorf nach Feierabend. Nur die Befestigungen auf einem Hügel am Eingange des Ortes tönen das Bild etwas kriegerisch ab. Die Hauptstrasse, die im Jahre 1888 noch ziemlich verwahrlost aussah, ist jetzt mit vielen neuen Gebäuden besetzt; an Stelle des einstmaligen Gasthauses Silberstern, das an die galizischen Dorfquartiere erinnerte, ist das grosse, vollkommen europäische » Hôtel Bilić « mit schönen Resaurationsräumen getreten. Neben einer kleinen verfallenen Moschee ist eine neue gebaut worden; eine andere, wie ein erobertes Festungswerk aussehende, steht etwas abseits von der Hauptverkehrsader. Eine orthodoxe Kirche vervollständigt die religiösen Bedürfnisse von Nevesinje. Das Defensionslager am anderen Ausgange des Ortes, am Wege nach Gacko, ist der interessanteste Theil. Eine hohe Mauer mit Eckthürmen und Schiess-Scharten umschliesst Kasernen, Amtsgebäude, Post, Stallungen, Cisternen und auch einige schwach gedeihende Anlagen. Hier sieht man, dass dem

Landfrieden geraume Zeit nicht zu trauen war, wenn auch heute Alles ruhig und friedlich ist.

Am nächsten Morgen verliessen wir Nevesinje, das für längeren Aufenthalt nichts bietet, um nach dem Gackopolje zu fahren. Sechs Jahre früher hatte ich den gleichen Weg mit der Post zurückgelegt; damals hatten wir vor uns auf dem Kutschbocke den Militärkondukteur, mit Revolver bewaffnet, neben ihm einen Soldaten mit Repetirgewehr, auf einem rückwärtigen Wagensitz einen zweiten Infanteristen, das schussbereite Gewehr in der Hand. Das waren damals die Vorsichtsmaassregeln längs der montenegrinischen Grenze; heute machen wir eine förmliche Spazierfahrt, sicherer als in Berlins Grunewald—Gegenden. Die prächtige Fahrstrasse führt Anfangs durch ebenes Feld, auf dem noch Kornblumen zwischen den Stoppeln blühen. Nach einer halben Stunde, während der wir zahlreiche Bogomilen-Grabsteine am Wege bemerkten, gelangen wir wieder in unmittelbares Gebirgsterrain. Links ist kahler Karst, von dem sich die Schaf- und Ziegenheerden sammt ihren weiss und grau gekleideten Hütern kaum merkbar abheben. Hin und wieder steht verkrüppeltes Gestrüpp. Die Strasse führt andauernd längs des rechter Hand

Nevesinje und das Nevesinjskopolje.

fliessenden Flusses Za-
lomska, des-
sen tiefes fel-
siges Bett aber
nicht einen
Tropfen Was-
ser enthielt.
Jenseits des

Fojnica
bei
Gacko.

Flusses, wo ein alter Reitweg nach Gacko führt, sind bewaldete Höhen
mit dichtem Bestande von Laubholz. Auch auf der Strassenseite verschwindet in den unteren Regionen bald das nackte Felsgestein, die Hänge
sind grün und oft zeigen sich kleine Waldgruppen von Eichen, Eschen,
Ulmen und wilden Birnbäumen. Von Dörfern ist stundenlang keine Spur,
nur manchmal sieht man auf den Höhen vereinzelte Häuser und von Zeit
zu Zeit taucht auch plötzlich ein Bewohner aus einer der Felsschrunden
auf. Nur Wegeinräumer in Landestracht, am Fez das Landeswappen, grüssen
ehrerbietig, wenn der Wagen vorüberrollt, der auf der wunderbaren Strasse
so glatt dahinfährt, als ob wir uns nicht in der Hercegovina, sondern in
der Lombardei befinden würden. Oftmals kreuzen Wege von der Strasse
ab; ein Wegweiser zeigt die deutsche Inschrift: » Zur Kaserne «, und wenn
man den Blick umherschweifen lässt, bemerkt man auf irgend einer Bergkuppe oder einem Hochplateau ein massives Gebäude mit zwei niederen
Thürmen, je einem an den entgegengesetzten Seiten zur Bestreichung der
Fronten. Dieser Kasernen, Forts oder Blockhäuser giebt es unzählige
längs der ganzen Grenze; zwischen Bilek und Trebinje allein siebzehn.
Sie sind gegenwärtig nur schwach besetzt, da die Sicherheit längst ge-
währleistet ist. Einfälle aus Montenegro sind im Frieden nicht mehr zu
fürchten, aber für einen möglichen Kriegsfall ist es gut, dass dieser Be-
festigungsgürtel gezogen wurde. Sämmtliche Blockhäuser sind untereinander
und mit den grösseren Militärstationen telephonisch verbunden.

Bei Fojnička-Čuprija, einem grösseren an der Strasse gelegenen Flecken an der Fojnička Rjeka, die wenigstens Wasser enthielt, hatte es zu regnen angefangen, was bei der herrschenden Schwüle und dem überall vorhandenen drückenden Wassermangel ganz angenehm war. Schon vor Fojnica wird die Gegend bewohnter. Kleine Ortschaften mit Kirchen werden sichtbar und die spärlichen Felder sind sorgsam angebaut. Die Gegend macht den Eindruck einer steirischen Landschaft, nur die im Hintergrunde sich übereinander thürmenden Kuppen der Schwarzen Berge gestalten den anheimelnd lieblichen Anblick zu einem erhaben grossartigen. Fojnica selbst besteht aus einer langen Gasse mit einigen Kramläden; am Ausgange liegt wieder eine Kaserne, in der sich auch das Postamt befindet. Der Postmeister wusste nicht genug von der Langeweile zu erzählen, wenn — wie es im Winter manchmal geschieht — der Verkehr stockt, wenn der Schnee meterhoch liegt und die Wölfe rudelweise um die Häuser heulen. Im Sommer sei der Aufenthalt ein ganz angenehmer. Da es gerade Sonntag war, hatten wir Gelegenheit, die gesammte Bevölkerung im Feiertagskleide zu bewundern und das weibliche Geschlecht drängte sich mit Vorliebe — wahrscheinlich angelockt durch meine Frau — um uns, folgte uns sogar in den Laden, in dem wir schwarzen Kaffee genossen, und stellte die sonderbarsten und naivsten Fragen. Die Kleidung ist reich an Goldstickereien und unter den Münzen und Schmucksachen der Frauen bemerkten wir manch altes werthvolles Stück. Auffällig sind bei der älteren weiblichen Generation die sonst meist in Montenegro vorkommenden breiten Gürtel mit Achatplatten besetzt und riesigen silbernen Schnallen. Ein Gürtel ist oft pfundschwer. Der Achat stammt seltsamerweise zum grossen Theile aus Oberstein am Rhein, aus den im Nassauischen liegenden oldenburgischen Enklaven.

Auch um Fojnica ist die Gegend reich an alten Grabdenkmälern und neben dem » Hercegovo Vrelo «, einer starken und nie versiegenden Quelle am linken Ufer des Fojničkabaches bei der Strassenbrücke in Slivlje, steht der sogenannte » Herzogsstuhl «, der an den Herzogsstuhl in Kärnthen erinnern könnte, auf dem die dortigen Herrscher die Huldigung empfingen oder Gerichtstage abhielten. Der Steinstuhl in Slivlje hat 90 cm Höhe und Breite. Die Höhe des Sitzes beträgt nur 40 cm, die der bogenförmig geschweiften Lehne 50 cm. Nach der Lokaltradition soll Herzog Stjepan oft auf diesem, jedenfalls sehr alten und von vielem Gebrauche geglätteten Stuhle gesessen haben. Doch dürfte derselbe nur zum Zwecke des Ausruhens an der Quelle gedient haben, da sein Sitz eine so geringe Höhe zeigt. Aehnliche Steinstühle kommen übrigens — wie Berghauptmann W. Radimsky im » Glasnik « mittheilt — in der Hercegovina wiederholt vor. So bei Kosor im Mostarer Bišćepolje ein aus Kalkstein gemeisselter Stuhl, » Herceg Stjepana stolica « genannt, auf welchem Herzog

Stjepan Vukčić (1435—1466) häufig zu Gerichte gesessen haben soll. Dieser Stuhl ist von weit bedeutenderen Dimensionen als der oben erwähnte, auch trägt er die altbosnische Inschrift: » Si kamin varda, čili je bio, čili je sade, čili neć(e) b(i)ti «. (O Stein, gedenke, wessen du gewesen, wessen du bist, wessen du sein wirst!) Dieser Stuhl befindet sich gegenwärtig im Landesmuseum in Sarajevo.

In Ključ, der historisch denkwürdigen Burgruine im Felde von Crnica südlich von Gacko, steht ein einfacher Steinstuhl, der » Stolica Kralja Sandalja « (Stuhl des Königs Sandalj) genannt wird, und auf welchem der Sage nach der zu fast königlicher Macht gelangte Vojvode Sandalj Hranić († 1435) während seines Aufenthaltes in Ključ in der Burg Gericht gehalten haben soll. Bei der orientalisch-orthodoxen Kirche in Osanić nächst Stolac stehen neben einander zwei aus dem natürlichen Fels herausgemeisselte ungewöhnlich grosse Steinstühle, von denen der grössere auf seiner Lehne eine altbosnische Inschrift trägt, die sich auf die Familie Miloradović bezieht, der man die Gründung der Kirche in Osanić zuschreibt. Aber auch in Bosnien fehlen die Steinstühle nicht gänzlich, denn bei der Burgruine Vratar, Gemeinde Žepa, Bezirk Rogatica, stehen nach Dr. M. Hoernes auf dem höchsten Punkte des Burgberges zwei aus dem Felsen ausgehauene Stühle.

Nach dieser Abschweifung kehren wir zu unserer Reise zurück. Der Regen hatte mittlerweile aufgehört und bei prachtvollem Wetter setzten wir die Fahrt fort. Wir treten in das Flussgebiet der Mušica, welche die Hochebene von Gacko — das Gackopolje — durchströmt. Dasselbe ist ringsum von hohen, wenig bewaldeten, felsigen Bergen umgeben, etwa 15 Kilometer in der Länge und 5 Kilometer in der Breite fassend. Die Ebene ist recht gut bebaut, noch mehr bietet sie aber Weidegrund. Ueberall sah man Heerden von Pferden, Rindern und Schafen, meist nur von Kindern und grossen Wolfshunden bewacht. » Lieblich bist du, Gackopolje, wenn du nicht von Hunger starrest «, heisst es in dem Epos » Der Tod des Smajl Aga Čengić « von Banus Mažuranić, und diesen Ruf scheint die tausend Meter hoch gelegene Landschaft oft genug zu rechtfertigen, denn in einem hercegovinischen Volksliede weigert sich ein Mädchen aus Kolašin, einem Freier nach Gacko zu folgen. Sie sagt:

> » Viel erzählen hört ich schon die Leute,
> Von dem Felde, von der Gacko-Landschaft.
> Rings umher erhebt sich weites Hochland,
> Eines eben und das and're hüglich,
> Und das dritte nichts als kahler Felsen.
> Niemals, Mutter, höret dort der Schnee auf;
> Ewig liegt ein Schnee dort über'm andern.
> Nimmer, Mutter, wähl' ich diesen Freier. «

Sie schlägt dann noch einen zweiten aus Nevesinje aus und folgt erst einem dritten nach dem » gesegneten Mostar, wo das Grün nie aufhört «. Im Gackopolje beginnt allerdings der Schnee manchmal schon im Oktober zu fallen und der Winter von 1894/95 wird nicht sobald vergessen werden; es soll auch schon vorgekommen sein, dass der Schnee sieben Monate liegen blieb, aber es sind doch nur Ausnahmen, während ein Nothstand unter der Bevölkerung sich häufiger einstellt. Darum wurde Gacko die Geburtsstätte der von der Landesregierung ins Leben gerufenen Bezirks-Unterstützungs-fonds, deren segensreiche Wirksamkeit wir schon früher eingehend besprochen. An all die zahlreichen Gruppen grosser mittelalterlicher Grabmäler auf den Plateaus von Gacko und Nevesinje, den Gebirgen Morinje und Batjevica knüpfen sich allerdings Volkssagen vom Umkommen ganzer Karawanen oder Hochzeitszüge durch Frost und Schnee. Ein erschütterndes Epos theilt Regierungsrath Hörmann in seinen in Sarajevo erschienenen » Volksliedern der Mohammedaner Bosniens und der Hercegovina « (» Narodne Pjesne muhamedovaca u Bosni i Hercegovini «) in dem » Svatovsko groblje u Morinama « mit.

Gacko selbst macht beim ersten Anblick den Eindruck

Ansicht der Stadt Gacko.

einer ausgedehnteren Stadt, obwohl es in seinem geschlossenen Theile kaum 1000 Bewohner zählt. Die gesammte Ebene ist natürlich bei vielen zerstreuten Ortschaften und Einzelhäusern weit dichter bevölkert. Freundlich sehen die alten ziemlich hohen Steinhäuser keineswegs aus. Meist sind sie zweistöckig, die Erdgeschosse höhlenartig in die Felsen vertieft und als Stallungen verwendet. Stroh-, Holz- und Steindächer wechseln ab; die letzteren sind auf dem First zahnförmig krenelirt, die Holzdächer mit Steinen, wie in den Alpen beschwert. Von der mittelalterlichen Ansiedlung, welche nach urkundlicher Tradition im Besitz der Grafen von Chlum und der bosnischen Könige war, zeugt das ausgedehnte Gräberfeld, welches mit über 200 roh geformten Gruftplatten einen sanft zum Flusse geneigten Wiesenplan bedeckt. Gacko wird jetzt wieder mit einem halbverschollenen griechischen Namen » Metohia « genannt. So hiess es zum Theil auch unter türkischer Zeit und heute zeigt eine grosse Tafel am Eingange des Ortes wieder diesen Namen, der sich nicht einbürgern will. Auf der höchsten Erhöhung der Stadt, zu der man auf einer echten Kaldermastrasse mit Katzenköpfen hinansteigt, steht die mächtige türkische Kaserne, die jetzt verlassen ist. und unbenutzt dasteht, weil das Militärlager sich in dem eine halbe Fahrstunde entfernten Aftovac befindet. Auf den wild zerrissenen Höhen sieht man auch noch Schanzen aus jenen nicht fernen Zeiten, wo hier ganze türkische Divisionen gegen Montenegro im Felde standen und wo Gacko voll lag von den verstümmelten Opfern jener barbarischen Fehden.

Die neue Zeit hat an Gacko grosse Veränderungen bewirkt. Da ist zuerst beim Eintritt in den Ort, dicht an der Strasse, ein modern gebautes Bezirksspital, dann verschiedene Privatgebäude, das hübsche Häuschen des Ingenieurs Giorgini und dann das moderne Landeshôtel: » Hôtel Metohia «. Die Regierung errichtete dieses Gebäude, um europäischen Reisenden eine geeignete Unterkunft in einer Gegend zu bieten, wo eine solche gar nicht vorhanden war, wo selbst türkische Einkehrwirthshäuser zu den grössten Seltenheiten gehören. Das Hotel enthält auch die Post und das Telegraphenamt, schön eingerichtete Passagierzimmer, nette Restaurationsräume und ausgedehnte Stallungen. Ein Zimmer ist gleichzeitig der Raum für das » Casino «, in dem sich die Beamten, durchreisende Fremde, Militärs etc. brüderlich zusammenfinden und wo wir höchst angenehme Stunden mit den liebenswürdigen Herren verlebten.

Wir besichtigten das sehr schöne Gebäude der Bezirksbehörde mit einem grossen wohl gepflegten Garten — einer Merkwürdigkeit in dieser Gegend — dann die landwirtschaftliche Station, ähnlich eingerichtet wie alle von der Regierung errichteten und bereits früher beschriebenen Musteranstalten. Es waren gerade Sack'sche Pflüge aus Leipzig gekommen, mit denen Probeackerungen vorgenommen worden waren, um die Leute zur

Mohammedaner.

Anschaffung und an eine geregelte Feldwirthschaft, zu gewöhnen. Der Anschauungsunterricht ist stets von den besten Folgen begleitet; die eingeführten Wippthaler Stiere haben den grössten Anwerth gefunden und immer mehr werden verlangt, wodurch die heimische Rindviehrasse allerdings einen bedeutend höheren Werth erhält. Die grösseren Grundbesitzer thaten sogar einen sehr originellen Ausspruch: » Wir verpflichten uns gern, unsere einheimischen Ochsen ein Jahr lang nicht auf die Weide zu lassen, aber — ihr müsst uns dies befehlen! « Als ihnen erklärt wurde, dass es in diesem Falle ein Befehlen nicht gebe, dass nur jeden das eigene Interesse leiten müsse, schüttelten sie die Köpfe. » Was gut ist, muss doch befohlen werden, sonst wird der Geist wieder einmal schwach. « Die veranstalteten Pferde- und Rindvieh-Prämiirungen, die mehrmals im Jahre abgehalten werden, üben übrigens eine sehr erziehliche Wirkung und die nach Gacko kommenden » Falken der Schwarzen Berge « sehen mit Staunen und Verwunderung, was eine wirklich landesväterliche Regierung, auch wenn sie eine » schwäbische « ist, Gutes für die Bevölkerung stiften kann. Die neue hübsche Volksschule wird Weiteres beitragen, den Samen des Fortschrittes in die Seelen der jüngeren Generation zu pflanzen und nach wenigen Jahrzehnten wird Niemand glauben, dass diese Gefilde mit Blut gedüngt, dass sie unter den türkischen Provinzen mit am vernachlässigsten waren......

Und eine neue grosse Kulturthat wird gerade dem Gackopolje zu Gute kommen. Dasselbe leidet im Sommer an zu grosser Trockenheit, im Frühjahr an Ueberschwemmungen. Daher die so verschiedenartigen Ernten und die öfteren Nothstände. Diesem Uebelstande wird durch ein riesiges Stauwerk abgeholfen, wie es in Europa kaum seinesgleichen hat, nur in Belgien soll in Verviers ein ähnliches Werk sein, das die Fabriken mit Wasser versorgt. Auf dem Gackopolje wird die dasselbe bald bewässernde bald verwüstende Mušica, die später in einem unterirdischen Schlund, einem Karstloch (Ponor) verschwindet, gebändigt, sie wird durch

die Wasserbaukunst zu ununterbrochen erspriesslicher Thätigkeit angehalten
werden. Auf Veranlassung Sr. Excellenz des Reichsfinanzministers v. Kállay
entwarf der Baurath Passini den Plan zu einem umfangreichen System von
Thalsperren und Zuleitungskanälen und seit mehreren Jahren wird an
diesem Wunderwerk gearbeitet, ohne dass man in Europa nur eine Ahnung
hatte, was für Kulturarbeit in den okkupirten Ländern neben allen bereits
zu Tage liegenden Erfolgen geleistet wurde.

Arbeiten an der Kline bei Gacko.

Das Wasser der Mušica, die hoch oben am Grenzposten Čemerno,
dicht an der montenegrinischen Grenze entspringt, wird gefangen; eine
Cyklopenmauer wird an der sogenannten Kline, zwei Stunden nördlich
von Gacko, als Thalsperre aufgeführt und dadurch ein künstlicher See
gebildet, aus dem dann das Wasser in beliebiger Menge in die Ebene
geleitet werden kann. Die Mauer umfasst 11 000 Kubikmeter Mauerwerk;
sie wird mit Pozzuolani-Cement aufgeführt, der von Neapel mit Schiff bis
Ragusa, von dort mittelst Wagens bis Gacko, dann per Pferd bis zur Kline
gebracht wird. Der künstliche See wird 26 Hektar gross sein, das Bassin
2 Millionen Kubikmeter Wasser fassen. Von ihm aus werden zwei Tunnels

gebaut, welche die Aufgabe haben, täglich durch 8 Stunden eine bestimmte
Menge Wasser abfliessen zu lassen, um das Gackopolje zu bewässern.
Ueberall werden Zuleitungskanäle, Ueberbrückungen und Schleusen errichtet,
um die Regulirung jederzeit in der Hand zu haben. Das Reservoir wird
durch eine eiserne Schliessung abgesperrt, die hydraulisch gehoben und
niedergelassen werden kann. Die Mauer der Thalsperre ist vom Fundament
an 22 Meter hoch, unten 18,70 Meter breit, oben 4,60 Meter. Die untere
Länge beträgt 60 Meter, die obere 108 Meter. Im Bogen ist ein Radius
von 60 Metern. Das gesammte Unternehmen (die Kline liegt 1030 Meter
hoch und es kann im Jahre nur vier Monate gearbeitet werden), soll nur
320 000 fl. erfordern, was als eine bescheidene Summe angesehen werden
muss. Dann werden die Gackoer das erhalten, was sie verlangten, als sie
den Bau des Bassins sahen: » Jetzt haben wir die Schale, nun gebt uns auch
den Kaffee! « Sie werden den für ihre Felder nöthigen » Kaffee «, das
Wasser bekommen, Abzugskanäle sorgen aber auch dafür, dass sie dies
nicht zu unrechter Zeit im Ueberflusse haben. Schon jetzt ist eine Anzahl
halb steriler Weideflächen bewässert und es ergab sich um ein Drittel
Ertrag mehr an Heu. Im Ganzen wurden um 70 000 fl. Heu vom Gackopolje
ausgeführt, dessen Abnehmer meist das Militärärar war.

Aehnlich grosse Arbeiten werden auf dem Livanjskopolje, der un~
ermesslich ausgedehnten Hochebene an der dalmatinischen Grenze in Süd-
west-Bosnien, die zum grossen Theil einen Sumpf bildet, ausgeführt, wodurch
weite Gegenden der Kultur erschlossen werden.

Der späte Nachmittag führte uns in Gacko in ein serbisches Gasthaus, in dem ein Guslar haarsträubende Heldenthaten der Serben im Kriege
gegen Bulgarien log. Wir hatten noch nicht lange gesessen, als eine der
lebendigen Sehenswürdigkeiten des Ortes erschien: der greise, wohl achtzig-
jährige ehemalige Insurgentenführer Bogdan Zimunić. In grüner monte-
negrinischer Vojvoden-Dolama, auf der Brust österreichische, russische,
montenegrinische Orden und Tapferkeitsmedaillen, in der Hand den langen
Tschibuk, so stellte sich der alte Freiheitskämpfer vor. Er war von
Jugend auf dem Kriegspfade gegen die Türken. 1861 kämpfte er helden-
müthig mit den Montenegrinern, 1875 für seine engeren Landsleute, 1876
war er es mit Lazar Sočica, die den Durchzug Sulejman Paschas durch
Montenegro tagelang mit den Hercegovinaer Freiwilligen aufhielten, während
der Fürst von Montenegro längst unangebrachte Befehle ertheilte, die seinem
Heere nur Nachtheile zufügten. 1878 kämpfte Zimunić in Gemeinschaft
mit seinen Landsleuten gegen die Mohammedaner; dann ging er, angeblich
in seinem Ehrgeiz gekränkt, nach Cetinje, kehrte aber bald wieder zurück
in die Heimath, wo er jetzt von einer Staatspension lebt. Er ist eine alte
verwitterte Heldengestalt, das Urbild des südslavischen Junak. Noch blitzt
das weissbebuschte Auge, noch glüht dunkles Feuer in ihm, wenn er von

Čemerno.

vergangenen Tagen erzählt und er ist stolz auf seine Vergangenheit. Dass er die Geschichte besser kannte, als seine im Gasthause anwesenden Landsleute, bewies er dadurch, dass er dem Guslar das Singen des Heldenliedes gegen die Bulgaren verbot, weil der Text unwahr sei.

Der Abend vereinigte uns mit allen schnell lieb gewonnenen Freunden und Bekannten noch einmal im Kasinoraum des » Hôtel Metohia «, dann hiess es wieder scheiden von der Stätte, wo wir so viele neue und angenehme Eindrücke gewonnen. Der frühe nächste Morgen, der mit starkem Nebel einsetzte, brachte uns in Begleitung einiger der unermüdlichen Herren zunächst nach Aftovac. Das einstige elende Dorf hat sich zu einem förmlichen Flecken entwickelt. Das Militärlager ist eine kleine Stadt für sich. Hohe massive Gebäude, Kasernen und Stallungen etc. bilden, von Mauern umgeben, ein grosses Viereck, in dem sich auch Gemüse- und Blumengärten befinden. Hier ist für Offiziersmenagen gesorgt, ein Kasino ist vorhanden, Fremdenzimmer, Post — alles mögliche, was den Dienst in diesen Gegenden erträglich machen kann. Heute ist er nicht mehr so beschwerlich, aber einst stellte er riesige Anforderungen an die Truppen, die nicht nur Tag und Nacht Patrouillendienste verrichten, Ablösungen für die einzelnen Blockhäuser stellen, sondern auch Strassen bauen und dazu Steine klopfen mussten. Als ich 1883 in Aftovac übernachten wollte, sah der Ort noch wenig civilisirt aus. Eine Anzahl Generalstabsoffiziere, welche auf einem Studienritt längs der Grenze ins Paschalik Novibazar begriffen waren, hatten alle Fremdenzimmer belegt und es musste gesucht werden, in den vorhandenen zwei Kneipen — ein anderer Ausdruck wäre schlecht gewählt — ein Unterkommen zu finden. Es war mehr als primitiv. Die Leute waren nicht auf Fremde zum Uebernachten eingerichtet und sie selbst betrachteten ihren Aufenthalt nur als einen vorübergehenden. Gegenwärtig sind auch hier die Verhältnisse bessere; die Häuser sehen solid aus, es macht sich sogar eine Art Bazarviertel bemerklich.

Niemand jedoch, der etwas von der Geschichte des Landes kennt, durchzieht das Gackopolje, ohne des Čengić Aga zu gedenken, dessen Thaten und Ende ja auch deutschen Lesern nicht unbekannt geblieben sind. Der ehemalige Banus von Kroatien, Ivan Mažuranić, hat sein Leben und seinen Tod in einem grandiosen Epos verewigt. Aber nicht nur die christliche Kunstpoesie, welche dem Helden natürlich feindlich gesinnt ist, auch die hercegovinische Volksdichtung gedenkt des Smajl Aga gerne und die Mohammedaner feiern ihn als ihren ritterlichsten Helden. Sehr richtig sagt Dr. F. S. Krauss: » Smajl Aga ist von Mažuranić falsch und ungerecht charakterisirt worden; unsere Sympathien sind jedenfalls auf Seite des muthigen, todesverachtenden Helden Smajl Aga, nicht aber auf Seiten der Buschklepper und nächtlichen Räuber Montenegros. Čengić war der echte unverfälschte Südslave, seine Mörder aber ein entartetes, feiges Gesindel. « Wie sein bereits verstorbener Neffe in Sarajevo erzählte, haben die Montenegriner, welche ihre Heldenthat mit etwas Christenglauben verbrämten, die hinterlistige Tödtung Smajl Agas mit siebzehn Köpfen gebüsst Von seinem Schlosse, der » Čengić-Kula « in Lipnik, nicht weit von Aftovac, steht gegenwärtig kein Stein mehr auf dem anderen; selbst die Ruine der alten Zwingburg ist demolirt und nur ein ausgedehntes Steinfeld mit einer verfallenen Mauer ist sichtbar. Aber noch heute zeigt jedes Kind den Weg zur Čengić-Kula......

Gacko wie Aftovac besitzen wunderschöne Grabsteine aus altchristlicher Zeit und Dr. Moriz Hoernes hat einen grossen Theil derselben beschrieben und abgezeichnet. Oftmals sind die Skulpturen, die theilweise ganze Jagdzüge aufweisen, wunderbar erhalten und die reiche Ausführung legt davon Zeugniss ab, dass das Gackofeld einst dicht bevölkert war, dass es einen mächtigen Adel besass, der sich den Luxus von künstlerischen Grabdenkmälern gönnen konnte. Eigentliche Kampfscenen sind auf den Steinen selten, meist stellen dieselben — wo vorhanden — Zweikämpfe dar, ganz wie die serbischen Heldenlieder sie besingen. Sehr häufig sind Pferde abgebildet, wie ja nächst den Waffen die Pferde die Lust der alten bosnischen Ritter waren, ganz so wie heute die Pferde der Stolz der mohammedanischen Begs sind, welch' letztere man mit vollem Rechte als die unmittelbaren Nachkommen der alten Adelsgeschlechter bezeichnen kann. Die Todtenklage um den Verstorbenen wird oft durch weibliche Figuren mit aufgehobenen Händen dargestellt, auf anderen Steinen finden sich Stern und Halbmond (die alten Landeszeichen Illyriens), auch der gewappnete Arm mit erhobenem. Schwert (das Wappen Bosniens und der Primorje). Am seltensten ist das Kreuz vorhanden, was wieder auf bogomilische Gräber schliessen lässt, da die Bogomilen alle religiösen Abzeichen verschmähten.

Von Aftovac führt einer der wildromantischesten Wege dem Ursprung der Mušica entgegen zum Čemerno-Sattel. Der Weg ist wohl etwas hergerichtet, aber in dieser Gegend konnte er nicht besser angelegt werden. Nach abendländischen Begriffen wäre das obere Mušicathal eine ungangbare Bergschlucht, aber ein echt hercegovinischer Fusssteig führt bald auf dem einen, bald auf dem anderen Ufer, bald im Wasser, bald durch Gestrüpp und Felsengen aufwärts. Wo die senkrechten Thalwände hart an das verengte reissende Gewässer herantreten, ist er zwei Schuh breit und kaum mannshoch in den Felsen gehauen, der ihn in der Form eines halben Tunnels überwölbt, sodass man durch ihn gebückt gehen muss. An breiteren Stellen öffnen sich mächtige Grotten, kühle Rastpunkte mit hübschen Aussichten, auf die jenseitigen Höhen. Dann steigt der Weg über schräge Felsplatten, in welche Stufen gehauen sind, um das Ausgleiten der Pferde zu verhindern. Nach einstündigem Wandern wird eine einsame elende Mühle erreicht, wo eine kurze Rast gut thut. In tiefster Abgeschiedenheit und grossartig schöner Umgebung liegt der aus fünf Häusern bestehende Ort Vrba am Fusse des 1859 m hohen Lebršnik, dessen Kamm oben kahl, unten etwas bewaldet ist und auf den Hängen fette grüne Matten trägt. Je näher man dem Fusse des Čemerno-Gebirges kommt, desto lieblicher wird das Thal. Aus Laub- und Nadelholz gebildeter Hochwald drängt zu beiden Seiten bis ans Wasser, überspinnt es mit seinen Schmarotzergewächsen, beschattet es mit seinen breiten Kronen. Hier in diesem entlegenen Erdenwinkel führen Schaaren von Singvögeln ein idyllisches Dasein.

Da plötzlich stehen wir vor einer Felsenmauer, und hier beginnt einer jener Wege, von denen eine Beschreibung zu geben unmöglich ist. Wie Gemsen müssen die Pferde klettern, springen, fallen, gleiten — um diese Felstreppen zu ersteigen. Nach anstrengender Arbeit erreicht man endlich den Čemerno-Sattel und eine prachtvolle, überraschende Aussicht, lohnt für den mühevollen Weg. Senkrechte, in die Wolken ragende Felswände des Volujak und des Sedlo scheinen den Weg zu versperren. Am grossartigsten ist der Blick auf den Volujak, dessen Gipfel nur zehn Kilometer entfernt, der aber durch die tiefe Sutjeska-Schlucht vom Čemerno-Abfall geschieden ist. Ueber die steilen Felswände scheinen Nadelwaldungen zu klettern. Rechts steigt die Kuk-Planina hoch empor und hinter ihr erhebt der König der dinarischen Alpen, der Dormitor — die » Himmels-

Aus der Sutjeskaschlucht

gabel «, wie er im Volksmunde heisst — sein ewiges Schneehaupt. Hier muss die Grossartigkeit dieser wilden Gebirgsnatur bewundert werden.

Durch die Sutjeskaschlucht führt ein hochinteressanter aber beschwerlicher Weg nach Foča, ein Pfad für Dichter und für Naturfreunde. Hier ist Wildniss, unverfälschte Natur, ein Hochgenuss für Auge und Herz. Er ist nur von Einheimischen begangen, aber einmal wird er für Touristen

Im Sutjeska- Defilé. (Zwischen Gacko und Foča.)

eine ungemeine Anziehungskraft üben. Die beigegebenen Bilder auf Seite 289 und 291 sprechen deutlicher von der Romantik der Gegend, als alle Worte.

Aber die Gegend des Gackopolje bietet noch andere Panoramen, deren Anblick freilich meist nur Soldaten und Gendarmen geniessen, die schon ziemlich abgestumpft für diese nur mit Beschwerden zu erringenden Schönheiten sind. Es ist ihnen daher zu verzeihen, wenn man auf eine Frage nach besonders sehenswerthen Punkten die Antwort erhält: » Nichts als fade Berge und Steine. « Die Poesie dieser Berge und Klüfte muss eben erst erkannt und erschlossen werden und auch dies wird in nicht zu ferner Zeit gelingen.

Stepen.

Um Aftovac krönen Kasernen die entfernteren Höhen und vom Grenzposten Peruština aus kann man bequem sich mit den Montenegrinern unterhalten, die jenseits der Grenze ebenfalls einen Posten mit einem Kapetan sitzen haben, der in einem elenden Häuschen untergebracht ist. Es geht in Montenegro andauernd schlecht genug, der lange und strenge Winter setzt den Heerden stark zu und so manches Thier verendet, ehe der wärmende Strahl der Sonne wieder Gras spriessen lässt Da kommen — weil die hercegovinische Seite vom Schicksal etwas klimatisch günstiger bedacht ist — leicht Weidestreitigkeiten vor, und die Grenzposten sind notwendig, solche im Entstehen zu verhindern.

Wir überschritten die Mušica auf einer Brücke und nahmen Abschied von Aftovac, um unsere Fahrt nach Bilek fortzusetzen. Bald sahen wir rechts Cernica liegen, dann passirten wir das auf hohem Felsen ungemein malerisch erbaute Wachthaus Stepen. Wir traten jetzt in das ehemals berüchtigste Räuberterrain, das sich über die Korita bis nach Bilek erstreckte und das seit Jahrhunderten, obwohl hier eine uralte Handelsstrasse von Ragusa bis an die Drina führte, der » Weg des Todes « genannt werden musste. Während der Insurrektionsjahre der letzten zwei Jahrzehnte wurde der Ruf der Gegend nicht besser. Die montenegrinische Grenze ist nahe und zwischen ihr und der heutigen Fahrstrasse, die in verschiedenen Abtheilungen in den Jahren 1883—1886 fertiggestellt wurde, liegt das Gebiet der wilden Banjani, die man auch die » liederberühmten « nennt, weil sie stets bei allen Erhebungen mit ihren Trutzgesängen an der Spitze gegen die Türken marschirten.

Noch heute ist dieses Gebiet schwer zugänglich. Von Trebinje aus führt ein beschwerlicher Saumweg durch das Karstterrain in die Höhen der Banjani; hier liegt auf steilem Felsenkegel die alte Veste Klobuk, wie ein Adlerhorst an das Gestein geklebt. Das Raubnest war schon im Mittelalter gefürchtet, wenn ragusäische Kaufmanns-Karawanen auf der grossen Handelsstrasse über Bilek nach Novibazar zogen. 1694 zwang der venetianische Proveditore von Cattaro die Burg durch Hunger zur Uebergabe, 1806 wehrte sie sich erfolgreich gegen Russen und Montenegriner, und 1878 konnte sie von den österreichisch-ungarischen Truppen auch erst nach längerer Beschiessung eingenommen werden. Die Annäherung ist nur für Fussgänger auf einem steilen Grate möglich und in Zeiten der Gefahr liessen sich die Vertheidiger an Stricken über die steilen Felswände herab und entkamen fast stets in der Karstwildniss. Nach der letzten Einnahme wurde die Burg von den kaiserlichen Truppen gesprengt und erst nach harter Arbeit gelang es, die ausserordentlich festen Umfassungsmauern und den Thorthurm niederzuwerfen. Von Klobuk aus führt ein halsbrecherischer Pfad in engem Thale nördlich bis Bilek. Auf diesem Wege liegt in rauher Schlucht das Kloster Kosijerevo, von wo aus mehr als einmal das Zeichen zur Erhebung gegen die Türken gegeben wurde.

Die ganze wilde Gegend zu beiden Seiten der heutigen Strasse ist reich an historischen Erinnerungen. Nicht weit entfernt vom Fort Stepen liegt die alte Burg Ključ in einer Gegend, die von Felsklippen starrt, direkt auf einer gigantischen Felspyramide, wie sie die kühnste Phantasie als Standort für ein mittelalterliches Raubschloss nicht besser ersinnen konnte. Die alten Ruinen halten unter dem westlichsten Ausläufer der bis zu 1737 Meter im Djed ansteigenden Baba-Planina bei der Thalenge des Crnicabaches Wache, — heute ganz vergeblich, denn Niemand sucht die Ruhe des von der modernen Heerstrasse abseits liegenden Ortes zu stören. » Kralj Sandalj «, der hier residirt haben soll, hat einen ausgesprochenen Zug fürs Wildromantische bewiesen, denn zwischen den gleich Schwalbennestern an den kahlen Felsen klebenden Hütten der wenigen Bewohner von Ključ steht die Burgruine gleich einem Adlerhorste auf der Felsenspitze und ihre schmale Pforte, zu der man bloss auf der einen Seite des Felsens gelangen kann, wird selbst von geübten Kletterern nur mit Mühe, von ungeübten unter Gefahr erreicht. Aber auch heute noch sind die mit Schiessscharten versehenen Mauern, an deren Stelle häufig der natürliche Felsen tritt, stark und widerstandsfähig. Den Hof füllt mit wucherndem Unkraut bedecktes Bröckelwerk und Gerölle, welches den Eingang zu den beiden Thürmen, die den Flügel der einzig zugänglichen Seite schützen, versperrt. Mauerreste zeigen die einzelnen Oertlichkeiten und Gemächer an.

» Westwärts von der Burg — ich citire hier aus Asbóths Werke über Bosnien-Hercegovina — ziehen sich drei hohe Felsenmauern in der Stärke von 2—3 Metern hin, welche plötzlich in schroffen Abhängen enden. Zwischen diesen natürlichen Schutzmauern lagen, wie das Volk erzählt, die Stallungen und Gärten. Unter dem Felsabhange fliesst ein grösserer Bach. Sein Wasser bricht plötzlich aus der senkrechten Schlucht der Baba heraus und verschwindet nach einem kurzen Laufe von 600 Schritten auf der anderen Seite des Thales in einem Karstloch. Bevor es aus dem Innern des Babagebirges tritt, sammelt sich das Wasser in einer tiefen, geräumigen Höhle. Der Eingang zu dieser liegt etwa 10 Meter über der Oberfläche des Thales. Bei niederem Wasserstande rieselt der Bach zwischen den einzelnen Rissen und Löchern der Felswand hervor; wenn aber der Schnee schmilzt, oder nach starken Regengüssen, füllt sich die Tiefe der Höhle und aus ihrem Schlunde stürzt das Wasser in mächtigen reissenden Fluthen hervor, Wasserfälle bildend, die ihres Gleichen suchen und so gewaltig aus den Felsen brechend nur im österreichischen Karste zu finden sind. Bei niederem Wasserstande, wenn der Wasserfall verschwunden ist und das Wasser wie aus einem Schwamme nur aus der Felswand sickert, kann ein geübter Bergsteiger auf die von dem Sturze glatt geschliffene riesige Steinplatte hinauf gelangen, die den Eingang zur Höhle bildet. Aber Niemand ist noch weiter in ihr vorgedrungen. Von unten herauf gähnt zwischen Felsen der tiefe schwarze Schlund mit dem ruhigen Wasserspiegel auf seinem Grunde. Schwalben- und Taubenschwärme flattern im Innern des gewaltigen Felsendomes. Wunderbar ist die Farbenpracht, mit der die Natur seine Wände schmückt. Die Moose und die Feuchtigkeit bilden wahre Fresken in den Kontrasten und Schattirungen vom lebhaften Grün, Gelb und Orange, vom zarten Silbergrau und Rosa, bis zur tiefen Dunkelheit einzelner Theile und dem Wasserspiegel, der das gebrochen herablangende Tageslicht zurückwirft. Wie weit die Höhle reicht und wo sie aufhört, lässt sich kaum bestimmen, denn den Hintergrund deckt tiefe Finsterniss und ein Eindringen ist unmöglich. Vielleicht stehen die Wässer, die sich in der Höhle ansammeln, mit der Ebene von Gacko in Verbindung. Ebenso ungewiss ist es, wohin das Wasser fliesst, nachdem es auf der anderen Seite des Thales verschwunden ist. Der volksthümliche Nachweis sucht die Fortsetzung der Gewässer stets dort, wo angeblich Menschenköpfe, blutige Leichen, die in dieselben geworfen wurden, wieder zum Vorschein kamen. Derlei Erzählungen sprechen aber ebenso sehr von der bei Bilek plötzlich hervorbrechenden Trebinjčica, wie für die gegen Stolac hinziehende Opačica, die plötzlich im Dabarpolje, jenseits der Sättel des Koritnik undLižnik auftaucht. So viel ist sicher, dass in der Höhe der einen Höhlenwand ein zweiter Schlund gähnt. Im Volke herrscht die Ansicht, dass sich hinter demselben ein beträchtlicher See in den Bergmassen der Baba-Planina ausbreitet. Der Widerhall mit kräftigem Wurfe hineingeschleuderter Steine klingt thatsächlich so, als wären sie in tiefes Wasser gefallen. Bei hohem Wasserstande fliesst das Wasser vielleicht aus diesem Schlunde in die erste Höhlung, während es sonst nur durch die Felswand sickert. «

Die Bevölkerung von Ključ lebt heute noch in der Erinnerung an ihren » König Sandalj «, von dem sie die wunderbarsten Sagen erzählt. Wie er die Ponors — die Abflusslöcher der Gewässer im Karstgebiet — verstopfte, als die türkischen Heere das Gefilde rings umher erobert hatten, wie er das gesammte Gackopolje, den Golinjev-Dol unter Wasser setzte, sodass nur noch Burg Ključ auf hoher Felsspitze aus dem wogenden See emporragte. So trotzte Sandalj allen Angriffen, mittelst » unzähliger Schiffe und Kähne « die Verbindung mit den fernen Ufern aufrecht erhaltend. Und als sich das Wasser schliesslich dennoch unterirdisch Bahn brach und abfloss, widerstand die Burg noch drei Jahre der Belagerung und fiel erst nach dem Tode König Sandalj's. Auch hier wie im Bjelopolje bei Mostar behauptet das Volk, dass in den hohen Felsenmauern der Baba noch Eisenringe zu finden seien, die zum Anhängen der Schiffe dienten. Die sonst lichtgraue Wand der Baba ist bis zu einer gewissen Höhe, welche sich in wagerechter Linie scharf abzeichnet, thatsächlich dunkler und moosbewachsen. Wir wollen und können auf alle diese Sagen, welche sicher eines historischen Grundes, wenn auch in vielfacher Vergrösserung, nicht entbehren, hier nicht näher eingehen. Das Gackopolje ist sicherlich einmal ein See gewesen, nur liegt diese Zeit um viele Jahrtausende zurück, die Tradition hat sich jedoch erhalten. Vom Kralj Sandalj erzählt die beglaubigte Geschichte: er war eines der grössten Bogomilenhäupter seiner Zeit, ein Neffe jenes Vlatko Hranić, welcher Kroatien an der Spitze eines bosnischen Heeres für Tvrtko I. eroberte und der später in der für Serbien verhängnissvollen Schlacht am Amselfelde 1389 mit verhältnissmässigem Glücke ein bosnisches Hilfsheer befehligte. Nach vielen Bürgerkriegen im Innern und gegen Bosnien sah er sich schliesslich genöthigt, die Oberhoheit des Sultans anzuerkennen. Er benutzte dieses Verhältniss, um sich von der bosnischen Königsgewalt ganz unabhängig zu machen. Im Jahre 1418 blieb er der Krönung des Königs Stefan Ostoić ferne und breitete mit Hilfe Isak Begs — der damals in Vrh-Bosna residirte — seine Besitzthümer auf bosnischem Boden aus. Erst nachdem Isak Beg, der das erste türkische Heer von Bosnien nach Ungarn führte, im Jahre 1420 bei Temesvár gefallen war, und Tvrtko II. sein Ansehen in Bosnien mit ungarischem Beistande abermals herzustellen begann, huldigte auch Sandalj wieder dem bosnischen Könige und er erschien bei der Krönung Tvrtko's. Das Ansehen, welches er sich auch späterhin bewahrte, kann aus dem Umstande ermessen werden, dass das Concil von Basel, als es angesichts der von den Türken drohenden Gefahr die Einheit der Christen herzustellen suchte und sein Augenmerk namentlich auf die bosnischen Bogomilen (die Protestanten des Alterthums) richtete, im Jahre 1433 sich, durch Vermittelung der Republik Ragusa nicht nur an den König Tvrtko, sondern auch an Sandalj wandte. Die Antwort des mächtigen Bogomilenführers lautete abweisend, wobei er sich übrigens auf den damals wüthenden Bürgerkrieg berief, welchen der Sohn Ostoja's, der Knez Radivoj, mit türkischer Beihilfe angezettelt hatte.

Die Macht Sandalj's erstreckte sich weit in die Zeta, das heutige Montenegro, im Norden bis nach Kroatien, er regierte schliesslich, wenn auch ungekrönt, thatsächlich über den grössten Theil von Bosnien, bis er 1415 auf dem Gipfel seiner Macht starb. Sandalj Hranić aus dem Hause Kosača war es, der die Hercegovina schuf, wenn sie auch später erst vom deutschen Kaiser Friedrich III. den Namen erhielt. Mit Recht räumt daher die Sage der Burg Ključ eine grosse Rolle ein. Heute ist hier alles Leben erstorben; Heerden und Hirten weiden auf den weltentlegenen Fluren und auf den grossen Friedhöfen mit ihren Gedenksteinen, die von einstigem glanzreichen Leben Zeugniss geben. Ueberall, in Crnica,

Cisterne in der Hercegovina.

in Radmilović, in Dubovac, um Korito und Plana, zeugen zahlreiche Grabsteine mit reicher Skulptur von einer grossen Kultur in diesen wilden Gegenden, die Jahrhunderte lang nur erwähnt wurden, wenn » weit hinten in der Türkei die Völker aufeinander schlugen «. Was muss aber hier für ein Leben geherrscht haben, wenn so prächtige Grabsteine zu Hunderten errichtet werden konnten? So führt, von Plana auf der grossen Hauptstrasse westwärts abbiegend, ein Fusspfad nach Montenegro. Nach einer halben Stunde fällt der Boden in ein waldiges Thal ab; darüber hinaus steigt kühn und kahl der hohe Wardar (1129 m) auf, den jetzt eine solide Befestigung krönt. Die Wichtigkeit dieses Punktes war aber schon früher bekannt, denn die Reste alter Mauern zeigen, dass hier eine Festung gestanden hat und beim Neubaue wurden 2000 Jahre alte griechische und makedonische Münzen gefunden. Das ist aber nicht das Interessanteste; von Bedeutung ist die Riesen-Nekropolis, die in weitem Bogen von Vrbica bis Trnovica, überall zwischen Gesträuch und Bäumen versteckt, den Fuss des Berges fast ganz umfasst Hier ist archäologische Ausbeute für lange Jahrzente, wie überhaupt Bosnien-Hercegovina das wissenschaftliche Erforschungsfeld in den nächsten Zeitabschnitten bilden sollte.

Und aus der fernen Vergangenheit treten wir bei unserer Weiterfahrt nach Bilek wieder in die lebendige Gegenwart. Wir sind jetzt in die blutige Korita gelangt, ein wildes Karstterrain, dessen spärliche Vertiefungen (Dolinen) sorgsam angebaut sind. Neue Cisternen zeugen von der Fürsorge der Regierung. Die auf den » Feldern « arbeitenden Bewohner sahen so friedlich drein, als hätte den idyllischen Frieden dieser Gegend noch nie ein Büchsenschuss gestört. Einst war die Korita von dichtem Wald und Getreidefeldern bedeckt, und das Volk feiert diese Gegend, deren trostlose Gegenwart durch die schneebedeckten Berge im Hintergrunde einen hohen landschaftlichen Reiz erhält, in vielen Liedern. Aber an die zahlreichen Grabsteine der Korita knüpfen sich die Erzählungen blutiger Katastrophen. So lebte einst in Risano ein reicher Türke, welcher auf einer Reise die Tochter des Beg von Mitrović kennen lernte und sich mit ihr verlobte. Auf der Rückreise prellte er im Uebermuth auf der Hochebene Glasinac den christlichen Kaufmann Limun, der mit tausend Ochsen des Weges zog, um seine theuren Waffen, von denen die Goldringe der langen Flinte allein 330 Dukaten schwer gewesen sein sollen. Limun schnaubte nach Rache. In Venedig kaufte er neue Waffen, verband sich mit hundert Genossen und ergriff das Räuberhandwerk gegen die Türken. In der Korita harrt er vier Jahre, bis der Risanote die Braut heim hole. Dieser sandte seinen Bruder Durmisch Beg mit tausend Reitern. Der kriegerische Hochzeitszug gelangt glücklich nach Mitrovica,

Golobrdo bei Korito.

aber auf der Rückreise hat die Braut einen unheilvollen Traum: Wölfe brechen aus dem Nebel der Korita und zersprengen den Zug der Türken. Der Führer erschrickt jedoch nicht; schweigend ziehen die Hochzeitspilger durch die gefährliche Ebene. Da fällt einem der Theilnehmer ein, den Räubern Hohn zu sprechen. » Und die Trommeln und die Pfeifen klangen, die Pistolen und die Flinten krachten und es jauchzten auf die guten Helden «, wie es im Liede heisst. Die Rächer verlegten den Engpass, aus allen Flinten gaben sie Feuer und » zersprengten die Türken nach allen Seiten, wie die Wölfe weisse Lämmer jagen «. Dem Brautführer, der mit beiden Armen das Mädchen umklammert hält, haut Limun die Arme von den Schultern und entreisst ihm die Braut. Dann steigen die Räuber empor zur Kobilaglava (Fohlenkopf) und setzten sich, um Wein zu trinken, den ihnen die arme Gefangene reichen muss. Inzwischen ist aber der Bräutigam dem Zuge entgegengeeilt, hat auf dem Felde von Rudina die Schüsse gehört, die Korita erreicht und von seinem sterbenden Bruder Alles vernommen. Mit seinen Begleitern klimmt er durchs Tannendickicht zur Felsenhöhe empor, wo die Räuber lagern. Er zielt auf das Haupt seines Todfeindes, doch die Kugel verfehlt ihr Ziel und trifft das Mädchen ins Herz. Die Räuber entfliehen, aber todt liegt die Braut auf der Kobilaglava......

Solcher Geschichten giebt es viele und Vrčević, Ljubiša, Hörmann, Hoernes, Kraus u. a. erzählen so manche blutige Episode nach den Gesängen dieses Volkes. Hier ist stets mit Blut gearbeitet worden und es darf daher nicht Wunder nehmen, wenn dieser so eigene Saft in dieser Gegend bis in die jüngste Zeit noch immer reichlich floss. Der Ort Korito selbst liegt auf einer mässigen Erhöhung etwas abseits von der Strasse. Im Jahre 1888 besuchte ich ihn, da wir wegen Abgabe der Post den Weg nicht scheuen durften. Eine Art Wachthaus nach Art der türkischen Čardaken diente zur Unterkunft der Truppen, desgleichen einige Baraken. Ein etwas besseres einstöckiges Steinhaus beherbergte das Post- und Telegraphenamt. Daneben hatte ein Dalmatiner eine Kantine und einen Kramladen. Grosse Wolfshunde schienen den Wachtdienst mit zu versehen, jedenfalls waren sie an die Truppen attachirt und vielleicht haben sie mit den Stamm zu jenen bosnischen Kriegshunden geliefert, die erst im März 1895 bei Zwornik ihre Kriegsübung so glänzend bestanden haben. Es ist ein trostloser Aufenthalt, dieses Korito mitten in der Steinwüste, und obwohl der Tag warm genug war, wehte hier ein eisiger Wind von den Grenzbergen. So soll es fast immer sein und im Winter liegt der Schnee haushoch, während ganze Rudel Wölfe um die Behausungen heulen. Auch für sie ist ja in dieser Gegend nicht viel zu holen. Diesmal sah eine neugebaute Kirche von Korito herüber.

In ziemlich scharfem Abstieg führt die Strasse dann zu der über 900 Meter hohen Schneide von P l a n a , wo die Strasse nach Stolac abzweigt.

Eine hübsche Kaserne verschönt die
trostlos öde Karstgegend, in der mit
schwerster Mühe kein Stämmchen
Grün zu entdecken wäre. Weiss und
grau ist Fels und Feld, die Häuser
reflektiren förmlich die Sonne und da
auch nicht eine Spur von Wasser für
die Pferde zu erhalten war, so wurde
unser Aufenthalt so viel als möglich
abgekürzt. Eine Art Wirthshaus, verbunden mit Kramladen, ist wohl vorhanden, aber ausser Rakija (dem heimischen Schnaps) und Mastica (dem
angeblich griechischen Branntwein)
war kein Getränk zu haben. Einige
harte Eier mit Brod bildeten das
Mahl, zu dem sich eine Heerde halb-
verhungerter Hühner des Wirthes
und fünf junge Kätzchen eingefunden
hatten. Wir theilten brüderlich, denn
hier ist jede Kreatur zu bedauern. In
Plana soll es früher sogar ein Fremdenzimmer im Gasthause zum Uebernachten gegeben haben. Seit aber
die Frau des Wirthes ein zweites
Geschäft in Stolac übernommen hat,
fehlt es auch an dieser Unterkunft.
Glücklicherweise wird selten Jemand
in die Lage kommen, sie zu be-
nöthigen; Bilek kann noch immer,
auch wenn es spät Abends ist, ohne
Gefahr erreicht werden.

Auf der Fortsetzung des Weges
fanden wir recht hübsche neue Wald-
anpflanzungen, meist Eichen und
Eschen. Sie standen vorzüglich und
es unterliegt keinem Zweifel, dass die
gesammte Gegend einstmals gut bewaldet war. Die grossen Stämme
wurden aber rücksichtslos niedergeschlagen, für Nachpflanzung nicht gesorgt, die Ziegen thaten das Uebrige,

Ansicht von Korito.

damit kein junger Wald aufkomme. So verödete die Gegend, sie bot Regen und Winden die Möglichkeit, auch noch das letzte Restchen von Humus, wegzuschwemmen und wegzufegen, und so verarmte das Volk, das immer mehr zu einem blossen Räuber- und Hirtenvolke herabsank. Was hier zu leisten möglich ist, dass dieser Theil der Hercegovina durchaus nicht kahl und unfruchtbar zu bleiben braucht, zeigen gewisse Berge und Waldpartien, die durch grosse Tafeln als » Zabranjena šuma « (als verbotener oder geschlossener Wald) gekennzeichnet sind. Hier stehen die neuen Pflanzungen wie die älteren Bestände, selbst das Gestrüpp, im üppigsten Wachsthum und da in ihnen das Weiden von Vieh streng untersagt ist, wird in nicht zu ferner Zeit ein grosser Theil der » steinigen Hercegovina « wieder eine » grüne « werden.

Die Aufforstung des Karstes im ganzen Okkupationsgebiete macht erfreuliche Fortschritte. Allerdings kann von einer vollkommenen Lösung dieser Aufgabe in absehbarer Zeit nicht die Rede sein, da die räumliche Ausdehnung des Karstgebietes und die unvermeidlichen grossen Kosten eine solche immer nur in beschränktem Umfange zulassen. Was zuerst von der bosnisch-hercegovinischen Landes-Forstverwaltung unter Aufforstung verstanden wird, ist im Wesentlichen eine Reihe von Maassregeln und Arbeiten zur Sicherstellung des Kulturbodens gegen die immer weiter um sich greifende Fortbildung des Karstes in einzelnen Landestheilen. Dies geschieht zuerst bei bestehenden Waldungen durch Hegungen und an besonders günstigen Punkten auch durch Aufforstungen. In dieser Richtung wurde von der Landesverwaltung ein besonders umfassender Plan für den Bezirk Županjac (in Travniker Kreise) ausgearbeitet und haben die Einschonungen schon einige befriedigende Ergebnisse erzielt.

Die Bevölkerung am Karst braucht zwar Holz, aber doch keine langen und dicken Stämme; weit dringender bedarf sie des Baumlaubes als Futter für die Erhaltung ihrer Viehheerden, weil Wiese und Grasland von geringer Ausdehnung und wenig ergiebig sind, weiter, weil für den Anbau von entsprechenden Futterpflanzen Mangel an kulturfälliger Scholle ist; dieser zweifachen Anforderung von Holz- und Viehfutter-Produktion kann aber nur der Nieder- oder Mittelwald genügen. Das Ziel der Karstkultur muss daher in erster Linie auf die Erziehung und rationelle Behandlung solcher Waldformen auf allen hierzu geeigneten Standorten gerichtet sein. Auf den anderen Oertlichkeiten kann dann, wenn Kräfte und Mittel es gestatten, auch die Erziehung hochstämmiger Wälder ins Auge gefasst werden. In dieser Art wird sich die schöne Idee der Karstkultur auf jenen Standpunkt der Verwirklichung führen lassen, von dem aus die glückbringenden Strahlen des künftigen Wohlstandes auch schon jetzt der Bevölkerung erkenntlich werden. Der Versuch einer umfassenden Beforstung des Karstes ohne Rücksicht auf die Weidebedürfnisse der Bevölkerung würde aber, ab-

Neubilek.

gesehen von den unerschwinglichen Kosten, auf einen Widerstand stossen, der wegen seiner inneren Berechtigung gar nicht zu besiegen wäre. Von einer solchen Karstkultur kann demgemäss aus politischen Gründen nicht die Rede sein.

Von Plana aus führt die Fahrstrasse in steter Senkung gegen das Becken, in welchem Bilek liegt Es ist ein weiter Bogen zu umschreiben, ehe man zur Stadt gelangt, aber die sie umschliessende Ebene ist ungemein lieblich, überall sind Felder in üppigem Anbau. Nur von allen Höhen grüssen Forts als Wache gegen Montenegro. Bei Bjela Rudina hätten wir übrigens in der Luftlinie nur eine geringe Entfernung nach Vučidô gehabt, wo 1876 die Montenegriner ihren letzten Sieg über die Türken erfochten. Bilek liegt am Rande einer Hochebene, der Bilek-Visočina, auf welcher Tumuli und hohe Steindenkmäler längs des Weges förmliche Alleen bilden. Die Stadt ist nicht gross, zählt sie doch noch nicht 2000 Bewohner, aber sie ist rein und zum grossen Theil neu gebaut; es wurde auch den Mohammedanern aus Landesmitteln eine Moschee erbaut, da die alte zerstört worden war. Bilek besitzt grossentheils orthodoxe Bevölkerung und so war für die Türken das Leben nie besonders angenehm; erst jetzt können sie ihres Daseins froh werden. In einem recht guten Restaurant » zur Stadt Wien « kehrten wir ein, wo wir vorzügliches Bier, anständige Verpflegung und sogar eine Kegelbahn fanden. Einen Kilometer von der » Civilstadt « liegt aber das Militärlager » Neu-Bilek «, eine von festen Mauern umschlossene kleine Stadt für sich. Vom Lager und dem unmittelbar vorüberführenden Wege fällt das Terrain steil ab zur Schlucht der Trebinjčica, die aus einer Karsthöhle plötzlich als Fluss zu Tage tritt. Bilek ist trotzdem wasserarm; erst der gegenwärtigen Verwaltung hatte es eine grosse gemauerte Cisterne und nun auch eine Wasserleitung zu verdanken, ein Geschenk, das man

erst in diesen Gegenden recht schätzen lernt, wo man Tage lang keinen
frischen Trunk Wassers über die Lippen bekommt.

Neu-Bilek ist für Civilpersonen verschlossen. 1888 war dies nicht
der Fall. Damals stiegen ich und mein Reisegefährte in dem Lager ab,
das mit seinen Mauern, aus denen eherne Kanonenschlünde nach verschiedenen Seiten drohend lugten, mit seinen grossen Kasernen und
Stallungen einen imponirenden Eindruck gewährt. Einen sehr sonderbaren Eindruck machte es, dass auch vom Postzimmer aus Schiessscharten
ins Freie führten. Das Offizierkorps hatte ein Casino im Lager, wo
gemeinschaftlich menagirt wurde. Ausserhalb der Mauern stand aber ein
recht hübsches Gasthaus, wo ich mich bei schwarzem Dalmatiner für die

Čepelica.

Weiterreise einige Stunden stärkte. Dieses ist jetzt verschwunden; nur
Militärgebäude sind errichtet, auch einige Gartenanlagen und sogar auf
einer Erhöhung über dem Trebinjčica-Ursprunge ein Sommer-Pavillon.
Die Strasse führt hoch über dem steilen wild zerklüfteten Bette der Trebinjčica dahin, die angeblich bei Ragusa abermals als mächtiger Schlundfluss im Omblathale als Ombla ins Meer mündet. Die Gegend ist anfangs
trostloser Karst mit wenig Grün. Immer schroffer erheben sich die Berge
zu beiden Seiten, an deren rechtem Abhange sich die Strasse in zahllosen
Serpentinen dahinzieht. Auf einer Brücke übersetzen wir die Čepelica,
einen Nebenbach der Trebinjčica, wo eine Kaserne den Uebergang, sichert
Hier kommen wir der montenegrinischen Grenze am nächsten und in eine
fast » heilige Gegend «. Gegen Osten liegt, vom Wege aus nicht sichtbar,
das Kloster Sv. Nikola, dann das Kloster Dobričevo und etwas entfernt
von ihm auf montenegrinischem Boden Sv. Ilija und Kosijerevo.

Die Strasse steigt wieder bis zu 604 Meter auf das Plateau von
Moško. Der kleine Ort gleichen Namens liegt recht freundlich auf der
ausgedehnten Hochebene, die ganz mit prähistorischen Gräbern — Gomilen
— bedeckt ist. Ueber das Plateau von Moško hinaus dehnt sich weit
nach Nordwesten gegen Ljubinje die noch grössere Ebene Ljubomir, welche
schon viel tiefer liegt, sodass sie sich einer üppigen Fruchtbarkeit erfreut
und von zwölf Ortschaften mit etwa anderthalb tausend Seelen belebt
wird. Dass sie im Mittelalter eine reiche Gegend war, zeigen auch dort
die vielen mit Reliefs versehenen Grabsteine. Unweit von Moško, bei den
Hütten von Borilović, führt ein schmaler Weg in das Thal von Jasen und
nach Trebinje. Er ist bedeutend näher als die Fahrstrasse, etwa anderthalb Stunden, aber nur für Pferde und Fussgänger passirbar. Die Fahrstrasse zieht sich in weiten Windungen an der 1228 Meter hohen Gliva-
Planina entlang. Aber von Moško ab wird die Landschaft schon freundlicher; grüne Niederungen, höheres Buschwerk, selbst hohe Stämme —
allerdings noch vereinzelt — treten auf und das von dem Grau und Weiss
der kahlen Gebirge ermüdete Auge ruht förmlich aus bei den angenehmeren
Bildern. Je mehr man sich Trebinje nähert, um so angebauter wird das zur
Linken tief unten sich ausbreitende Thal der Trebinjčica, das in weiter
Ausdehnung die Stadt umschliesst. Nur im Norden und Westen wird der

Moško.

Blick wieder durch kahle Kuppen begrenzt, die Befestigungen tragen. Immer lieblicher wird die Gegend; üppige Tabakfelder liegen zwischen den zahlreichen Windungen des Flusses; der breitblättrige Feigenbaum streckt überall seine verkrüppelten Aeste, die Granate leuchtet mit ihren prachtvollen rothen Blüthen den Willkommen des Südens, den Gruss von der Adria. Ueberall ist üppige Fruchtbarkeit und der Weinstock umrankt malerisch die zahlreichen vereinzelten Häuser und die zerstreuten Ortschaften, die sichtbar werden. Durch alles aber schlängelt sich das Silberband des Flusses, der Trebinje zu einer förmlichen Wasserstadt macht.

Quelle der Trebinjčica.

Tabakarbeiterinnen in Trebinje.

Im Garten
der Hercegovina.

Es war schon Dämmerung eingetreten, als unsere Pferde noch immer in schlankem Trabe in Trebinje einfuhren. So sonderbar es klingt, ist es hier mit der Unterkunft für Fremde immer mangelhaft bestellt gewesen. Ein grosses europäisch gebautes » Hotel Orient « traf ich schon 1888 geschlossen; es ist auch diesmal nicht eröffnet. Damals fand sich ein serbischer Kaufmann, Andrija, der mir in seinem Hause Unterkunft verschaffte; jetzt hatte der Bezirksvorsteher in zuvorkommendster Weise gesorgt.

Es ist ein kleineres » Hotel Trebinje « geschaffen worden, das aber noch nicht eröffnet war. Dort waren uns Zimmer vorbereitet worden, die in keiner Weise etwas zu wünschen übrig liessen.

Trebinje besteht aus zwei Theilen: der von der Trebinjčica umflossenen, mit Mauern, Basteien und Wallgräben umschlossenen Festungsstadt und der neuen Stadt ausserhalb des Kastells, die jetzt alle öffentlichen Gebäude und europäischen Bauten enthält und die erst in ihren wesentlichsten Theilen seit der Okkupation entstanden ist. Durch die vielen Neubauten hat jedoch Trebinje keineswegs seinen orientalischen und mittelalterlichen Reiz eingebüsst; es ist noch immer halb italienisch, halb türkisch, verklärt von der südlichen Sonne. Die innere — die Festungsstadt — ist klein und beschränkt, aber sie ist rein und sauber, und die Stille ihrer Strassen ist geradezu nervenberuhigend. Die Stadt zählt gegen 1300 Bewohner aller Bekenntnisse, die sich durch den Handel mit Ragusa, durch

Kleingewerbe, besonders aber auch durch Tabakbau ernähren. Der letztere hat Trebinje jenen Weltruf verschafft, den ihm die geschichtliche, Vergangenheit nie gebracht hätte. Der Trebinjer Cigarettentabak ist einer der feinsten Tabake der Welt, die bevorzugte Marke des Sultans. Immer mehr wird der Anbau gesteigert und doch kann der Nachfrage nicht genügt werden, obwohl stets neue Flächen, die kleinsten Eckchen, die nur fruchtbaren Boden besitzen, in Kultur genommen werden. Hierin und im Weinbau liegt der Wohlstand der Bevölkerung, der sich im Aeusseren der Städter und Bauern, in ihrem Gesammtauftreten, offenbart. Eine umfangreiche ärarische Tabakfabrik beschäftigt eine grosse Anzahl Personen.

Auf dem im Mittelalter wichtigen Handelswege, der von Ragusa in fünfzehn Tagen nach Nisch und in dreissig Tagen nach Konstantinopel führte, war Trebinje die erste wichtige Station. Ursprünglich wurde es Terbunia oder auch Travunia genannt. Es kommt in den frühesten Jahrhunderten unserer Zeitrechnung in der Geschichte vor und nach Konstantin dem Purpurgeborenen sass in der Burg Terbunia ein slavischer Fürst, dessen Macht im Süden bis Dioclea, im Westen von Cattaro bis Ragusa und im Norden über das Popovopolje reichte. Nach dem Zusammenbruche der serbischen Herrschaft an der Adria (1355) gerieth Trebinje unter den Grafen von Chlum, Vojislav, und trat dadurch in bleibende Verbindung mit der Hercegovina und Bosnien. Ein Neffe und Nachfolger Vojislavs, Nikola Altmanić, ist im Jahre 1371 gezwungen, seine Besitzungen gegen das Bündniss des Königs Vukašin von Rascien mit den in der Zeta zur Herrschaft gelangten Balša zu schützen; 1373 überlässt er Travunja dem Gjuro Balšić unter der Bedingung, dass dieser ihn gegen den bosnischen König Tvrtko unterstütze, dessen Oberherrschaft er nicht anerkennen wollte. Tvrtko aber, verbündet mit dem serbischen Fürsten Lazar, nimmt 1376 Travunje zurück, das er nebst anderen Theilen des Landes behält, und er nennt sich nun König von Bosnien, Rascien und der Primorje (des Küstenlandes). Unter Tvrtko schwingt sich die Familie Sanković zu grossem Ansehen in Chlum und Travunje empor und ihr werden diese Gebiete, während das königliche Ansehen im Sinken begriffen ist, durch Pavel Radinović und Sandalj Hranić 1392 entrissen. Ersterer behält sich namentlich Bilek, Trebinje, Klobuk und Canale, und nachdem er durch Sandalj ermordet worden, halten seine Söhne wenigstens in Bilek und Trebinje ihre Herrschaft aufrecht. Neben ihnen spielen die Nikolić von Popovo und die Ljubibratić von Trebinje eine Rolle. Später theilte Trebinje die Geschicke der Hercegovina, es fiel unter die türkische Herrschaft Für die Osmanen war Trebinje eine Grenzstation, die befestigt werden musste wegen der Nähe der montenegrinischen, ragusäischen und venetianischen Grenzen, und damit die Bevölkerung im Zaume gehalten werden könne, wurden eine Unzahl fester Kulen — steinerner befestigter

Stadt Trebinje.

Thürme — gebaut, die im Umkreise vieler Stunden jede Bergkuppe krönen, jede Strassenkreuzung beherrschen.

Aus alter Zeit besitzt Trebinje eine steinerne Brücke, die Arslan-Agić-Most, die etwa 7000 Schritte oberhalb der Stadt über die Trebinjčica führt. Den gleichen Namen führt auch das inmitten unwirklicher Steinwüsten liegende, aus 25 Häusern bestehende mohammedanische Dorf, vor dem sich die Brücke über den zwischen steilen Felsen zusammengedrängten

Gradina bei Trebinje.

Fluss schwingt. Jetzt ist bei Trebinje eine neue und näher gelegene Brücke gebaut, die schon unter türkischer Zeit begonnen wurde und zu der die Trebinjaner eine Kindesleiche auf Ragusaner Boden stahlen, um sie in die Brückenpfeiler einzumauern und damit das uralte Bauopfer zu bringen.

Aus der Vergangenheit treten wir aber lieber in die lebendige Gegenwart. Durch die Festungsstadt schreitend und vor dem » Café degli Signori « einen Schwarzen nehmend, hören wir eine Zeit lang dem Recitiren von Koransprüchen zu, das aus einer türkischen Schule heraustönt. Dann vertiefen wir uns in Häuserstudien, besichtigen die Moschee und gehen durch das Festungsthor in die neue Stadt, wo sofort hübsche Baumgruppen, freie weite Plätze uns freundlich anmuthen. Eine grosse neue Schule, ein wahrer

Monumentalbau, fesselt die Aufmerksamkeit. Die Fenster eines unteren Klassenzimmers stehen offen, wir folgen dem Unterricht. Es ist Geographiestunde, die Antworten der Kinder sind präcis und richtig. Welcher Gegensatz zu dem gedankenlosen Geplärre in der türkischen Schule! Eine neue katholische und eine orthodoxe Kirche sind hier vorhanden, desgleichen eine Menge moderner Privatgebäude, ganze Strassen bildend. Da reiht sich Laden an Laden, Cafés und Restaurationen, Buchhandlungen, Amtsgebäude — alles steht im neuen Viertel, das allerdings auch Theile älterer Ansiedlungen in sich begreift. Hier ist auch der Marktplatz, auf dem wundervolles Obst zu Spottpreisen feilgehalten wurde.

Eine prächtige Anlage besitzt dieser Stadttheil aber in einem grossen wohlgepflegten Parke, zu Ehren des Reichsfinanzministers » Kállay-Park « genannt. Prächtige Alleen wechseln mit hübschen Rasengruppen ab, Bänke stehen überall zum Ausruhen bereit, und eine Restauration sorgt für des Leibes Nahrung und Nothdurft. Für Trebinje, das sonst wenig Baumschatten bietet, ist dieser Park bei der meist herrschenden Hitze ein wahres Labsal. Selbstverständlich ist auch er eine neue Schöpfung.

Aber einige Stunden von Trebinje ist noch ein Beweis der Fürsorge der Regierung vorhanden, der gerade hier von weittragendster Bedeutung ist: die O b s t - u n d W e i n b a u s t a t i o n L a s t v a. Von Trebinje führt eine 14 Kilometer lange neue Fahrstrasse über Arslan-Agić-Most am rechten Ufer der Trebinjčica. Drei Kilometer vor Lastva wird der Fluss auf einer neuen soliden Eisenbrücke übersetzt; der Weg in das Gebiet der Korjenići, an die Grenze der Zubci, ist gebahnt. Hier liegt in 770 Meter Höhe ein reizendes Thal, das ein kleines Paradies für sich bildet. Das ist Lastva,

Weinbaustation Lastva

wie es heute ist, nicht wie es noch vor wenigen Jahren war. Damals, als noch von Montenegro herüber tägliche Raubanfälle an der Tagesordnung waren, lebte hier eine rauhe und arme Bevölkerung, die ihr kärgliches tägliches Brot von der türkischen Regierung erwartete und erhielt. Die Unsicherheit an der Grenze, der nie gepflegte Anbau hatten die Regierung gezwungen, ihre Grenzbevölkerung als Schutz gegen die Montenegriner gleichsam in Sold zu nehmen. Sie erhielt dafür den » Taïn «, die Naturalverpflegung und einen geringen Geldbetrag. Davon lebten die Bewohner, sie wurden dem Ackerbau entfremdet, das Land verödete gänzlich. Mit dem Einmarsch der österreichisch-ungarischen Truppen hörte die Taïn-Verpflegung auf, die Leute wurden auf ihre eigene Arbeitskraft verwiesen, wozu ihnen für die Uebergangszeit allerdings Unterstützung gewährt wurde. Das Jammern um den Taïn wollte aber Jahre lang nicht verstummen; der Nothstand in den hercegovinischen Grenzbezirken, darunter auch in Lastva, wurde zu einer beständigen Rubrik der Landesverwaltung; alljährlich forderte die Linderung der Noth grosse materielle Opfer und nur ganz allmählich gelang es, die verwilderte Bevölkerung wieder an die Bestellung ihres Grund und Bodens und die Führung einer ordentlichen Hauswirthschaft zu gewöhnen. Heute sieht es an der Grenze ganz anders aus und speciell Lastva, dieser total verarmte und verwüstete Landestheil, gliedert sich den übrigen wirthschaftlich blühenden Distrikten würdig an. Abgesehen von den Naturschönheiten, welche besonders der vegetations- und quellenreichen Ortschaft Lastva einen eigenen Reiz verleihen, sind die Thäler und Hochebenen der ganzen Gegend sehr fruchtbar. Die Bodenerzeugnisse sind von vortrefflicher Güte und hauptsächlich die Kartoffel erreicht in der Bjelagora eine ganz erstaunliche Grösse bei unübertroffenem Wohlgeschmack.

Die vielfach vorhandenen Spuren einstiger römischer Weinkultur, die an den Lehnen der Thalenge von Lastva, dann in Skočigrm und Župa anzutreffen sind, reiften den Entschluss, die Weinkultur in dieser Gegend, welche hierzu wie geschaffen erscheint, neu zu beleben. Das Ergebniss einer fachmännischen Prüfung war ein überraschend günstiges. Die vorgenommene chemische Analyse des Bodens und die Prüfung der klimatischen Verhältnisse übertrafen alle Erwartungen. Es wurde im Jahre 1892 ein Flächenraum von 40 Hektaren für die Anlage der Wein- und Obstgärten erworben, im folgenden Jahre wurde die Fahrstrasse geschaffen an Stelle des alten Reitweges, der sich früher am linken Ufer der Trebinjčica, parallel mit dem nach der alten Bergveste Klobuk hinzog, dann wurden die Hochbauten vorgenommen und zwar eines Administrationsgebäudes mit der Wohnung des Oekonomiebeamten, eines Felsenkellers von 20 Meter Länge und 6 Meter Breite und von fünf Winzerhäusern für je zwei Familien. Die Winzer wurden aus Ungarn angesiedelt. Mit der Leitung dieser

Station wurde der bis dahin in Gnojnica bei Mostar in gleicher Verwendung
gestandene Stationsleiter Daniel Vargha betraut.

Im Spätherbste 1893 waren die Hochbauten, welche Kosten von 25 000 fl.
verursachten, fertiggestellt, die Winzerfamilien die theils aus dem Tolnaer
Comitat, theils aus den Tokayer Gebirgen stammen — langten in Lastva
an und wurden installirt. Jede Familie erhält, wie erwähnt, ein halbes
Wohnhaus und je ¼ Joch Hausgrund. Nach zehn Jahren übergehen diese
Unbeweglichkeiten in das Eigenthum der Familie. Ausserdem erhält jede
Familie ein Fixum von 15 fl. monatlich und einen Taglohn von 50 kr. für
faktische Arbeitstage. Befinden sich in der Familie ausser dem Oberhaupte
noch andere arbeitsfähige Mitglieder, so erhalten solche einen Taglohn
von 40 kr. Der erste überaus milde Winter gestattete mit wenig Unter-
brechungen die Arbeit im Freien. Es wurden daher 8 » Hektar gerodet
und auf eine Tiefe von durchschnittlich 70 Centimeter rigolt. Im Frühjahr konnten 6 Hektar theils mit Wurzel-, theils mit Schnittreben (circa
60 000 Stück) durchwegs edelster Sorte bepflanzt werden. Die übrigen zwei
Hektar wurden zu Obstgärten verwendet. Es kamen nur Obstbäume erster
Sorte, Aepfel, Birnen, Kirschen, Weichseln, Aprikosen und Pfirsiche zur
Auspflanzung. Ueberdies wurden im ersten Jahre 3000 Meter Serpentinen-
wege in den Weinkulturen gebaut, welche zur Noth auch befahren werden
können. Tausende fleissiger Hände mussten arbeiten, um ein solches Ergebniss zu erzielen, die Früchte dieser Thätigkeit zeigen sich aber schon
heute. Die Bevölkerung von Korjenići erschloss sich durch diese Arbeiten
eine dauernde Einnahmsquelle, welche bereits die letzten Spuren einstigen
Nothstandes in dieser Gegend verwischte.

Wenn man auch bei der Schaffung staatlicher Musterwirthschaften
nur die Hebung des Volkswohlstandes, nicht den eigenen Nutzen im Auge
hat, so kann bezüglich Lastvas gefolgert werden, dass beide Theile, Volk
und Regierung, auf ihre gute Rechnung kommen. Die von fachmännischer
Seite aufgestellte Wahrscheinlichkeitsberechnung ist folgende: Das In-
vestitionskapital wird sich nach gänzlicher Fertigstellung der Station auf
rund 70 000 fl. belaufen. Für ausschliessliche Weinkultur sind 30 Hektar
in Aussicht genommen, während die übrige Fläche theils durch Obstgärten,
theils durch verbaute und sterile Flächen absorbirt wird. Wenn nur die
ausschliesslich dem Weinbau zugeführte Fläche in Berechnung gezogen
wird, so ergiebt sich für das Areal — bei dem Erträgniss durchschnittlich
Mittelernte in Qualität und Quantität angenommen — folgende Jahres-
einnahme: 30 Hektar Weingarten bei einer Durchschnittsernte von 40 Hektoliter per Hektar ergiebt ein Quantum von 1200 Hektoliter jährlich. Der
Durchschnittspreis für den Hektoliter nur mit 18 fl, berechnet ergiebt eine
Jahreseinahme von 21 600 fl. Werden die Betriebsauslagen mit jährlich
11 600 fl. in Abzug gebracht, so ergiebt sich ein Reingewinn von jährlich

In der Suttorina.

rund 10 000 fl., was einer mehr als 14prozentigen Verzinsung des Anlage-
kapitals entspricht.

Lastva ist gegenwärtig bereits der Sitz einer Bezirksexpositur, hat
eine besonders von Mohammedanern stark besuchte Elementarschule, einen
Gendarmerieposten, eine Zoll- und Finanzwachabtheilung und eine kleine
militärische Kordonbesatzung. Es ist ein reizender, zwischen duftende
Gärten eingebauter Ort, dessen mildes gleichmässiges Klima ihn zum
Sommeraufenthalte für die Bewohner des heissen Trebinje geeignet macht.

Da ich gerade von den wirthschaftlichen Maassnahmen der Landesregierung spreche, möchte ich gleich erwähnen, dass in der Suttorina,
jener Enklave, die sich zwischen die dalmatinischen Kreise Ragusa und

Cattaro bis ans Meer einschiebt und die ein geradezu nordafrikanisches Klima besitzt, grosse Entwässerungsanlagen vorbereitet werden, um jenen Theil, der direkt ans Meer und an Igalo bei Castelnuovo grenzt, mit Orangen und Citronen zu bepflanzen. Es ist dies eine vorzügliche Idee. Bei Castelnuovo selbst gedeihen alle Früchte und Gewächse des Südens; Aloen und die mexikanische Agave wuchern an allen Wegen und auf allen Mauern, vereinzelte Palmen stehen in den Gärten, Myrthen, Lorbeer, Granaten, Feigen bilden Dickichte und der Kapernstrauch überzieht die alten Festungsmauern mit seinen Ranken. Die Suttorina-Ebene enthält nur wenige Häuser; einst stand hier eine mächtige türkische Kaserne mit einer Moschee, die aber im Juli 1875 von den Insurgenten verbrannt und zerstört wurde. Seitdem liegt sie in Ruinen und die weiten

Denkmal auf der Orjenska Lokva
zur Erinnerung an den Besuch des
Kronprinzen Rudolf.

Flächen um sie tragen keine Frucht. Es giebt aber auch in der Suttorina noch andere geschützte Höhenlagen, die jeder Kultur fähig sind, und es ist ein glücklicher Gedanke der Landesregierung, dass sie keinen Winkel ihrer weiten Gebiete aus dem Auge verliert, dass sie für jeden die passende wirtschaftliche Entwicklung findet Das ist die echte und zielbewusste Kolonisationsarbeit!

Eine gebahnte Strasse führt von Trebinje durch die Zubci nach der Krivoscie. Sie berührt altes Insurrektionsgebiet und endet als Fahrstrasse in Grab. Dann führt ein Weg zum Orjen, wo 1888 Kronprinz Rudolf seinen Blick hinüber schweifen liess nach Montenegro, nach der Krivoscie, nach dem Meere.... Vorüber!....

In nordwestlicher Richtung führen von Trebinje aus Reitwege ins sogenannte Popovopolje, ins » Pfaffenfeld «. Eine Fahrstrasse besteht bisher nicht, auch dürfte die Anlage einer solchen durch das eigentliche Polje bei der Beschaffenheit desselben kaum räthlich erscheinen. Es ist eine der Tiefebenen der südöstlichen Hercegovina, verwandt und benachbart der Narenta-Tiefebene von Gabella. Doch gilt es — wie der orthodoxe Pfarrer Christophor Mihajlović in Mostar, der früher lange Jahre Klostervorsteher in Zavala im Popovopolje war, in dem » Glasnik zem. muzeja « behauptet — trotz seiner Sümpfe und periodischen Ueberschwemmungen für einen der gesundesten Theile der ganzen Hercegovina, während die

Gendarmerieposten Konjsko am Wege vom Lastvathal
nach Grab in der Zubci.

Ebene von Gabella für den ungesundesten Landstrich gehalten wird. Im Vergleich zu den Hochebenen mit ihren starken Frösten und Schneefällen erfreut sich das Popovopolje gleich den Küstengebieten eines herrlich milden Winters und einer durch erfrischende Meereslüfte gemässigten Sommerwärme. Ueberdies ist das Polje äusserst fruchtbar und trägt die verschiedenartigsten Ernten. Es giebt Weingärten in Fülle, Oliven, Aepfel, Pflaumen, Feigen, Kirschen, Quitten; alle Arten Getreide und besonders der Tabak gedeihen vorzüglich. Das Gebiet hat die Form eines langen gekrümmten Armes; auf beiden Seiten umkränzen es hohe steile und nackte Karstfelsen. Es ist wohl die waldärmste Gegend der ganzen Hercegovina. Am Fusse dieser kahlen Felsen reihen sich über 20 Dörfer mit beiläufig 5000 Seelen, mit netten Häusern und fast jedes mit einer eigenen Kirche. Das Polje erstreckt sich von Tulja, dem höchst-, bis Utova, dem tiefstgelegenen Dorfe, in einer Länge von 30 Kilometern und es erreicht eine Breite von ½ bis über 3 Kilometer. Diese ganze Fläche ist jedes Jahr regelmässig vom Herbste bis zum Ende des Frühlings überschwemmt und bietet dann das Bild eines Sees. Die Wassertiefe beträgt im oberen Theile über 15, im unteren sogar bis über 40 Meter. Diese Wasserfläche wird von keinem Hügel, keinem Walde, nicht einmal von einem Baumstamme unterbrochen und wenn dann Sturmwinde über das » Blato « (den Sumpf) dahinbrausen, und hohe Wellen an dem kahlen Felsengelände branden, wenn dann ein schwaches kunstloses Boot mit seinen Insassen von dem empörten Elemente hin- und hergeworfen wird und mit den wilden Wogen kämpft, bis es nach harter Mühe seinen Hafen erreicht, dann bietet sich ein Schauspiel, wie es der Betrachter der Landkarte wohl auf der nahen Adria, nicht aber in diesem Theile des Festlandes suchen dürfte.

Und doch fliesst dieser ungeheure Wasserschwall fast jedes Jahr rechtzeitig wieder ab und die Ebene wird trocken gelegt Die ganze gewaltige Wassermasse wird von einigen Schlünden (Ponori), welche sich im unteren Theile des Popovopolje befinden, verschlungen und durch diese theils dem adriatischen Meere, theils den Sümpfen bei Gabella zugeführt. Den Sommer über bleibt die Ebene gänzlich wasserlos, denn die Trebinjčica, das Flussgerinne des Popovopolje, erscheint in dieser Jahreszeit vollkommen trocken. Wenn diese Ueberschwemmung, sei es, dass sie im Herbste zu früh eintritt und die Ernte vernichtet, sei es, dass wegen zu späten Abfliessens des Wassers im Frühjahr die Felder nicht rechtzeitig bestellt werden können, auch noch so grossen Schaden anrichtet, so ist sie andererseits doch von unendlichem Segen. Der befruchtende Schlamm, den sie über die ganze Ebene ablagert, macht das Düngen entbehrlich und thatsächlich wird im gesammten Popovopolje mit Ausnahme der höher gelegenen Berglehnen niemals gedüngt. Dennoch erfreut es sich einer üppigen Fruchtbarkeit.

Trotz des grossen winterlichen Wasserreichthums des Polje hat es dennoch nur sehr wenige Fische und diese nur von einer Gattung, genannt » Gaovice « (Leucus adspersus Heckel). Diese Fische sind kaum von der Grösse einer Sardelle, aber sehr fett und wohlschmeckend. Sie werden

Defensivkaserne in Grab (Zubci).

mit aus der besten Hausseide gefertigten Netzen gefischt. Sowohl das Spinnen der hierzu nöthigen äusserst zarten Seidenfäden, als auch das Flechten der Netze, wird ausschliesslich durch das Hausgesinde besorgt. Der Fisch gelangt nicht mit dem Wasser der Trebinjčica ins Popovopolje, sondern sein Aufenthalt ist das Polje selbst, wo er sich mit dem sinkenden Wasser in die Schlünde zurückzieht, um dort zu übersommern und erst im Herbst wieder hervorzukommen. Diese Lebensweise des Fisches wissen die Einheimischen vorzüglich auszunützen und sie stellen ihm nächst den Schlünden mit bestem Erfolge nach.

Das Popovopolje ist an Alterthümern ungemein reich. Bei jedem Dorfe ohne Ausnahme findet man alterthümliche Gräber, die im Volksmunde » griechische Gräber « (grčke groblje) genannt und häufig als Bogomilengräber bezeichnet werden. Iguman Mihajlović meint aber, dass diese Bezeichnung hier nicht zutreffe, da auf den meisten der Grabsteine sich an irgend einer Stelle das Kreuzeszeichen befinde, während die Bogomilen sowohl das Kreuz wie Kirchen für gänzlich überflüssig erklärten. Ausser diesen Grabsteinen ist eine grosse Anzahl alter Tumuli zu erwähnen, dann die Burgruinen Mlječica oberhalb des Dorfes Police, die Kula am Berge bei Zavala, die Burgruine am Ostrpg oberhalb Zavala und die merkwürdige Höhle bei diesem Dorfe.

Ueber die » Vjetrenica-Höhle « ist noch wenig bekannt.*) Sie ist aber eines Besuches auch aus weiterer Ferne werth, wie überhaupt die Hercegovina so viel des Merkwürdigen und des Erforschenswerthen bietet. Ich folge nachstehend den Mittheilungen des gewesenen Klostervorstehers Mihajlović von Zavala:

Die Vjetrenica befindet sich gegenüber dem Kloster Zavala, vier Stunden von Ljubinje, drei von Slano in Dalmatien, mit welchen Orten sie durch gute Reitwege in Verbindung steht. Der Eingang der Vjetrenica sieht gerade nach Norden und liegt in einer Höhe von etwa 40 Metern über dem Popovopolje, sodass die Gewässer, welche das letztere zur Winterszeit erfüllen, den Eingang nie erreichen können. Der Berg, in dessen Innern sich die Grotte befindet, führt den Namen Gradac, doch ist derselbe nur ein Ausläufer der Berge Klissura und Brekovac, welche zu den höchsten gehören, die das Popovopolje umgeben. Vor der Vjetrenica liegen die Ruinen eines Hauses, welches nach der mündlichen Ueberlieferung einem Vojvoden und Popen Namens Stefan gehörte. Mehrere dazu gehörige Mauern stehen auch oberhalb des Einganges, sodass sich der letztere innerhalb der Hausruinen befindet. Am Eingange der Vjetrenica bläst aus dem Innern ein sehr starker kalter Wind, dessen Stärke mit der Steigerung der Temperatur vor der Höhle wächst. Da dieser Wärmeunterschied im Winter beinahe verschwindet, hört in dieser Jahreszeit auch die erwähnte Luftströmung ganz auf oder schlägt in das Gegentheil um, d. h. die Luft strömt an kalten Tagen von Aussen nach Innen. Vor dem Eingange sind in den Felsen einige menschliche Figuren zu Pferde und zu Fuss eingemeisselt.

---

*) Die » Mittheilungen der Sektion für Höhlenkunde «, VII. Jahrgang (Wien, 1888) No. 2 enthalten einen Aufsatz vom Civilingenieur Josef Riedel unter dem Titel: » Eine Ventarole in der Hercegovina. « Riedel polemisirt darin gegen einen im III. Jahrgang desselben Organs erschienen Aufsatz des Civilgeometers Hugo Jedlička, worin am Schlusse auch der Vjetrenica Erwähnung gethan wird. Eine eingehende Untersuchung ist bisher nicht erfolgt.

Sie haben Schwerter umgegürtet und tragen Helme oder Kaipaks auf dem Haupte. Am Beginn dieser Figurenreihe befindet sich ein Kreuz, sodass die Entstehung derselben der christlichen Zeit zugeschrieben werden darf.

Hat man sich durch den kaum 1 Meter hohen, ebenso breiten und an 4 Meter langen Eingang hindurch gezwängt, so kann man sich aufrichten und die Laterne anzünden, was früher nicht möglich ist, weil der starke Luftzug jede Flamme verlöscht. Im Innern ist nur an einzelnen Stellen schwacher Luftzug. Beim Vordringen gelangen wir durch einen 7 Meter breiten und 2 Meter hohen Gang zur » Kapija « (Thor), einem natürlichen, prachtvollen Felsenthor von 3 Meter Höhe und 2 Meter Breite. Bis hierher (35 Meter) besitzt die Grotte eine südöstliche [Richtung. Hinter dem Thor sind zu beiden Seiten Nischen. In dem neuen Gange, der 2—3 Meter hoch ist, steigen wir, etwa 50 Meter vom Eingange entfernt, 1 Meter empor, treten abermals durch ein grosses Thor und befinden uns nun in einem weiten Raume, der sogenannten » Raskrsnica « (Wegekreuzung). Hier stösst man auf Spuren, dass einst Menschen da gehaust haben. Man findet Bruchstücke irdener Gefässe, Feuerstellen, Thierknochen etc. Links von hier, gegen Osten, erstreckt sich die Fortsetzung der Vjetrenica, während nach rechts in südwestlicher Richtung eine andere, 50 Meter lange Abtheilung abzweigt, in der sich die » Mühlsteine « (Žrvni), die » Trommel « (Bubanj) und die » Mühle « (Mlin) befinden. Wendet man sich von der breiten Raskrsnica gegen die letztgenannte Abzweigung, so hört man nach etwa 15 Schritten ein Geräusch, das demjenigen gleicht, welches durch sich drehende Mühlsteine erzeugt wird. An der linken Seite der Abzweigung befindet sich nämlich ein kleiner Felsspalt, durch welchen die Luft nach Aussen entweicht. Durch diese Strömung wird jenes Geräusch erzeugt, das dem Orte seinen Namen verschafft hat. Gehen wir weiter, so hören wir nach etwa 30 Meter die Töne der Trommel. Die Bevölkerung erzählt, dass bei der Trommel die in der Höhle wohnenden Vilen (Feen) ihre Kolotänze aufführen. Ueberdies glaubt sie, wenn sie einmal die Trommeltöne im Sommer nicht hört, dass im nächsten Jahre grosses Blutvergiessen bevorstehe. Schreiten wir weiter vor, so gelangen wir zur Trommel selbst, die sich am Ende der Abtheilung befindet. Hochgewachsene Personen müssen an dieser Stelle den Kopf beugen, jedoch nicht vor der Trommel, sondern vor dem herabhängenden Gestein. Jeder hört nun zu, wie schön der Trommler das Fell bearbeitet. Die Trommel sammt den dazu gehörigen Geräthen befindet sich über uns in einer unvollkommen runden Höhlung, welche so gross ist, dass ein Mann, wenn er sich etwas erhebt, Kopf und Schulter hineinstecken kann. Die Neugierde reizt Jeden, Trommel und Trommler in Augenschein zu nehmen, doch ist dies leider unmöglich. Einerseits sieht man in der Höhlung nichts, und andererseits gestattet der Lärm der Trommel nicht, lange den Kopf darin zu halten. Man bemerkt nur einige kleine Oeffnungen, durch welche die Töne zu uns gelangen. Das ist die ungewöhnlichste Erscheinung in der Vjetrenica, denn wir vernehmen hier nicht ein gleichmässiges Geräusch wie bei den Mühlsteinen oder der Mühle, sondern wirkliche Trommelschläge, deren Anzahl in einer Minute sich wohl auf 200 beläuft. Während die Zeiträume zwischen den Schlägen immer gleich bleiben, wechselt zuweilen die Kraft derselben. Ob nun der Wind allein diese Töne hervorbringt oder ob sie dadurch entstehen, dass er einen anderen Körper bewegt, ist unbekannt. Rechts von hier, am Nordende dieser Abtheilung, befindet sich die » Mühle «, wo sich dieselben Winderscheinungen wiederholen wie bei den » Mühlsteinen «.

Nun kehren wir zur Raskrsnica zurück und dringen in dem Hauptarme der Höhle vor. Dieser zieht sich südöstlich in den Berg hinein. Sobald man die Raskrsnica der Breite nach durchschritten hat, ersteigt man eine meterhohe Stufe und es beginnt ein enger Gang von 1 Meter Höhe und 5 Meter Länge, in dem ein beständiger Luftzug herrscht. Haben wir uns durch diesen Gang hindurchgezwängt, so gelangen wir auf eine sandige Fläche und nach einigen Schritten über diese zum ersten See. Die Entfernung vom Haupteingange bis hierher beträgt 100 Meter. Der See ist klein und trocknet schon im Juni aus, was das weitere Vordringen bedeutend erleichtert, weil man zu anderer Zeit gezwungen ist, durch eine kleine Oeffnung neben dem See durchzuschlüpfen. Ebenso verhält es sich in anderen Theilen der Vjetrenica, weshalb ihre Besichtigung im Sommer bedeutend leichter ist als in einer anderen Jahreszeit. Ist man über den ersten See hinaus, so gelangt man zu einem der schöneren Punkte der Grotte. Hier stehen Tropfsteinsäulen, die mit dem Boden und der Decke verwachsen sind und andere, die von der Decke herabhängen. Weiter bemerkt man tief ausgehöhlte Steine, deren Höhlungen mit Wasser gefüllt sind. An dieser Stelle pflegen Besucher eine Zeit lang auszuruhen, wobei sie sich mit frischem Wasser laben, ihre Namen in die Säulen einritzen, Cigaretten anzünden u. s. w. Doch werden hier auch oft » die Pässe für die Weiterreise angefertigt «, wenn sich die Besucher hinlänglich mit jenem Stoffe versehen haben, der nach König Davids Worten des Menschen Herz erfreut. Auch für Liederklang ist der Ort sehr geeignet, obwohl dies auch für andere Stellen der Vjetrenica gilt.

Weiter wandernd gelangen wir abermals über eine sandige, etwa 40 Meter lange Fläche scheinbar an das Ende der Höhle. Wenden wir uns etwas links, so stehen wir vor einer Thür, bei deren Durchschreiten wir uns etwas bücken müssen. Vorüber an einer 5—6 Meter langen Geröllmasse gelangen wir zu jenem Theil der Höhle, der mit dem Namen » Čejreci « bezeichnet wird. Hier ist die Grotte ziemlich hoch und an der Decke sieht man verschiedene klumpenförmige Tropfsteinbildungen, welche Fleischstücken ähneln, die zum Räuchern aufgehängt sind. Von diesen Gebilden hat der Platz seinen Namen (Čejrek = der vierte Theil eines Schafes). Etwa 30 Meter weiter gegen Süden zeigt sich zwischen nackten Felsen eine grosse Grube, in welche wir 10 Meter tief hinabsteigen müssen. Dieser Ort heisst » Pjati « (die Schüsseln). Die Entfernung vom Haupteingange bis hierher beträgt genau 200 Meter. Inmitten des Platzes erhebt sich ein 3 Meter hoher Stein, der von einer Seite leicht zu erklettern ist und einem Predigtstuhle gleicht. Oft haben hier Touristen erleben können, dass einer ihrer Mitgefährten diese Kanzel besteigt und mit einem Weinglase in der Hand ein » Gebet « für die glückliche Weiterreise spricht. » Pjati « wird der Ort wegen vieler tellerförmiger Aushöhlungen im Boden genannt, die auf natürlichem Wege durch das Wasser entstanden sind. Von hier an hebt sich die Grotte — soweit sie bis jetzt bekannt ist — allmählich, was sich schon daraus folgern lässt, dass an diesem Punkte zur Winterszeit alle Gewässer der Vjetrenica zusammenströmen, um in einem am Ostrande der Pjati befindlichen Schlunde zu verschwinden und am Ende der Ebene, unterhalb der Vjetrenica, als Lukavica wieder hervorzubrechen. Die Lukavica ist ein fliessendes Gewässer, das auch im Sommer nicht versiegt. In der Mitte der Pjati befindet sich noch ein Hügelchen von 2—3 Meter Höhe, an welches sich der erwähnte Predigtstuhl anlehnt, während sich links davon ein etwa 100 Meter langer See ausbreitet, vielleicht der grösste in der Vjetrenica.

Von den Pjati biegt der Weg nach Südwest gegen das Innere der Höhle und geht sodann bei geräumiger Breite und grosser Höhe über Felsen am rechten Ufer des Sees entlang, bis wir nach dem Verlassen desselben an seiner linken Seite auf einen beiläufig 30 Meter langen abgetheilten Raum stossen, welcher ganz mit Stalaktiten und Stalagmiten angefüllt ist. Schreiten wir in der Längsrichtung der Haupthöhle 100 Meter weiter, so finden wir den Boden unter unseren Füssen meist erdig, während die nächsten 100 Meter Weges mit Gerölle bedeckt sind, welches zur Winterszeit vom Wasser hereingeschwemmt wird. Nun sind wir 500 Meter vom Haupteingang entfernt. Hier giebt es schöne kleine Säulen, die gleichsam aus der Erde herauswachsen und mohammedanischen Grabsteinen ähnlich sind. Hinter den Säulen streicht ein mit der Haupthöhle parallel laufender Raum, welcher sich nach einer Längenausdehnung von 100 Meter wieder mit der ersteren vereinigt. Durchschreiten lässt sich der Nebenraum nicht vollkommen, denn am Ende desselben befindet sich eine grosse Vertiefung, auf deren Gründe man Wasser bemerkt. Setzen wir den Weg von den kleinen Säulen, d. i. von der Entfernung von 500 Meter, fort, so gelangen wir über theils sandigen, theils nackten Grund bis zu 600 Meter vom Haupteingange. Bevor wir diesen Punkt erreichen, müssen wir eine Grube 5 Meter tief hinabsteigen und gleich darauf wieder 7 Meter emporklimmen. Die Höhe der Grotte beträgt hier 10 Meter. Damit ist die Wanderung durch den bisher genau erforschten Theil der Vietrenica beendigt.

Eines Besuches werth ist in Zavala auch noch das griechische Kloster, das am Ostrog, am linken Ufer der Trebinjčica liegt. Wegen seiner 70 Meter hohen Lage über dem Flussthal bietet es zur Sommerszeit eine sehr schöne Aussicht über dasselbe, während es im Winter, wo die heranstürmenden Wellen des » Popovsko blato « die Felsen unterhalb des Klosters peitschen, mehr einem. Küstenorte gleicht. Das Kloster selbst ist an eine Felswand angebaut, die dazu gehörige Kirche befindet sich aber unterhalb dieses Felsens fast zur Gänze in einer Höhle, wie manche andere griechisch-orthodoxe der BalkanhalbinseL Es ist ein wilder und grotesker Bau, zur Vertheidigung eingerichtet. Das Klostersiegel trägt die Jahreszahl 1271. Die Kirche enthält noch einige ganz annehmbare Heiligenbilder, die Klosterbibliothek alte gedruckte und geschriebene Kirchenbücher, Fermane, Fetwas und Besitzurkunden aus dem 16. und 17. Jahrhundert, sämmtlich in türkischer oder bosnischer Sprache. Eine alte Kirchenruine und die Ruinen der alten Burg Klissura vervollständigen das interessante Landschaftsbild.

Die Bevölkerung des Popovopolje ist fast ausschliesslich christlich, zum grossen Theile katholisch und sie gilt bei den Hercegovcen wohl als arbeitssam und geschickt, aber nicht als besonders tapfer. Das hinderte aber nicht, dass in den letzten Aufständen unter Luka Vukalović und 1875 auch Popovianer ihren Mann stellten. Die von Klek kommenden türkischen Truppen verhinderten sie im letztgenannten Jahre allerdings nicht am Marsche nach Trebinje, wie von ihnen erwartet wurde, und so konnte das Hauptquartier der Insurgenten, das Kloster Duži, überrumpelt, die Aufständischen zersprengt werden. Dafür stammt aus dem Popovopolje der katholische Geistliche Fra Ivan Musić, der mit Freiwilligen 1878 mannhaft an der Seite der kaiserlichen Truppen focht, der sich bei Stolac auszeichnete und sich die Kriegsmedaille wie den Franz Josephsorden erwarb. Die Bewohner des Popovopolje sind vorzügliche Bauhandwerker, sowohl zum Haus- wie zum Wasserbau, und als solche ziehen sie nicht allein in Bosnien-Hercegovina herum, sie gehen auch in die weite Welt, nach Aegypten, nach Amerika und verdienen dort Geld. Meist kommen sie zu Wohlstand und sie lassen auch die Landsleute in der Heimath davon mitgeniessen. Der Wandertrieb dürfte wohl durch die Nähe des Meeres, durch das Beispiel der dalmatinischen Küstenbevölkerung in ihre Brust gelegt sein.

Ueber Dalmatien ins Narentathal.

ypressen grüssten mich. In Trebinje, wo ich dem Meere so nahe, packte mich ein förmliches Heimweh nach den grünen Fluthen der Adria, nach Ragusa, dessen Geschichte mit derjenigen Bosniens und der Hercegovina so innig verwoben ist und in dessen Mauern ich im Verlaufe mehrerer Jahrzehnte oft und längere Zeit verweilte. Aber nicht den kürzesten Weg wollte ich dann von Ragusa nach der Narenta-Mündung einschlagen, um wieder auf hercegovinisches Gebiet zu gelangen, den Seeweg auf dem Dampfer, sondern ich beschloss, auch von Ragusa auf dem Landwege längs des Meeres meine Strasse zu ziehen, um die selten besuchte Enklave Klek zu durchkreuzen. Meinen Wagen hatte ich schon von Mostar aus längs der ganzen montenegrinischen Grenze benützt, ich hatte ihn gemiethet, so lange und wo ich ihn gebrauchen würde, mit der einzigen Bedingung, ihn nach Mostar zurückzuführen. So gab ich denn unserem Kutscher den Auftrag, sich für 1 Uhr Mittags bereit zu halten, um die Fahrt nach dem alten südslavischen Athen anzutreten. Es ist das nicht die geeignetste Fahrzeit für diese Gegenden, aber die Jahreszeit war schon weit vorgerückt — es war Ende September — die Sonne brannte nicht gerade mehr mit versengender Gluth und in der Höhe der zu übersteigenden Gebirge konnten wir auf einen frischen Luftzug vom Meere rechnen.

Kopfleiste: Altbosnische Inschrift vom Grabsteine des Radoslav Hrabren in der Vorhalle der Kirche zu Osanić bei Stolac. (Am 24. April 1505 starb Vojvode Radoslav Hrabren und wurde in der Kirche zu Osanić bestattet.)

Die dicht an Trebinje grenzenden Ortschaften Mustaci und Gomiljani
sehen heute schon ganz anders aus als noch vor wenigen Jahren, wo sie
förmlichen Ruinenstätten glichen. Ueberall sind die Häuser ausgebessert,
neu gebaut oder getüncht; die nach italienischer Sitte mit Steinmauern
umzäunten Gärten prangten im üppigsten Grün, aus dem sich das silber-
graue Laub der Olive wirkungsvoll abhob. Etwas abseits vom Wege
bemerken wir die ausgedehnten Trümmer des 1693 von den Türken
zerstörten Klosters Tvrdoschi, aus denen heute noch auf die Mächtigkeit
des Bauwerks geschlossen werden kann. Auf einer neuen Brücke, die
von einer festen Kula flankirt wird, hatten wir die Trebinjčica übersetzt.
Hier ist die Gegend noch gut bewohnt, überall stehen vereinzelte Häuser
und lange Züge von Maulthieren und Eseln, die von Ragusa kommen
oder dorthin zurückkehren, beleben das Landschaftsbild. Meist sind es
Bäuerinnen aus dem Ragusaner Bezirke, die vom Markte in Trebinje
kommen und die in ihren geschmackvollen malerischen Trachten lachend
und laut schwatzend ihres Weges ziehen. Ein hübsches junges Mädchen,
das nicht mehr gut zu Fusse schien, bat uns, sie im Wagen mitzunehmen.
Das geschah mit Vergnügen, und so hatten wir eine fröhliche und er-
zählende Begleiterin.

Nicht lange währt die bebaute Gegend, dann kommen wir in die
Karstregion. Das Grün, welches sogar durch einen kleinen Wald als
Anfang einer rationellen Forstkultur zum Ausdruck kam, verschwindet
gänzlich und die wildeste grossartigste Gebirgswelt umgiebt uns. Nichts
als graue, nackte Bergriesen ringsum, auf denen überall Karaulen —
Wachthäuser — stehen. Wir zählten deren an der Strasse 18.

Immer düsterer wird die Gegend; die Strasse steigt scharf an, um
den Grenzwall zwischen der Hercegovina und Dalmatien zu übersetzen.
In der Tiefe, in einzelnen Dolmen, liegen einsame Gehöfte, die sich
kaum vom grauen Gestein abheben. Alles sieht verbrannt und verödet
aus, entschieden die trostloseste Gegend des Landes. Auf Gluha-Smokva
ist eine Gendarmerie-Kaserne; einige Häuser sind dazu gebaut, der Beginn
einer Ansiedelung. Hier werden die Pässe revidirt, dann geht es weiter.
Wir steigen bis zur höchsten Kuppe. An der Strasse steht ein Finanz-
wachgebäude, dann einige elende Schänken. Ueber ihnen aber erhebt
sich Fort Drieno, einst die wichtigste Strassensperre gegen das österreichische Gebiet, bekannt durch den tollen Dynamitanschlag Miroslav
Hubmayers während der 1875er Insurrektion. Jetzt blinken dort die
bosnischen Uniformen herab; ihre Träger sehen von der luftigen Höhe
weit ins Meer, ins blaue unendliche Meer, das vor unseren trunkenen
Augen liegt.

Wohl haben wir noch lange zu fahren, ehe wir auf den endlos abfallenden Serpentinen Ragusa erreichen, aber bald wird das liebliche

Brennothal sichtbar, im Rücken abgeschlossen durch kahle Steinwände; —
dort liegt Ragusa Vecchia, von Flüchtlingen aus Epidaurus gegründet.
Wir passiren Fort Carina, dann das schon dalmatinische Bergatto. Die
Vegetation an der Strasse wird üppig und südlich. Lorbeer, Cypressen,
Feigen und Aloen säumen den Weg ein, warme feuchte Luft umfächelt
uns. Da liegt das einstige Eiland des Kronprinzen Rudolf, das prächtige
Lacroma mit seinen lauschigen Hainen und prachtvollen Anlagen, dominirt
vom Fort Royal, — eine Biegung des Weges und wir sehen rechts unter
uns San Giacomo, wo Palmen ihre Kronen in die Lüfte strecken, und
bald halten wir unseren Einzug in die Perle der Adria, in das wundervolle Ragusa, in dieses Stück Afrika auf österreichischem Boden. Sei
gegrüsst, ewig schöne, grüne Adria!

Von jeher hatte das Wort Ragusa einen Zauberklang in meinen
Ohren. Blumen und Blüthenduft sehe ich vor mir, hohe kahle Berge und
am Fusse derselben tropische Vegetation, dazu das Rauschen des Meeres.
Stets bin ich mit Wehmuth im Herzen von diesem wundervollen Fleck
Erde geschieden und wenn ich einmal sterben soll, wünsche ich mir nur
einen Platz auf dem Ragusaner Friedhof, das Grab umsäumt von Aloen,
zu Häupten die dunkle Pinie, vor mir aber das dunkelblaue Meer, das
jeden Erdenschmerz in die Ferne trägt. . . .

Im Februar, wenn überall die Welt im Winterschlummer liegt, im
Frühjahr und im Herbst, selbst im Winter ist Ragusa ein wundervoller
Aufenthalt. Aprikosen-, Mandel-, Pfirsichbäume strömen hier ihren Duft
aus, goldene Last tragen die Citronen- und Orangenbäume und aus dem
Blättermeere, welches die Stadt und deren Umgebung umkränzt, leuchtet
das Scharlach der Granaten, schimmern die silberweissen Kelche des
Jasmin und der Myrthe, das zarte Rosa des wilden, das Purpurne, Weisse
und Blaue des gezüchteten Oleanders. Die blauen Blüthen des Rosmarien-
strauches winken dem Wanderer, gigantische Palmen nicken stolz mit
ihren Federkronen, und auf riesig hohem, baumartigem Blüthenstengel
schwanken die glockenartigen Früchte riesiger Aloen. Ein balsamischer
Duft erfüllt die ganze Gegend, und wenn man den Blick hebt gegen
Osten, da sieht man die kaum von Salbei spärlich bekleideten Felsen-
hänge, die Dalmatien von der Hercegovina scheiden. Einst ragten wohl
auch auf diesen jetzt nackten Abhängen dunkle Eichenwälder, denn diese
haben Ragusa zu seinem slavischen Namen verholfen. » Dubrava « (der
Eichenwald) gab den Anlass zu der südslavischen Benennung des Ortes.
Dubrovnik heisst Ragusa heute und so nannten es die Slaven früher, aber
nur als Ragusa feierte es seine geschichtlichen Triumphe, als Ragusa war es
die altehrwürdige Republik durch mehr als ein Jahrtausend und als Ragusa
wurde es von den Soldaten des mächtigen Korsen unterjocht und der wort-
brüchige Marschall Marmont erhielt dafür den Titel: » Duc de Raguse «,

Nizza und Mentone, Monte Carlo und Monaco bieten weniger an landschaftlichen Reizen, als Ragusa mit seinem hercegovinischen Hinterlande. Wohl ist hier keine Spielbank, aber die meisten Leute aus deutschen Landen gehen an diesen Theil der Riviera, um zu gesunden, nicht um zu spielen. Sie wissen gar nicht, dass es noch Gefilde giebt, wo der Mensch ausruhen kann von den Lasten des Lebens, wo er rasten kann von geistiger Arbeit, wo er nicht ausgesaugt wird bis aufs Blut. Aber Dalmatien ist ja so wenig bekannt, man reist lieber immer wieder nach Italien, an den Rhein, in die Schweiz, als dass man einmal das wunderbare Land betrachtete, das wie kein anderes im Bunde mit Bosnien den Uebergang zum Orient vermittelt. Und was ist Ragusa für ein Aufenthalt im Winter! Während selbst am Bosporus der Schnee fusshoch liegt, während in unseren südlichsten, sogenannten klimatischen Kurorten die Leute zum Einheizen genöthigt sind, blühen hier in Europas Afrika die Bäume in vollster Pracht, von Schnee ist am Meere nie eine Spur und die Bora wüthet nie so schlimm, als in Stambul der eisige Nordsturm, der aus den russischen Steppen über das Schwarze Meer daherweht und das Wasser in den Brunnen gefrieren lässt.

Einen Theil der Schuld an der Vernachlässigung Süd-Dalmatiens tragen wohl auch die früheren österreichischen Regierungen sammt der Volksvertretung. Viele Leute können die Seefahrt nicht vertragen, obwohl diese — Dank dem » Lloyd « — wundervoll ist. Von einer direkten Eisenbahnverbindung ist aber bisher keine Rede. Die Sackbahn Spalato-Sebenico-Knin-Siverić ist Gott und der Welt nichts nütze und ohne eine Bahn mindestens von Wien nach Spalato können diese von der Natur zu klimatischen Kurorten begnadeten Orte nicht aus ihrem bisherigen Dunkel gehoben werden.

Wieder war es die bosnische Landesregierung, welche auch Dalmatien zu Hilfe kam, indem sie von Mostar aus die Eisenbahn bis nach Metković baute, so eine direkte Verbindung von Europa über Brod-Sarajevo-Mostar mit der südlichen Adria herstellend. Durch den in seinem grössten Theile vollendeten Bau der Bahn von Lašva (Station der Bosnabahn) über Travnik, Dolnji-Vakuf und Bugojno nach Županjac, die bis Aržano an der dalmatinischen Grenze führen und dort von der cisleithanischen Regierung bis Spalato fortgesetzt werden soll, wird aber eine noch wichtigere Verbindung zum Meere hergestellt. Aber während in Bosnien rastlos gedacht und gearbeitet wird, vertrödelt man in den cisleithanischen Vertretungskörpern in Ausschüssen, Kommissionen und selbst in Reichstagssitzungen die kostbare Zeit mit nichtigen Gegenständen. Wo wäre Dalmatien heute schon, wenn es mit unter bosnischer Verwaltung stünde! Und Bosnien ist noch nicht zwei Jahrzehnte vom türkischen Joche erlöst, es hat einen kulturellen Stillstand von vier Jahrhunderten überspringen müssen!

Das sind die Betrachtungen, die sich dem genauen Beobachter der Verhältnisse dieser Länder aufdrängen, wenn er dalmatinischen Boden vom Hinterlande aus betritt, und obwohl ein » politisch Lied ein garstig Lied « genannt wird, ist das Anstimmen dieser Melodie hier nicht zu vermeiden, wo die Entwicklung der Volkskraft, der gesammten Wohlfahrt des Landes von der Politik abhängt...... Doch kehren wir nach dieser Abschweifung zu unserer Reise zurück. Wir wollen nicht weiter sprechen von Ragusa und seiner geschichtlichen Vergangenheit; das vorliegende Werk ist dem aufstrebenden Hinterlande gewidmet und diesem soll der Raum nicht geschmälert werden.

In Canosa.

Nach einem angenehmen Abend und einer guten Unterkunft im » Hotel Lacroma « wurde am nächsten Morgen die Fahrt zu Lande fortgesetzt Durch die Vorstadt Pille, eine prächtige Villenstadt, ging es nach Gravosa, dem eigentlichen Meerhafen von Ragusa. Ueberall ruht der Blick auf dem Meere, auf wundervollen Baum- und Pflanzengruppen, auf der bewaldeten Halbinsel Lapad mit ihren militärischen Anlagen, Meerbädern und Palazzi von Ragusaner Nobili. Das grosse » Hotel Petka « in Gravosa ist erst in neuerer Zeit gebaut, das alte Gasthaus Pavlović gegenüber dem Landungsplatze der Lloyddampfer scheint dem Verkehre nicht mehr genügt zu haben. Bei der Dogana (dem Zollamt) grüssen wir die riesige Platane, die den ganzen Platz beschattet, dann weiter hinein ins Omblathal. Dicht vor Gravosa, an der Einfahrt in den Hafen vom Meere aus, die vom Scoglio Daxa mit hohem Leuchtthurm (verherrlicht durch eine Sage, die sich mit jener von Hero und Leander deckt) flankirt wird, mündet der hercegovinische Schlundfluss, einem mächtigen Meeresarme gleich, in die Adria. In majestätischer Breite tritt die Ombla — der angebliche Ausfluss der Trebinjčica — tief hinten im romantischen Thale direkt unter den Felsen hervor, sie treibt eine grosse Mehl- und Sägemühle und ist sofort für grössere Fahrzeuge schiffbar.

Wir mussten unweit von der Einmündung der Ombla ins Meer in der Nähe des Palazzo Caboga Halt machen, um mit der Fähre über den Fluss zu setzen und am jenseitigen Ufer, immer im Angesicht des Meeres, die Fahrt fortzusetzen. Ueber Malfi, links die Inseln Calamotta und Mezzo, darüber hinaus Meleda in Sicht, kamen wir durch wundervolle Gegenden, durch die üppigsten Gartenanlagen, in denen malerische Landhäuser zerstreut lagen, nach Canosa (slavisch Trsteno), dem alten Besitzthum der Conte Gozze, berühmt durch seine tausendjährigen Platanen, unter deren Aesten ganze Regimenter im Schatten lagern können. Dieses Canosa ist vielleicht einer der interessantesten Punkte in ganz Dalmatien und auch der Park der Grafen Gozze ist einer Besichtigung zu empfehlen. Da unsere Pferde durch die stundenlange Tour bergauf und bergab einer Erholung dringend bedürftig waren, schenkten wir ihnen eine längere Rast, uns selbst Erquickung. Die zwei Gasthäuser sind nur primitiv, aber für Bier, Wein, vorzüglichen Schinken und Käse ist gesorgt. Dann hielten wir Siesta — soweit es bei der Neugier der Bevölkerung möglich war — im Schatten der Platanen. Nur noch eine kurze Strecke hatten wir gut befahrene Strasse, dann wurde der Weg fürchterlich. Die Strasse ist eine vorzüglich gebaute Chaussee, einst im Anfang des Jahrhunderts von Marschall Marmont angelegt und stets in gutem Zustande erhalten. Da sich aber der gesammte Verkehr zur See vollzieht, ist die Strasse fast gar nicht befahren. Sie ist wie frisch beschottert und nur eine feine braune Linie zieht sich ausgetreten durch die fürchterlichen Steine, wo Fussgänger oder ein Tragthier ihres Weges gewandert sind. Dabei führt der Weg in endlosen Serpentinen um jede Meeresbucht, er steigt hoch aufs Plateau und fällt sofort tief hinunter, um nach wenigen Minuten dasselbe Vergnügen von vorne zu bieten. Unter den glühenden Strahlen der Sonne, ohne eine Spur von Schatten, schleppten sich unsere Pferde dahin. So lange das Meer in Sicht blieb, war die Tour für die Menschen erträglich, dann aber kam das öde Karstgebiet, die Steinwüste, wie sie in der Hercegovina in dieser Trostlosigkeit nirgends zu finden ist. So weit das Auge reicht, nichts als grauer Stein, ein Meer von Steinen, dazwischen spärliche Wacholderbüsche und Salbei, ewig Salbei. Kein Ton unterbricht die Stille, keine Heerden, keine Menschen! So geht es stundenlang fort, der Wagen wegen des Schotters im Schritt

fahrend und dazu nirgends ein Tropfen Wasser! Wohl erreichten wir inmitten dieser Sahara ein einsames Haus — Wegeinräumer- und Gasthaus
zugleich, Ruda hiess es — aber ausser jungem Wein war nichts zu haben
und selbst gegen angebotenes schweres Geld konnte unseren Pferden kein
Tropfen Wasser gegeben werden. So zogen wir denn mühselig unsere
Strasse, bis wir in einer Niederung, die gut bestandene eingezäunte Felder
aufwies, Hirtenjungen bemerkten. » Wisst Ihr, wo Wasser ist? « war die Frage.
» Ja, eine Cisterne dort unten im Garten. « Gott sei Dank, die Noth schien
ein Ende zu haben. Gegen Geld- und Gotteslohn erbot sich einer der
Buben, die Pferde, die ausgeschirrt werden mussten, nach der Cisterne zu
bringen. Da tauchte auf einmal hinter einer Mauer der angebliche Besitzer
auf, der lebhaft Protest gegen die Benützung » seines « Wassers einlegte.
Die Burschen antworteten, dass das Wasser der ganzen Gegend gehöre;
aber schliesslich wäre der Streit doch nur zu unseren Ungunsten ausgefallen, wenn wir uns nicht entschlossen hätten, auch diesen Ehrenmann
zu bezahlen. Nach einem halsbrecherischen Umweg von einer halben
Stunde waren unsere Pferde getränkt, wir aber wussten, dass uns dasselbe
Quantum Wein nicht viel theurer gekommen wäre.

Und abermals geht es bergauf und bergab, wir suchen um jeden
Preis hercegovinisches Gebiet zu erreichen, wo wir in Neum eine anständige Unterkunft wissen. Aber es wird Dämmerung und die Enklave
Klek ist noch immer stundenweit entfernt. Die Pferde sind blutig geschlagen, sie können nicht mehr weiter, der Kutscher flucht in allen
Sprachen, sogar schon deutsch, soweit er es in Mostar gelernt hat und
auch uns klebt die Zunge am Gaumen. Da sehen wir ein einsames Haus
an der Strasse. Es ist ein Strasseneinräumerhaus, in dem man sogar Tabak
und Cigarren verkauft. Der Entschluss ist bald gefasst. Kaum hält der
Wagen, erscheint eine alte Frau, die seit Monaten kein Wasser an sich
gesehen. » Können wir hier übernachten? Hast du eine Stube und auch
Stall? « Alle Fragen werden bejaht und nun konnten wir für die Nacht
die Sorgen abstreifen. Durch zwei höhlenartige Räume wurden wir in ein
Zimmer geleitet, das an und für sich ganz annehmbar gewesen wäre,
aber das sogenannte Bett war mit seinem zerlegenen Stroh nicht einmal
für das Lager eines wilden Thieres geeignet und die daraufliegende Decke
beförderten wir gleich ins Nebengemach. Dann suchten wir das Lager
mit unseren Decken soweit als möglich herzurichten. Was das Schicksal
Nachts noch in seinem Schoosse barg, mochten die Götter wissen. Dabei
stand aber in diesem Zimmer ein Schreibtisch und eine Weckeruhr! Der
Sohn der Besitzerin war auch Postmeister und daher kam dieser Glanz in
die dalmatinische Hütte. Noviput nannte sich Haus und Umgebung.

Da die Pferde erträglich untergebracht waren, fügten wir uns in das
Schicksal, tranken schwarzen Wein aus der einzigen vorhandenen Flasche

und dem einzigen Glase und da wir den Mangel bemerkten, bedienten wir uns unserer eigenen Gefässe, um andere Gäste nicht zu schädigen. Solche kamen genug an. Wegearbeiter, Bauern — bald sass eine ganze Volksversammlung um uns unter freiem Himmel, an dem sich die Sterne in vollster Klarheit zeigten, und es flog Rede und Gegenrede. Wer die Gewohnheiten dieser Länder nicht kennt und uns in dieser Umgebung und in dieser Steinwildniss gesehen, hätte geglaubt, wir wären unter die Räuber gerathen. Und doch lag diesen braven Leuten nichts ferner, als uns zu schädigen. Sie suchten nur — und das noch sehr diskret — ihre Neugierde zu befriedigen und unser Kutscher wurde immer wieder heimlich um noch genauere Auskunft ersucht. Dabei kreiste die Flasche, eine Gusla kam zum Vorschein, und die alten Heldensagen wurden recitirt, die sehr blutig klangen und hier oben unter Gottes freiem Himmel in der Abgeschlossenheit einen tiefen Eindruck hervorbrachten.

Unsere Wirthin hatte ein Huhn geschlachtet und gekocht. Dazu brachte sie frisches Kukuruzbrod und Wein. Alles war gut; der zurückgekehrte Hausherr und eine hungrige Katze leisteten uns Gesellschaft. Der Postmeister und Strassenaufseher war übrigens ein ganz gebildeter Mann für diese Gegend, er konnte lesen und schreiben und besass sogar Briefpapier mit seinem Namen. Warum? weiss Niemand. Ueber die Nacht will ich mit Stillschweigen hinweggehen; als das erste Morgengrauen durch die kleinen Fenster leuchtete, traten wir ins Freie, wo wir seltsamerweise den Kutscher schon mit den angespannten Pferden fanden Er war sehr kleinlaut und verlangte nur, bald wieder hercegovinischen Boden unter den Füssen zu haben. Ein schwarzer Kaffee — auch hier gut — ein Abschiedsgruss, weiter geht es nach dem » türkischen Gebiet «. So nennt man hier noch heute die Hercegovina und die Enklave Klek ist bei den dalmatinischen Bauern » die Türkei «.

Eine Stunde hatten wir in schnurgerader Richtung zu fahren, dann waren wir in diesem vielgenannten Erdenwinkel, der zu unzähligen diplomatischen Noten Veranlassung gegeben hat. Einst von Ragusa an die Pforte abgetreten, um zwischen ihr und das venetianische Gebiet einen türkischen Keil zu schieben, ermöglichte es später der Pforte allein, auf dem Seewege Truppen nach der Hercegovina zu bringen.

Neum ist der einzige bemerkenswerthe Ort der Enklave Klek. Von der Adria aus führt zwischen der Halbinsel Sabbioncello und der Narentamündung ein Meeresarm in den Kanal von Stagno piccolo, der eine kleine Abzweigung in den sogenannten Golf von Klek entsendet. Es ist ein natürlicher Hafen von hohem Werth, nicht breit, aber mit tiefem Fahrwasser, sodass die Hercegovina auch an der Adria ihre Stellung wahren könnte. Im Jahre 1880 war ich das letzte Mal in Neum, wie noch alles im Werden begriffen war, aber schon damals wurde durch Militärbauten

Hafen von Neum in der Enklave Klek.

gesorgt, dem Platz eine gewisse Wichtigkeit zu verleihen. Ganz hübsche
Anlagen waren im Entstehen, die provisorischen Gasthäuser gut. Dies
dürfte sich heute sehr zum Bessern geändert haben. Unser Weg führte
rechts an Neum vorbei, das tief unten am Meeresstrande liegen blieb.
Wir sahen nur Befestigungen und überall neue Strassen. Bezeichnender-
weise wurden auch mit dem Ueberschreiten der Grenze die Strassen sofort
besser; der grobe Schlagschotter hörte auf, die Chausee war befahren und
an Stelle des Schrittes konnte der schlanke Trab treten. Auf der Höhe
hinter Neum kreuzen sich die Strassen, eine führt nach dem Meere, die
frühere türkische Strasse, die in schnurgerader Richtung den Berg nimmt,
ist verlassen und eine neue Strasse, die in sanften Umgehungen dasselbe
Ziel erreicht, ist jetzt im Betrieb. An diesem Kreuzungspunkte nehmen
wir Abschied von der Adria. Wir werfen noch einen Blick auf Sabbioncello und Curzola, dann grüssen wir die Sonne, die gerade im Osten, dem
wir uns zuwenden, die Gebirgskuppen vergoldet.

Mitten in die Gebirgswildniss führt unser Weg. Da ist kein Baum
und Strauch, das bescheidenste Pflänzchen verkriecht sich, gleichsam als
solle das Sprichwort zur Wahrheit werden: » Wo der Fuss des Türken
hintritt, wächst kein Gras mehr. « In wirrem Durcheinander thürmt sich

Höhe über Höhe, Kuppe auf Kuppe und jede in einer anderen Farbenschattirung, aber nur vom reinsten Weiss bis zum dunkelsten Grau. Hier hätte man die Farbe der preussischen Offiziersmäntel genau durchstudiren können, wenn man schon das Grau bevorzugen wollte. Eine solche Farbenskala in Grau existirt auf der Welt nicht mehr. Ein einsamer Spatz ist hierher verschlagen worden; von was er sich nährt, würde selbst Gott Aegir, der Herr der Fluthen, nicht wissen, der vielleicht auch schon hier in den nahen Gewässern dem alten bewährten Neptun den Rang streitig macht. Aber auf einmal heben sich von den Gebirgslehnen Gestalten ab. Es sind leibhaftige Schafe, die sich wahrscheinlich an Steinkost gewöhnt haben. Und wie erhaben und grossartig ist diese Wildniss, wie klein kommt sich der Mensch vor in dieser Einsamkeit, die er allerdings schon bezwungen hat, indem er eine wundervolle Strasse hindurch baute. Gerade dieses Gebiet würde ich jedem Touristen und Maler empfehlen, besonders da die Kontraste nicht auf sich warten lassen.

Es dauert nur anderthalb Stunden, da senkt sich der Weg ins Sumpfterrain des Narenta-Deltas und des Bächleins Mislina. Während die eine Seite der Strasse noch immer von hohen Bergen begrenzt wird, ist der linksseitige Abhang eine weite Ebene, stellenweise angebaut, meist aber mit grünem Laich überzogener Sumpf, umgeben von hohem Riedgras, Binsen und später von spanischem Rohr. Eine Anzahl Dörfer liegen an der Strasse, echt italienisch gebaut, die Häuser von Feigen und Weinreben überwuchert, vor ihnen ganze Büschel getrockneten Rohres und auch schon Strohschober. Dann mehren sich die Felder. Das ist Reisgebiet. Quadratförmig sind die einzelnen Gemarke abgetheilt, Wassergräben hindurchgezogen, sodass das Feld stets unter Wasser steht. Wo Reis ist, ist auch Malaria und das meilenweite Narentadelta, das durch die Regulirung des Flusses unendlich gewonnen, ist noch immer einer der ungesundesten Theile Europas. Ein Sumpf bildet bei einem der kleinen Dörfer einen förmlichen See. Ein Kahn — ein echter Einbaum — vermittelt den Verkehr mit den nächstgelegenen Feldern. Die Bewohner trinken das Wasser, dass sie dabei gesund bleiben, ist kaum denkbar. Und doch, wie fruchtbar ist diese Gegend. Alle Südfrüchte wachsen im Ueberfluss, der Kukuruz erreicht eine fabelhafte Stärke der Fruchtkolben, üppig steht der Wein, aus jedem Gemäuer drängt sich ein Feigenbaum, — es wäre ein Paradies im Kleinen, aber es ist ein tropisches und die Miasmen zeigen sich an an den bleichen schmalen Gesichtern der Bewohner. Da kommen Orte, die einer mittelafrikanischen Negerstadt gleichen: neben jedem Steinhause ein hoher Stroh- und Heuschober, hübsch kegelförmig abgerundet, ganz einer Behausung der Unyamwesi-Häuptlinge ähnlich. So berührten wir auf meist gutem Wege Bačula, Mislinje, Obradović, Čeletin, Medar, Glava. Links liessen wir den Torre di Norino, noch einige Steigungen, dann kommt die weite Ebene, in der die » regulirte « Narenta fliesst, die aber trotzdem noch immer ihren eigenen Kopf behält, und wir fahren in Metković ein, das man einst als Verbannungsort bezeichnete und » Oesterreichs Sibirien « nannte. Wir legen uns in einem Restaurant, deren es genügend giebt, für einige Stunden vor Anker.

Hier galt es: mit der Bahn nach Mostar oder auf dem Landwege! Auf jeden Fall kam ich Abends noch nach Mostar und da ich die Bahnstrecke schon kannte, unser Kutscher sowieso nach Mostar hätte fahren müssen, so war bei dem herrschenden prachtvollen Wetter die Wahl nicht schwer. Drei Stunden Rast, dann Aufbruch nach Gabella!

Wir befinden uns hier in einer der historisch interessantesten Gegenden. Schon als die alten Griechen diese Küsten kolonisirten, als sie Epidaurus gegründet, richteten sie ihre Blicke auf die Mündungen des Naron (Narenta), die allein einen bequemen Eingang ins Hinterland ermöglichten, während sonst überall hohe Bergketten das Ueberschreiten erschwerten. Die Römer, die sich von solchen Hindernissen allerdings nicht abschrecken liessen, wussten trotzdem die Wichtigkeit der Narenta zu schätzen und es erscheint in der Geschichte die grosse Römerstadt Narona, oberhalb des Flussdeltas gelegen, die heute in den Sümpfen von Vido versunken ist. Im Mittelalter verfielen die zahlreichen römischen Strassen im Hinterland und nur die Narenta behauptete ihre Bedeutung für den Handel von Ragusa und Venedig. Wie in Afrika heutzutage, entstanden im Delta eine Menge Faktoreien und kleiner Handelsplätze, aber sie hatten auch mit ungebetenen Gästen zu rechnen. Lange Jahrhunderte waren die Narentani die gefürchtetsten Seeräuber der Adria. Ihr Gebiet umfasste das Bergland zwischen Makarska und der Narenta am Meer, wo ihre Burgen standen, und Duvnopolje im Binnenland; ausserdem die Inseln Meleda, Curzola, Brazza und Lesina. Als sie endlich gebändigt wurden, entwickelte sich auf dem Strome ein reger Handel; aber das Delta versumpfte im Laufe der Jahrhunderte immer mehr, der Fluss brach sich stets ein neues Bett, sodass eine Regulirung zur dringendsten Notwendigkeit wurde. Diese wurde in den siebziger- und achtziger Jahren unseres Jahrhunderts von der österreichischen Regierung durchgeführt; ob sie dauernd sein wird, ist zu bezweifeln, wenigstens behaupten in Metković lebende Beobachter des Stromgebietes, dass stets neue Arbeiten erforderlich werden. Etwas wurde durch die Regulirung aber jedenfalls gewonnen: sehr viel fruchtbarer Boden, der früher nur Sumpf war und eine theilweise Besserung der Gesundheitsverhältnisse. Speciell Metković geniesst heute schon eines ganz guten Rufes.

Der Ort liegt recht malerisch am Eingange der grossen Hercegoviner Ebene. Im Hintergrunde die Berge, mitten durch die Landschaft der breite Fluss — sieht er wie eine Seestadt aus, die aber Dank der bosnischen

Der Hafen von Metković an der Narenta.

Regierung auch der Eisenbahnverbindung nicht entbehrt. Da ich auf
meiner diesmaligen Tour die Eisenbahn nach Mostar nicht benutzte, im
Juni 1885 aber der Eröffnung dieser Strecke beiwohnte, will ich wenigstens
meine damalige Beschreibung hier anfügen.

Die Bahnstrecke Mostar-Metković ist 43 Kilometer lang, wurde in
zehn Monaten vollendet, ist schmalspurig und ward unter der Leitung
des Oberlieutenants Strobl vom Eisenbahnregiment von der Bauunter-
nehmung des Baron Schwarz hergestellt. Dies sind die nackten Daten,
denen vielleicht noch beigefügt werden könnte, dass der Bau 1 700 000 fl.
kostete. Von Metković aus ist die Grenze nach wenigen Minuten erreicht;
der Zug fährt durch die Ebene, die von beiden Seiten durch Gebirge
begrenzt wird, die wohl Karstcharakter, aber doch mehr Vegetation zeigen,
als die dalmatinischen Gebirge. Die Felder sind ausgezeichnet angebaut,

An der Strasse in Čapljina.

Getreide, Tabak, viel Wein. Alles steht in üppigstem Wuchse. Die Wege sind mit riesigen Feigen- und Obstbäumen bepflanzt; erstere wachsen auch wild in unzähligen Mengen, ganze Haine bildend. Ueberall aber leuchtet das Roth der Granatblüthe, wohin das Auge nur blickt. Bis hoch auf den Berghängen ist die prachtvolle Blüthe zu sehen, mit dem Grün der Wiesen und den übrigen Blumen einen wundervollen Teppich bildend.

Der Zug passirt den Gabellatunnel, die verfallenen Wälle der alten venetianischen Grenzfestung Gabella, dann wird der Trebižatfluss übersetzt und der Zug erreicht die Station Čapljina, einen in hübscher Gegend gelegenen Ort, meist von Katholiken bevölkert. (Gegenwärtig befinden sich

Ansicht von Čapljina, von der Narenta aus gesehen.

hier hinter dem Bahnhofe grosse Tabakmagazine und sind viele europäische Neubauten errichtet.) Von hier führt eine moderne Fahrstrasse in zwei Stunden nach Ljubuški, einer reizend amphitheatralisch gelegenen, meist von Mohammedanern bewohnten Stadt (3989 Einwohner). Ueber der Stadt auf der Spitze eines hohen Felsens stehen die Ruinen einer alten Burg, deren Erbauung dem Herzog Stefan zugeschrieben wird, der sie als Denkmal seiner Liebe zu seiner Gattin gegründet haben soll. Den Thurm nennen die Stadtbewohner noch heute Erceguša (Herzogin). Nicht weit von Čapljina befindet sich auch ein ganz sehenswerther Wasserfall.

Von Čapljina erreicht man die Haltestelle Dretelj. Jetzt treten wir in Karstterrain. Die Bahn fährt am Bergesabhange dahin, rechts durch die Narenta begrenzt, die hier ein sehr felsiges Bett besitzt. Die Vegetation bleibt stets die gleiche südliche, der Anbau des Bodens wird immer besser und auf den Feldern arbeiten die Hercegoviner Bauern in allen möglichen Volkstrachten. Neben den rothen Kopftüchern und Turbans der Katholiken sieht man den Fez oder den weissgelben und geblümten Turban der

Počitelj.

Mohammedaner. Am gegen-
überliegenden Ufer des Flusses
wird das alte Počitelj sichtbar,
ein förmliches Korsarennest
nach seinem Aussehen, hoch
oben in die Felsen gebaut, von
zinnengekronten Mauern mit

Thürmen umgeben. Ter-
rassenförmig steigen die
Häuser am Bergrücken em-
por. In der Mitte der Stadt
erhebt sich eine wundervoll
gebaute Kuppelmoschee,
daneben eine hohe ein-
same Cypresse. Ueber
dem Ganzen eine verfallene

Kloster Žitomišljić.

Befestigung. Nach dem Passiren der Haltestelle Krusević erreicht die
Bahn die Station Žitomišljić. Diese bietet einen reizenden Anblick. Inmitten einer prachtvollen südländischen Vegetation, umgeben von Park-
anlagen, steht in einem Thale das berühmte serbische Kloster Žitomišljić,
das im Jahre 1585 von der Familie Miloradović gegründet wurde. Mit
seiner breiten Front und reichen Façade ist es weithin sichtbar. Dicht
neben der Bahnstation sieht man einige grosse Bogomilensteine mit Kreuzen.
Von hier aus bis Buna bildet die Narenta ein langes Defilé. Erst Buna,
gegenüber der Einmündung des gleichnamigen Flusses in die Narenta,
liegt wieder in einer fruchtbaren Ebene. (Wir werden des Ortes genauer
bei der Landreise gedenken.) Der Zug übersetzt den tiefen und schnell
dahinrauschenden Jasenicabach und tritt dann in die grosse Ebene von
Mostar, in das Bišćepolje, ein. Rechts ist Blagaj mit Stjepanograd sichtbar, desgleichen die Abhänge des Podveleš. Links die kahlen und schroffen
Höhen des Hum, im Hintergrunde aber, wie in einer Felsspalte versteckt,
Mostar, wo volles civilisirtes Leben den fremden Reisenden auf dem
Bahnhof empfängt.

Auf dem Landwege führte uns diesmal unser Wagen in sieben
Stunden nach der hercegovinischen Hauptstadt. Hinter Metković wurde
ein Zollposten passirt, der dicht neben einer halbverfallenen Grenzkula
steht, wir sind auf dem Boden von Stara-Gabella, das links von uns am

Flusse zwischen Sümpfen und Feldern liegt. Einstmals war hier die venetianische Zollstätte gegen die Türkei und damals hatte der Ort jedenfalls grössere Bedeutung wie heute. Bis hierher war auch die Narenta stets schiffbar. Das Städtchen selbst ist geschützt in einem Sattel zwischen zwei Hügeln gebaut, die verfallene Festungswerke krönen. Angeblich sind diese — so schreibt Dr. M. Hoernes — 1558 vom Sultan Sulejman aus den Bausteinen zweier zerstörter christlicher Kirchen errichtet und » Sedd i islàm « (Sperrschloss des Islam) benannt worden. Nach dem Ausbruch des grossen Türkenkrieges am Ende des 17. Jahrhunderts, im Sommer 1694, nahm der Generalproveditor der Republik Venedig, Delfino, durch eine kombinirte Aktion mit starker Truppenmacht Gabella ein » und erhielt dadurch — wie es in einer zeitgenössischen Quelle heisst — die Republik einen fruchtbaren Strich Landes nebst den Eintritt in das Herzogthum Nieder-Hercegovina oder, wie die Franzosen es nennen, St. Sabba und zugleich in den übrigen Theil von Bosnien. « Schwer empfanden die Türken diesen Verlust und versuchten in den nächsten Monaten wiederholt, ihr Sperrschloss zurückzuerobern. Doch erst der venetianische Traktat des Karlowitzer Friedens (1699) brachte es ihnen wieder. So wurde der weissmarmorne Löwe mit der Inschrift: » Pax tibi Marce, evangelista meus! «

Grosse Eiche in Žitomišljić.

vom Hauptthor der Burg wieder herabgestürzt auf die Stelle, wo er heute noch liegt, zwei von Delfino hergestellte Kirchen abermals zerstört, zwei andere in Moscheen verwandelt. Eine der ersteren ist 1855/56 von den Katholiken des Ortes restaurirt und zur Pfarrkirche geweiht worden. Am Hochaltar derselben sieht man die wappengeschmückte Gruftplatte der Familie Santić. Die amtliche » Ortschafts- und Bevölkerungsstatistik von

Ueberfuhr an der Narenta.

Bosnien und der Hercegovina « nach dem Volkszählungsergebnisse vom 1. Mai 1885 zählt für Gabella 626 Katholiken, 218 Orthodoxe, 8 Mohammedaner; für 1895 ist die Bewohnerzahl noch nicht ermittelt.

Wir fahren, immer in fruchtbarer Gegend, die Krupa und die von Stolac kommende wilde Bregova überschreitend, bis nach Tasovčić. Seitwärts der neuen Strasse, auf dem alten Wege, steht eine steinerne Bogenbrücke, jetzt mitten in der Einsamkeit. In Tasovčićc, einem sehr wohlhabenden Orte, begrüsste uns die Gegenwart gleich am Eingange des Dorfes mit einer neuen Elementarschule. Nicht weit davon liegt ein von Grün überwucherter Friedhof, der von der hier herrschenden Toleranz ein rühmliches Zeugniss ablegt. Neben den türkischen Grabsteinen stehen

katholische Kreuze und zwischen allen liegen die grossen Platten der
Bogomilengräber. Bei einem Kaffeehause unter einem grossen Maulbeerbaum liessen wir uns eine Weile nieder, mitten unter türkischen Grundbesitzern, die ihrer Zufriedenheit mit der letzten Ernte und damit auch
mit allen Verhältnissen Ausdruck gaben. Als ich auf die neue Schule zu
sprechen kam, meinten sie, das sei die segensreichste Schöpfung; ihre
Kinder sollten auch so gescheidt werden wie die » Schwabas «. Die Gegend
ist hier wundervoll angebaut; riesige Tabakfelder, prächtige Weingärten
bedecken, soweit das Auge reicht, bis an das Narenta-Ufer die Ebene.
Hinter Tasovčić finden wir hübschen Eichenwald, der durch die bekannte
Tafel: » Verbotener Wald «, geschützt ist. Nach einiger Zeit erreichen wir
Domanović, einen wichtigen Strassenknotenpunkt. Hier führt rechts die
Strasse nach Stolac, dem historisch berühmten Sitze der Rizvanbegović,
einer Stadt mit alten Denkmälern und einem merkwürdigen Bogomilen-
friedhofe. Ueber die Narenta ist eine Ueberfuhr nach Čapljina. Domanović besteht aus einer langen Strasse voll kleiner Wirthshäuser, Kaffee-
schänken und Kramläden, die ihr Dasein von dem Durchgangsverkehr,
meist aber von dem hier liegenden Militär fristen. Es ist nämlich eine
grosse Infanterie-Kaserne gebaut, in der ein bosnisches Bataillon liegt.
Ein nettes Forsthaus erinnert an die Karstaufforstung, deren Spuren wir
auf unserer Weiterfahrt bald wieder begegnen. Und immer wieder Tabakfelder, grosse Viehheerden, inmitten der Fluren hübsche Landhäuser.
Besonders in Bivolje Brdo fiel mir ein türkisches Sommerhaus durch seine
Ausdehnung und wunderschöne Bauart auf. Der Weg zieht sich bergauf
und bergab, immer an den Lehnen der Dubrava entlang, bis er endgiltig
in das Bišćepolje niedersteigt, dessen Umgrenzung wir bereits mehrfach
geschildert haben. Vor Buna lugt über die Zäune bereits wieder der
Feigenbaum und die Olive und in dem hübschen ausgedehnten Orte
grüssen von allen Seiten stattliche steinerne Häuser moderner Art, eine
Sommer-Villeggiatur bildend.

Buna ist ein historisch berühmter Ort. Auch schon in alter Zeit
von Bedeutung, wovon die mächtige Brücke Zeugniss ablegt, die in neun
steinernen Bogen über die Buna führt, erlangte es seinen Ruhm unter dem
letzten Despoten der Hercegovina, unter Ali Pascha Rizvanbegović. In der
alten Steinburg zu Stolac hausend, hatte er, wie wir bereits in einem
früheren Abschnitte erzählten, während der bosnischen Adelsinsurrektion
von 1831 unter Hussein Berbirli Aga dem Sultan die Treue bewahrt und
er war mit dem Vezirat der Hercegovina betraut worden. Dieses gestaltete
er fast unabhängig und er suchte » seine Provinz « materiell blühend zu
machen. Er führte die Reiskultur in der Narentaebene und um Ljubuški
ein, er pflanzte den Oelbaum und protegirte die Weinkultur, er suchte die
Seidenzucht auszudehnen. In Buna erbaute er ein prächtiges Landhaus

Bogomilenfriedhof bei Stolac.

mit einer Moschee und den Befehlen der Pforte gehorchte er soweit, als
ihm genehm war. Als 1849 abermals ein Adelsaufstand in Bosnien aus-
brach, stellte auch er sich auf die Seite seiner Standes- und Stammesgenossen und er verübte gegen die Christen arge Gräuelthaten. Anfangs

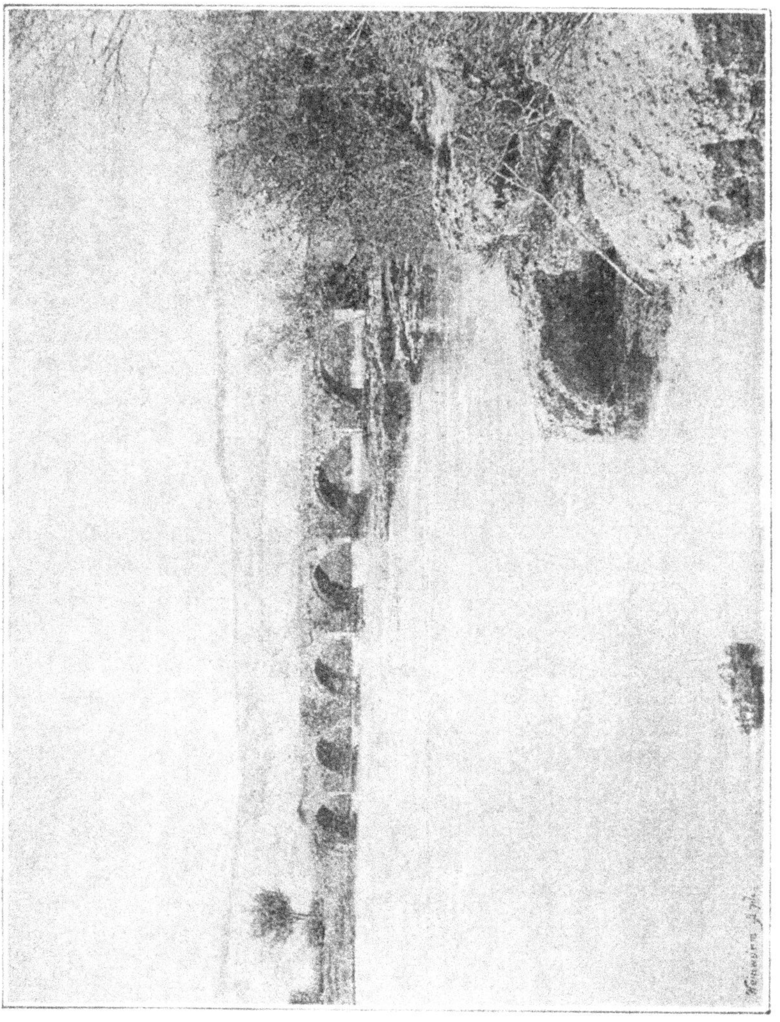

Kosorska-Čuprija (römische Brücke über die Buna) unweit Blagaj.

siegreich, kam in der Person Omer Paschas der Rächer der verletzten
Autorität des Sultans. Mit Kugel und Strick wurde in Bosnien Ordnung
gemacht, dann nahte er mit Iskender Pascha der Hercegovina. Ali Pascha
Rizvanbegović war schlau genug, sich nicht selbst dem mächtigen Pacifikator
(dem ehemaligen Grenzerfeldwebel Michael Lattaš) entgegenzustellen; er

überliess dies seinen Untergebenen, während er anscheinend unthätig in der Burg zu Stolac sass, Omer Pascha schlug die Aufständischen und zog in Mostar ein. Darauf erschien Ali Pascha in Buna, um Verhandlungen einzuleiten. Mit grossen Ehren empfing Omer Pascha den Vezier; er lud ihn zum Gastmahle in Mostar und der sonst so schlaue Hercegovce liess sich übertölpeln. Während er nach Mostar ging, zogen türkische Truppen nach Buna und Stolac mit der Kundmachung, dass der Vezier abgesetzt und ein Gefangener Omer Paschas sei. Und dann erfüllte sich sein Schicksal. Wie ein einheimischer Schriftsteller erzählt, war sein Ende folgendes:

»Den greisen Ali Pascha, der vor Altersschwäche kaum mehr zu gehen vermochte, schleppten sie auf die Narentabrücke und setzten ihn hier auf einen Esel. So führte ihn Omer Pascha mit sich in die Krajna, wohin er gegen die Aufständischen zog. Ali Pascha, erbittert über diese Beschimpfung, brach gegen den Serdar-Ekrem (Oberbefehlshaber = Feldmarschall) los: »Warum quälst du mich? Auch du bist ein Vlache (Serbe), eines Vlachen Sohn! Woher nimmst du die Macht, so mit mir zu verfahren? Ja, hätte ich gegen den Sultan selbst zu den Waffen gegriffen, du wärest nicht würdig, so mit mir umzugehen, als hättest du mich in der Schlacht zum Gefangenen gemacht und wärest du auch dreimal Serdar-Ekrem. Oh, unreiner Vlache, sende mich lieber vor den Padischah, damit er richte über mich und beschimpfe mich nicht in meinen alten Tagen. « Omer Pascha begann nun zu fürchten, denn Ali Pascha hatte zahlreiche Freunde beim Padischah, denen er ungeheure Summen Geldes aus der Hercegovina zu senden pflegte. So drehte Omer Pascha die Sache in seinem Kopfe, bis er fand, es wäre besser, wenn Ali Pascha nicht auf der Welt bliebe. Und so wurde Nachts zwei Uhr ein Schuss gehört und es kam die Nachricht zu Omer Pascha, dass eine Flinte zufällig losgegangen und die Kugel durch den Kopf Ali Paschas gefahren sei. So starb Ali Pascha Rizvanbegović am 20. März 1851. «

Ob sich die Sache wirklich so verhalten, wissen wir nicht, Thatsache ist aber, dass Ali Pascha nie wieder zum Vorschein kam. Seine Besitzungen wurden eingezogen und die Gebäude zerstört.... Wenn man in Buna vor dem Gasthause an der Brücke sitzt und dann vorzüglichen weissen Wein — Eigenbau des Wirthes — trinkt, dann kann man von Zeit zu Zeit einen Blick hinüber werfen auf das alte Besitzthum Ali Paschas, das noch immer, auch mächtig in den Ruinen, inmitten einer grünen Wildniss liegt. Fragt man aber einen der älteren Leute über Ali Pascha, so erhält man die Antwort: »Herr, er war für die Hercegovina so wie Herzog Stefan. «

Wir hatten uns in Buna ziemlich lange aufgehalten und die Sterne standen am Himmel, als wir die Fahrt durch das weite Bišćepolje antraten.

Oede und kahl liegt die stundenlange Fläche da, sie wartet noch der wirtschaftlichen Auferstehung. Einstweilen ist sie nur eine Fundgrube für Archäologen. Ein scharfer Wind hatte sich erhoben, welcher den Staub in dichten Wolken peitschte und wir waren froh, als wir Mostar wieder erreichten, als uns die gastlichen Räume des » Hotel Narenta « von Neuem umfingen.

____

Schlussvignette: Altes Siegel aus Vid (Narona) vom 15. Jahrhundert.

Durch das Ramathal nach Jajce.

Die Eisenbahn brachte uns am nächsten Morgen nach Jablanica, von wo mit der zweimal in der Woche, am Montag und Freitag verkehrenden Diligence die Reise nach Jajce, der alten Königsstadt, angetreten werden sollte. Die 122 Kilometer lange Strecke wird in einem Tage — mit unterlegten Pferden — zurückgelegt. In Jablanica fanden wir im landesärarischen Hotel vorzügliche Unterkunft und wir benutzten diesen Tag zum Umherstreifen in der wundervollen Gegend, da erst am andern Morgen die Wagenfahrt vor sich gehen konnte.

Früh 6 Uhr stand die mit vier Pferden bespannte Diligence vor der Thür. Wir hatten uns die beiden Aussenplätze hinter dem Kutscher gesichert, um die Gegend mit Musse in Augenschein nehmen zu können. Der Innenraum war gleichfalls voll besetzt. Ein leichter Nebel lag über der Gegend und es fröstelte ziemlich stark. Die Strasse geht längs der Eisenbahn in nördlicher Richtung bis in die Nähe der Station Rama, dann wendet sie sich scharf nach Nordwesten und folgt von der Mündung der Rama in die Narenta dem erstgenannten Flusse in dem

Eingang ins Ramathal.

gleichnamigen Thale. Wir sind mitten im Hochgebirge. Wie ein Band nur zieht sich die neugebaute Fahrstrasse an den Lehnen der Bačina-Planina entlang, auf der rechten Seite von dem tief eingeschnittenen Flussbette begrenzt. Es ist aber keine öde oder einsame Gegend; die Höhen sind gut bewaldet, in der Thalsohle zeigen sich wohlbestellte Felder, auf den jenseitigen Hängen sogar Weingärten. Häuser liegen überall verstreut. Dann verengt sich der Weg. Unter der Gračanicki-Wand öffnet sich knapp an der Strasse eine mächtige Höhle, die wegen ihrer von der Wölbung herunterhängenden Tropfsteingebilde die » Schinkenhöhle « getauft wurde. Dann kommt der mächtige Babafelsen in Sicht, die interessante Bildung der Klokovačke Stjene oberhalb Ustrama, und schliesslich übersetzten wir auf einer damals noch im Bau begriffenen Brücke den Fluss. Die Arbeiter hatten in offenen Baracken dicht am Stromufer übernachtet, — ein etwas, luftiges Bivouak, — und sie suchten sich an einem Feuer zu erwärmen. Die Sonne will durchaus nicht zum Vorschein kommen, es bleibt andauernd empfindlich kühl. Die Bevölkerung des Ramathales ist zum überwiegenden

Seferov-Han im Ramathal.

Im Ramathal.

Theile katholisch und so sahen wir auf einmal rechts von der Strasse neben einer kleinen Kirche ein neues stattliches Pfarrhaus, leider gar zu aufdringlich mit Kreuzen geschmückt. An den Berglehnen kommt noch die Edelkastanie vor, die gegen die Strasse gerichteten Rutschungen sind mit Weidenanpflanzungen in sehr praktischer Weise versichert. Eine Reihe

Bauer aus dem Ramathale bei Prozor.

Serpentinen führt uns in eine Höhe von 700 Meter; wir bewundern den kleinen Gebirgsfluss Ljuk, der einen hübschen Wasserfall bildet und geniessen gleich darauf einen hoch originellen Anblick. In Prozor war Militärstellung gewesen und nun kommen die Ausgemusterten auf langen Leiterwagen, wie die Heringe verpackt, unter militärischer Begleitung jauchzend und singend dahergefahren. Es war ein sonderbares Bild, besonders da man nach der Kleidung erkennen konnte, dass die verschiedensten Glaubensbekenntnisse friedlich nebeneinander hausten.

In Prozor, einem Städtchen von 1000 meist mohammedanischen Bewohnern, war Halt und Pferdewechsel. Im » Gasthaus Kraus « stärkten wir unseren Leib und hier fanden wir auch recht nette Gesellschaft. Lernten wir doch auch da erst unsere Reisegefährten kennen: einen Gerichtsrath, einen Doktor, einen Kaufmann aus Mostar. Die ersteren beiden waren Czechen, der Arzt von Prozor desgleichen, ein Beamter ebenfalls — kurz, es war auf einmal in dem kleinen Orte eine vollständige böhmische Kolonie. Ausser einer alten Burg, die sich malerisch über dem Orte aufthürmt und an die sich die Sagen von allen möglichen Königen und

Mädchen aus Prozor.

Königinnen knüpfen, die an anderen Punkten Bosniens in derselben Art wiederkehren, bietet Prozor nichts Besonderes, doch werden hier gute gewöhnliche Teppiche gewebt und Pflaumen gebaut.

Eine Zeit lang zieht sich die Strasse in gut angebauter Ebene fort, dann steigt sie in endlosen Schlangenwindungen zum Maklen-Sattel (1123 Meter). Wohin das Auge auf diesem Aufstieg blickt, sieht es auf fruchtbare Felder, auf nette Ortschaften, auf Höhenzüge, die sich übereinander thürmen und in immer lichteren Tinten am Horizont verschwinden. Oben aber, auf der Höhe des Makljen, ist die Aussicht überwältigend. Wie ein Panorama liegt ein grosser Theil der hercegovinischen Gebirgswelt vor den entzückten Blicken ausgebreitet. Im Westen der Vran-Risovac-Sattel, die drei Kuppen der 2260 Meter hohen Cvrtnica, weiter rückwärts die Muharnica und die Sovića. Vorn aber, gerade gegenüber hat man die kolossalen jäh abfallenden Felswände des Prenj, die wohl von keinem

Stadt und Burg Prozor.

der zugänglichen Punkte in so ergreifender Schönheit gesehen werden können. Ueberall lag auf den höheren Kuppen der Schnee, — es war ein Bild von unbeschreiblicher Grossartigkeit. Immer aber sieht man auch noch im Thale die Windungen der Strasse und tief unten Prozor mit seiner Burgruine.

Wir sind hier im Hochwald. Schöne Einräumerhäuser und ein Han stehen inmitten der grossartigen Natur und sorgen auch in primitiver

Am Makljensattel.

Weise für die Reisenden. Immer abfallend, abermals in zahlreichen Serpentinen, geht die Strasse durch prächtigen Wald, die Terlicaschlucht kreuzend, nach Gornji-Vakuf, einem langgestreckten mohammedanischen Städtchen von 1719 Bewohnern. Ein alter türkischer mit Schiess-Scharten versehener Thurm und drei Moscheen sind die einzigen Sehenswürdigkeiten. Aber Gornji-Vakuf ist ein Sitz der kunstvollen Hausindustrie. Hier werden die besten türkischen Kaffeemühlen (Handmühlen) angefertigt und das Aeussere so reich und geschmackvoll mit Arabesken verziert, wie ich sie nirgends wieder gefunden habe. Auch zu den Messern werden hier ausgezeichnet gravirte Scheiden angefertigt Wir hatten in einem serbischen Wirthshause während des Pferdewechsels Unterkunft gefunden und da befanden wir uns bald mitten drin im Handeln und Feilschen. Zur Ehre der Vakufer Meister sei es gesagt, dass sie feste Preise behaupten und lieber mit der Waare ihres Weges ziehen, als sie billiger verschleudern. Die Berge der Umgebung enthalten Eisen- und Kupfererz, das von den Römern bereits ausgebeutet wurde. Sogar auf Gold sollen diese hier geschürft haben.

Bis Bugojno führt die Strasse in ununterbrochener Ebene zwischen Getreidefeldern. Dieses Städtchen hat als einstweiliger Endpunkt der von Lašva über Travnik nach der dalmatinischen Grenze führenden Eisenbahn eine gewisse Bedeutung erlangt. Es zählt kaum 1000 Bewohner, darunter etwa 400 Katholiken, und doch besitzt es die grösste katholische Kirche von Bosnien — vorausgesetzt, dass die innere Ausschmückung jemals fertig wird. Als im Jahre 1879 ein Bankett aus Anlass der silbernen Hochzeitsfeier des Kaisers Franz Josef stattfand, regte ein Franziskaner die Idee an, in Bugojno eine katholische Kirche zu bauen und der Plan fand Beifall. Das Geld wurde bisher durch Sammlungen in Oesterreich-Ungarn aufgebracht. Bugojno hat einige recht gute Unterkunftshäuser und viele neue europäische Gebäude, selbst ansehnliche Villen.

Die Strasse führt, immer in Sicht des Bahngeleises, in der Ebene nach Dolnji-Vakuf. Ueberall sieht man türkische Landsitze inmitten gut bestellter Felder. Die 27 Kilometer lange Ebene längs des Vrbas, die sich südlich bis Gornji-Vakuf erstreckt, wird das Skoplje genannt, sie ist im Besitze reicher Begs, die neben Ackerbau auch viel Vieh-, besonders Pferdezucht treiben. Die Ausläufer der Gebirge treten allmählich immer mehr an das Bahngeleise und die Strasse heran; links sieht man auf einer Höhe die alte Veste Priušac, die sich gegen die erobernden Türken am längsten hielt, dann öffnet sich ein schöner Blick ins Privnicathal und nachdem die Privnica übersetzt ist, haben wir Dolnji-Vakuf erreicht, dessen ausgedehnter Bahnhof direkt im Vordergrunde steht. Ueber eine alte Steinbrücke fahren wir in die ausgedehnte Stadt ein und halten vor dem » Hotel Heller «. Das Städtchen ist ungemein lebhaft, wenn es auch

Ansicht von Bugojno.

Total-Ansicht von Dolnji-Vakuf

nur etwas über 2000 meist mohammedanische Bewohner zählt. Es hat
einige hübsche Moscheen, gegenüber dem Amtsgebäude steht eine Medresse
über einer Quelle. Der untere Raum des stockhohen Hauses bildet ein
Bassin voll krystallhellen Quellwassers. Eines der best und modernst
gebauten Häuser ist die neue Gemeindeschule.

Dicht hinter Dolnji-Vakuf verengt sich das Vrbasthal und nimmt die
Gestalt eines Fluss-Defilés an. Die Strasse bleibt am rechten Ufer des
Flusses, während die neue Bahnlinie nach Jajce sich am linken Ufer hin-
zieht. Die Gegend zu beiden Seiten ist schön bewaldet und ungemein

An der Eisenbahn bei Dolnji-Vakuf.

romantisch. Beim Kilometerzeiger 26 steht rechts ein interessantes
Bogomilen-Grabmal, dessen Skulptur einen gebogenen Arm mit dem Kreuze
in der Hand darstellt. Unterhalb des Armes ist ein Halbmond sichtbar.
Wundervoll ist der Blick von der Strasse auf die Eisenbahn, die ganz
dicht am Ufer des hier zum wilden Gebirgsstrom gewordenen Vrbas bleibt.
Ueberall sieht man Brücken und Durchlässe, die sich von dem meist grünen
Gestein wirkungsvoll abheben; am schönsten aber sehen die Wächterhäuser
aus, die in nettem Schweizerstil wie Landhäuser in dem Schutze der
Wälder liegen. Von Zeit zu Zeit führen Holzbrücken über den Fluss; am
linken Ufer liegen nämlich die Ansiedlungen, Dörfer und Hans und hier
haben sich auch die provisorischen Kolonien der Bahnarbeiter gebildet,

die seit Eröffnung der Bahn natürlich wieder verschwinden. Hinter Station
Babinoselo verengt sich der Fluss immer mehr; bei Station Vijenac ragen
auf 1035 Meter hohem Kegel die Ruinen der gleichnamigen Burg auf dem
rechten Ufer empor, das Stammschloss der ungarischen gräflichen Familie
Keglević. Die Strasse umgeht den grössten Theil des Burgfelsens, der
am Vereinigungspunkte dreier Thäler emporragt und der einst ein ungemein
wichtiger strategischer Punkt war. Immer enger wird das Thal, immer
dichter die Bewaldung der Berglehnen. Nach Passirung zweier Tunnels
von 150 Meter und 75 Meter Länge bietet sich plötzlich bei einer Biegung
des Weges ein grossartiger Anblick. Vor uns liegt eine mittelalterliche
Bergfestung. Hohe, zum Theil verfallene Mauern ziehen sich über die
Bergrücken, von mächtigen Thürmen flankirt, während Häuserreihen sich
nach allen Seiten in die Felsen erstrecken. Das ist das Kastell von Jajce,
der romantischen Königsstadt. Die Strasse vereinigt sich mit der von
Travnik hier einlaufenden Fahrstrasse, übersetzt auf einer 55 Meter langen
Brücke den Fluss und führt am grossen Plivafall, dessen Gewässer schäumen
und brausen, vorüber, durch ein mittelalterliches Festungsthor in die Stadt,
wo uns das von der Regierung gebaute » Grand Hotel « in seine behaglichen
gastlichen Räume aufnimmt.

Zwischen Dolnji-Vakuf und Babinpotok.

Vijenac vor Jajce mit der Burgruine.

Die Königsstadt Jajce.

Durch ihre geschichtliche Vergangenheit, durch die archäologischen Funde ist Jajce eine der interessantesten Städte von Bosnien und der Hercegovina, durch ihre wundervolle Lage am Zusammenflusse der Pliva mit dem Vrbas, zum Theil auf einer isolirten Bergkuppe erbaut, eine der malerischesten und sehenswerthesten und für jeden Fremden ein wahres Schatzkästchen der Romantik. Um ihre Bedeutung zu ermessen, ihre Bauwerke zu verstehen, müssen wir auf die Geschichte der Stadt näher eingehen, die schon vielfache Darstellungen erfahren hat. Am eingehendsten

---

Anfangsvignette: Altes Thor und Kaffeehaus in Jajce.

und sachgemässesten schildert sie der Custos des bosnisch-hercegovinischen Landesmuseums Dr. Ćiro Truhelka, dessen Werkchen (» Geschichte und Denkwürdigkeiten von Jajce «, Sarajevo 1888) ich nachstehend folge.

Wann die Stadt gegründet wurde, ist nicht genau bekannt. Schon Constantin Porphyrogenitus erwähnt die Landschaft Pliva zu jener Zeit, als die Franken unter ihrem Führer Cotzilinas aus Illyrien vertrieben wurden und sie bildete nebst zehn anderen Župen das nachmalige Königreich Kroatien. Im 12. Jahrhundert stritten der bosnische Ban und der kroatische König um den Besitz der Landschaft. Später wird ihrer in der bosnischen Geschichte nicht erwähnt; erst zu Anfang des 15. Jahrhunderts, wo sie in den Besitz des mächtigen Magnaten Hrvoja gelangte, tritt sie in das öffentliche Leben. Hrvoja führte schon 1404, wie Klaic in seiner Geschichte Bosniens erzählt, den Titel » Vojvoda Dolnji Kraj «, womit das Gebiet an der Pliva bezeichnet wurde. Als er sich mit dem bosnischen Könige Ostoja entzweite und sich dem ungarischen Könige Sigismund anschloss, liess er sich auch von diesem im Jahre 1411 den Besitz bestätigen, wodurch dieser Theil auf kurze Zeit unter die Oberhoheit der ungarischen Krone gelangte. Um diese Zeit bildeten sich an der felsigen Landzunge zwischen der Pliva und dem Vrbas die ersten Anfänge der Stadt Jajce, welche Hrvoja auf geraume Zeit zu seiner Residenz wählte. Von 1411 und 1412 sind Dokumente, aus Jajce datirt, vorhanden. Die Stadt überflügelte bald die meisten Städte Bosniens. Sie wurde Sitz eines Banus, in welcher Würde ein Manifest des Königs Stefan Tomašević vom Jahre 1459 den Radivoj Jablanović nennt und derselbe König erwählte die Stadt bei seinem Regierungsantritt zu seiner Residenz, sodass sie der gleichzeitige Geschichtsschreiber Laonicos Chalkokondilas als die Metropole Bosniens bezeichnet. Während der stürmischen Zeiten, die über Bosnien kamen, bildete sie den wichtigsten strategischen Punkt. Im Jahre 1463 brach das Verhängniss über das Land durch die Türken herein. Als das grosse Heer Sultan Mohammed II. el Fatih die bosnische Grenze überschritt, floh König Stefan Tomašević aus seiner festen Burg Bobovac, deren Vertheidigung er seinem Hauptmann Radak übergab, nach Jajce. Bobovac fiel, von Radak verrathen, in die Hände des Sultans, welcher den Kommandanten zum Lohne für seinen Verrath von der Felswand stürzen liess. Den König liess der Sultan durch Mahmud Pascha und 20000 Mann leichter Kavallerie verfolgen. Mahmud setzte über den Vrbas und erschien vor Jajce, wo er aber erfuhr, dass der König die Stadt verlassen habe. Er hatte sich zuerst nach der unweit gelegenen Burg Sokol begeben, und als ihm diese zu wenig Sicherheit zu bieten schien, floh er nach der festen Burg Ključ an der Sanna, wo er einige Tage zu rasten gedachte. Mahmud Pascha schickte eine kleine Abtheilung unter Omer Beg Turchanoglu nach Ključ. Es kam zu einem Scharmützel, wobei sich Omer zurückziehen musste, während sich die Besatzung in die Burg einschloss.

Felseneinschnitt vor Jajce

Omer Beg hatte keine Ahnung, dass sich der viel gesuchte bosnische König in nächster Nähe befinde und er versuchte von einigen Bauern, die er gefangen nahm, seinen Aufenthalt zu erfahren. Als diese beharrlich jede Auskunft verweigerten, sandte er sie zu Mahmud Pascha. Konstantinović berichtet, dass ein Bosniake den Aufenthaltsort des Königs für einen Kuchen verrieth, eine Behauptung, welche unglaublich klingt, die aber jener Tage in Bosnien wohl möglich war. Mahmud Pascha, als er von dem Aufenthalt des Königs Nachricht empfing, brach mit seiner Reiterei auf und zog, den Engpässen, die nach Ključ führten, Trotz bietend; dorthin. An der Sanna angelangt, wagte er auch den Uebergang über die in hohem Grade gebrechliche Sannabrücke und machte Anstalten, die Burg zu belagern. Er hatte aber trotz seines zahlreichen Heeres wenig Aussicht auf Erfolg. Die Festung Ključ ist auf senkrechten Felswänden, deren Sockel der Sannafluss umspült, erbaut. Von drei Seiten ist sie absolut unzugänglich und den steilen Aufgang, der von der Südseite zur Burg führt, beherrscht ein mächtiger, auf dem schroffen Babakaja-Felsen erbauter Thurm, welcher die Festung um ein Beträchtliches überragt. Ausserdem führten zwei über senkrechten Felsspalten angebrachte Fallthüren ins Freie. Die eine führte zur Sanna und versorgte die Burg mit Wasser, während die andere im äussersten Nothfalle den Weg zur Flucht bot. Der modernen Strategie würde die Burg keine grossen Schwierigkeiten bieten, denn sie lässt sich von dem auf dem anderen Sanna-Ufer liegenden Zelenberge leicht bestreichen, aber selbst die spärlichen, heute noch erhaltenen Reste rufen den Eindruck hervor, dass sie in einer Zeit, wo nur schweres, plumpes Geschütz ins Feld gezogen und nicht selten, um dem schwierigen Transporte auszuweichen, erst am Kampfplatze gegossen wurde (wie bei der zweiten Belagerung von Jajce), unüberwindliche Schwierigkeiten bieten musste.

Mahmud Pascha, der gar kein Geschütz mit sich führte, sah wohl ein, dass er mit seinen 20000 leichten Reitern gegen Felsenthürme nichts ausrichten könne. Auch an Aushungern war nicht zu denken, da eine längere Belagerung nicht in das Programm des Kriegszuges passte. Er versuchte daher durch Ueberredung den König zur Kapitulation zu bewegen. Er versprach alles Mögliche, und als er ihm schriftlich die eidliche Zusage gab, man würde sowohl sein als auch das Leben seines Onkels und Neffen, schonen und der Sultan werde ihm für Bosnien eine andere gleichwerthige Provinz verleihen, ergab sich der König. Mit der Besatzung und der Bürgerschaft verfuhr Mahmud Pascha nach dem Prinzip, das sein Herr bei allen bisherigen Eroberungen konsequent durchgeführt hatte. Ein Drittel davon wurde unter die Grossen in seinem Gefolge vertheilt und dem Janitscharenkorps einverleibt, das andere wurde nach Konstantinopel geschleppt, damit die Bevölkerung der noch öden Vorstädte zu vermehren, während der dritte und ärmste Theil in der Stadt belassen wurde. Nachdem auch des Königs Onkel Radivoj in der unweit von Jajce gelegenen Burg Ordzaj gefangen genommen worden, kehrte Mahmud Pascha mit seiner Beute nach Jajce zurück, wo unterdess Sultan Mohammed el Fatih erschienen war und die von ihrem Könige verlassene Stadt belagerte. Sobald die Besatzung ihren König gefangen sah, ergab sie sich.

Als Mahmud Pascha mit seinen Gefangenen vor Jajce ankam, war der Sultan entzückt, aber die Zusage, die der Pascha dem Könige gegeben,. war nicht nach seinem Sinn. Trotzdem konnte er die eidliche Zusage eines seiner besten Heerführer nicht ohne Weiteres über den Haufen werfen. Um über diesen Gewissenspunkt hinwegzukommen, wandte sich der Sultan an die Ulema, und einer jener frommen Gelehrten, deren er stets auf seinen Zügen mit sich führte, der Perser Scheich Ali Bestami, mit dem Beinamen. Massafinek, stellte dem Sultan ein Fetwa aus, das über das Schicksal des. Königs entscheiden sollte. Ueber die Begründungen dieses Fetwa sind mehrere Versionen bekannt. Die eine im » Tarihi-diari « berichtet, dass. darin auf einen Schwur hingewiesen wird, welchen der Sultan früher geleistet hatte und wonach er den König hinrichten lassen werde, wenn er ihn in seine Gewalt bekäme, und dass dieser Schwur eine spätere Zusage seines Veziers aufhebe. Der anderen, von Hammer-Purgstall aufgenommenen Version zufolge stützte sich das Fetwa auf das sonderbar klingende Axiom, ein Herr sei nicht verpflichtet, die Zusage seines Dieners zu halten, wenn diese ohne seine Ermächtigung gegeben wurde. Beide Versionen genügten, über das Leben des Königs zu entscheiden. Dem Sultan war nur noch daran gelegen, die Nothlage seines Gefangenen auszunützen. Er bewog den durch Versprechungen irregeführten König, an alle seine Städte den

Auftrag ergehen zu lassen, sich den Türken ohne Widerstand zu ergeben. Dadurch kamen über 70 befestigte Städte in die Macht des Eroberers. Sultan Mohammed aber, als er seine Eroberungsoperation in Bosnien so rasch erledigt sah, brach über den König den Stab. Er bestellte ihn zu sich und dieser, wohl ahnend, dass seiner ein gleiches Schicksal harre, wie es den Kaiser von Trapezunt, die Fürsten von Athen und Mytilene getroffen, nahm jenes eidliche Versprechen Mahmud Paschas mit sich, um nöthigen Falls darauf hinweisen zu können.

Es nutzte ihm nichts, sein Tod war beschlossen, und auf dem Carevopolje bei Jajce — nicht, wie es früher hiess, bei Bilaj oder gar bei Blagaj — wurde Stefan Tomasević, nachdem ihm angeblich bei lebendigem Leibe die Haut abgezogen worden, von dem Scheich Ali Bestami geköpft. Nach der Hinrichtung wünschte der Sultan, wie Ibrahim Beg Bašagić im » Glasnik zem. muz. « erzählt, dass man über die Ursache des Todes nicht im Zweifel sei und dass das Fetwa des Scheich wörtlich an dem Stadtthore von Jajce eingemeisselt werde. Dort soll es sich bis zu den Insurrektions-kämpfen in der zweiten Hälfte unseres Jahrhunderts befunden haben. Sein Inhalt ist weder im » Taddžut-tevarih «, noch im » Mir-ati-ćajinat «, noch in anderen türkischen Geschichtsbüchern, die über Bosnien handeln, auf-gezeichnet, sondern nur mündlich überliefert worden. Es heisst: » El mumin la juldagu min džuhrin merretejni «, d. h.: » Der Gläubige wird nicht zweimal aus einem Schlangenverstecke gebissen «. Damit soll gesagt werden, dass der König Verrath übte, als er sich schon unter dem Schutze des Sultans befand. Die Ungerechtigkeit der Hinrichtung sollte dadurch be-schönigt werden.

Das Grab des Königs war lange unbekannt, obwohl im Volksmunde eine Stelle am Hum ausdrücklich als » Kraljevski grob « (Königsgrab) be-zeichnet wurde und die Sage sogar über das Begräbniss des Königs zu berichten wusste. » So habe der Sultan einer Janitscharen-Abtheilung den Befehl gegeben, den Leichnam derart zu begraben, dass die Grabstätte von der Stadt aus sichtbar sei, dass man aber das Grab selbst und vom Grabe aus die Stadt nicht sehe. Der Begräbnisszug nahm die Richtung gegen Hum und einer der Männer trug eine hohe Fahne voran. Der Sultan blickte ihnen nach und als die Janitscharen allmählich seinen Blicken entschwanden und nur noch die äusserste Spitze der Fahne, sichtbar war, gebot er ihnen durch ein Signal anzuhalten und an der Stelle, wo sie angelangt waren, den König zu begraben. «

Diese naive Ortsbeschreibung nahm Dr. Truhelka zum Ausgangs-punkt, um das Grab des Königs zu entdecken und — es glückte ihm! Im Juni 1888 entstieg die Leiche des letzten bosnischen Königs ihrem Grabe und sie fand eine würdigere Ruhestätte in der Franziskanerkirche in Jajce. Ueber den Fund selbst gebe ich dem Ausgraber das Wort:

Jajce mit den Plivafällen.

Am rechten, dem grossartigen Plivafalle gegenüber liegenden Ufer des Vrbas steigt ein ziemlich steiler, im Unterbau felsiger Hügel empor, der in eine unregelmässige Terrasse endet, die von der Südostseite vom schroffen Humgebirge umschlossen ist. Wenn man den Weg, welcher über die alte Vrbasbrücke aus Jajce nach Podhum führt, verfolgt, so gelangt man zu einer Stelle auf der erwähnten Terrasse, von wo aus sich dem Auge nach Norden zu ein herrlicher Anblick auf das Carevopolje öffnet. Gegen Südost steigen die Kalkwände des Berges Hum empor, während nach Westen zu eine sanfte Erhöhung über den Rand der Terrasse den Ausblick auf Jajce verwehrt. Hier auf dieser Stelle, knapp am Saume des Weges, befindet sich eine schmucklose Steinplatte, welche jeder vorübergehende Landmann als des » Königs Grab « bezeichnete. Die Platte ist etwa 1 Meter breit, 1,8 Meter lang, roh behauen und trägt keinerlei nachweisbare Spuren irgend welcher Verzierung oder Inschrift. Nur auf der nach oben zugekehrten Seite, nicht ganz in der Mitte, ist ein einfaches Kreuzeszeichen zu bemerken. Dasselbe ist sehr primitiv, entschieden mit einem höchst ungeeigneten Werkzeuge circa 1 Centimeter tief eingeritzt und zeigt die Vertiefung der Gravirung geringere Witterungseinflüsse, als sie bei den übrigen Partien der Platte wahrgenommen werden — ein Zeichen, dass das Kreuz später eingeritzt, als der Stein gesetzt worden, dass es vielleicht eine spätere pietätvolle Widmung den Manen des hier zur Ruhe Bestatteten ist. ... In einer Tiefe von beiläufig 80 Centimeter kamen grössere Steinblöcke, welche die ganze Länge des Grabes bedeckten, zum Vorschein. Diese wurden weggeschafft, und nach einigen Spatenstichen zeigten sich die Schädelknochen, und zwar wie ich vermuthet hatte, an dem Westende des Grabes. Der ganze Schädel wurde blossgelegt, aber trotz der grössten Vorsicht zerfiel er beim Heben in seine Bestandtheile. Die Ursache davon war die, dass der Leichnam zuerst mit grösseren Steinblöcken bedeckt wurde, welche am Schädel einige Knochensprünge verursachten und den ganzen Brustkorb eindrückten. Erst im Laufe der Zeit lagerte das durchsickernde Wasser feuchten Lehm auf das Skelett ab und füllte die Fugen zwischen den Steinen und die Höhlungen des Skeletts aus. ... Bei den weiteren Nachgrabungen wurden die übrigen Theile des Skeletts zu Tage gefördert. Es war mit dem Kopfende nach West, die Füsse nach Ost gekehrt, jedoch war der Kopf vom Rumpfe getrennt und auf dem Brustkorbe in schiefer Lage gelegen, so zwar, dass die linke Profilseite nach oben gerichtet war, wobei der Schädel auf der rechten Kiefer- und Ohrpartie zu liegen kam. Der Brustkorb war durch die auf den Leichnam geworfenen Steinblöcke eingedrückt und zertrümmert, die Hände über die Brust gekreuzt, wobei der linke Arm in Folge der Steinlast, welche auf ihm lagerte, in derartiger Lage war, dass der Elbogen nach oben gekehrt war. Die unteren Extremitäten waren in natürlicher Lage, nur beim linken Oberschenkel konnte ich einen Beinbruch feststellen, indem beim Blosslegen die obere Hälfte des Knochens normal war; als ich aber plötzlich zur Bruchstelle gelangte, fand ich seine weitere Fortsetzung nicht in der entsprechenden Richtung, sondern etwa 8 Centimeter nach rechts, an den rechten Schenkelknochen anliegend.

Die Lage des Skeletts lässt es als unzweifelhaft erscheinen, dass ich die Ueberreste eines Hingerichteten blossgelegt, welcher geköpft, massakrirt und nackt begraben wurde — nackt, denn nicht ein einziger Knopf, Spange oder sonstiges Objekt fand sich vor, welches auf ein Kostüm hinweisen würde. Nur ein gebogenes Eisenstück wurde am Fussende vorgefunden, und bei genauer Untersuchung stellte es sich heraus, dass es der Bügel eines Vorhängeschlosses sei und zweifellos ein Bestandtheil der Fussfesseln war. Ausserdem fand ich etwa 10 Centimeter über den Brustknochen, dort wo sich die Hände kreuzten, zwei kleine ungarische Silbermünzen von Ludwig dem Grossen, — Münzen, welche im 15. Jahrhundert in Bosnien häufig im Umlauf waren. Alle angeführten Umstände sind im Einklang mit dem Schicksal des Königs Tomašević und es sind noch manche Anhaltspunkte, welche die Identität bestätigen. Die gefundenen Knochen gehörten einem Manne im ersten Mannesalter von untersetzter Statur, was bei Tomašević der Fall war. Ausserdem zeigt die Schädelformation eine auffallende Verwandtschaft mit derjenigen, welche ich auf den beiden Bildnissen des

Königs beobachten konnte. Das eine im Besitz der Strossmayer-Galerie in Agram stellt den König dar, wie ihm Christus im Traume erscheint und ist unzweifelhaft zu seinen Lebzeiten gemalt. Das andere in Sutjeska ist jünger und bringt denselben Gegenstand zur Ansicht. Auf beiden ist ein ovales, nach unten zugespitztes Gesicht mit vorstehendem Kinn, hoher schön gewölbter Stirn charakteristisch und bedingt einen Schädelbau, wie ihn der vom » Kraljevski grob « aufweist. Die Profillinien beider Porträts sind congruent mit denen des Schädels — ein Beweis mehr zur Identität und davon, dass die Tradition, obwohl sie von der Phantasie begünstigt und grossgezogen wird, immer einen historischen Hintergrund, eine positive Basis besitzt, auf der sie der Volksgeist und die dahinziehenden Jahrhunderte aufbauten.

Nach dem Niederbruche des bosnischen Königsthums ging der König von Ungarn gegen die Türken vor. Im Oktober 1463 erschien Mathias Corvinus vor Jajce und begann die Stadt zu belagern. Die Bosnier, die der Sultan in der Stadt gelassen hatte, leisteten bedeutenden Vorschub, bemächtigten sich eines Thurmes und rissen von dessen Zinnen die türkische Fahne herab. Die Besatzung erschrak darüber, gab die Vertheidigung der unteren Stadt auf und schloss sich in die Burg ein, während König Mathias nach kaum viertägiger Belagerung in die untere Stadt einzog. Aber erst nach achtwöchentlicher Belagerung gelang es, die Besatzung zur Uebergabe des Kastells zu zwingen. Nach der Eroberung von Jajce war es leicht, die angrenzende Landschaft den Türken zu entreissen und so kamen die Landschaften Usora und Dolnji Kraj mit 26 Städten in die Gewalt des Königs von Ungarn. Im Jahre 1464 rüstete der Sultan ein neues, 30 000 Mann starkes Heer aus und zog vor Jajce. Vor der Stadt liess er grosse Kanonen giessen, aus der er sie beschoss. Sein Heer theilte er in drei Theile und führte durch drei Tage immer frische Kräfte in die Bresche. Auf beiden Seiten war der Kampf verzweifelt und wurden Proben höchsten Heldenmuthes geliefert. Ein Türke erstieg sogar einen Wall, kletterte auf einen Thurm und war schon im Begriff, das Festungsbanner von seinen Zinnen herabzureissen, als ihn einer von des Königs Trabanten daran verhinderte. Er umklammerte ihn und beide stürzten in den Abgrund. Emerich Zápolya, der die Vertheidigung leitete, konnte sich unmöglich auf die Dauer halten und die Stadt wäre verloren gewesen, wenn er nicht die Nachricht verbreitet hätte, König Mathias sei auf dem Anzuge. Darauf hob der Sultan die Belagerung auf, nachdem er sein grosses Geschütz in den Vrbas hatte werfen lassen.

König Mathias begann noch im selben Jahre mit der Organisation der wiedereroberten Landestheile, die in zwei Banate getheilt wurden, Jajce und Srebrnik. Damit aber in Bosnien die Erinnerung an das einstige Königreich wach bleibe, ernannte er den Banus von Mačva, Nikolaus von Ujlaky, 1472 zum Könige von Bosnien. Jajce wurde die Hauptstadt, und vor seinen Mauern spielt sich durch volle 64 Jahre die Geschichte des Landes ab. Immer und immer wieder führten Mehmed und Bajazid türkische Heere gegen Jajce, aber alle Angriffe wurden abgeschlagen.

Nach dem Tode Ujlaky's wurde kein neuer König ernannt. Sein Sohn nennt sich in einer Urkunde vom Jahre 1492 bloss »Dux Bosnae«. Aber ungarische Bane regieren Bosnien weiterhin. Banus von Jajce war von 1499—1501 Graf Franz Berislavić, welchem Balthasar Batthyányi, Ladislaus von Kanisza und Johann Bebek folgten. Dann kamen Bartol, Prior von Vrana, Georg von Zthresemley und Peter Keglević. Nach dem Tode König Mathias' erneuerten sich in rascher Folge die türkischen Unternehmungen gegen Jajce. 1500 erschien Sultan Bajazid vor der Festung, er wurde jedoch von Mathias Corvinus entscheidend geschlagen. Die Vertheidigung der Stadt wurde aber später immer mehr vernachlässigt, sodass die Türken in den nächsten Jahren weiter vorrücken und ein Gebiet nach dem andern besetzen konnten. Im Jahre 1520 führten die Sandschak-Begs von Serbien und Bosnien schwere Schläge gegen die noch in christlichen Händen befindlichen Theile. Zvornik, die Schutzveste der Drina, fiel durch Nachlässigkeit des Befehlshabers, Tešanj fiel, der Schlüssel von Usora. Jajce aber liess der greise Peter Keglević nicht fahren und die Vertheidigung dieser Stadt ist das letzte glänzende Denkmal der ungarischen Herrschaft in Bosnien. Nach der Einnahme von Zvornik und Tešanj überschritt der Beglerbeg von Bosnien, Ferhad Pascha, mit 15 000 Mann die Save, wurde jedoch durch die Hauptleute Paul Tomori, Jakob Bánffy, Franz Rado, Johann Kállay und Stefan Bardy gänzlich geschlagen und fiel selbst. Sein Nachfolger Usref Pascha ging, um die Scharte auszuwetzen, mit dem Pascha von Epirus, Sinan, und mit den Paschas von Belgrad und Semendria abermals an eine Belagerung von Jajce. Nachdem die Türken eine Zeit hindurch die Burg vergebens belagert hatten, gewann es den Anschein, als wollten sie ihre fruchtlosen Bemühungen aufgeben. Peter Keglević aber erfuhr, dass dies bloss eine List sei, dass die Türken Halt gemacht, sich unter dem Schutze der Wälder und Schluchten bergen und dort Tag und Nacht Belagerungsleitern anfertigen. Keglević bewachte daher die Mauern noch eifriger, einen Theil seiner Truppen aber entsendete er in die Wälder, um dort im Hinterhalt zu stehen, bis ein Kanonenschuss das Zeichen zum Angriff auf den Feind gäbe. Er ersann aber auch noch eine andere List. Da es eben am Vorabende eines Festes war, versammelte er die Mädchen und Frauen und forderte sie auf, vor die Stadt zu ziehen und auf der »Königswiese« zu singen und zu tanzen, wie sie es in sicherer Friedenszeit zu thun pflegten. Im Laufe der Nacht kamen die Türken mit Belagerungsleitern aus ihren Verstecken hervor. Als sie sich der Stadt näherten, hörten sie lustige Lieder zur Gusla singen, sahen die im Mondenschein tanzenden muthigen Weiber und angesichts solcher Sorglosigkeit lösten sie auch sorglos ihre Reihen und warfen die Leitern von sich, um nicht auf die Burg, sondern auf die Frauen einzudringen. In diesem Augenblick erdröhnt die Kanone, Peter Keglević stürmt aus der Festung, die im Hintergrunde stehenden Truppen stürzen sich auf die Türken, die Frauen und Mädchen greifen zu den Waffen, die Türken werden bis zum letzten Mann niedergemacht.

Bald erschien ein neues Heer vor Jajce. Die Stadt wurde eng eingeschlossen und durch anderthalb Jahre belagert. Auf zwei Seiten liess Ghazi Usref Pascha Minen anlegen und bedrängte die Stadt mit ununterbrochenem Geschützfeuer. Sämmtliche Wege und Pässe in der Umgebung

Altes Stadtthor in Jajce.

wurden besetzt, sodass Jajce von jedem Verkehr nach Aussen abgeschnitten war, was sich um so fühlbarer machte, als die Mundvorräthe in der Festung auf die Neige gingen. Bisher erhielt Jajce so ziemlich alle Vierteljahre frische Vorräthe, während jetzt anderthalb Jahre vergingen, ohne dass es denkbar war, aus Ungarn frischen Proviant zu verschaffen. Der König Ludwig hatte zwar 1520 Anordnungen getroffen, dass dies geschehe, unter Andern waren damit die Bane Franz Batthyányi und Graf Tahi, wie der sonst tapfere Michael Török betraut, aber keiner wagte sich an die Ausführung der heiklen Mission. Die Türken hatten alle kleinen Burgen in der Umgebung besetzt und einzelne Janitscharen-Gruppen durchstreiften das ganze Gebiet und machten es dem Bauer unmöglich, sein Feld zu bestellen. Bald zeigten sich die ersten Spuren der Hungersnoth, die sich besonders in der Stadt doppelt fühlbar machte. Sie nahm solchen Umfang an, dass mancher Bürger vorzog, Weib und Kind zurückzulassen und heimlich zu fliehen, um sich auf Tod oder Leben zu übergeben.

Der tapfere Vertheidiger der Stadt sah ein, dass Jajce, wenn nicht bald Hilfe komme, verloren sei. Er schickte auf gut Glück einen gewissen Jure Mrsić ab, um Hilfe zu suchen. Diesem gelang es, sich durch den Türkenkordon zu schleichen und er gelangte nach Ofen, wo er vor dem König und den versammelten Ständen die Noth Jajce's in den grellsten Farben schilderte. Er erzählte, dass alle Vorräthe bereits aufgezehrt, dass selbst Pferdefleisch nicht mehr aufzutreiben sei. Eine Mutter, vom Hunger bis zum Wahnsinn gebracht, habe ihr eigenes Kind in den Vrbas geworfen, um an ihm nicht die Qualen des Hungertodes sehen zu müssen. Seine Schilderung machte tiefen Eindruck auf Alle und besonders auf den Grafen Krsto Frankopan, welcher sich erbot, der bedrängten Stadt Nahrung und Munition zu bringen. Unterdessen wehrte sich Peter Keglević sammt seiner tapferen Mannschaft mit beispiellosem Heroismus gegen den doppelten Feind — Belagerer und Hunger — und lieferte dadurch den Beweis, dass der Heldenmuth eines Leonidas selbst in einer politisch zerrütteten Zeit zum Ausdruck kommen kann. Von den Versprechungen, welche Graf Frankopan gemacht wurden, blieben wohl zwei Drittheile Versprechungen, was aber seiner brennenden Begierde, der bedrängten Stadt Rettung zu bringen, keinen Abbruch that. Er unternahm seine Expedition im Frühjahr 1525 und Dank einem Berichte, den er selbst seinem Freunde, dem Dogen Dandolo von Venedig sandte, sind wir in der Lage, sie genau zu schildern.

Am 18. April verliess er mit dem geringen Heere, das ihm der König gab, Ofen und zog nach Kroatien, um es dort zu vervollständigen. Der König erliess am 29. April an die beiden Bane von Kroatien, Batthyányi und Karlović, den Auftrag, ein Heer zu sammeln und sich dem Grafen Frankopan anzuschliessen. Unterdessen hatte sich dieser bemüht, in Zdenci bei Brod und in Slobodština im Belovarer Comitat Mannschaften zu werben, sich gehörig mit Proviant und Munition zu versehen und liess sich darin gar nicht beirren, obwohl man ihn von seinem waghalsigen Zuge abzubringen suchte. Besonders liessen es sich die beiden Bane angelegen sein, ihm davon abzureden. Auf diese Expedition war nicht nur die ganze Aufmerksamkeit Kroatiens und Ungarns, denen sie Lebensfrage war, gerichtet, sondern auch Europas, und Papst Clemens versprach allen, die sich an ihr betheiligen würden, denselben Ablass, welcher bei Jubiläen den Rompilgern zu Theil wurde. Im Juni war das Heer an der Save versammelt. Es zählte im Ganzen kaum etwas über 6000 Mann (4000 Reiter, 2000 Fussvolk), und es hatten sich ihm nebst den beiden Banen die tapfersten Magnaten Ungarns und Kroatiens angeschlossen. Wir finden unter ihnen einige Verwandte Frankopan's, die Grafen Georg Baglay, Johann Zrinyi, Peter Kružić, Georg Orlović und als Vertreter des Priors von Vrana, Mathias von Barać, den Grafen Franz Tahi.

Am 7. Juni setzte das Heer bei Svinjar auf 80 von Désházy auf Auftrag des Königs erbauten Booten über die Save. Als die Nachricht vom Uebergange nach Jajce gelangte, führte Usref Pascha 15000 Mann dem Christenheere entgegen. Am 9. Juni, dem ersten Marschtage, stiess Frankopan auf eine Burg, welche erstürmt und geschleift wurde. Beim Weitermarsche zeigten sich die ersten Vorposten des türkischen Heeres. Dasjenige Frankopans war bald argen Plänkeleien ausgesetzt und gegen Abend kam es zu einem Scharmützel, bei dem besonders Graf Tahi ins Feuer gelangte. Als die Nacht anbrach, zeigte sich auch der Kern des türkischen Heeres und beide Heere schlugen ihr Nachtlager, nur von einem schmalen Thale getrennt, auf. Vor Morgengrauen brach das türkische Heer auf und zog in der Richtung gegen Jajce, um einen Vorsprung zu gewinnen, sich dann in zwei Theile zu scheiden und womöglich dem nachfolgenden christlichen Heere in die Flanken zu kommen und es zu erdrücken. Der anbrechende 10. Juni brachte in der That scharfe Kämpfe, und das Christenheer erreichte nur mit schwerer Noth Abends Bočac. Unter ununterbrochenen Plänkeleien seitens der Türken kam es am 11. Juni Jajce nahe. Frankopan ertheilte dem Peter Kružić die schwierige Mission, mit einer kleinen Abtheilung den türkischen Kordon zu durchbrechen und die mitgeführten

Festungsthor in Jajce.

Vorräthe in die Stadt zu schaffen, während er selbst sich gegebenenfalls in eine Schlacht mit dem Türkenheere einlassen wolle, um die Aufmerksamkeit des Feindes von den Bewegungen Kružić's abzulenken.

Frankopan und Tahi nahmen das ihnen von den Türken angebotene Treffen auch an. Der Kampf war heiss, die Entscheidung schwankte. Unterdessen war es Kružić gelungen, in die Stadt einzudringen, wo er von der verzweifelten Besatzung mit Jubel empfangen wurde. Als er die Vorräthe untergebracht hatte, kehrte er zurück. Man hatte an dem Gelingen seiner Mission gezweifelt und gab ihn verloren. Als er aber, von Peter Keglević und anderen von der Besatzung unterstützt, an der Schlacht theilnahm, lebte der Muth des christlichen Heeres von Neuem auf und Frankopan errang einen glänzenden Sieg. Istvánfi berichtet, dass Sinan Pascha auf der Flucht erschlagen wurde, dass sämmtliche türkische Geschütze erbeutet und in der Festung aufgestellt wurden, während das kostbare Zelt Ghazi Usref Pascha's mit 60 Fahnen und zahlreichen kunstvollen Geräthschaften in die Hände Frankopan's gelangten, der sie dem Könige nach Ofen sandte.

Aus dem Berichte Frankopan's an den Dogen Dandolo ist zu entnehmen, dass sein Heer, nachdem es seine Mission so glänzend erfüllt hatte, eine Meile weit von Jajce entfernt übernachtete und am anderen Tage den Rückmarsch antrat. Batthyányi und Tahi, die es für klüger erachteten, in aller Stille den sichersten Weg zum Rückmarsche zu wählen und die auch ein besiegtes Türkenheer nicht für geheuer hielten, schlugen vor, den viel sicheren Weg über Kamengrad zu nehmen. Frankopan aber erklärte stolz, er werde sein Heer denselben Weg zurückführen, den er es hergeführt, und sei er noch so gefahrvoll. In der That übersetzte er unter ununterbrochenen Plänkeleien am 12. Juli die Save.

Der Sieg von Jajce, welcher dem Heldenmuthe Frankopan's und Keglević's zu verdanken ist und ersterem den Ehrentitel » Regnorum Dalmatiae, Croatiae et Slavoniae specialis tutor atque protector «, den ihm König Ludwig beilegte, einbrachte, genügte leider nur, um die Lebensfrist, welche der Stadt Jajce beschieden war, um drei Jahre zu verlängern. Am 5. August 1526 wurde die verhängnissvolle Schlacht bei Mohács geschlagen. Die Panik, welche sich nach dieser Ungarn verderbenden Schlacht der ganzen Christenheit bemächtigte, schloss jede bedeutendere Aktion gegen die vordringenden Türken aus. Während Ferdinand, dem Nachfolger des bei Mohács gefallenen Königs Ludwig, der Besitz der Länder der Stefanskrone von Zápolya streitig gemacht wurde und Ungarn vor einer endlosen Reihe von Bürgerkriegen stand, wuchs die Macht der Türken zusehends. Jetzt war auch für den Vezier Ghazi Usref Pascha der Zeitpunkt gekommen, seine Niederlage von 1524 wettzumachen. Der tapfere Vertheidiger von Jajce, Peter Keglević, welcher bedeutend gealtert war, sehnte sich nach Ruhe und übergab die Stadt dem König Ferdinand, der unter Stefan Grbonog und Kozijaner in sie eine deutsche, mit der türkischen Kriegführung gänzlich unerfahrene Besatzung legte. Als im Jahre 1527 das vereinigte Heer Usref Paschas und des serbischen Veziers Mehmed Jahioglu vor Jajce erschien, hielt die Stadt nur eine zehntägige Belagerung aus, worauf die beiden Vertheidiger gegen freien Abzug die Stadt den Türken

Medvedkula in Jajce.

und ihrem Schicksale überliessen. Dadurch kam der letzte Theil von Bosnien in die Gewalt der Türken. Eine Stadt nach der andern wurde vom Vezier genommen und als auch der Vertheidiger von Banjaluka, Andreas Radulović, die Vertheidigung aufgab, die Stadt in Brand steckte und sich über die Save zurückzog, waren die Osmanen Herren des ganzen bosnischen Königreiches. Dieses hatte gänzlich aufgehört zu existiren und Jajce sank von seiner ursprünglichen Grösse in die Vergessenheit. Erst nach Jahrhunderten, im August 1878, musste wieder um Jajce gekämpft werden. Wieder waren es die gleichen Gegner. Die mohammedanischen Begs stellten sich den einmarschirenden österreichisch-ungarischen Truppen unter dem Herzog Wilhelm von Württemberg im Pliva-Defilé entgegen. Sie leisteten Wunder der Tapferkeit, aber sie wurden entscheidend geschlagen und am 7. August wurde Jajce, hoffentlich für immer, besetzt.

Und wegen seiner interessanten geschichtlichen Vergangenheit gilt auch einer der ersten Gänge in Jajce stets dem Kastell, von dem man eine entzückende Aussicht über die ganze Gegend geniesst. Weithin, nach Westen erstreckt sich unter dem senkrecht abfallenden Felssturze der unvergleichlich schöne Anblick der Seen von Jezero, die sich in

Katarakten einer in den anderen stürzen, an ihren nördlichen Ufern von kahlen Felsterrassen, an den südlichen von üppig bewaldeten Gebirgen umsäumt, aus welchen die Pyramiden des Ottomal, des Oštro-Brdo und bei dem letzten Wasserfall, mit alten Ruinen und kleinen Häusergruppen gekrönt, diejenigen von Zaskopolje emporragen. Letzterer gegenüber auf kahlem Felsen steht die einsame kleine Moschee von Mile. Nach Norden, jenseits des steilen Hanges, in welchen der Festungsberg abfällt, breiten sich an den beiden hohen Ufern des tief gebetteten Vrbas fruchtbare Felder aus, unter diesen am linken Ufer jenes Kraljevopolje, das in der Keglević-Sage — wie früher erzählt — als Tanzplatz der Mädchen erwähnt wird. Näher, hart unter der Burg und neben dem zu ihr hinaufführenden Wege erhebt sich, von türkischen Friedhöfen umgeben, ein kleiner pyramidenförmiger Hügel, auf welchem einst das Sommerlustschloss der alten Könige gestanden haben soll. Hart am Wege liegen die Gräber der Familie Kulinović, tiefer einzelne Türkenhäuser, in deren Hofraum man hinabsieht. Stromab an der rechten Seite des Vrbas ziehen sich zahlreiche Dörfer hin, meist Vakufgründe, die von Usref-Beg der Begova-Džamija in Sarajevo gestiftet wurden. Gegen Südosten sehen wir an der sanft abfallenden Lehne des Berges die Altstadt hingebreitet, umschlossen vom Bette des Vrbas und der Pliva und den von der Burg zu den Flüssen hinablaufenden zinnengekrönten Festungsmauern. Aus ihrer nach der Pliva absteigenden Linie erhebt sich das Banjalukaner Thor, während aus der dem Vrbas zustrebenden Mauer das Travnik-Thor mit seiner, einen mächtigen Thurm tragenden Wölbung emporragt. Im Osten aber baut sich die mächtige Pyramide des Hum auf, die des letzten bosnischen Königs Grab trug und hinter ihm, als eine leichte bläuliche Linie am fernen Horizont gezeichnet, der Vlasić, die höchste Erhebung des bosnischen Mittellandes.

Es ist ein unsagbar schöner Anblick, auch wenn er auf die Stadt fällt, die auf einem nicht allzu hohen Hügel aufgebaut ist, der an der Pliva- und Vrbasseite steil abfällt. Nur der an der Nordwestseite liegende Stadttheil Volujak besitzt ein minder abwechselndes Niveau. Im Osten liegt der Stadttheil Kozluk, der sich auf den letzten Ausläufern des Humgebirges verläuft. Ueberall sieht man die türkischen Holzbauten, wie Schwalbennester an die Lehnen geklebt, baufällig und gebrechlich, dabei so malerisch, dass Tausende von Motiven für Künstler gefunden werden können. Und mitten aus dem Gewirr der eigentlichen Stadt erheben sich die Spitzen der Minarets, die neuen ziegelgedeckten europäischen Häuser, in der Ebene das Franziskanerkloster mit seiner Kirche, — alles zusammen aus der Vogelschau ein bezauberndes Ensemble bildend.

Doch wenden wir uns dem Kastell selbst zu, das einer genauen Besichtigung werth ist. Es ist ja auch heute nicht vergessen und verlassen, es dient noch immer der kleinen Garnison zum Aufenthalt. Den Grund-

stein zum Kastell legte, wie früher erwähnt, Herzog Hrvoja, doch hat es
durch spätere Zubauten so viele Veränderungen erfahren, dass die Grund-
form nicht die ursprüngliche ist. Die ältesten Befestigungsanlagen waren
auf die Akropole beschränkt. Heute ist diese öde, und wo früher umfangreiche Bauten standen, sind nur einige nothdürftig aufgeführte Gebäude,
die militärischen Zwecken dienen. Die Mauer selbst ist stellenweise und
besonders an der Plivaseite in ihrer ursprünglichen Form erhalten. Ein
regelmässiges, gut gearbeitetes Quaderwerk zeichnet sie aus, während die
späteren Zubauten in der Ausführung minder exakt, die neueren Datums
sogar roh sind. Im Grundriss zeigt die obere Kastellmauer — ich folge
hier den wissenschaftlichen Untersuchungen des Custos Dr. Truhelka —
die Form eines unregelmässigen länglichen Ovals; sie ist stellenweise über
10 Meter hoch, die vorhandenen Ueberreste deuten aber nirgends auf einen
Thurmbau, welcher in früheren Zeiten der Hauptbestandteil einer Befestigung war. Nur an der Nordseite, gegen Volujak zu, befinden sich
die Ueberreste einer Bastei, die aber türkischen Ursprungs ist. Zum Kastell
führte von der Plivaseite ein Thor, während ein anderes in entgegen-
gesetzter Richtung nach dem ausserhalb der Festungsmauer liegenden
Stadttheile Volujak führt. Neben dem Plivathore, einige Schritte links,
befinden sich die Ueberreste eines Thorbaues, welcher mit einem Wappenbilde gekrönt ist. Die Pfeiler des Thores, welches heute vermauert ist,
sind an der Aussenseite reich gegliedert und ihr Profil zeigt ein stufen-
förmig abfallendes System von Hohlkehlen und Rundstäben. Dasselbe
Profil setzt sich ohne Zwischenglied am flachen Bogen, der die beiden
Pfeiler verbindet, fort. Oberhalb des Portals ist ein von gezackten Bogen-
schnitten umrahmtes, durch zwei kleine Säulen in drei Theile getheiltes
Feld, wovon das mittlere mit einem Wappenbilde verziert ist. Vor diesem
Thore befand sich früher ein viereckiger kleiner Vorbau, der abgetragen
wurde und wovon nur noch die Grundmauern sichtbar sind. Es wurde
vielfach behauptet, dass dieser Vorbau eine Kapelle gewesen und dass unter
jenem Wappen das Grabmal eines bosnischen Königs — Tvrtko I. —
sich befand, eine Meinung, die nicht mehr stichhaltig erscheint. Die
ganze Anlage des Vorbaues, soviel davon ersichtlich ist, zeigt mit einem
Kapellenbaue keine Aehnlichkeit. Der Vorbau stammt entschieden erst
aus der türkischen Epoche, wofür das rohe Quaderwerk deutlich spricht,
und dass er stockhoch aufgeführt war, — was bei einer Kapelle kaum
der Fall sein dürfte — dafür spricht der oberhalb der Thorbekrönung deutlich sichtbare Mörtelverputz des oberen Traktes mit den darin befindlichen
Balkenspuren.

Dass dies nicht Tvrtko's Denkmal sei, folgt schon daraus, dass dieser
König 1391 starb, während Jajce erst zu Anfang des 15. Jahrhunderts
durch Hrvoja gegründet wurde. Wir haben hier unzweifelhaft einen Thor-

bau vor uns, welchem die Türken später einen Vorbau anfügten, der als Wachthaus diente. Später wurde er abgebrochen, die Thoröffnung vermauert und einige Schritte daneben nach rechts wurde ein anderes Kastellthor — das noch heute bestehende Plivathor — gebaut. Das Wappen am Thore zeigt eine dreizackige Lilienkrone; es ist von einem Helme gekrönt, auf dem sich dieselbe Krone befindet. Der dem Helme als Agraffe dienende Lilienbusch und der längs des Wappens herabfallende Wappenmantel sind plump ausgeführt und die Stilisirung des Faltenwurfes ist roh. Dieses Wappen wird für dasjenige Tvrtko's gehalten, was aber nicht stichhaltig ist. Die Lilienkrone ist das Wappenbild, dessen sich alle Könige Bosniens bedienten, und wurde nur durch einzelne Zuthaten modifizirt. So finden wir z. B. auf den Münzen Tvrtko's I. unter der Lilienkrone regelmässig den Buchstaben T, nie aber die Krone allein, — ein Anhaltspunkt dafür, dass sich Tvrtko der Krone mit seinem Initiale als Wappenbild bediente. Nur auf einer Münze des Königs Thomas steht im Wappenfelde die Krone allein, während dies auf den meisten Münzen Tomašević's der Fall ist, bei denen sich nur auf einigen unter der Lilienkrone eine Perle befindet. Nachdem König Thomas selten oder nie in Jajce weilte, während Stefan Tomašević hier seine Residenz aufschlug, glauben wir nicht fehlzugehen, wenn ihm das obige Wappen zugeschrieben wird.

Eine der ältesten Zubauten zum Kastell ist der um ein Beträchtliches tiefer gelegene runde Thurm an der Südseite, von welchem heute nur ein Stockwerk erhalten ist. Er ist auf einem Abgrund roh aufgebaut, von massivem Mauerwerk umschlossen. Dieser Thurm war es, den Mathias Corvinus zuerst in seine Gewalt bekam und von welchem aus er seine Belagerungsoperationen leitete. Von diesem Thurme stürzten der Türke und der Ungar (vergl. die geschichtliche Uebersicht) bei dem Kampfe um das Festungsbanner in den Abgrund. Später wurde der Thurm als Kerker benutzt und der Volksmund bezeichnet ihn noch heute als Kerkerthurm (Hapsahana). Ein anderer späterer Zubau ist der einige hundert Schritte in gleicher Höhe mit dem vorigen stehende Uhrthurm (Sahat - kula), ein viereckiger roher Bau, von dem ein Stockwerk noch erhalten ist und unter dem sich ein Durchgang befand. Beide Thürme waren untereinander und mit dem Kastell durch Mauern, deren Ueberreste in den Häusergruppen heute nur noch schwer sichtbar sind, verbunden. Hier, wo der Uhrthurm und das Haus des Sulejman Beg Džabić stehen, befand sich früher der königliche Palast, ein Bau, über dessen architektonischen Stil zahlreiche in den Kastellmauern eingemauerte Ueberreste Aufschluss geben. Dieselben sind schöne stilvoll und sorgfältig ausgeführte Details in venetianischer Gothik, wie sie zu Ende des 14. Jahrhunderts in Blüthe stand. Wenn man diese Fragmente betrachtet, glaubt man unwillkürlich, sie einmal früher an irgend einem Palaste Venedigs gesehen zu haben.

Nach ihnen zu schliessen, war der Königspalast für bosnische Zustände ein Monumentalbau.

Unter diesen Fragmenten sind hervorzuheben: zwei gothische, schön gearbeitete Kapitale mit Akanthus-Motiv und Rosetten an dem geschweiften Abacus. Dieselben befinden sich dicht neben einander auf einem schön profilirten Gesimsstück, mit plastisch ausgeführtem gedrehten Seilmotiv und Zahnschnitten darunter und sind in die Plivamauer rechts vom Thore in ziemlicher Höhe eingemauert. Ein ähnliches Gesimsstück ist gleich daneben und ein anderes einige Schritte nach rechts vertikal eingemauert. Am Kastell in den Pulverthurm eingemauert befindet sich das Fragment eines Arkadensockels. Die Profile der beiden Gurtbogen-Ansätze sind schön gegliedert und oben mit einer doppelten, schachbrettförmig abwechselnden Zahnschnittreihe verziert. Zwischen den Bogen befindet sich eine durchbrochene Rosette, wie sie an den Arkaden venetianischer Palastbauten häufig zu sehen sind und beiderseits davon je ein kleiner erhaben gemeisselter Stern. Oberhalb der Thür des Pulvermagazins befinden sich noch zwei sorgfältig ausgeführte Kapitäle und unweit davon eine Pfeilerverkröpfung mit Kapitälen, welche ein ähnliches Motiv aufweisen. Schliesslich befindet sich in den Treppen, welche zur obersten Terrasse am Kastell führen, das Fragment eines schön profilirten Sockelstückes einer Wand.

Aus diesen Ueberresten liesse sich mit einiger Mühe das dekorative architektonische Motiv des Palastes rekonstruiren, aber die Form und der Umfang desselben bleiben ein Geheimniss, da die Grundrissform in Folge späterer Bauten gänzlich verwischt wurde und nur noch die Tradition die Stelle bezeichnet, wo der Palast stand. Die Türken begnügten sich nicht mit der oben angeführten Erweiterung der Befestigungen von Jajce, sie dehnten diese aus, ohne dass dadurch zur Sicherheit der Stadt mehr beigetragen wurde. Einerseits wurde vom runden Thurme eine Mauer längs der steilen Felswand an der Plivaseite gezogen, andererseits wurde eine Mauer von der Bastei in nahezu paralleler Richtung mit der Ersteren aufgeführt und beide führten zum Vrbas, dessen linkes Ufer schroffe Kalktuffwände unzugänglich machen. So wurde auch derjenige Stadttheil, welcher sich über die zwischen dem Vrbas und der Pliva liegende Landzunge erstreckt, in den Festungsring eingezogen. Diese Mauer besitzt zwei Portalthürme, die eine ziemlich breite unregelmässige Strasse, die gegenwärtige Franz Josefsstrasse, verbindet.

Aber Jajce nennt sich auch eine Stadt des Evangelisten Lukas! Nach der Kirchengeschichte soll der Evangelist zwar in Theben in Böotien gestorben und sein Leichnam auf Befehl des byzantischen Kaisers Konstantin nach Konstantinopel überführt worden sein, aber die Lokaltradition von Jajce weiss es besser, der heil. Lukas lebte und malte in Jajce, hier starb er und sein Leichnam wurde an die Venetianer verkauft. Hundert Schritte

unterhalb des Kerkerthurmes steht ein echt italienischer Campanile, der zu
einer Kirche gehört haben muss. Diese Kirche, St. Lucas genannt, wurde
nach der Eroberung von Jajce von den Türken in eine Moschee umgewandelt, aber nach einem Brande verlassen. Heute sind nur noch die
kahlen Wände sichtbar und der Thurm selbst zeigt mancherlei Sprünge.
Vier hohe massive, mit je einem schmalen länglichen Fenster versehene
Wände dienen ihm als Unterbau und auf diesen sind drei Stockwerke aufgeführt. Die Fenster der einzelnen Stockwerke sind auf jeder Seite durch
je zwei mit Bögen verbundene Doppelsäulen in drei Theile getheilt, in
den unteren Etagen gut erhalten, während sie in den oberen vermauert

Lukasthurm in Jajce.

sind. In die innere Kirchenmauer ist ein altchristlicher Grabstein eingemauert; welcher, der plastischen Ausführung nach dem Verfalle römischer
Kunst angehörend, den symbolischen Motiven zufolge der frühesten Zeit
des Christenthums angehört. Die Platte ist mit einem Rahmen verziert,
dessen Hauptmotiv das auf den altchristlichen Skulpturen so häufig vorkommende Traubenmotiv ist. In diesen Rahmen ist oben eine runde
Brotscheibe, unten ein Weinkrug eingemeisselt, während sich in der Mitte
zwei einfache Rosetten befinden.

Die Sage erzählt von der Lukaskirche:

Die Kirche erhielt ihren Namen von den Ueberresten des Evangelisten Lukas, welche
dem Könige Stefan Tomašević von seiner Gemahlin Mara, der Tochter des serbischen Despoten, als Mitgift zugebracht und hier aufbewahrt wurden. Das klingt schon annehmbarer,
als dass Lukas in Jajce gelebt haben soll. Als Konstantinopel von den Türken erstürmt

wurde — so heisst es — wurden die Ueberreste des heiligen Lukas nach der Burg Rogos in das Gebiet des Herrn von S. Mauritius gebracht, ohne dass es bekannt wäre, auf welche Art. Als diese Burg von den Türken erobert wurde, kam auch die Reliquie in den Besitz der Islamiten, die sie mit ehrfurchtsvoller Scheu verehrten. Als der Despot Georg Branković von seinem Ahnen erfuhr, dass die Türken im Besitz dieser kostbaren Reliquie seien, bot er ihnen dafür 30000 Dukaten an und als das Angebot angenommen wurde, liess er sie nach Semendria übertragen. Als König Stefan Thomas Semendria den Türken abtreten wollte, kam die Reliquie nach Telzach (?) und als sich auch dieses nicht mehr halten konnte, wurde sie nach Jajce übertragen. Dies sind die Daten, welche der Herzog von Spalato Andreas Veniero im Auftrag der Republik Venedig am 15. September 1463 dem Dogen berichten konnte, und als seine Gewährsleute erwähnt er die Königin von Bosnien, Nikola Čivatović, Jovan Babić und Jovan Kučić. Als im Jahre 1463 das Türkenheer gegen Jajce zog und der König flüchtete, suchte Jeder zu retten, was zu retten war und die Franziskaner bemächtigten sich des heiligen Leichnams, um ihn nach Ragusa zu bringen- Als sie ihn aber auf einem Pferde des Klešić über die Grenze führen wollten, wurden sie daran von dem der Königin Mara zugethanen Vojvoden Ivaniš Vlatković gehindert. Die Ragusaner glaubten sich durch diese Reliquie ein Palladium zu erwerben, welches sie vor Türkeneinfällen schützen würde und obwohl sich dasselbe bei Jajce nicht bewährt hatte, war ihnen viel daran gelegen, es zu erhalten. Am 13. Juli 1463 liess der Rath von Ragusa an Ivaniš ein Schreiben ergehen, worin derselbe ersucht wurde, die Reliquie passiren zu lassen und zugleich wurde der Gesandte Nikola Marin Gundulić betraut, mit Ivaniš mündlich Rücksprache zu nehmen. Letzterer erblickte in dem Betragen der Franziskaner bei dieser Angelegenheit eine Eigenmächtigkeit, denn die Reliquie war Krons- und nicht Kircheneigenthum und stand das Verfügungsrecht darüber nur dem Könige und nach seinem Tode der Königin Mara zu. Er nahm sie auch in Beschlag und liess sie auf Auftrag der Königin nach Venedig bringen, wo sie der Republik zum Kauf angeboten wurde. Der Rath fand die Reliquie nicht preiswürdig und verhielt sich ablehnend. Sie wurde in das Kloster Santa Justina nach Padua gebracht und die dortigen Franziskaner sollen, über die Echtheit befragt, diese in Zweifel gezogen haben, obwohl der Kardinal von Nicäa, Bessarion, für sie einstand und den Glauben, welchen die Bosnier in die Reliquie setzten, mit Beweisgründen unterstützte. Hierauf beauftragte der Doge Christoforo Moro den Pierzog von Spalato, Venerio, über die Echtheit Erkundigungen einzuziehen. Königin Mara führte ein drastisches, wenn auch nicht schlagendes Argument dafür auf und schreibt an Ivaniš Vlatković: » Che ,l signor despoth Zeorzi ed signor despoth Lazaro non zè stadi tal inteletto, che havesse dato tanti ducati non sapiando di certo: utrum fosse s. Luca o no. « (Der Herr Despot Georg und der Herr Despot Lazar waren wohl zu vernünftig, als dass sie so viele Dukaten hergegeben hätten, ohne genau zu wissen, ob es der heilige Lukas sei oder nicht.) Die Gleichmütigkeit, welche die Republik in dieser Angelegenheit zur Schau trug, veranlasste die darüber erbitterte Königin, Ivaniš zu beauftragen, den Handel abzubrechen und die Reliquie ihr zu überbringen. Ihre Erbitterung über die Venetianer zeigt sie sehr deutlich in den Worten, womit sie ihren Brief schliesst: » Obwohl ich die Italiener nicht so gut kenne als Ihr, so kann ich doch behaupten, die Signorie sei wohl gross und klug, aber sehr geizig, obwohl reich. « Hierbei leitete Mara gleichwohl ein anderes Motiv, denn sie fand in dem König Mathias von Ungarn einen Käufer für die Reliquie, welcher ihr drei oder vier Kastelle dafür » in perpetuum « zusagte. Als die Venetianer von diesem Konkurrenten erfuhren, wollten sie ihm wohl nicht nachgeben und schienen sich zum Ankauf der Reliquie geneigter zu zeigen. Darüber jedoch, ob und zu welchem Preise sie schliesslich veräussert wurde, ist nichts bekannt. Nur wird sie noch heute in der Basilika San Marco in Venedig gezeigt und neben einem eigenhändig von Lukas gemalten Bilde der Madonna verehrt. Jedenfalls ist dieser Heiligenschacher ein recht erbauliches Sittenbild aus der Zeit der Türkenkriege.

Nicht weit vom Lukasthurm und unmittelbar am Sockel der Felsenpartie, welche das Kastell von Jajce trägt, befindet sich, halb versteckt
unter Gebüsch, eine Oeffnung, die über einige Stufen zu einer der
originellsten Bauten in Bosnien, zu einem Felsentempel führt. Oberst
Gustav Bancalari hat im Jahre 1887 in der Wiener » Deutschen Rundschau
für Geographie und Statistik « zuerst die » Katakomben von Jajce « eingehender beschrieben und nach den Plänen des damaligen k. k. Majors.
Reis vom Geniestabe einen Plan derselben veröffentlicht. Seither sind
nähere Untersuchungen im amtlichen Auftrage von Dr. Truhelka erfolgt *)
und ihnen folgen wir im Wesentlichen bei der nachstehenden Schilderung.

Die Erlaubniss zum Besuche der Katakomben, die man lange für
die unterirdischen Grüfte der bosnischen Könige hielt, erhält man bei der
Bezirksbehörde. Ein Wächter leitet den Fremden. Sobald man einige
Stufen abwärts gestiegen, tritt man durch eine kleine eiserne Thür in den
engen Vorraum des unterirdischen Gotteshauses (denn ein solches ist es),
von welchem eine weitere Thür in die Innenräume führt. Schwarz sind
die Wände, dadurch allerdings den düsteren Eindruck einer Todtenherberge
hervorrufend. Der ganze Bau ist mit vieler Mühe in die Felsen gehauen.
Die einheimische Bevölkerung nennt ihn keineswegs » Katakomben «, mit
denen er auch nur die unterirdische Lage und das Material gemeinsam
hat, sondern mit dem türkischen Worte » halvat « = Einsiedeleien, Klausuren.
Die bekannten Katakomben von Rom, Neapel etc. sind Netze von engen,
verschlungenen, vielfach verzweigten, viele Kilometer weit fortlaufenden
Gängen, die sich nur stellenweise zu kleineren Hallen erweitern, während
wir in den Katakomben von Jajce eine nach einem einheitlichen architektonischen Plane ausgeführte Baulichkeit, ein christliches Gotteshaus mit
allem Zubehör erkennen. Einigermaassen erinnert es an die alten indischen
Tempel, die ebenfalls in Felsen ausgehöhlt wurden. Eigenthümlich ist nur
die Erscheinung, dass dieses Baues, zu dessen Herstellung ein gut Stück
Arbeit aufgewendet worden sein mag, in gar keiner älteren geschichtlichen
Aufzeichnung Erwähnung gethan wird und dass die Ueberlieferung über
die Entstehung dieses Denkmales im Laufe der Zeiten vollständig verloren ging. Wenn wir die » Katakomben « auch noch so eingehend
besichtigen, so bietet sich uns doch kein Fingerzeig, welcher es ermöglichen würde, die Entstehung derselben mit einiger Sicherheit der einen
oder der anderen Kulturepoche zuzuschreiben und die Zeit ihrer Gründung
auch nur annähernd festzustellen. Am empfindlichsten macht sich in
dieser Hinsicht der gänzliche Mangel an ornamentaler Ausschmückung
und architektonischen Details, wie Säulen, Kapitälen u. s. w. fühlbar. Wir

---

*) » Die Katakomben von Jajce «, Wissenschaftliche Mittheilungen aus Bosnien und der
Hercegovina, 2. Band, S. 94—107. (Wien, 1894.)

sind daher gezwungen, unsere ganze Aufmerksamkeit dem Anlageplan zuzuwenden, der aber gleichfalls zahlreiche Widersprüche aufweist.

Die unterirdische Anlage in dem Felsen würde auf die erste Zeit des Christenthums als Entstehungszeit hinweisen, als dieses noch gezwungen war, im Schoosse der Erde vor Verfolgungen Schutz zu suchen, während die Einzelanlage des Baues, seine Eintheilung und Gliederung, die Art der Ausführung und insbesondere die unter dem Hauptbaue angebrachte Krypta, auf das Zeitalter des romanischen Stiles, also auf eine frühere Periode des Mittelalters deuten und endlich in den Gewölben auch rein gothische Formen gefunden werden, welche erwiesenermaassen erst gegen den Ausgang des Mittelalters zur allgemeinen Anwendung gelangt sind. Diese gothischen Motive — die in eine Spitze auslaufenden Wölbungen — sind übrigens im vorliegenden Falle für die Altersbestimmung belanglos, weil bekanntermaassen der Spitzbogen, den wir schon bei den alten babylonischen Baudenkmälern und in abgeänderter Form auch in Mykenae finden, viel älteren Ursprungs ist, als der Rundbogen. Nur die Konstruktion des Spitzbogens, wie wir sie an rein gothischen Baudenkmälern finden, könnte einen Anhaltspunkt liefern. In dem vorliegenden Falle aber ist es schwer, Motiv und Konstruktion auseinander zu halten, weil die Wölbungen nicht durch regelrechtes Aneinanderfügen von Stein an Stein hergestellt, sondern aus einem einzigen riesigen Felsblocke ausgehauen sind. Die Regelmässigkeit dieser Bogen und die wohlüberlegte Anwendung derselben führen zu der Ansicht, dass wir in diesen Formen eine Anlehnung an eine länger dauernde bauliche Tradition zu suchen haben. Die Unsicherheit und Unvollständigkeit aller urkundlichen Denkmäler war Ursache, dass es bisher Niemand wagte, sich ein Urtheil über die Entstehungszeit dieses Baues zu bilden.

Da wurden vor einigen Jahren unter einer im Verlaufe der Zeit geschwärzten und vom Felsen kaum zu unterscheidenden Kalkschicht verdeckte Skulpturen gefunden. Unmittelbar an der Thür zeigen sich die Umrisse einer menschlichen Gestalt, deren Füsse schon unter das Niveau des Fussbodens. fallen. In der Rechten hält diese Figur eine Lanze, in der Linken den Knauf eines mächtigen Schwertes. Gegenüber dieser Figur, an der linken Seite der Thür, ist eine heraldische Darstellung angebracht. Dieselbe zeigt einen grossen Helm von der zu Ende des 14. und zu Anfang des 15. Jahrhunderts üblichen Form, auf dessen Kamm sich ein Schild befindet, von welchem ein Wappenmantel niederwallt. Oberhalb des Schildes ist ein Arm dargestellt, der ein grosses Schwert schwingt. Die ganze Komposition wird von einer klaffenden Spalte durchschnitten, die mit Steinen und Kalk ausgefüllt war. Dieses Wappen war vom Künstler erst begonnen und nur in seinen Umrissen angedeutet; denn offenbar musste er die Arbeit abbrechen, ehe es ihm gegönnt war, dieselbe zu plastischer Vollendung zu bringen.

Die einzige hervorragende Persönlichkeit in der Geschichte Bosniens, welche den schwertbewehrten Arm im Wappen führt, ist der Grossvojvode von Bosnien und Herzog von Spalato, Hrvoja. Auf der rechten Seite der Thür findet sich die Ergänzung. Hier hatte der Künstler gleichfalls eine Komposition begonnen, eine weibliche Gestalt, welche in der Linken eine Lilie, das zweite Sinnbild Hrvoja's, hält Die Auffindung dieses Wappens hat Licht gebracht in das Dunkel, welches bisher über die Entstehungszeit der Katakomben herrschte, denn nun können wir mit voller Sicherheit Hrvoja als deren Gründer annehmen. Aus der Geschichte wissen wir, dass die Župa Dolnji Kraj (Unterland), in welcher Jajce lag, Hrvoja unterthan war, der schon im Jahre 1404 den Titel » Vojvoda dolnjih kraj « führte; ebenso ist bekannt, dass Hrvoja nach seiner Entzweiung mit dem bosnischen Könige Ostoja und nach seinem Anschlusse an König Sigismund von Ungarn von diesem im Jahre 1411 im Besitze des Unterlandes bestätigt wurde. In diesem letzteren Jahre weilte Hrvoja in Jajce, wahrscheinlich um den Anschluss an das ungarische Heer, dass bosna-aufwärts gegen Ostoja im Anzuge war, abzuwarten. Am 27. April 1411 erliess Hrvoja von Jajce aus den Aufruf an seine Spalatiner, sich von Ostoja loszusagen, und am 2. März 1412 fertigte er zu Jajce die Schenkungsurkunde, welche der Königin Katharina das ihm vom Ragusaner Rath geschenkte Haus überträgt.

Es wird nun keineswegs angenommen, dass Hrvoja, der in Spalato so viele künstlerisch ausgeführte Gebäude kennen gelernt, sich mit der Absicht getragen habe, in diesen Katakomben sich ein originelles Denkmal zu errichten. Eine derartige vorchristliche Idee wäre in einer Epoche, in welcher sich schon die Renaissance an der dalmatinischen Küste bemerkbar machte, nicht am Platze gewesen. Viel mehr Wahrscheinlichkeit hat die Annahme, dass sich hier einst eine natürliche Höhle befand, welche zur Kirche umgestaltet worden war und sodann von Hrvoja während seines Aufenthaltes in Jajce erweitert und verschönert wurde, wodurch die Katakomben ihre gegenwärtige Gestalt erhielten. Ueber den Zweck dieses Tempels klären uns die theils fertiggestellten, theils begonnenen Sarkophage in den Wänden und vor allem die unter der Kirche selbst befindliche Krypta auf. Wahrscheinlich beabsichtigte Hrvoja, hier eine letzte Ruhestätte für sich und seine Familie anzulegen. Die Ueberlieferung sagt, dass hier die Gruft der bosnischen Könige sei; wir aber wissen, dass von den alten bosnischen Königen, mit Ausnahme des letzten derselben, kein einziger in Jajce starb. Ostoja war der Todfeind Hrvoja's, König Thomas fiel durch Mörderhand auf dem Bilajsko Polje und Stefan Tomašević gönnte das Schicksal nicht einmal ein christliches Begräbniss; erst 1888 fand er eine Ruhestätte in Jajce selbst!

Im Uebrigen blieb der Bau unvollendet und von seinen Schicksalen ist wenig bekannt. Die Bewohner von Jajce sagen, dass er einst als

Kerker gedient habe; zur Zeit der Feldzüge Omer Paschas flüchteten die Weiber und Kinder hierher vor den Schrecken des Kampfes und zur Zeit des Einmarsches der k. k. Truppen hatte in ihnen ein findiger Mohammedaner einen Bierkeller errichtet. Erst die jüngste Zeit hat die Aufmerksamkeit auf dieses ehrwürdige Denkmal der bosnischen Vergangenheit gelenkt, welches jetzt, gereinigt und in Stand erhalten, für die Fremden eine der bemerkenswerthesten Sehenswürdigkeiten bietet.

Die Eintheilung des Baues entspricht vollständig derjenigen aller älteren Kirchen romanischen Stils. Ihre Hauptbestandtheile sind der Narthex (Vorhalle), das Baptisterium mit dem Taufbecken und die eigentliche Kirche, welche in Kreuzesform von dem Sanctuarium oder Presbyterium überquert wird, und schliesslich der Altar. Der Narthex ist ein schmaler Raum von 2,18 Meter Breite und 5,50 Meter Länge, nach oben durch ein Tonnengewölbe abgeschlossen, ohne irgend welche architektonische Ausschmückung. Nur zur rechten und zur linken Seite der zur Kirche führenden Thür sind die beiden oben beschriebenen Wappenbilder eingehauen. Dieser Raum ist nicht ausschliesslich aus dem Felsen ausgehauen, sondern es wurden an zwei Seiten zur Ergänzung der Umfassung Steinmauern aufgeführt. Eine enge, niedrige Thür, die oben durch einen Rundbogen abgeschlossen ist, führt durch eine dicke Wand in die Kirche, deren vorderer Theil sich beiderseits erweitert und mit zwei zur rechten und linken Seite angebrachten überwölbten Nischen abschliesst. In der rechten Ecke neben dem Eingange befindet sich eine aus dem Fels gehauene Bank, welche drei muldenförmige, offenbar zur Aufnahme der Gefässe für das geweihte Wasser bestimmte Vertiefungen zeigt Dieses Baptisterium ist 7,50 Meter, beziehungsweise bis zum Grunde der seitlichen Nischen 9,50 Meter breit und 2,05 Meter lang. Das Hauptschiff der Kirche, welches sich an das Baptisterium anschliesst, ist schmäler und verhältnissmässig kurz gehalten. (2,80 x 4,60 Meter.) Linker und rechter Hand ist in den Wänden des Hauptschiffes je ein niedriges Rundgewölbe von 1,20 Meter Tiefe ausgehauen, dessen hintere Wand mit einem in dem Felsen eingeschnittenen Doppelkreuze geziert ist, welches zu beiden Seiten von Sonne und Mond flankirt wird. Diese beiden Rundbogen umspannen je einen Sarkophag (Grüfte), und zwar ist der links befindliche zur vollen Tiefe von 2 Meter ausgehöhlt, während der rechte erst begonnen und nur etwa 10 Centimeter tief ausgehauen erscheint. Diese beiden Grüfte nehmen beinahe die ganze Länge der Seitenwände des Hauptschiffes ein, welches sich gegen das Presbyterium zu bedeutend erweitert. Die beiden Seitenwände endigen gegen das Presbyterium zu in Eckpfeilern, die durch ihre bedeutende Zurückstellung die Erweiterung des Hauptschiffes bilden. Das schmale, aber lange Presbyterium (2,94 x 10,66 Meter) überquert das Hauptschiff wie die Arme den Stamm eines Kreuzes. Auf der linken Seite des Sanctuariums ist in der gegen das Kirchenschiff gelegenen Seitenwand eine kleine niedrige Thür angebracht, welche durch einen kurzen engen Gang den Eintritt in einen kleinen Raum von 2 Meter Länge und 1 Meter Breite gestattet. Der noch die Spuren der Vertiefungsarbeit zeigende Boden dieses Raumes weist darauf hin, dass hier ebenfalls eine Gruft ausgehöhlt werden sollte. Symmetrisch mit dieser war an der rechten Seite des Sanctuariums eine zweite Grabkammer geplant, deren Eingang jedoch nur in seinen Umrissen angedeutet und nur ganz seicht ausgearbeitet ist. Den Hintergrund der Kirche nimmt der breite aber niedrige Altar ein. Die weite und tiefe Apsis, in welcher der Opfertisch aufgestellt werden sollte, ist durch einen gothischen Spitzbogen überwölbt und zu beiden Seiten des Altars zeigen sich dem Beschauer zwei ähnliche, aber kleinere Spitzbogen. Die beiden durch diese Bogen überspannten Kämmerchen waren offenbar nicht zur Aufstellung von Altären bestimmt, sondern dienten höheren geistlichen Würdenträgern, welche den heiligen Handlungen etwa beiwohnten, als Aufenthaltsort. Die rechte dieser beiden Kammern ist fertig, während die linke nur aus dem Gröbsten herausgearbeitet erscheint. An der linken Abschlusswand des Sanctuariums finden wir abermals eine Nische, gleich den Nischen im Baptisterium, welche durch einen niedrigen Rundbogen überwölbt und in deren Hinterwand ein kleiner Spitzbogen ausgehauen ist. An der rechten Steinwand des Baptisteriums ist der Beginn der Arbeit zur Herstellung einer gleichen Nische zu erkennen. Zu beiden Seiten des Altars zeigt sich ein enger Gang ausgehöhlt, welcher etwas um den Altar umbiegt und sodann nicht weiter fortgesetzt wurde. Zweifellos bestand die Absicht, mit diesem Gange den Altar zu umgreifen und hier, wie wir es in allen Kirchen romanischen Stils finden, den den Altar umgürtenden Chor aufzustellen. Im Grunde dieses Chores wäre sodann noch eine den Abschluss der Kirche bildende halbkreisförmige Concha anzubringen gewesen.

Wie aus dieser kurzen Beschreibung hervorgeht, ist die Kirche unvollendet geblieben und nicht einmal der Anlageplan vollständig durchgeführt worden. Wenige Schritte vom Eingange in die eigentliche Kirche stossen wir auf eine im Boden derselben, beinahe in dessen Mitte, ausgehobene länglich-rechteckige Oeffnung, in welcher einige steile Stufen hinabführen, über die man in die unter der Kirche gelegene Krypta gelangt. Diese Krypta ist ein enger niedriger Raum von 3,92 Meter Länge und 4,22 Meter Breite, dessen Decke unregelmässig ausgehauen ist und welcher eine Höhe von 1,90 Meter bis 2,20 Meter besitzt. Die Mitte dieses Raumes nimmt ein grosser, aus dem Felsen ausgehauener und unten wie oben mit dem Gestein verwachsener Altar ein. In der Platte, welche den Opfertisch dieses Altars mit der Decke verbindet, finden wir das Doppelkreuz mit Sonne und Mond, Symbole des Todtenkultus, denen wir schon in der oberen Kirche über der Gruft begegnet sind. Die Krypta bildete eine Hauptzier der Kirche, im Mittelalter wurden die Todtenceremonien an diesem Ort vollzogen.

Schon in der Kirche selbst wird der Aufenthalt durch die dort herrschende drückende feuchtmodrige Luft unangenehm, in der Krypta vollends ist ein längeres Verweilen in Folge der beklemmenden Athmosphäre unmöglich. Vom künstlerischen Standpunkte bietet diese Kirche nichts Bemerkenswerthes, weil ihr jedwede Ausschmückung fehlt. Die Finsterniss, die in diesen Räumen herrscht, der Qualm der Fackeln und Kerzen, mit denen wir unseren Weg erleuchten, die drückende athembenehmende Luft verursachen ein beängstigendes Gefühl, welches in der allerdings unbegründeten Befürchtung, die über uns befindliche Bergeslast könne sich senken, seinen Ausdruck findet. Aber gerade derartige schaurige Eindrücke waren es einstens, die man von einem dem Tode und der ewigen Ruhe geweihten Tempel wünschte. Jeder nicht ganz und gar dem Realismus verfallene gebildete Mensch wird diesen Bau mit Ehrfurcht betrachten. Und wenn auch die vielen romantischen Sagen von den in diesen Räumen in Kerkernacht Verschmachteten, von den vor den wüthenden Verfolgungen Andersgläubiger hier Schutz suchenden Christen und von den zur ewigen Ruhe bestatteten bosnischen Königen und Helden, welche in der Erinnerung beim Betreten dieser Hallen stets neu belebt werden, des historischen Hintergrundes zum grossen Theile entbehren, so bleibt dieser Bau doch immerhin ein bemerkenswerthes Denkmal der bosnischen Vergangenheit.

Jajce und Umgegend in der Gegenwart

Und so schreiten wir aus der Nacht zum Licht, von der christlichen
Kirche des Alterthums zu derjenigen des heutigen Zeitalters. Es ist Sonntag
und trotz herrschenden Regenwetters, welches die Strassen der Stadt in eine
grosse Pfütze verwandelt, ist viel Landbevölkerung anwesend, die Einkäufe
besorgt, aber auch dem Gottesdienste anwohnen will. Die Stadt Jajce
selbst zählt unter 3929 Bewohnern (nach der Volkszählung von 1895)
1982 Katholiken gegenüber 1644 Mohammedanern, 245 Orthodoxen und
57 Israeliten. Die Dörfer der Umgebung sind gleichfalls vielfach katholisch,
darum konnte sich hier der katholische Gottesdienst durch die Franziskaner
stets mächtig erhalten. Durch die Čaršija folgen wir daher dem Zuge der
Leute in die neugebaute Franziskanerkirche, die mit dem Kloster zusammen
einen grossen Komplex bildet. Durch eine Menge schmaler Gässchen,
stets auf ausgetretenen Stufen, steigen wir in die Tiefe, bis wir endlich
die Ebene erreichen, wo beide Gebäude liegen. Die sehr geräumige hohe
Kirche, die nur wenige Sitzbänke zeigt, ist ziemlich schmucklos, die
Malereien erinnern stark an die Türkei, aber noch viel mehr die anwesenden
Gläubigen. Man könnte sich in eine Moschee versetzt glauben. Ausser
uns ist nur noch eine Frau in europäischer Kleidung anwesend, sonst
durchweg Leute in Landestracht und mindestens drei Viertel davon Bauern.
Sie kauern, knieen oder sitzen mit gekreuzten Beinen auf dem blossen
Steinboden der Kirche, einige haben einen Teppich, andere eine Jacke,
dritte eine Torba (Einkaufstasche) untergelegt; alle aber haben die Kopf-
bedeckung (durchweg der rothe Turban oder Čalma, das Abzeichen meist
der katholischen Bauern) abgenommen, und da bietet sich freilich ein sonderbarer Anblick. Fast alle Köpfe sind rasirt wie bei den Mohammedanern,
nur in der Mitte ist ein langer Strähn Haare stehen gelassen, der wirr in
den Nacken fällt, oft aber auch regelrecht als Zopf geflochten ist. Es ist

eine Verquickung zwischen der Türkei und China! Noch ähnlicher wird der Vergleich mit dem Mohammedanismus, als der Geistliche bei der Wandlung die Monstranz erhebt und alle Gläubigen mit der Stirn direkt den Boden berühren, beim Segen aber die Hände in die Höhe strecken und mit ausgespreizten Fingern hinter die Ohren fahren, ganz wie der Gläubige in der Džamija. Augenscheinlich ist diese Gewohnheit noch aus der Zeit der türkischen Herrschaft zurückgeblieben.

Vor dem Altare aber stand ein Franziskaner in mittleren Jahren, eine kräftige, sympathische Erscheinung, der eine flammende Rede über das Festhalten am Glauben, über die Vorzüge des Katholicismus hielt. Es hätte sich so Manches gegen die Argumentation, gegen die zu starke Betonung des allein seligmachenden Glaubens in einem religiös gemischten Lande einwenden lassen, und unter türkischer Zeit wäre diese Rede sicherlich nicht gehalten worden, aber sie war interessant, auch durch die Art des Vortrages, die mächtige Stimme des Franziskaners und die flammende Begeisterung, die aus seinen Worten sprach.

Als der Gottesdienst beendet, suchte ich den Pater auf, um die Erlaubniss ersuchend, den Sarg des Königs Stefan Tomašević besichtigen zu dürfen. Er empfing mich an der Thür der Sakristei mit kräftigem Händedruck wie einen alten Bekannten und er freute sich, als ich ihm meinen Beifall über seinen schönen Vortrag aussprach. Der letzte König von Bosnien hat seine Ruhestätte, seit er dem Steingrabe am Hum entrissen wurde, an der rechten Wand der Kirche, mitten im Hauptschiff gefunden. Auf einem erhöhten Katafalk ruht der hingerichtete König Stefan in einem gläsernen Sarge. Das Skelett ist wieder zusammengefügt, auch den Kopf hat man wieder an seine richtige Stelle gebracht. Eine Inschrift in der Landessprache nennt Namen, Todesjahr und den Auffindungstag, im Juni 1888. Eine Decke in schwarzgelben Farben bedeckt gewöhnlich Sarg und Skelett.

Als wir aber aus der Kirche traten, sahen wir wieder ein Stück kirchlichen Mittelalters. An der Kirchthür kniete ein hübsches frisches Landmädchen, blutroth vor Scham und bitterlich weinend. Sie war mir schon früher aufgefallen, aber erst jetzt gelangte ich zur Erkenntniss, dass sie einen Fehltritt begangen, dass sie Kirchenbusse thun musste, offen an der Kirchthür, den Blicken aller Ein- und Austretenden preisgegeben. Diese Stellung an den Pranger verwischte den guten Eindruck, den ich sonst von den Franziskanern in Jajce empfangen hatte und ich wünschte nichts sehnlicher, als dass die Behörde solche Strafen verbieten möchte.

Ich erwähnte vorhin die türkische Haartracht der Katholiken. Es ist aber noch eine sehr bemerkenswerthe Erscheinung bei diesen, die man beobachten kann, wenn man sich nach dem Gottesdienste unter die Gruppen der Frauen und Mädchen mischt. Alle sind nämlich tätowirt, meist an der (grossentheils offen getragenen) Brust, an Vorderarmen, Händen und manchmal sogar an der Stirn. In Jajce war dies besonders auffällig, wo fast keine der weiblichen Kirchgängerinnen dieses sonderbaren blauen Schmuckes entbehrte. Wie der Kreisarzt Dr. Leopold Glück in Sarajevo im » Glasnik « mittheilt, ist die Tätowirung der Katholiken um so auffälliger, als sie bei den anderen Konfessionen Bosniens und der Hercegovina viel seltener, fast gar nicht vorkommt. Weder bei den Mohammedanerinnen in Čelebić (Bezirk Foča), in manchen Gegenden des Narentathales und um Kulen-Vakuf, wo sich die islamitischen Frauen nicht verschleiern, noch bei anderen, die er als Arzt unverschleiert und mit entblössten Armen zu sehen Gelegenheit hatte, fand er eine Tätowirung. Auch bei den Griechisch-Orthodoxen tätowiren sich die Frauen viel seltener, als bei den Katholiken und das auch nur in Gegenden, wo sie mit diesen vermischt wohnen. Ihre Tätowirungen sind auch nicht so ausgedehnt und bieten keine so reichen Verzierungen, wie die der katholischen Frauen. Die Männer tätowiren sich viel seltener, auch da wieder vorwiegend Katholiken. Bei den Männern bildet das Kreuz das wichtigste Zeichen, aber ohne Verzierungen. Unter den Griechisch - Orthodoxen hat der genannte Arzt Tätowirungen nur bei jüngeren Männern gesehen, welche in der bosnischen Gendarmerie oder als Soldaten gedient haben. Doch spielt bei diesen nicht mehr das Kreuz die Hauptrolle, sondern Herz und Krone, Anker, Anfangsbuchstaben des Vor- und Zunamens, Jahreszahlen u. s. w. Selbst ein doppelköpfiger Adler fand sich bei einem gewesenen Trainsoldaten vor. Auch bei ehemals türkischen Soldaten ist in vereinzelten Fällen auf dem Oberarm ein Krummsäbel oder ein Halbmond mit Stern zu finden.

Mejtef (mohammedanische Religionschule) in Jajce.

Das Tätowiren war bei den alten Slaven nicht Sitte und für die
Annahme, dass dasselbe ein in seiner Form verändertes Ueberbleibsel aus
der vorchristlichen Zeit sei, finden sich weder in den Annalen der slavischen
Urgeschichte irgend welche Anhaltspunkte, noch kann man bei den
heutigen Slaven ausserhalb des Okkupationsgebietes, selbst unter der Landbevölkerung, das Tätowiren in irgend einem ausgedehnten Maasse beobachten. Es dürfte demnach in Bosnien diese Sitte kaum auf die Zeit
vor der osmanischen Invasion zurückgehen. Dagegen spricht schon der
Umstand, dass das Tätowiren nur bei einem Theile der trotz konfessioneller
Verschiedenheit in ihren Sitten und Gebräuchen so gleichartigen Bevölkerung geübt wird. Wäre das Tätowiren ein alter Landesbrauch, so
hätte es sicher eine eigene Bezeichnung. Es heisst aber im Volke lediglich
» križ nabocati « (Kreuz einstechen), was wohl schon an und für sich auf
einen jüngeren Ursprung der Sitte hindeutet. Dr. Glück meint nun folgende
Erklärung gefunden zu haben: In der letzten Zeit des Königreiches war
das Bogomilenthum zwar scheinbar durch den Katholicismus verdrängt,
der letztere aber beim Volke bei Weitem noch nicht in Fleisch und Blut übergegangen. Jenes Sektenwesen hatte in Bosnien zu lange gewährt, es
bildete zu lange das Glaubensbekenntniss der Mächtigen und der Armen,
als dass es in einer kurzen Zeitspanne aus dem Gedächtniss und dem
Herzen des Volkes hätte schwinden können. Haben doch Viele den
Katholicismus nur äusserlich und widerstrebend angenommen und blieben
im Herzen dem alten » bosnischen « Glauben treu. Als die Osmanen die
Balkanhalbinsel überflutheten, hat die Bevölkerung der nacheinander
eroberten Staaten nirgends in solchen Massen den mohammedanischen
Glauben angenommen, als eben in Bosnien. Es ist nun selbstverständlich,
dass die katholischen Priester, sobald einmal ein gewisser Stillstand eingetreten war, alle erdenklichen Mittel aufboten, um die weitere Glaubens-
abschwörung zu beschränken. Da der Islam das Kreuz als Symbol des
Christenthums verpönt, musste es den katholischen Priestern naheliegen,
durch Einprägung des Kreuzes an einer sichtbaren Körperstelle die Annahme des mohammedanischen Glaubens zu erschweren. Wollte ein
tätowirter Katholik den Glauben wechseln, so musste er vor Allem das
Kreuz von seiner Haut entfernen, was aber eine recht schmerzhafte Procedur
war, weil man die Haut bis in die tieferen Schichten des Coriums ver-
nichten musste. Da jedoch das Ertragen grosser Schmerzen nicht Jedermanns Sache ist, so dürfte Mancher aus diesem Grunde vor dem entscheidenden Schritte zurückgeschreckt sein. Hätte sich aber dennoch
einer entschlossen, trotzdem den Glauben zu wechseln, so wäre er durch
die sichtbaren und recht ausgedehnten Narben welche nach der Vernichtung der Tätowirung zurückbleiben mussten, in fataler Weise als
Neophyt kenntlich geblieben. Der Brauch, Tätowirungen gewöhnlich an

Sonn- und Feiertagen nach der Messe und in der Nähe der Kirche vor-
zunehmen, dürfte die obige Annahme über den Ursprung des Tätowirens
in Bosnien einigermaassen unterstützen.

Unter den Matrosen, Soldaten, Arbeitern u. s. w. selbst der kultivirtesten
Staaten herrscht bekanntlich die Unsitte des Tätowirens in recht aus-
gedehntem Maasse. Die » Tinten « werden aus Lösungen von Carmin,
Zinnober, Indigo, Kohlen- oder Schiesspulver zubereitet. Die Haut der
zu tätowirenden Stelle wird angespannt und die gewünschte Zeichnung
mit einer feinen Nadel durch dichte, nebeneinander angebrachte Stiche
» vorgestochen «, hierauf wird die » Tinte « auf die Stiche eingerieben und
schliesslich ein Verband angelegt. In einigen Gegenden taucht man die
Nadel in die Tinte und tätowirt so mit der armirten Nadel, was das Verfahren abkürzt. In Bosnien werden die Tinten anders hergestellt und
zwar entweder aus Kienruss oder aus gewöhnlichem Russ, oder aber in
seltenen Fällen aus Schiesspulver. Man entzündet einen Kienspahn (Luž)
und sammelt in einem Findžan (kleine türkische Kaffeetasse) das ab-
träufelnde Harz, in welches man den gleichfalls während der Verbrennung
des Kienspahns auf einer Blechplatte gesammelten Russ mischt. Diese
schwarze Pasta wird nun nach vorheriger Spannung der zu tätowirenden
Hautstelle mit einem zugespitzten Holzstäbchen auf die Haut in der ge-
wünschten Zeichnung aufgetragen und dann mit einer bis nahe an die
Spitze mit einem Faden umwickelten Nadel bis zur Blutung durchstochen.
Die Einstiche werden natürlich dicht nebeneinander gemacht. Die tätowirte
Stelle wird hierauf verbunden und nach drei Tagen abgewaschen. Da in
Bosnien nur schwarze Tinten bei der Tätowirung zur Verwendung kommen,
so ist es erklärlich, dass dieselbe immer nur einfarbig ist und zwar blau
mit einem Stich ins Grünliche. Als Tätowirer fungiren meistens ältere
Frauen. Die Gründe, welche zur Einführung des Tätowirens geführt
haben, sind zwar geschwunden, aber der den Menschen innewohnende
Trieb der Nachahmung und das Festhalten am Hergebrachten dürften
hinreichen, um die Verunzierung des Körpers durch das Tätowiren noch
lange als Volksgebrauch bei den Katholiken Bosniens und der Hercegovina
zu erhalten.

An sonstigen städtischen Besonderheiten bietet Jajce nichts; es ist
ein eng gebauter Ort, der sich nach und nach etwas europäisirt, aber noch
immer überwiegend Orientalisches zeigt. Dadurch ist das Gesammtbild
um so malerischer und wir würden, mit Ausnahme der Amts- und Schulgebäude, auch gar nicht wünschen, dass sich das Aeussere der Stadt sobald verändert. Das landesärarische » Grand Hotel « hat einen wunder-
hübschen Platz. Wenn wir vom Speisesaal hinaus auf die Gartenterrasse
treten, sehen wir tief unter uns den Vrbas, dessen Wasser hier von den
nahen Fällen stets stürmisch bewegt ist. Eigenthümliche Auswaschungen,

die ganz abenteuerliche Bildungen erzeugten, beobachten wir am gegenüberliegenden Ufer, nicht ahnend, dass die seltsamsten Bildungen unter
uns sind, denn die Terrasse steht auf der Decke einer Grotte, die vom
Wasserfalle auf der linken Seite des Ufers sich fast bis zur Vrbasbrücke
erstreckt.

Die berühmteste Naturschönheit von Jajce ist sein Plivafall. Durch
das alterthümliche Travniker Thor, ganz nahe dem Hotel, gehen wir über
eine lange Holzbrücke nach der Unterstadt, von der aus man einen
schönen Blick auf die wunderlichen Tuffsteinbildungen der Ufer hat. Bald
sehen wir die Staubwolken des Wassers in die Höhe jagen und mächtig
schlägt das Donnern und Tosen der sich vermählenden Gewässer an das
Ohr. Die durch mehrere hinausragende und überhängende Felsstücke in

Am
Plivafall.

etwa zehn Arme getheilte Pliva stürzt sich von einer Höhe von 30 Metern mit betäubender Gewalt in den Vrbas, der hier eine tiefe Schlucht bildet, aus der der weisse Gischt, von einem hohen Felsblocke zurückgeworfen, wieder meterhoch emporschäumt. Ein wunderbares Farbenspiel bietet die kochende und schäumende Wassermasse, wenn das Sonnenlicht darauf funkelt, wenn die zahllosen, gleich Thauperlen an den Grasspitzen hängenden Tropfen wie Tausende und Abertausende von Diamanten und Smaragden glänzen.

An der Strasse, die das Vrbasthal aufwärts führt, ist, wenn man auf hölzerner Brücke zwischen den im Flussbett stehenden Mühlen vorübergeschritten, ein wenig oberhalb des Falles eine Terrasse angebracht. Es ist der » Rudolfs-Ausblick «, zu Ehren des verstorbenen Kronprinzen errichtet. Auf gutem Treppenwege gelangt man zu einem Pavillon über den Fällen. Hinter diesem ist im Felsen folgende Inschrift errichtet: » Erbaut 1887 von der Pionier-Abtheilung 2. Bataillon Erzherzog Ernst No. 4. « Hier ist die schönste Stelle am Plivafall. Die unmittelbare Nähe lässt uns die Masse des niederstürzenden donnernd aufschlagenden Wassers besonders gewaltig erscheinen. Alle Einzelheiten in dem Wogenkampf des überstürzenden, brausenden, als Wassersäule und als Staubwolke sich wieder erhebenden Wassers nehmen wir hier wahr. Wir sehen, wie es mit wilder Wucht gegen den mächtigen Tuffsteinblock anschlägt, um von ihm hoch emporgeschleudert zu werden, der, wie man sagt, erst vor einigen Decennien von oben sich löste. Ein guter Weg führt hier zu dem Falle hinunter und hinter dem östlichen Theile desselben in eine Tuffsteingrotte, eine geräumige Halle. Mit betäubendem Lärm stürzt vor uns das Wasser nieder, während die mächtigen Teppiche des kalkwasserliebenden Farnmooses (Hypnum filicinum), die der Halle natürliche Tapete bilden, unaufhörlich einen feinen Regen auf uns niederträufeln lassen. Verfolgen wir die Strasse längs des türkischen Friedhofes eine Strecke weit ostwärts, dann sehen wir, wie diese ein bedeutendes Lager dichten Tuffsteins durchschneidet, in dem hin und wieder kleine Höhlen angeschnitten sind, in deren Räumen groteske Stalaktiten hängen. Auf dem Rückwege besuchen wir den Stadtpark, der hoch über dem Flussbette liegt und der noch im Werden begriffen ist, und machen einen Gang durch die Vorstadt Kozluk, bis uns der Regen wieder in unser Heim treibt.

Am Donnerstag und Sonntag verkehren die Diligencen nach einem zweiten wundervollen Punkte, nach dem 10 Kilometer entfernten Jezero, das in anderthalb Stunden erreicht wird. Die Landschaft, die wir hierbei durcheilen, wird mit Recht als ein Glanzpunkt Bosniens gerühmt. Durch das Travniker Thor Jajce verlassend, folgen wir der Strasse auf dem linken Flussufer. Das Bett ist mit Felsen und Felsblöcken übersät, über welche die Pliva in einer Reihe von Katarakten schäumend und tosend ihrem

Jezero mit dem Touristen-Pavillon.

jähen Sturze in den Vrbas zueilt. Die Gegend ist durchwegs bewaldet
und prächtiges Grün erfrischt das Auge. So erreichen wir Jezero, türkisch
Gjölhissar (die Seeburg) an den Plivaseen. Das Dorf liegt inmitten uralter
mächtiger Bäume, wie die kühnste Phantasie es nicht in eine schönere
Lage zaubern könnte. In einem Engthal, umgeben von hohen bewaldeten
Bergen, breitet sich der sogenannte untere See aus, ein tiefgrüner Wasserspiegel, wie ein echter Alpensee. Auf hohem Felsgrat werden die Trümmer
der alten Veste Zaskopolje sichtbar. Am Ende dieses Sees stürzt abermals in herrlichen Kaskaden über einen breiten Riegel von Klippen das

Kozluk, Vorstadt von Jajce.

Wasser des gleichfalls von der Pliva gebildeten 3½ Kilometer langen und
über 600 Meter breiten oberen Sees. Eine breite Landzunge trennt die
beiden Seen, in deren Wasser sich der dunkle Porica mit seiner höchsten
Pyramide, dem Ottomal, spiegelt. An dieser schönsten Stelle des Pliva-
gebietes stellten sich am 7. August 1878 die Insurgenten den kaiserlichen
Truppen entgegen, hier wurden sie gründlich geschlagen.

Jezero selbst — einst und nicht ganz mit Unrecht das » Bosnische
Venedig « genannt — ist ein entzückender Ort für Sommerfrischler. Im
westlichsten Winkel des Sees am rechten Pliva-Ufer erbaut, bietet es dem
Mohammedaner Alles, was er zu seiner Erholung wünscht: frisches Wasser,
schöne Aussicht, grüne Bäume und idyllische Ruhe. Das hat er hier und
die 600 Bewohner des Ortes, die in theilweise sehr schönen türkischen
Landhäusern leben, führen ein beneidenswerthes Dasein, in das allerdings
die Fremden jetzt einige Störung bringen. Aber viele Tage der Woche

gehören ihnen noch ganz und sie können Kahn fahren und fischen, sie
können im Röhricht des oberen Sees auf Wildenten jagen, ganz wie es
nach ihrem Geschmacke ist. Die Landesregierung aber hat, um auch ein
Uebernachten und ein längeres Verweilen zu ermöglichen, ein Touristenhaus für die Fremden erbauen lassen, dessen Schlüssel der Kafedžija
Latif Kasper in Verwahrung hat. Auch bei ihm lässt sich's gut sein und
süsser Ruhe bei echtem Mokka und Nargileh pflegen.

Ein weiterer Ausflug von Jajce, eine Tagpartie, der mit demjenigen
nach Jezero verbunden werden kann, ist der nach den Plivaquellen. Es
ist eine Strecke von 35 Kilometern, wovon 31 Kilometer Fahrweg, 4 Kilometer Reitweg längs des Plivaflusses. Am Fusse hoher kahler Bergwände
von steiler gleichmässiger Böschung entspringt die Pliva aus mehreren
Schlundflüssen in bedeutender Stärke aus mächtigen Grotten. Mit jähem
Fall jagen sie weiss schäumend oder grün dunkelnd in ihren felsigen Betten
dahin, treiben zahlreiche primitive unterschlächtige Mühlen und rütteln
an den Stegen, die über sie führen. Nach ihrer Vereinigung ziehen sie
beruhigter dahin. Dreiviertel Stunden abwärts von den Quellen treten
rechts Felsen an den Fluss heran; er rauscht wieder im engen Kanale
und nach einer Stunde kommt der erste Wasserfall, dem bis Jezero noch
zwei weitere folgen. Ueberall aber sind Berge, ist Wald und Gebüsch,
ein bezauberndes Landschaftsbild!

Schlussvignette: Siegel des Klosters Labostin in Duvno.

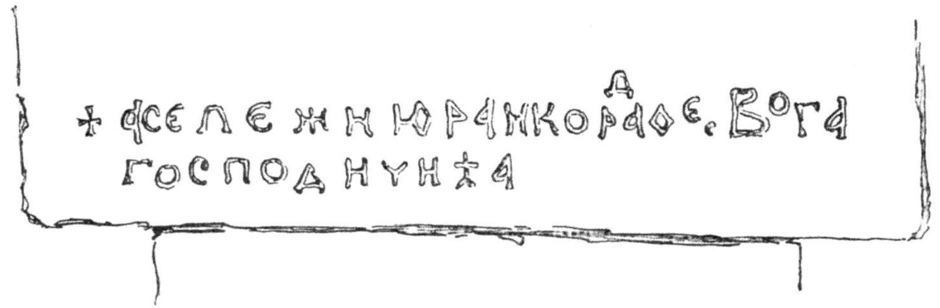

Von Lašva über Travnik nach Jajce.

Jajce ist vom Auslande aus ungemein bequem auf den verschiedensten Routen zu erreichen. Wie man über Metković-Mostar-Jablanica nach Jajce kommt, haben wir bereits geschildert. Da inzwischen die Eisenbahn von Bugojno über Dolnji-Vakuf nach Jajce fertiggestellt, ist die Verbindung noch schneller und leichter. Vom Norden aus führt die Bahn von Agram über Sissek und Dobrlin nach Banjaluka, von dort mit Post oder Diligence in einem Tage nach Jajce. Wer aber mit der Bosnabahn das Land betritt, kann leicht von der Station Lašva aus die ganze Strecke über Travnik mit der Eisenbahn zurücklegen. Ehe ich daher an die Schilderung meiner Weiterreise von Jajce in den nördlichsten Theil Bosniens schreite, will ich von der Travniker Strecke erzählen, die ich einstmals zu Pferd, später zu Wagen und zuletzt stellenweise mit dem Dampfross zurücklegte.

Wir haben die Bosnabahn in Lašva verlassen. Oberhalb der Mündung des gleichnamigen Flüsschens in die Bosna liegt die Station in idyllischer Waldeinsamkeit. Die Bahn, die nach Travnik führt, tritt sofort in das enge Thal der Lašva. Ihr musste am rechten Ufer in die Berglehnen Raum gebrochen werden, während die Fahrstrasse sich am linken Ufer hinzieht Es ist eine wundervolle Gegend, durchweg gut bewaldet, aber einsam. Erst in Busovača, wo wir die Heerstrasse Brod-Sarajevo erreichen, herrscht wieder Leben. Der Ort hat etwas Eisenindustrie, sonst wenig Gewerbsthätigkeit, dafür aber ausgedehnten Feldbau.

Die nächste Station ist Han Kompanija oder Vitez. Eine förmliche Ansiedlung ist an diesem Strassen-Kreuzungspunkt, wo auch die Strasse nach Travnik von der Broder Hauptstrasse abweicht, entstanden. Hier herrscht jetzt die Holzindustrie — durch die Firma Rüdgers aus Wien.

Kopfleiste: Altbosnische Inschrift bei Kaoštice: » Hier ruht Juraj bei seinem Herrchen Radoe «.

Berge von eichenen Bahnschwellen und von Holzpflaster sind aufgeschichtet, — das Produkt der nahen Wälder. In der Ebene, die sich bis
zu dem Flecken Vitez zieht, fährt unser Zug. Er hat die Lašva überschritten und folgt der Strasse. Zur Rechten haben wir das Massiv der
Vjetrenica, vor uns aber die hohe, meist mit Schnee bedeckte Vlasić-
Planina (1919 Meter.) Wir erreichen Han Bjela, wo wir in ebenes Gebiet
gelangen. Zur Rechten erblicken wir das allerdings noch 9 Kilometer
entfernte Kloster Gučjagora, eine Hauptburg des bosnischen Franziskaner-
Ordens, das im Jahre 1857 neu hergerichtet wurde. Immer in der gut
angebauten fruchtbaren Ebene erreichen wir endlich Dolac, das schon als
Vorstadt von Travnik gerechnet werden kann und nach weiteren 3 Kilometern (die Bahnlinie hat 30 Kilometer) die ehemalige Residenz der bosnischen Veziere: T r a v n i k, die in überraschender Lage ganz plötzlich in
der Enge des Lašva-Defilés sich ausbreitet

Seine einstige politische Bedeutung ist Travnik (6804 Einwohner)
freilich nicht anzusehen. In der Hauptstrasse stehen in bunter Mischung
neue europäische Gebäude neben den wackligen Holzbauten der Türken-
zeit, aber das Strassenbild wird immer wieder von Gärten unterbrochen,
sodass ein recht erfrischender Zug im Ganzen liegt. Und wenn man von
Travnik einen herzerfreuenden Anblick gewinnen will, dann muss man auf
eine der vielen Erhöhungen um und in der Stadt steigen; dann sieht man
die langen Häuserreihen auf dem rechten Ufer der Lašva, in einer Spalte
der Gratovina fast versteckt mit Kuppeln und Minarets einen anmuthigen
Stadttheil, am linken Ufer, auf einem steilen und kahlen Felsblocke des
Vlasić, das alte Kastell, wie eine mittelalterliche Burg mit massiven Mauern
und Thürmen und doch echt türkisch verwahrlost. Um sie herum gruppirt
sich der mohammedanischeste Theil des Ortes. An den Höhen beider
Ufer aber sieht man überall Landhäuser inmitten blühender Fluren, darüber hinaus gegen Norden und Osten Gebirge über Gebirge, nach Süden
sanftere Abhänge und dunkle Wälder. Vom Tarabovac, einer Höhe südlich
von der Stadt, ist im Glanze der Morgensonne ein zauberischer Eindruck
zu gewinnen. Da blitzt und glitzert es von allen metallenen Bedachungen
der Moscheen und Minarets und die neuen Bauten, die zum Theil im
maurischen Stil in den bosnischen Farben (roth-gelb) gehalten werden,
werfen den wirksamsten Reflex. Dazu tritt stets der dunkle Hintergrund,
das Felsengewirre des Vlasić ...

Es ist nicht leicht, von einer orientalischen Stadt eine genaue Beschreibung zu geben; sie bleibt stets hinter der Wirklichkeit zurück und die
bosnischen Städte erfreuen sich meist einer so raffinirt schönen Lage, dass
der beste Landschaftsmaler der Wirklichkeit nur entfernt nahe kommen
kann. Im Innern der alten Stadtviertel allerdings mit ihren engen krummen
Strassen, dem grauenhaften Pflaster, den tiefen Löchern zwischen den

Travnik.

einzelnen Steinen, da ist es oft genug fürchterlich. Und doch, wendet man den Blick an den Häusern empor, so bemerkt man so manches interessante Detail, so manche schöne Holzarbeit, so zierliche feingearbeitete Gitter (Muschebak, arabisch Muscharabieh) vor den Haremsfenstern, dass die Phantasie mächtig angeregt wird.

Wann Travnik gegründet wurde, ist nicht bekannt. Es soll einst hier die Stadt Lašva am linken Ufer des gleichnamigen Flusses, in der Nähe der heutigen Ortschaft Putačevo gelegen sein. Wie Dr. M. Hoernes anführt, sollen sich in dem Engthale, in dem die heutige Stadt liegt, noch zu türkischer Zeit Weideplätze, Haine und Gärten befunden haben, worauf der Stadtname (Travnik = Grasplatz) deutet. Zu einer nicht näher angegeben Frist übersiedelten die Türken aus Lašva an die gegenwärtige Stelle und überliessen ihre Häuser in der Ebene dem Verfalle. Diese Meinung hat entschieden einen historischen Hintergrund, denn es existirt noch eine recht interessante Chronik über bosnische Ereignisse von einem Franziskaner, der sich ausdrücklich Pater Nikolaus von Lašva nennt. Urkundlich wird Travnik 1503 zum ersten Male genannt. In der zweiten Hälfte des 15. Jahrhunderts, als das südliche Bosnien schon ganz in den Händen der Türken war, gingen die Heerzüge der Letzteren zur Bezwingung der von den Ungarn noch besetzten Festungen im Norden des Reiches vielfach über die Stelle des heutigen Travnik, und die Zerstörung von Lašva oder die Verlegung der Stadt muss um diese Zeit erfolgt sein. Wie Asboth mittheilt, fehlt es nicht an Anzeichen, dass auf dem Gebiete des heutigen Dorfes Putačevo, wohin Lašva verlegt wird, zur Römerzeit und im späteren Mittelalter eine ansehnliche Stadt gestanden hat. Römische Alterthümer werden in der ganzen Gegend gefunden. Eines derselben, gegenwärtig im Wiener Belvedere, ist deshalb von besonderem Interesse, weil es den Uebergang von der verfallenden antiken Bildhauerkunst zu jener altslavischen barbarischen Steinhauerei zeigt, die in den bogomilischen Grabdenkmälern erhalten blieb. In Travnik selbst wird ein interessanter römischer Stein aufbewahrt, der bei dem Podrunićer Han, 10 Kilometer auf dem Wege nach Jajce, gefunden wurde. Er ist 0,80 Meter hoch, 0,57 breit, 0,19 dick. Seine Randverzierung bilden Epheu- und Weinblätter, Seine Inschrift, die von Dr. Hoernes in » Arch. Epigr. Mitth. IV. « veröffentlicht wurde, lautet:

> » Ultima clauserunt Parcarum stamina filo
> Principii miserandi diem, quem, gloria(m) nisi,
> Avus adque pater puerum dedere (p)raeclara(e)
> Milita(e) patruoque suo iunxere fovendum,
> Cum primum pulchra lanugine sumeret annos,
> Spectantes magnum patriae columenque futurum,
> Heu miseri, gloriari sibi lactamque senectam.
> Crudele(m), luctum domui Ravenna remisit,
> Hoc miseros titulo proprium signasse dolorem. «

Bald nach Gründung der Stadt wurde der Sitz der bosnischen Veziere von Bosna-Saraj (Sarajevo) nach Travnik verlegt, wahrscheinlich, um dem nördlichen Theile des Landes, in dem noch stets Kriege stattfanden, näher zu sein. Blieb doch auch der offizielle Titel der eines » Veziers der ungarischen Länder «. Als Hussein Berbirli Aga den bosnischen Adel 1830 zum Aufstand rief, da wurde auch Travnik genommen, der Vezier aber musste strenge Busse thun. Als bei der zweiten grossen mohammedanischen Insurrektion 1840—50 Omer Pascha Sarajevo erobert hatte, machte er der dortigen Oligarchie ein Ende; er verlegte den Sitz des Vali oder Veziers nach Sarajevo und Travnik büsste seine bisherige Bedeutung ein. Jetzt hat es die Bahn in den Weltverkehr eingeschlossen und es sind bereits einige neue Unternehmungen entstanden, wenn auch in bescheidenen Grenzen. Die Landesregierung hat eine Tabakfabrik errichtet, eine Handelsschule gegründet und eine wunderschöne Medresse mit Moschee für die mohammedanischen Studirenden gebaut.

Das alte noch bewohnbare Kastell gewährt eine hübsche Aussicht auf die Stadt. Hinter ihm stürzt aus einem muldenartigen Thale eine

Neue Medresse in Travnik.

starke Quelle, Sumeć, aus ansehnlicher Höhe. Sie wurde eine Zeit lang zum Betriebe einer Lederfabrik benutzt, aber einstweilen steht diese wieder still; es fehlt aus Oesterreich Unternehmungsgeist und Kapital; Alles soll und muss die Regierung machen, obwohl Bosnien gerade für private Unternehmungen noch ein ausgezeichnetes Feld bietet. In der Hauptstrasse liegen der hübsche ehemalige Konak des Vali, jetzt Sitz des Kreisamtes, mit nettem Garten, das Bezirksamt, die Handelsschule, das Kloster der Barmherzigen Schwestern, das » Hotel zum Kaiser von Oesterreich «, die grosse Moschee und dazwischen verstreut die Türbés (Grabmäler) der Veziere, meist schön verzierte Mausoleen mit Säulenhallen und Kuppeln, förmlichen Wohnhäusern ähnlich. Was wir aber nicht zuletzt erwähnen dürfen, ist das grosse Jesuitenkollegium und die neue katholische Kirche. Travnik, das früher nur in Dolac seine fast 2000 Köpfe zählende katholische Bevölkerung mit einem Seminar und einer Kirche besass, formt sich mit Macht zu einem katholischen Centrum um. Seit der Jesuitenorden in Bosnien zugelassen ist, was erst nach starkem Widerstreben der bis dahin allein in Bosnien arbeitenden Franziskaner geschah, hat dieser in Travnik seinen Hauptsitz aufgeschlagen. Das neu errichtete Jesuitenkollegium ist eines der grössten und schönsten Gebäude der Stadt, ein zweistöckiger Bau inmitten eines ausgedehnten Hofes, welcher der Spielplatz der jungen Studenten ist Den Berg hinan zieht sich der Garten, eine noch junge Anlage, die allmählich zu einem Obstgarten werden soll. Die Parterre-Räumlichkeiten des klosterartigen Gebäudes sind die Werkstätten der verschiedensten Handwerker, die vor allem für den Bedarf der zahlreichen Hausgenossen, der Professoren und Internen zu sorgen haben. Auch eine grosse Küche liegt hier unten. Schöne helle Lehrzimmer und grosse Sammlungszimmer sind im ersten und zweiten Stock. Reich ist das physikalische Kabinet ausgerüstet; auch die naturhistorischen Sammlungen sind beachtenswerth, besonders das umfangreiche Herbarium, das allerdings an dasjenige im Sarajevoer Landesmuseum nicht heranreicht. Eine treffliche zoologische und eine Mineraliensammlung vervollständigen das naturwissenschaftliche Anschauungsmaterial. Es ist nicht zu leugnen, dass das Gymnasium — ein solches ist es, und die Maturität berechtigt zum Uebergang an eine österreichische Universität — vorzügliche Erfolge aufzuweisen hat. Seine Schüler sind meist Katholiken, aber auch einzelne Serben und viele Juden besuchen es.

Einen recht anheimelnden Platz besitzt Travnik am östlichen Ende der Stadt im » Cafe Dervent «. . Es ist ein türkischer Kef-Punkt, dicht von Bäumen beschattet, von einem Bache umgeben. Hier hat Kronprinz Rudolf geweilt und den vorzüglichen Kaffee getrunken. Pietätvoll bewahrt der Besitzer noch die Trinkgefässe zur Erinnerung an den verstorbenen Erben des Habsburger Reiches. . .

Alpenhof auf der Krug-Planina (bei Livno).

Zwei Wege führten bisher von Travnik nach Jajce; die Postroute über den Komar nach Dolnji-Vakuf (70 Kilometer bis Jajce) und die Strasse über die Karaulagora durch prächtiges Waldterrain, 20 Kilometer näher. Beide Wege sind landschaftlich interessant, sie dürften aber jetzt für den fremden Touristen wenig in Betracht kommen, da er die bequeme Eisenbahn benutzen kann. Am 14. Oktober 1894 wurde die Strecke Travnik—Dolnji-Vakuf—Bugojno eröffnet; von Dolnji-Vakuf zweigt sich die Linie nach Jajce ab, die wohl einstmals in Banjaluka anschliessen wird. Von Bugojno wird nach Županjac weitergearbeitet und wird in nicht zu ferner Zeit die Bahn bis Aržano an der dalmatinischen Grenze fertiggestellt sein, von wo ein Anschluss an die dalmatinischen Staatsbahnen und damit die Verbindung Bosniens mit dem Hafen von Spalato erreicht wird. Dadurch wird auch die weite Hochebene von Livno in den allgemeinen Verkehr einbezogen, deren von der Regierung errichteten landwirtschaftlichen Einrichtungen schon jetzt alles Interesse verdienen, so die landwirtschaftliche Station Livno und der Alpenhof auf der Krug-Planina, von denen unsere Abbildungen Zeugniss geben. Der vorgenommenen Wasserbauten im Livanjskopolje haben wir bereits bei der Schilderung ähnlicher Arbeiten im Gackopolje gedacht.

Landwirthschaftliche Station Livno.

Von Travnik aus führt die Eisenbahn (41 Kilometer bis Bugojno)
in prächtigster Gebirgsgegend über die Stationen Turbet und Goleš auf
die Höhe des Komar. Es ist eine Strecke für Hochbauten; Eisenbrücken,
Aquädukte, Viadukte wechseln in bunter Reihenfolge ab. Ueber den
Komar (1217 Meter) ist, wie auf der Mostar—Sarajevoer Strecke über den
Ivan, das Zahnstangensystem für die Steigungen eingeführt. Die Höhe
des Komar selbst wird nicht übersetzt, sondern von einem mächtigen
Tunnel durchbrochen. Von der Station Komar aus wird nach weiteren

Station Oborci mit dem Komar.

278 Metern die Station Oborci erreicht, wo die Zahnstange überwunden
ist. Die Trace fährt, stetig 15 Prozent fallend, als Adhäsionsbahn durch
ein ziemlich fruchtbares, wohlbebautes, sich stellenweise verengendes Thal
weiter, erreicht nach 6 Kilometer Thalfahrt die ersten Häuser von Dolnji-
Vakuf und zieht an der rückwärtigen Lehne mitten durch einen Theil
dieses Ortes, um zunächst die Hauptstrasse und dann mittelst einer 45 Meter
weiten Eisenbahnbrücke den Vrbas zu übersetzen, wo die Station Dolnji-
Vakuf erreicht wird. Von hier fährt die Bahn auf einem 2 bis 3 Meter
hohen Damme durch die Ebene Skoplje — die wir bei der Landtour
bereits beschrieben — und erreicht die Personen-Haltestelle Kopčić. Von
den flachen Ufern des Vrbas aus gewinnt man rechts einen Blick in das
Koprivnicathal und auf die Veste Prušac. In der Fahrtrichtung erheben

sich drei mächtige, bis in den Hochsommer mit Schnee bedeckte Berge, links die Vranica (2000 Meter), rechts die Raduša (1800 Meter) und weiter nach Südwest der Stožer (1600 Meter). Sechs Kilometer weiter fährt der Zug — stets auf hohem Damme — in den Bahnhof von Bugojno.

Die Zweigbahn von Dolnji-Vakuf nach Jajce läuft sofort nach Verlassen der Station in einem scharfen Bogen in das sich hier verengende Vrbasthal ein. Immer am linken Ufer des Vrbas auf meist steilen Gehängen, vielfach in deren scharfen Buchtungen mittelst Steinsätzen eingemauert, verfolgt sie seinen Lauf in Richtung und Steigung nahezu parallel mit ihm. Die Steigung beträgt auf ungefähr 30 Kilometer durchschnittlich 5 Meter auf 1000 Meter. Drei Kilometer vor Jajce beginnt die Bahn beträchtlich zu steigen. Die Steigung ist bedingt durch die einzig mögliche Anlage der Station Jajce in der über dem Vrbas höher liegenden Pliva-Thalsohle. Die Bahnanlage fügt den Eigenthümlichkeiten von Jajce manches neue Bild zu. Da ist z. B. ungefähr einen Kilometer von der Stadt entfernt ein Felseneinschnitt, der seine beiden steilen rothgefärbten Böschungen schroff in die Lüfte streckt. Er sieht aus wie eine gigantische Zahnlücke, durch die man von Weitem den alten Königsthurm wie in einem Rahmen erblickt. Unmittelbar vor der Pliva folgt ein riesiger Tuffeinschnitt, wie herausgesägt aus dem Gestein, und gleich darauf erreicht man die hohe dominirende Plivabrücke, die in ihrer schönen Eisenkonstruktion einen neuen Schmuck des unvergleichlichen Stadtbildes bietet.

Im Vrbasthal nach Banjaluka.

Die bisherige Hauptverbindung von Jajce nach Banjaluka führte in einem grossen Bogen ununterbrochen über steile Gebirgshöhen, über Varcar-Vakuf und Han Čadjavica, die unwirthliche Hochebene der Dobrnja-Planina hinunter nach der zweitgrössten Stadt Bosniens. Allerdings bestand auch im Vrbasthale ein Gemsensteig, aber Dr. Blau meinte schon im Anfang der Siebziger Jahre, dass er so wenig betreten und so schwer zu passiren sei, dass ihn noch kein Reisender gewählt hätte. Diesem bedauerlichen Mangel an einer kürzeren und guten Verbindung hat die bosnische Landesregierung mit gewohnter Entschlossenheit schnell und gründlich abgeholfen; sie liess eine neue Fahrstrasse längs des Vrbas in die Felsen sprengen und fügte so ihren phänomenalen Strassenbauten ein Meisterwerk ersten Ranges hinzu, das eine Gegend voll unvergleichlicher Schönheiten dem Reisenden erschliesst.

Der Regen hatte in Jajce noch nicht nachgelassen, als wir mit einem Mohammedaner, der eine leichte europäische Kalesche besass, wegen der Fahrt auf der neuen Strasse nach Banjaluka unterhandelten. Er stellte hohe Preise, doch liess er sich schliesslich für 18 fl. herbei, uns dorthin zu bringen. Die behördliche Erlaubniss zum Befahren der neuen Strasse hatten wir in der Tasche, wir wussten, dass ein Objekt, die Eisenbrücke bei Karanovac, noch nicht fertig montirt, dass der Wagen aber auf einer Fähre über den Vrbas gebracht werden könnte. So nahmen wir denn beim Anbruch des Tages Abschied vom » Grand Hotel « in Jajce und vertrauten uns dem Wagen an, den unser Mohammedaner stolz eine Kalesche nannte. Als Kutscher stellte er uns einen seiner Knechte, der abgerissen und wenig vertrauenswürdig aussah, der sich aber in der Folge ausgezeichnet bewährte.

Auf der Strasse Jajce-Banjaluka.

Kaum hatten wir in die Strasse am linken Vrbasufer eingebogen, als auch schon die Sonne hervorbrach und noch einmal mit goldenem Scheine das alte romantische Jajce bestrahlte, das mit seinen Zinnen und Mauern einen unbeschreiblichen Anblick gewährte. Auf einer provisorischen Holzbrücke, die jetzt durch eine solche von Eisenkonstruktion (47 Meter lang) ersetzt ist, überschritten wir den Fluss. Ein uraltes Franziskaner Kirchlein, Podmiljača, steht nicht weit von der Strasse, ein Bild der Verlassenheit und des gezwungenen Verbergens in osmanischer Vorzeit. Mehrere Kilometer weit führt die Strasse am rechten Ufer, immer in wundervoller Gebirgsgegend, bis endlich eine wilde Felsenge erreicht ist. Der Felsen Greben überspannt den schäumenden Fluss, überall erheben sich steile, grossentheils bewaldete Abhänge, das Defilé förmlich abschliessend. Wir übersetzen abermals den Vrbas und fahren direkt in einen 36 Meter langen Tunnel, der in mehrfachen Windungen in der Fahrstrasse am linken Ufer ausmündet. Wir sind mitten in einem schmalen Kessel von bezaubernder Wildheit. Bald folgt ein zweiter Tunnel von 44 Meter Länge, der durch die Vlasinje Stjene gebrochen ist. Man sieht, die Anlage der Strasse hat grosse Schwierigkeiten bereitet. Alle Abhänge zu beiden Seiten des im engen steinigen Bette rauschenden und schäumenden smaragdgrünen Flusses sind schroff und dicht bewaldet, meist Nadelholz, aber auch hübsche Steineichen und Nussbäume. Die » Bijele Stjene « (Weisse Felsen)

Von der Strasse Jajce-Banjaluka. (Vor dem Tunnel)

Auf der Vrbasthalstrasse.

Partie von der Strasse im Vrbasthal.

werden auf einer 30 Meter hohen Felsenböschung umgangen; Ab-
rutschungen und Geröllhalden sind untermauert und versichert. An den
meisten Stellen ist die Strasse direkt den Felsen abgewonnen und die
mächtigen Riesen des Waldes, die den Sprengungen mit zum Opfer gefallen, liegen noch am Steilrande des Flusses. Mehrmals zeigten sich in
diesem primitive Mühlen, ohne dass weit und breit eine menschliche
Wohnung oder ein gangbarer Steg zu entdecken gewesen wäre. In
Waldlichtungen lagen verfallende Arbeiterbaracken, die für die beim
Strassenbau beschäftigten Leute als Unterkunftsorte gedient hatten.

Wir hatten den Einfluss des Ugar, eines wilden Gebirgswassers, am
rechten Ufer passirt und einen Blick in eine schmale Felsenenge gewonnen,
wo viel Gemswild seinen Standort haben soll, als wir links abermals ein
Flüsschen dem Hauptstrom zueilen sahen. Hier öffnete sich ein hübsches
Thal mit grünen Matten und ein schmaler Weg führte nach Westen.
Es war die Crna Rjeka, längs deren Ufer ein Reitpfad nach Varcar-Vakuf
führt. Bald darauf erreichte die Strasse eine grössere Lichtung, eine
ziemlich ausgedehnte Ebene, die sich aber nur jenseits des Vrbas erstreckte.
An einigen neuen Strassenhäusern und einem hübschen Brunnen vorüber
gelangen wir nach Bočac. Links einige Türkenhäuser mit einem Han,
rechts wieder mohammedanische Behausungen inmitten von Zwetschken-
und Nussgärten, vor uns aber auf einem steilen Felsen eine alte mächtige

Von der Strasse im Vrbasthal.

Burgruine mit einem gut erhaltenen Rundthurm und einem Vorbau direkt am Vrbasufer, wie auch auf der gegenüberliegenden Seite. Neben den Ruinen steht eine kleine Moschee, im Thale und auf den Berglehnen aber liegen wieder Häuser nebst einem kleinen weiss getünchten Kirchlein und den aufgedeckten Resten einer altchristlichen Basilika. Im Han, wo wir wegen der Fütterung der Pferde hielten, war nicht einmal Heu, auch kein

Burg Krupa.

Kaffee zu erhalten, doch versorgte uns ein alter mohammedanischer Aga mit beidem und er brachte uns auch noch frische Wallnüsse. Gegenwärtig ist hier eine Frühstücksrestauration errichtet.

Nach einer Stunde Rast setzten wir die Reise fort. Durch die Felsenenge bei der Burg Bočac treten wir in ein weites Thal, Aginoselo, das reichen Ackerbau zeigt, dann geht es wieder in eine Wald- und Gebirgswildniss, die aber viele liebliche Bilder bringt. Ein lichter Hain schönster Buchen bedeckt bis hinauf zum Grat der Berge die Hänge. Aus ihnen schimmert das Laub der Silberlinde, die stellenweise in grosser Zahl auftritt Auch Hainbuchen und Hopfenbuchen (Ostrya Carpinifolia), die reich mit Früchten behangen sind, deren krugförmige, aufgeblasene, dünne, das Nüsschen umschliessende Hülle die hängenden Fruchtkätzchen

einem Hopfenzäpfchen ähnlich macht, sind in diesem Laubwaldpark
vorhanden. Und ehe wir aus dieser Thalenge treten, gewahren wir hoch
über uns auf dem hohen Zacken der Maniača die mächtigen Ruinen der

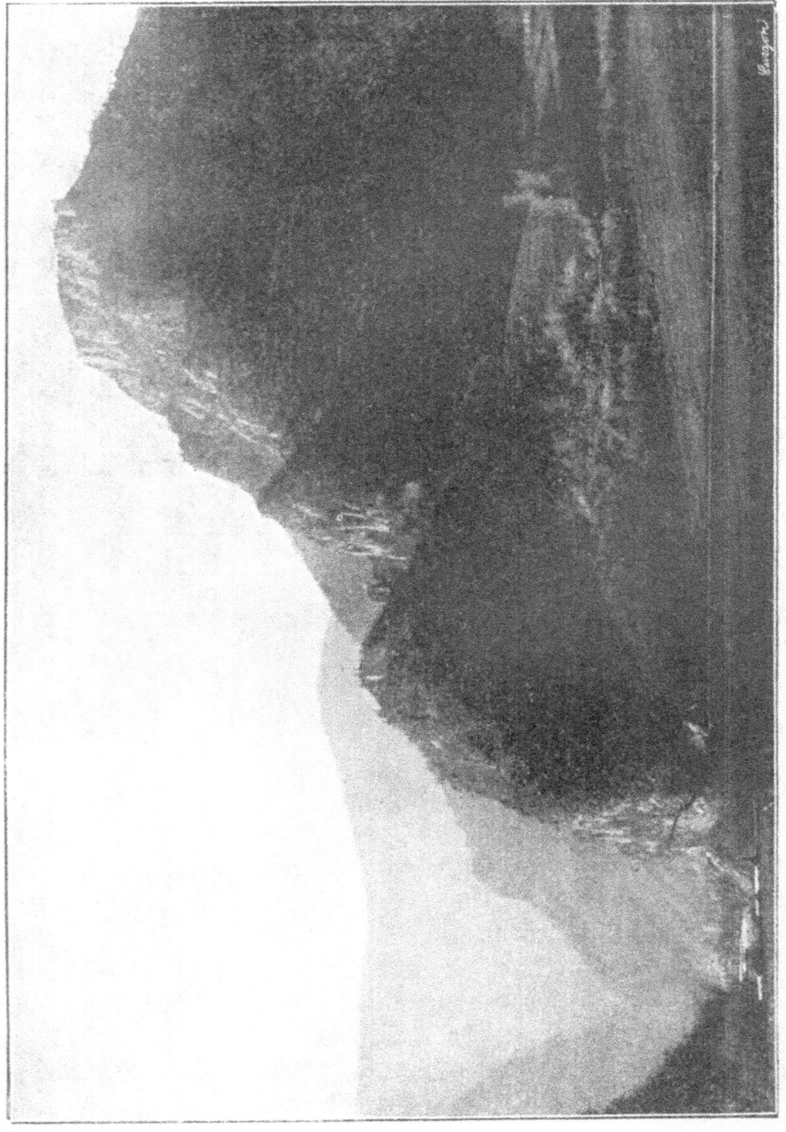

Ruine Krupa vom Norden.

alten Veste Krupa, deren gut erhaltene, an die senkrechten Felswände
sich anschmiegenden Schutzmauern über den ganzen Abhang gegen den
Fluss bis hart an das Wasser hinunterreichen. Sie bildete einst, wie so

Enge Tjesno an der Strasse Jajce-Banjaluka.

viele der alten Burgen, die vollendetste Thalsperre. Wir gelangen in eine weite Ebene, in sanften Wiesengrund, am dem Heerden weiden und ein Dorf malerisch gebettet liegt. Es ist Krupa, meist von Griechisch-Orthodoxen bewohnt, mit dem schönen Tschardak (Sommervilla) des Beg Gjumišić aus Banjaluka. Die Sonne leuchtet in wunderbarer Klarheit, die Luft ist von entzückender Frische und Reinheit, so dass wir eine Strecke des Weges zu Fuss zurücklegen, begleitet vom Gezwitscher der sonst ziemlich seltenen Vögel.

Wir treten jetzt in die Enge von Tjesno, eine Felsschlucht, wie sie selten so wildromantisch in Bosnien, in dieser Eigenart auch nur an wenigen Punkten der Hochalpen zu finden sein dürfte. Den Eingang in das schmale Defilé beherrschen auf einem förmlichen Felsenlabyrinth die Ruinen von Zvečaj-Grad, einer Veste, die einstmals ein echtes Raubnest gewesen sein mag. Der bosnische Herzog Hrvoja soll im 15. Jahrhundert hier residirt haben. Dann kommen wir aus dem Licht in ein mystisches Halbdunkel. Hoch über dem gänzlich eingeengten Wasserspiegel des Vrbas — etwa 15 Meter — zieht sich die neue Strasse hin. Sie ist durchweg in die senkrecht emporsteigenden Felsen gesprengt, dadurch vielfache weite Höhlen blosslegend. Auf den Hängen überragen oft mächtige Wallnuss-bäume den Weg, während stellenweise wilder Wein (Vitis silvestris) herab-rankt. Rechts aber, über dem Vrbas, ist das Terrain des Hochgebirges. Soweit das Auge reicht, himmelanstrebende Wände, mit schlanken Nadel-hölzern und vereinzelten Buchen bestanden. In den Klüften jedoch hausen mächtige Adler und fünf derselben kreisen auf einmal über dem engen Thal. Wer sollte sie auch hier stören und verfolgen, wo ein Erklimmen ihrer Höhen und Horste ganz undenkbar, wo selbst bei einem möglichen sicheren Schusse das Thier nicht zu erlangen ist? Ein Blick hinunter in den Vrbas ist aber ein unbeschreibliches Schauspiel. Eingeengt auf eine Breite von kaum 10 Meter scheint es, als ob der Fluss sein Bett sprengen wolle. Er schäumt und brodelt, er kocht und wirft seinen Gischt hoch empor an den Ufern, seinen Feinden, deren Starrheit er erst im Laufe von Jahrtausenden besiegen kann. Und doch gerade dort, wo sich die weissen Schaumkämme stets stossen, da stehen Blumen, da ist die blaue Glockenblume, die in Bosnien so häufig ist, und aus dem Schutt der Sprengungen blüht neues Pflanzenleben in Gestalt des Lerchensporns mit gelblich-weissen Blüthen. Am oberen Uferrand aber hauchen Cyclamen ihren betäubenden Duft aus.

Drei Kilometer ist die Tjesno-Schlucht lang, die grossartigste Partie auf der 72 Kilometer langen Strecke. Da öffnet sich auf einmal die Enge und so weit das Auge reicht, sehen wir grünes Hügelland, fruchtbare Fluren, Dörfer und Gehöfte, durch deren Gemarkungen sich der nun zahm gewordene Vrbas schlängelt. Wir halten in Karanovac, einer Anlage der

Zvečaj.

Strassenbau-Inspektion mit Arbeiterhäusern und Kantinen. Sektions-Ingenieur Herda, der den Bau geleitet, empfängt uns, und er sorgt dafür, dass unser Wagen über den Vrbas gebracht wird. Die damals bestandene provisorische Ueberfuhr war für solche Fuhrwerke schlecht eingerichtet, es dauerte geraume Zeit, bis wir den Wagen auf die Plätte gebracht hatten, während die Pferde mit unserem Kutscher den Fluss durchschwimmen mussten. Und doch stand schon wenige Meter von uns die mächtige neue Eisenbrücke, an deren Fertigstellung noch rastlos gearbeitet wurde. Heute ist jedes Hinderniss längst beseitigt und in schlankem Trabe fährt die Diligence zwischen Banjaluka und Jajce auf der Vrbasthalstrasse, die in ihrer landschaftlichen Schönheit und Erhabenheit der

Auf der Strasse im Vrbasthal.

Via mala an die Seite zu stellen ist. Wenn man nun erfährt, dass der Bau nur anderthalb Jahre in Anspruch nahm, wird man der Bauleitung die rückhaltloseste Anerkennung nicht versagen.

Die letzten 14 Kilometer von Karanovac bis Banjaluka, die schon alten Weg bedeuten, wurden von uns in der Kühle des Abends zurückgelegt. Ueberall Dörfer, Felder, Heerden, reitende und gehende, singende und schwatzende Landleute — ein echtes Feierabendbild. In Novoselo, einer erst in den siebziger Jahren durch eingewanderte Mohammedaner aus Serbien gegründeten Ortschaft, mit ihren vier kleinen Džamijen verkündete der Muezzin bereits Akšâm, als wir durchfuhren. Dann wechselten wir wieder das Flussufer, und durch die ausgedehnten Vorstädte von Banjaluka, das grüne Gornji-Scheher, durch die ganze weitgestreckte Stadt, dauerte es noch lange, ehe wir unser Quartier im » Hotel Bosna « erreichten. Es hatte wieder zu regnen begonnen, der Tag aber war uns nicht durch die Witterung verdorben worden. Es war eine der lohnendsten und genussreichsten Fahrten in landschaftlicher Hinsicht auf bosnischem Boden.

Banjaluka.

Banjaluka vermittelt den Uebergang vom Orient zum Abendland und doch ist es eine noch echt bosnische Stadt, trotz des vielen Europäischen und Halbeuropäischen, das hier zu sehen ist. Diejenigen Besucher des Landes, welche mit der Bahn von Kroatien aus nach Banjaluka kommen, erhalten den ersten Eindruck des bosnischen Lebens und Treibens; hier wird ihnen die Einführung vermittelt, bis sie immer tiefer ins Innere, in den Kern des vielen Interessanten, das sich im Lande verbirgt, eindringen. Die grosse Handelsstadt [Banjaluka zählte 1885 gegen 12 000 Bewohner (unter denen 7000 Mohammedaner waren) heute 14 789] war schon lange vor der Okkupation mit » Europa « — auf der Balkanhalbinsel und auch in Bosnien sagt man stets Europa, wenn man von den übrigen Ländern unseres Welttheiles spricht, sich selbst rechnet man zum Orient — durch die Bahn Dobrlin-Banjaluka verbunden. Sie hatte zwar keinen Anschluss an eine kroatische Strecke, denn die Linie Kostajnica-Sissek wurde erst lange nach der Besitznahme Bosniens erbaut, aber der Verkehr nach der Grenze war erleichtert und abgekürzt und es schien fast, als würde Bosnien der Militärgrenze den Rang ablaufen. Wohlverstanden unter türkischer Zeit; heute maasse ich mir eine Parallele nicht an, ich konstatire nur, wie die Verhältnisse in Bosnien liegen, ohne die Nachbarländer zu streifen. Aber die normalspurig gebaute Eisenbahn nach Banjaluka, die nach Sarajevo und über Sjenica im Paschalik Novibazar nach Mitrovica zum Anschluss an die Bahn nach Salonichi weitergeführt werden sollte, blieb

---

Kopfleiste: Am Park in Banjaluka.

eine Sackbahn; das türkische » Jawasch, jawasch « (am besten mit: » Immer langsam voran « zu übersetzen) hinderte jeden Fortschritt, jeden Weiterbau; die Geldmittel waren auch nicht flüssig und so kam die Insurrektion von 1875 der damaligen Bahnverwaltung (Gesellschaft der ottomanischen Bahnen, die in Deutschland ihren Sitz hat) sehr gelegen. Sie ermöglichte, im Januar 1876 den Betrieb einzustellen, der die Kosten nicht lohnte, und Gras wuchs auf den Schienen, die Bosnien dem Weltverkehr erschliessen sollten. Erst 1878 wurde nach der Okkupation der Betrieb von der k. k. Militärverwaltung wieder aufgenommen, die ihn auch bis heute im Anschlusse an die ungarischen Staatsbahnen führt

Eine Art fremden Elementes, ein gewisser frischer Luftzug, kam aber auch schon unter türkischer Zeit nach Banjaluka, und es gab hier immer eine österreichisch-ungarische Kolonie, für die ein Vicekonsul wirkte. In der Anschauung der maassgebenden mohammedanischen Grundbesitzerkreise änderte dies freilich nichts; sie blieben starr abgeschlossen und erst die letzten anderthalb Jahrzehnte haben sie zu anderen Ansichten bekehrt. So scheidet sich eigentlich Banjaluka seiner ganzen Anlage nach in eine echt türkische, eine gemischte und eine ganz europäische Stadt. Und diese Theilung kommt im Handel und Wandel, im Leben und Treiben zum Ausdruck. Selbst die Lage der Stadttheile ist dementsprechend. Die Stadt liegt im südlichen Zipfel der 40 Kilometer langen und im Norden 30 Kilometer breiten deltaförmigen Ebene längs der Save, deren östlichen Theil der Vrbas durchfliesst, deren westlicher die Strasse über Gradiska nach Slavonien durchzieht. Das neue europäische und ein Theil des gemischten Stadtviertels liegen noch in der Ebene, die echt mohammedanischen Viertel sind in die Berge eingekeilt, die sich zu beiden Seiten des Vrbas erstrecken und sich ganz nahe der Stadt zu förmlichen Schluchten verengen. Durch seine Lage ist Banjaluka ungemein bevorzugt, es liegt praktisch im Handels- und Geschäftssinne, es ist aber auch ungemein pittoresk in landschaftlicher Beziehung.

Den schönsten Anblick geniesst man allerdings, wenn man von Norden aus der Ebene kommt. Schon weit vor der Stadt sieht man die Minarets sich vom Horizont abheben; am Fusse eines Bergabhanges wird das Trappistenkloster Maria-Stern mit seinem bedeutenden Gebäude-Komplex erkennbar, und nach einer Biegung des Weges hat man die volle Sicht auf die Stadt. Von drei Seiten in einem grossen Halbmonde von Bergen umschlossen, am mächtig rauschenden Vrbas, über den mehrere Brücken führen, präsentirt sie sich in der weiten Ebene wunderhübsch. Von Weitem sehen auch die türkischen Häuser, umgeben von Gärten und Bäumen recht nett und anmuthend aus, während sie in der Nähe oft genug ein Bild des Verfalles bieten. Wer mit der Eisenbahn ankommt, tritt zuerst ins europäische Viertel. Bis vor nicht langer Zeit lag der Bahnhof weit

Totalansicht von Banjaluka.

Stadttheil am Vrbasflusse in Banjaluka.

draussen vor der Stadt, im sogenannten Trn, das nur aus wenigen Häusern besteht und wohin die Archäologen die alte Stadt vor der türkischen Eroberung verlegen wollen. Jetzt ist ein grosser Bahnhof in der Stadt gebaut, dicht hinter dem » Hotel Bosna «. Am Eingange des Ortes liegt an der breiten Heerstrasse, welche die Eisenbahn übersetzt, das Militärspital mit vielen Nebengebäuden, umgeben von neu angelegten üppigen Gärten, die Promenadenwege von Bäumen begrenzt. Dann kommt das grosse Militärlager mit seinen Baracken und Kasernen, wieder mit Gartenkultur. Jede der Baracken besitzt ihren eigenen Gemüsegarten, der stets gut gepflegt ist. Wie die römischen Legionen hat das Militär in diesem Lande arbeiten müssen, erobernd, kolonisirend und kultivirend. Neben dem Bau von Strassen und Gebäuden (ehe die Civilverwaltung eingreifen konnte) musste auch eine Gartenkultur eingeführt werden, sonst wäre die Menage sehr einförmig ausgefallen. Jetzt versteht jeder Soldat, wie er seinen Salat und seinen Kohl bauen soll und die Bosnier wunderten sich nicht wenig über die Geschicklichkeit der Truppen. Nachgeahmt haben aber gerade in Banjaluka das lohnende Geschäft des Gemüsebaues nur wenige Eingeborene; sie überlassen dies den » Schwaben « in den deutschen Kolonien an der Gradiskaner Strasse und den am rechten Ufer des Vrbas in der Nähe der Zigeuner-Mahala angesiedelten Bulgaren, welche prächtige Gartenkultur besitzen und auch die eigenthümliche Bewässerungsmethode mit den grossen Schöpfrädern aus der Heimat hierher verpflanzt haben.

Von dem Barackenlager weiter schreitend, kommt man zu der riesigen, aus türkischer Zeit stammenden » Vrbas-Kaserne «, die in guten Bauzustand versetzt wurde. Besonders die Ställe für die Pferde imponiren durch ihre Ausdehnung und Reinlichkeit. Ein grosses mehrstöckiges Amtsgebäude schliesst dieses Viereck ab, worauf man zu einer der schönsten Anlagen von Banjaluka gelangt: zum » Rudolfs-Weiler «. Es ist dies eine Park- und Waldanlage, innerhalb welcher sich verschiedene Gebäude für militärärarische Zwecke, Offizierswohnungen u. s. w. befinden. Grosse breite Strassen, mit Alleen von Linden, Platanen und anderen Bäumen bepflanzt, durchschneiden die Anlage, von Gehwegen mit blühenden Hecken eingefasst. Blumenbeete und Nadelholzanpflanzungen machen den Gesammteindruck zu einem sehr anheimelnden und freundlichen. Auf dem Exercirplatze — einer weit ausgedehnten Wiese, auf der eine Armee Aufstellung nehmen könnte — befindet sich ein Denkmal für die am 14. August 1878 anlässlich des verrätherischen Ueberfalles Gefallenen. Dasselbe ist in Gestalt einer Halbpyramide aus Quadern erbaut und mit einer gusseisernen Gedenktafel versehen.

In seinem nördlichen Theile macht Banjaluka ganz den Eindruck einer slavonischen Grenzstadt durch seine riesig breite Fahrstrasse und die weiten Gehwege. In diesem Viertel stehen die neue katholische Kirche, das » Hotel Bosna « mit umfangreichen Restaurations- und Kaffeehausräumen (ausserdem sind noch das » Hotel Austria «, » Pruckner « und viele Einkehrwirthshäuser in Banjaluka zu nennen), die serbische öffentliche Volksschule in einer ehemaligen grossen türkischen Kaserne, viele Kaufläden und Privatgebäude von wohlhabenden Orthodoxen und Fremden. Dann beginnt das eigentliche Handelscentrum der Stadt, die Čaršija (Bazarviertel) mit ihren niederen Häusern und hölzernen Läden, in denen nach alter Sitte die Waaren feilgehalten werden. Es war gerade Hauptmarkttag, als ich das letzte Mal hier weilte, daher herrschte ein unbeschreibliches Gedrücke und Gedränge, ein Feilschen und Handeln, ein Geruch von gebratenem Fleisch, Zwiebeln und Knoblauch. Unten aber, in Folge des mehrtägigen Regenwetters, trat man in fusstiefen Schlamm. Die Gässchen der Čaršija sind eng, schlecht gepflastert und ungemein schmutzig. Scheu drängt sich hin und wieder einer der wenigen noch vorhandenen herrenlosen Hunde — dieser echten Staffage des Orients — durch die Menge, meist den Fremden anschnüffelnd und von ihm eine Gabe für den halbverhungerten Leib erflehend.

Die Čaršija bietet zu lebendigem Sehen überreichen Anlass. Schon die verschiedene Kleidung der Käufer! Nirgends sieht man so viele schöne bunt gestickte Kleider, Hemden, Schürzen, als bei den nach Banjaluka kommenden Bäuerinnen. Die prächtigsten Muster wechseln mit einander ab und dabei herrscht eine Farbenfreudigkeit, wie sie weiter im Süden Bosniens nicht so ausgeprägt vorkommt. Dazu die verschiedensten Haarfrisuren, die merkwürdigsten Kopfbedeckungen und die schönsten Gold- und Silberschmucksachen, die man sich nur denken kann. Der gebräuchliche Münzenschmuck, meist geschmackvoll angebracht, dazu heitere und lachende wenn auch nicht gerade immer schöne Gesichter — es ist ein Bild, das zur Fröhlichkeit stimmt. Die Männer allerdings lassen sehr viel an ihrer Tracht vermissen, was der Schönheit dienen würde und sie erinnern stark an die kroatischen und slavonischen Bauern. Aber sie lernen, sie arbeiten, sie werden immer mehr Freibauern, des Kmetenverhältnisses los und ledig und darum sei ihrer mit Achtung gedacht. Es ist jüdischer Feiertag, die Geschäfte der einheimischen Juden, der Spaniolen, geschlossen. Aber in den Strassen spazieren überall die Frauen in ihren reichen, glänzenden Kleidern. Meist sind es hübsche Gestalten mit schönen Gesichtern, prächtigen Augen und selbstbewusster Haltung. Sie bilden den schärfsten Gegensatz zu den Türkinnen, die scheu und vermummt sich immer in der Nähe der Häuser halten, als ob sie zur Klasse der Paria gehören würden, während doch die Mohammedaner auch heute mit Recht eine Achtung gebietende, vollkommen geschützte, wenn auch nicht mehr über dem Gesetze stehende Stellung einnehmen.

Banjaluka ist eine alte Stadt. Römische Bäder beweisen, dass hier eine Kolonie sich befand; vielleicht das nach der Peutingerschen Tafel am Flusse Urbanus gelegene » Castra «. Gewiss ist, dass die aus Salona an der Adria über Dalmatien nach Pannonien erbaute Strasse über » Ad Fines « und » Servitium « zum heutigen Berbir (Bosn.-Gradiska) an der Save führte. Das ist auch der Weg, welchen die Avaren nahmen, als sie ins römische Reich einbrachen und Bosnien verheerten, was die Gothen später noch gründlicher besorgten. In der Zeit der bosnischen Könige besass Banjaluka (Lukasbad) wenig Bedeutung; es war nur ein festes Kastell zwischen Berbir und Jajce; erst die Türken erkannten die Wichtigkeit der Lage und erhoben den Ort zu einer Stadt höheren Ranges. Viele Kämpfe und Schlachten sah Banjaluka in seiner Ebene und vor den Mauern seines Kastells. 1527, 1688, 1737 fochten hier österreichisch-ungarische Heere gegen die Türken. Von hier aber ging auch die charakteristischeste Bewegung aus, welche das mohammedanische Bosnien aufzuweisen hat Noch im serbischen Aufstande zu Anfang unseres Jahrhunderts unter Karagjorgje und später 1815 unter Milosch Obrenović kämpften die kriegslustigen bosnischen Begs und Agas für die Pforte. Kaum aber kam die Kunde, dass der Sultan die serbische Rajah befreien wolle und sich sogar in Unterhandlungen mit den Empörern eingelassen habe, als auch schon die bosnischen Janitscharen unter Führung von Ali

Beg Vidaić, des Kapetans von Zwornik, zu den Waffen griffen, um gegen diesen Friedensschluss zu protestiren. Erst im Jahre 1821 unterdrückte der energische Dschellaleddin Pascha, der in einer Nacht dreissig bosnische Adelshäupter um einen Kopf kürzer machen liess, die Bewegung. Als aber im Jahre 1826 die Begs hörten, dass in Stambul alle Janitscharen niedergemetzelt seien, da entfaltete Ali Beg Vidaić neuerdings die Fahne der Revolution und der damalige bosnische Vezier Hadži Mustafa Pascha musste, als er den die Auflösung der Janitscharen ankündigenden Ferman und die konfessionelle Gleichberechtigung verlautbaren wollte, aus Travnik flüchten. Sein Nachfolger, der energische Abdurrahman Pascha, vermochte den Aufstand wieder nur mit zahlreichen Hinrichtungen und vielem Blutvergiessen zu unterdrücken. Da kam der russisch-türkische Krieg von 1828 und 1829. Die Russen standen in Adrianopel, Sultan Mahmud II. schritt ernstlich zu europäischen Reformen. Auch in Bosniens Gebirgen, dem Sitze des starresten Alttürkenthums, sollten sie Eingang finden. Aber der bosnische Adel war nicht geneigt, sich den Giauren und dem » Giaursultan « zu fügen. Wieder wurde zu den Waffen gerufen und der Kapetan von Gradačac, Hussein Berbirli Aga, war es, der in Banjaluka die Aufständischen versammelte. Der » Zmaj bosanski « (bosnische Drache) entfaltete die grüne Fahne des Propheten, er eroberte ganz Bosnien,. er zog mit 40 000 Mann aufs Amselfeld, er eroberte alle Städte bis weit nach Bulgarien, und ohne die Geschicklichkeit des Grossveziers Reschid Pascha, der Zwietracht zwischen Bosniaken und Albanesen säte, wäre Hussein Berbirli Aga auch nach Konstantinopel gekommen. So mussten die Bosnier zurückkehren (wir haben den Verlauf dieser Bewegung an anderer Stelle geschildert), und Hussein Aga musste auf ungarischen Boden nach Essek flüchten, von wo er später als Begnadigter nach Bosnien zurückkehrte, aber nach Trapezunt gebracht wurde, wo er starb. Und trotz aller Hinrichtungen erhob sich der trotzige bosnische Adel 1849 wieder, er wollte nie den Christen die Gleichberechtigung zugestehen. Omer Pascha — der einst als österreichischer flüchtiger Militärfeldwebel in Banjaluka zum Islam übergetreten war — schlug den Aufstand mit unerbitterlicher Strenge nieder und auch in Banjaluka flogen die Häupter von den Rümpfen. Es ist ein seltsames Zeichen, dass einst gerade an den österreichisch-ungarischen Grenzen die Mohammedaner am fanatischesten waren. Šamac, Brčka, Kostajnica und Banjaluka sind die besten Beispiele hierfür, und am 14. August 1878 legte die Banjalukaner Bevölkerung die letzte Probe ihres alten aufrührerischen Geistes ab. . . .

Und nun zum Kastell, der Festung! Dort, wo von Osten der Ponir, vom Westen der Lauš die tosenden Wasser des Vrbas zusammendrängt, wo dieser aus dem schmalen Felsdefilé der Waldberge hervortritt, beginnt die Stadt. Der Ponir nach Osten, der Lauš nach Westen verlaufend, geben einer schmalen langen Ebene Raum, durch welche der Vrbas noch eine Weile hart am Ponir dahinfliesst, bis er den von der nordöstlichen Lehne des Gebirges herabstürzenden Vrbanjabach aufgenommen hat, wonach er in die grosse Ebene der Save sich verläuft. Während der Vrbas noch unter dem Ponir fortfliesst, ergiesst sich in ihn von der westwärts liegenden Lehne des Lauš, gerade dort, wo die Ebene in grösserem Maasse sich erweitert, der Crkvinabach. Jenseits desselben, zwischen seinem rechten und dem linken Ufer des Vrbas, im Winkel, den die beiden Wässer bilden, auf den Lauš gelehnt, liegt die alte Stadt mit ihrer Citadelle und der grossen Moschee. Das Kastell ist von Aussen halb verfallen, doch wird es so viel als möglich

Festung in Banjaluka.

erhalten, wegen der vielen in demselben befindlichen militärischen Gebäude, des Monturdépôts, des Bettenmagazins, der Gefängnisse, des Pulvermagazins u. s. w. Eine Offiziers- und eine Mannschaftskantine sorgen für die leiblichen Bedürfnisse der Besatzung. Ein geradezu idyllischer Punkt ist aber der Offiziersgarten, direkt an der dem Vrbas zugekehrten Mauer gelegen. Das ist ein wirklich schattiger Punkt in Banjaluka mit üppiger Vegetation. Hier fand ich blühende Rosen. Die Offiziere haben sich einen netten Pavillon, Sommerhäuschen, eine Kegelbahn errichtet und Bänke laden überall zum Ausruhen ein; da giebt es eine » Rudolf-Laube «, eine » Rebenlaube «, und ein tief unten gelegenes lauschiges Plätzchen, in das kaum ein Sonnenstrahl dringen kann, wurde » Zum kühlen Grunde « getauft. Der Anblick von diesem Garten auf den Vrbas, die jenseits desselben gelegenen einsamen türkischen Viertel mit ihren vielen kleinen, aus dem Grün hervortretenden Moscheen mit zum Theil hölzernen Minarets,

Ferhad Pascha-Moschee in Banjaluka.

und auf die Abhänge der Kozara, ist wundervoll. Nebenbei hat man auch die Aussicht auf den beim Zigeunerviertel gelegenen Richtplatz, wo schon einige schwere Verbrecher, darunter der berüchtigte Räuber Vuksan, ruhen.

Der Konak, jetzt das Gebäude der Kreisbehörde, bildet mit der nahen grossen Ferhad Pascha-Moschee das Centrum der Altstadt, in dem auch der vornehmere Theil der mohammedanischen Bevölkerung seinen Wohnsitz hat. Die Ferhadija ist die bedeutendste unter den 45 Džamijen Banjalukas und sie wurde eigentlich auf Kosten der österreichischen gräflichen Familie Auersperg erbaut. Der bosnische Vezier Ferhad Pascha hatte, als er im Jahre 1576 bei Radonja in Kroatien den General Eberhard Auersperg schlug, dessen Sohn Engelbert gefangen genommen. Aus dem Lösegeld wurde die Ferhadija-Moschee gebaut. Grosse Lindenbäume beschatten den Vorplatz. In dem Friedhof, welcher die Moschee umgiebt, befinden sich einige kunstvollere Denkmäler. Erwähnenswerth ist aber in Banjaluka die Kiraet-hana, die mohammedanische Lesehalle, die in der nach der Čaršija führenden Hauptstrasse als ein Achtung gebietendes, im maurischen Stil (wie in Sarajevo) erbautes Gebäude sich repräsentirt. Diese Kiraethane dienen nicht mehr ausschliesslich als Lesehallen, sie sind Kasinos, Klubs geworden, in denen Versammlungen und Vorträge abgehalten werden, die also einen sehr nützlichen Zweck verfolgen. Sie besitzen ihr Seitenstück in den Militär- und Beamten-Kasinos, in den orthodoxen Čitaonicas u. s. w. Dass sie den Zusammenhalt der dort verkehrenden Klassen fördern, ist sicher, noch gewisser aber, dass sie einst politische Bedeutung gewinnen werden, wenn einmal Bosnien in den Bannkreis des Parlamentarismus gezogen werden sollte. Nach den Erfahrungen, die man in Serbien und Bulgarien, gar erst in Kreta gemacht hat, wird es allerdings das Beste bleiben, wenn die bisherige absolute Verwaltung —

welcher selbst die Jungtschechen die » mit dem grössten Wohlwollen gepaarte Gemässigtheit « nicht absprechen können — noch eine lange Reihe von Jahren erhalten wird.

Wir besuchen noch eines der erhaltenen Denkmäler aus römischer Zeit: die alten Bäder. Sie liegen am rechten Ufer des Vrbas, in dem ungefähr dem Kastell gegenüber beginnenden und eine Stunde weit in die Bergenge hinaufreichenden Stadttheile, ein gutes Stück flussaufwärts. Der ganze Stadttheil erstreckt sich dicht zwischen dem Flusse und dem Ponir. Der Berg erhebt sich anfangs 100, weiter oben 300 Fuss über den Fluss, in den er an manchen Stellen wie eine steile Wand abfällt Das Bett des Vrbas ist felsig, sein Fall stark und er wird durch die für unzählige Mühlen errichteten Wehre noch rauschender. Das Wasser ist gegen 300 Fuss breit. Am jenseitigen Ufer beginnt sich in Hügeln, die mit Obstbäumen bestanden sind, wieder ein Höhenzug zu erheben. Die Schlangenwindung der Bergenge mit ihrer bald verschwindenden, bald wieder auftauchenden Häuserreihe, hie und da mit einer Moschee zwischen den lauschigen Gärten und Felswänden, belebt durch den tosenden Wirbel und das Geklapper der Mühlen, ist eine der schönsten Idyllen. Und inmitten derselben liegen in zwei Gruppen die römischen Bäder. Das eine in der Nähe einer Brücke ist nur eine Ruine, aus der eine warme Quelle sprudelt. An dieser Stelle wurden in den siebziger Jahren 600 römische Münzen — wahrscheinlich die ganze Badekasse — gefunden. Etwas weiter flussaufwärts steht das noch heute benutzte Bad, ein massives Gebäude mit Kuppeln, dessen Entstehung in das sechste Jahrhundert verlegt wird, daneben ein anderes, gleichfalls in Trümmer zerfallen. In der Nähe befinden sich noch drei bisher nicht gefasste Quellen.

Und überall zwischen Häusern, Gärten und Feldern finden sich die türkischen Friedhöfe, oft als grosse Keile zwischen den schönsten Fruchtfeldern. Der Todtenkultus mag ja recht schön sein, er hat eine gewisse Berechtigung, aber am Ende dürfen die Todten doch nicht die Lebenden aus ihrem Besitz drängen und dies ist in einzelnen bosnischen Städten fast der Fall. Immer und überall die Leichensteine sehen, ist nicht Jedermanns Sache, obwohl der Tod auf dem Balkan nicht im dunkeln Trauergewande auftritt Hier ist der Friedhof mehr ein Feld mit wirren Steinsäulen, auf dem anstandslos Schafe und Ziegen weiden. Nur bei den Moscheen sind die Friedhöfe wohl nicht gepflegt, aber geschützt und vom Grün überwuchert.

Und dieses Grün, das sich überall findet, ist es, was auch der ganzen Berggegend, die des eigentlichen Hochwaldes entbehrt, ihren Reiz verleiht. Die Bergkegel, die aus dem Hochplateau durch zahlreiche Erosionen herausgewaschen sind, deckt ein Buschwald, hier kaum kniehoch, dort über mannshoch und ausserordentlich schwer durchdringbar. Knorrige

Hainbuchenbüsche, dornige Birnbäume, die nicht aus ihrer krüppelhaften
Natur herauszukommen scheinen, dichte Buchenbüsche, Haselnusssträucher,
Schwarzdorn, strauchige Feldahorne, Wacholder — alle demüthig dem
Boden angeschmiegt, als würden sie vom Sturme niedergedrückt — bilden
hier den Wald. Und doch grüssen aus ihm Arten, die in den sonnigsten
Süden versetzen. Die kleinen purpurnen Blüthen des Labkrautes (Galium
purpureum), die Zweige des Mäusedornes, die Blüthenköpfchen der kleinen,
weissen mit schwarzblaum Kiel gezeichneten Blumen des krautigen Backen-
klees (Dorycnium herbaceum), die duftende Blume des Alpenveilchens,
die borstigen Aehren des Kammgrases (Cynosurus eclivatus) sind in ihm
versteckt oder kleben in den Ritzen der kahlen Felsen, die hin und wieder
über einige Quadratmeter weit gleich ernsten Mahnern und Warnern die
Schrecken der Verkarstung in Miniaturbildern zeigen.

Von der Höhe schreiten wir wieder durch stille mohammedanische
Viertel zur hastenden, nie rastenden Europäerstadt, wo Damen wirkliche
Schleppen durch den fusstiefen Koth schleifen, wo die verrücktesten Hut-
moden der Grossstädte in getreuer Nachahmung getragen werden, zum
Schrecken und zum Abscheu der Einheimischen und — der eigenen Ehe-
männer! Im Kaffeehause halten wir Rast und lesen die neuesten Wiener
und Budapester Zeitungen, wir sehen die Spiele, die Unterhaltungen —
es ist schon Abendland. Vorüber zieht ein Leichenzug mit Kreuzen und
Fahnen; Nonnen und Kinder vor und nach dem Sarge. Er erinnert uns,
dass Banjaluka auch ein katholisches Centrum ist, dass es einen Bischof,

Trappistenkloster Maria-Stern.

zwei vorzügliche Mädchen-Erziehungsanstalten und selbst ein Trappistenkloster besitzt. Ueberall steht der konfessionelle Unterricht, die konfessionelle Erziehung im Vordergrunde; nur die von der Landesregierung
errichteten Schulen wahren auch hier den für dieses Land allein richtigen
Standpunkt der Interkonfessionalität.

Die Trappisten gehören, allerdings in sehr vereinzelten Exemplaren,
zum Gesammt-Strassenbilde von Banjaluka. Die barhäuptigen Schweiger
in ihren weissgrauen Kutten erinnern sehr an die Derwische. Die strenge
Regel des Ordens hatte ihnen einstmals die Zulassung in Bosnien ermöglicht und sie vor dem Fanatismus der Bevölkerung geschützt Asbóth
schreibt über die Trappisten:

» Im Jahre 1868 vom Rheine vertrieben, suchten sich diese Mönche vergebens in den
christlichen Staaten anzusiedeln. Schliesslich gewährte ihnen der Sultan einen Zufluchtsort in
der Nähe von Banjaluka, wo sie am rechten Ufer des Vrbas Baugründe kauften und ihr
Kloster errichteten. In diesem Kloster herrscht die volle unerbittliche Strenge des Ordens.
Und vielleicht ist es gerade diese Strenge, die der Bevölkerung so sehr imponirt, dass die
Verehrung der Trappisten bei allen Konfessionen eine, man kann sagen unbegrenzte ist. Die tiefe
Religiosität der Bosnier, welche so viel überschwenglichen Hass und so viele blutige Zusammen-
stösse verursachte, ehrt die strenge Religiosität auch bei Andersgläubigen, und wenn Jemand im
Rufe eines heiligen Lebens steht, wenden sich auch die Angehörigen anderer Religionen voll
Ehrerbietung und Vertrauen an ihn. Selbst die strengsten der Derwische führen kein so strenges
Leben wie die Trappisten. Mit Staunen hörten und überzeugten sich Katholiken, Orthodoxe und
Mohammedaner, dass diese Männer in kleinen Zellen, wo eben nur ein Strohsack Platz hat,
wohnen, nach kurzer Nachtruhe, während der sie ihre Kutten nicht ablegen, schon um 2 Uhr
Morgens ihre täglichen Gebete und ihre nützlichen Arbeiten beginnen, dass sie sogar dem
entsagt haben, was selbst dem elendesten Erdensohne unverkürzbare Freude und Trost gewährt
und in ewigem Schweigen ihre Tage verbringen, um in ihren überirdischen Betrachtungen
nicht durch weltliche Gedanken gestört zu werden, dass sie nur mit besonderer Erlaubniss in
Erfüllung ihrer Pflichten sprechen und auch jene Sünden, die sie bei ihrer entsagungsvollen
strengen Lebensweise höchstens in Gedanken begehen können, an jedem Feiertage durch
grausame Geisselung an sich selbst zu strafen bemüht sind, wie denn ausser dem Strohsack
die Geissel ihr einziges Mobiliar bildet. Diese Lebensweise, diese Uebungen mussten auf das
zur Schwärmerei hinneigende Volk einen tiefen Eindruck machen.... Dieses strenge Leben
gewann den Trappisten vielleicht mehr als ihr nützliches Wirken das Wohlwollen der Bevölkerung, ebnete aber auch ihrer Thätigkeit den Weg, sodass sich das Kloster bald zu einem
Brennpunkte civilisatorischer Entwicklung erhob. Nicht nur den Fortschritt der Bodenkultur
fördern die Mönche durch ihr Beispiel, indem sie ihre Gründe mit Dampfmaschinen bebauen,
sondern sie verbreiten auch die Industrie. «

Mit gewissen kleinen Einschränkungen ist dieses Lob wohl zutreffend;
unter den Trappisten — etwa hundert in Maria-Stern — giebt es Schuhmacher, Schneider, Weber, Schmiede, Töpfer, Landwirthe und Bierbrauer.
Sie verfertigen alles, was sie für sich selbst brauchen und auch vieles zum
Verkaufe; jeder Mönch muss eine bestimmte Beschäftigung haben und
junge Bosniaken werden angelernt. Ueberdies halten sie eine Schule, in
welcher der Unterricht unentgeltlich ertheilt wird; sie nehmen Waisen zu

sich und üben freigebig alle Arten des Wohlthuns. Jetzt beschäftigt sich das Kloster, seit seine Bierbrauerei stark Schiffbruch gelitten, meist mit Erzeugung des sogenannten » Trappistenkäses «, der einen wohlverdienten Ruf geniesst und auch ins Ausland verschickt wird. Da das Kloster selbst nicht einen so grossen Viehstand besitzt, liefern hauptsächlich die nahen deutschen Kolonien die Milch für die Klosterkäserei.

Vrbasbrücke in Banjaluka.

In den Kolonien.

Zweimal habe ich die deutschen und die italienischen Kolonien besucht, die sich von Banjaluka bis in die Nähe von Bosnisch-Gradiska (das
einstige Berbir) zu beiden Seiten der grossen Heerstrasse über sechs Fahrstunden weit dahinziehen. Es geschah dies mit einem Zwischenräume von
acht Jahren und um den Fortschritt so recht zu verdeutlichen, will ich
meinen Bericht vom Jahre 1886 demjenigen von 1894 voranstellen. Dadurch ergiebt sich, am Besten, wie hier zielbewusst gearbeitet wurde und
noch wird.

1886.

3. Mai. . . . . Ich war in Altgradiska. Der seit mehreren Tagen
anhaltende Regen war vergangen, ein kalter, aber wunderschöner Frühlings-
tag begünstigte die Fahrt zu unseren deutschen Brüdern in Bosnien. Mein
kroatischer Kutscher, den ich aufgenommen, um stehen bleiben zu können
wo ich wollte, um nicht durch die festgesetzte Fahrzeit der Post behindert
zu werden, hatte sich früh Morgens pünktlich eingefunden und wenn auch
der Wagen an Bequemlichkeit nicht das Mindeste bot, so reichte er doch
für meinen Zweck vollkommen aus. Eine Plättenüberfuhr besorgt die
Verbindung mit Berbir oder wie es amtlich heisst: Bosnisch-Gradiska.
Dieser Ort, obwohl er Sitz der Bezirksbehörde ist, bietet nichts Bemerkenswerthes. Es ist noch dasselbe Nest wie zehn Jahre früher, wo ich mich
einmal in Berbir befand, als es zu Ehren der Thronbesteigung Sultan
Murads flaggte und illuminirte. Die Häuser sehen halsbrecherisch aus,
der in kleinen türkischen Orten obligate Schmutz ist hier tiefer als anders-

---

wo, von einer ordentlichen Pflasterung ist in diesem durch die Grafen von Berbir (Bribir) und durch Hussein Berbirli Aga historisch gewordenen Flecken keine Rede. (Seitdem haben sich auch hier die Verhältnisse gründlich geändert. D. Verf.) Ich war redlich froh, als wir Berbir hinter uns hatten und auf der gut erhaltenen und wohlgebauten Fahrstrasse nach Banjaluka dahinrollten. Die Wiesen und Gestrüppflächen zu beiden Seiten des Weges waren theilweise mit Wassertümpeln bedeckt, die aber nicht verhinderten, dass ganze Heerden von Rindern und Pferden darauf weideten.

Die Gegend bleibt eine halbe Stunde lang einförmig, nur in der Ferne sieht man die bewaldeten Berge der Kozara-Planina, einst der Tummelplatz christlicher Insurgenten gegen die Türken. Die Wälder dieses Gebirges werden jetzt grossentheils ausgestockt und so, wie die Eichenwälder bereits zu Fassdauben verschnitten den Weg nach Frankreich angetreten haben, so folgen jetzt Nadelhölzer, die ein Holzhändler Brabetz zur Verwerthung gekauft hat. In Berbir befindet sich ein grosses Lager von Balken und Brettern, die ihren Weg mit den Saveschiffen nach Sissek nehmen.

Nach einer weiteren Viertelstunde zeigen sich schon nett bearbeitete Felder, denen man ansieht, dass nicht Bosniaken den Boden bestellen, dass hier ein ordentlicher Pflug gehandhabt wurde. Bald tauchen auch Ziegeldächer zwischen bosnischen Hütten auf und es dauert nicht lange, so befinden wir uns inmitten einer Ansiedlung, welche man getrost nach Norddeutschland versetzen könnte. Durchwegs aus Ziegeln aufgeführte zweistöckige Gebäude wechseln mit einstöckigen ab, an den blank geputzten Fensterscheiben Gardinen oder farbige Vorhänge, meist braune Fensterladen und auch vereinzelte grüne Jalousien. Auf den Fensterbrettern aber stehen Blumenstöcke, ein Anblick, den man in bosnischen Bauernhäusern nicht geniesst. Oft ist vor dem Hause ein kleines Gärtchen angelegt, in dem das Sommerhäuschen nicht fehlt. Das ist schon Ober-Windhorst, das sich längs der Strasse erstreckt, bei den Eingeborenen auch nach dem früheren Namen Rovince oder Laminci geheissen. Ein Theil der Gebäude ist ganz solid fertiggestellt, ein noch grösserer im Bau begriffen. Holz und Ziegel stehen überall bereit. Man sieht deutlich, dass hier gearbeitet wird, dass die Leute sich auf eine dauernde Niederlassung vorbereiten. Die den Ankömmlingen vor Jahren zur provisorischen Unterkunft dienenden Bretterhütten sind im Abbruch begriffen; nur hin und wieder stehen bosnische Bauernhäuser und der Zigeuner aus Zweigen geflochtene, mit etwas Lehm verschmierte Unterkunftsorte, in die man in civilisirten Ländern keinen Hund einsperren würde. Die Wirthschaftsgebäude sind ebenso solid wie die Wohngebäude gebaut. Anstatt der landesüblichen Hambars, die zur Aufbewahrung des Kukuruz und anderer Feldfrucht dienen, erblickt man grosse gemauerte Scheunen mit grossen Thoren und gestampften Tennen, ganz wie in den Marschen Frieslands und Oldenburgs. Die Gemüsegärten sind gepflegt; was das Frühjahr zeitigt, steht im üppigsten Wachsthum. Die Felder dehnen sich meist hinter dem Hause aus und werden zum Theil erst jetzt bearbeitet. Man erkennt die » schwäbischen « Komplexe sofort daran, dass die landesübliche Einzäunung, welche sonst auch bei dem kleinsten Stück Feld in Bosnien angebracht wird, fehlt — eine Einrichtung, welche den Ansiedlern schon viel Aerger und Verdruss bereitete, da das frei weidende Vieh die Aecker verwüstete. Aber bei den grossen Flächen, die hier jeder Ansiedler besitzt, wäre eine Einzäunung kaum durchführbar.

Die Häuser bilden noch kein geschlossenes Dorf; meist liegen dieselben von Gärten und Feldern umschlossen und sogar eine halbe Stunde weit nach links tauchen vereinzelte rothe Dächer aus der Ebene auf. Ober-Windhorst besitzt auch ein zur Kirche eingerichtetes Haus und daneben auf einem hohen Holzgerüst eine Glocke, welche Mittags geläutet wird.

Unter-Windhorst, zehn Fahrminuten weiter an der Strasse gelegen, sieht noch stattlicher und viel fertiger aus. Ein grosses einstöckiges Gebäude mit einer um das ganze Haus gehenden Holzveranda trägt die Aufschrift: » Gasthaus und Handlung des Ferdinand Brenzinger. « Ich liess meinen Kutscher halten und trat in die nach Art der deutschen Dorfschenken gehaltene Trinkstube, welcher gegenüber ein Kramladen lag. Eine freundliche Frau begrüsste mich in schwäbischem Dialekt und bot mir einen echten Kornbranntwein als Getränk. Ich liess mich mit ihr in ein Gespräch ein und erfuhr, dass sie und ihr Mann aus der Gegend von Heidelberg stammen, mit noch zwei badischen Familien hierher ausgewandert sind und seit sechs Jahren rechtschaffen hausen und wirken. Es gehe ihnen Gott sei Dank recht gut, sie hätten etwas vor sich gebracht, besässen drei Ziegelöfen und eine Kalkbrennerei ausser vielem Feld und fänden für ihre Erzeugnisse einen guten Markt in Berbir und Banjaluka, für die Erntefrüchte aber, wie auch die meisten anderen Kolonisten, einen solchen in Sissek, wohin die Frucht mit Schiffen expedirt werde. Brenzinger ist nebenbei auch der Bürgermeister oder der Knez des Dorfes.

Unter-Windhorst besitzt eine Kirche und einen hölzernen Glockenthurm. Mit Maglaj am Vrbas zusammen bilden diese Kolonien eine Pfarrgemeinde. Selbstverständlich ist auch eine Volksschule vorhanden, in der deutsch und bosnisch gelehrt wird. Das Gros der Ansiedler traf bereits im Februar 1879 hier ein und kaufte — da die Leute Geld mit sich brachten — von Salin Beg Džinić und Šivić, wie einigen anderen türkischen Grossgrundbesitzern, grosse Flächen zu günstigen Bedingungen an. Der Boden bestand allerdings aus Wiesen, Niederwald und Gestrüpp und die Rodung wie die Drainage der versumpften Flächen erforderte viel Zeit und Geduld. Da aber die letztere bei den Deutschen in hohem Maasse vorhanden ist, so gelang das schwere Werk und heute ist der

Boden zu mindestens zwei Dritttheilen urbar gemacht. Das Joch Grund
kostete im Anfang durchschnittlich 40 fl., doch sind die Begs jetzt schon
bis auf 200 fl. gestiegen.

Die Ansiedler in Windhorst stammen meist aus Hannover, Oldenburg,
Braunschweig und Rheinpreussen. Von den letzteren traf ich zwei, welche
in der Gegend von Koblenz zu Hause sind und den dortigen schwer
verständlichen Dialekt noch unverfälscht sprachen. In den letzten Jahren
hat sich aber auch ein nicht kapitalkräftiges Element, Arbeiter aus der
Gegend von Essen, hierher gezogen. Diesen Leuten geht es nicht besonders,
da sie meist bei den anderen Ansiedlern arbeiten müssen, bis es ihnen
gelingt, ein Stück Grund zu erwirthschaften. Die Kolonisten gehen aber
einander sehr an die Hand und so werden wohl auch die Aermeren sich
nach und nach zu etwas Wohlstand emporarbeiten. Was die Kleidung der
Ansiedler anbelangt, so ist dieselbe noch ganz die heimische; auch die Holz-
schuhe sind bei vielen geblieben. Dem Fremden kommen die Leute höflich
und freundlich entgegen, jedes Kind — fast alle flachsblond — grüsst und
antwortet artig auf jede Frage. Wie schon aus dem Namen der Kolonie
ersichtlich, sind die Ansiedler in Windhorst fast durchweg Katholiken.
Nach der Volkszählung von 1885 zählte die Gemeinde Windhorst 802 Bewohner, von denen 700 Fremde, d. h. deutsche Staatsangehörige,
14 österreichisch — ungarische Unterthanen waren. Im Ganzen waren
206 freie Kolonisten und nur 1 Kmet vorhanden. Katholiken waren 791,
Protestanten 6, Juden 5. Mohammedaner und Griechisch-Orthodoxe fehlten
gänzlich.

Fast eine Stunde von Windhorst entfernt befindet sich wieder eine
kompakte Kolonie von Deutschen, Hannoveranern, Oldenburgern und
Preussisch — Schlesiern, zusammen 60 Familien. Ausserdem sind hier
20 Familien aus Ungarn, aus der Gegend von Steinamanger angesiedelt;
dicht dabei aber, in Mahovljani, 98 Wälschtiroler Familien, die sich mit
den Deutschen gut vertragen und fast eine Gemeinde mit diesen bilden.
Die genauen Volkszählungsziffern waren: Maglaj am Vrbas: 318 Bewohner,
darunter 251 Fremde, 55 österreichisch-ungarische Staatsangehörige, von
denen 3 Gutsbesitzer, 60 freie Bauern (Kolonisten), 9 Kmeten (Pächter)
waren. Die Zahl der Katholiken betrug 303, die der Protestanten 10, der
Orthodoxen 1, Juden 4, Mohammedaner keinen. In Mahovljani (Tiroler
Kolonie): 303 Bewohner, darunter 98 Bauernstellenbesitzer, durchweg
österreichisch-ungarische Unterthanen und katholisch.

Auch die Ansiedlung in Maglaj am Vrbas (heute Rudolfsthal) wurde
Anfang 1879 begonnen, gewann immer mehr durch Zuzug und dieser
dauert noch fort. Ein gewisser Anton Marton, welcher eine Gastwirthschaft
betreibt und eine grosse Oekonomie besitzt, war einer der ersten Ansiedler.
Er reist fast alle Jahre in seine ungarische Heimath und immer schliessen

sich ihm einige Familien bei der Rückkehr zur Uebersiedlung nach Bosnien an. Die Wälschtiroler aus der Trienter Gegend sind Regierungskolonisten, und diesen geht es fürs Erste noch kümmerlich, doch arbeiten sie sehr fleissig und sind bei den wohlhabenderen Deutschen recht beliebt Sie erhielten von der Regierung Land zugetheilt gegen nach Jahren eintretende minimale Abzahlungen, zur Bestellung des Bodens jede Familie eine Kuh und einen Ochsen und im ersten Jahre den nöthigen Kukuruz. Im zweiten Jahre erhielten nur die Bedürftigen die Unterstützung.

Die deutschen Ansiedler sind fast sämmtlich Grossbauern; drei derselben, ein Herr von Ebeling, ein gewisser Jansen und ein Oldenburger aus Löhningen, dessen Name mir nicht gegenwärtig ist, sind Grossgrundbesitzer. Der letztere kaufte zum Anfang eine Area von iooo preussischen Morgen an, auf welcher aber sechs Kmeten (Pächter) waren. Diese konnte er nur dadurch los werden — zur Bearbeitung brauchte er sie nicht — dass er ihnen ein Stück Land als Abfertigung gab. Nun nahmen die Bosniaken ihre Hütten und sogenannten Wirthschaftsgebäude auf ihr neues Besitzthum mit, was in ziemlich origineller Weise geschah. Die Hütten waren gänzlich aus Holz gebaut; dieselben wurden untergraben, man schob einen 18 Meter langen Schlitten darunter und verband die ganze Herrlichkeit fest mit Stricken. 146 Ochsen bewerkstelligten das Wegziehen und Transportiren, an dem sich natürlich die ganze Nachbarschaft unter grossem Geschrei betheiligte. Auf diese Weise wurden 8 Häuser und 50 Nebengebäude ohne Unfall übersiedelt

Die Besitzungen von Ebeling und Jansen sind holländischen grossen Meiereien mit herrschaftlichen Wohngebäuden ähnlich und es wird auch — wie in allen Wirtschaften im Kleinen — eine bedeutende Milchwirtschaft betrieben. Ich ass dort Butter, wie sie nur noch in unseren Alpenländern angetroffen wird. Für die Butter ist hauptsächlich Banjaluka mit seinen vielen Beamten, Militairs und Fremden ein guter und sicherer Abnehmer. Das Kilo stellt sich auf 80 bis 90 Kreuzer. Uebrigens beschäftigen sich die Unternehmer auch mit dem Plane, ihre Erzeugnisse nach Jajce, Travnik und Sarajevo, sowie in die kroatischen Savestädte zu verschicken.

Wie die Kultivirung des Bodens begonnen wird, zeigt am deutlichsten das Beispiel Jansens. Nachdem derselbe eine ziemliche Anzahl Joch urbar gemacht hatte, baute er das erste Jahr auf dem ganzen Grundstück Klee. Die Bosnier lachten ihn aus; ein so närrischer Kerl war ihnen noch nicht vorgekommen. Jansen aber, welcher Brotfrucht billig kaufen konnte, liess sich als echter Norddeutscher nicht beirren; er erntete sechs Metercentner Kleesamen und brachte ihn zum Verkauf nach Altgradiska. Der Kaufmann sah ihn gross an, dass er dieses Quantum auf seinem eigenen Boden gewonnen haben wollte, denn so viel Kleesamen kommt in ganz Slavonien nicht vor. Er erhielt für den Metercentner 35 Fl. und war zufrieden. Im zweiten Jahr baute er schon etwas Brotfrucht, aber auch wieder viel Klee. Von letzterem betrug die Fechsung 30 Metercentner. Jetzt führte er das ganze Quantum zu Schiff nach Sissek und machte ein ganz erträgliches Geschäft dabei. Heute baut er Weizen, Roggen, Hafer, Klee, Raps und viele Gemüsearten, auch ziemlich viel Kartoffeln, welche in Bosnien immer Absatz finden. Als die Kolonisten sahen, was hier für speckige, schlechte Kartoffeln genossen wurden, erklärten sie, dass der niedersächsische Bauer es sich überlegen würde, solche den Schweinen zu geben. Auf bosnischer Erde seien auch die mehligen guten Speisekartoffeln zu ziehen. Die Kartoffeln zum Stecken wurden aus Deutschland gebracht — die Frucht war wunderbar. In richtiger Erkenntniss aber, dass in dem fetten Boden Bosniens die Kartoffeln leicht entarten, wird stets der nicht fürs Haus gebrauchte Ertrag der Ernte verkauft und jedes Jahr nimmt man frische aus der Heimath importirte Früchte zur Auspflanzung. Auch mit dem Anbau von Flachs will man Versuche im Grossen machen, damit die viele Leinwand, welche die Bosniaken zu ihren Kleidern brauchen, durchwegs im Lande erzeugt werden könne.

In Maglaj besteht ein recht nettes katholisches Kirchlein und ein Kloster, das sich in den Händen von Schulschwestern oder, wie sie von den Ansiedlern genannt werden, » Nazarenerinnen « befindet. Ihnen ist auch der gesammte Schulunterricht anvertraut. Eine Schwester unterrichtet die Knaben, die andere die Mädchen. Ob die Resultate besonders erspriesslich sind, weiss ich nicht, die Ansiedler erklären, sie hätten keinen Grund zur Klage. So viel kann ich aus eigener Wahrnehmung bestätigen, dass die Kinder, welche ich examinirte, recht gut lesen, sowie deutsch, bosnisch und theilweise auch italienisch sprechen konnten. Auch bei den Kindern von Wälschtirolern war dies der Fall. Mädchen werden später gewöhnlich zur besseren Ausbildung nach Banjaluka bei Beamtenfamilien auf ein Jahr in Dienst gegeben.

In Maglaj stehen noch einige grosse Militärbaracken von Holz gebaut, nach deren Verwendung ich mich erkundigte. Man theilte mir mit, dass die ersten Ansiedler, welche nach Bosnien kamen, sich schon an das Kriegsministerium in Wien mit der Bitte gewendet hatten, das Militärärar möge ihnen an die Hand gehen, besonders bei Beschaffung von provisorischen Wohnungen. Der Kriegsminister bewilligte sofort das Ansuchen und gab den Befehl, wo Baracken vorhanden seien, solche den Kolonisten nach Thunlichkeit immer auf drei Monate zu überlassen. Dies geschah in Maglaj in liebenswürdigster Weise und die Ansiedler können die Truppen nicht genug loben. Als dann die Tiroler kamen, erbten sie die Baracken, und da das Militär gänzlich von Maglaj wegkam, schenkte ihnen das Aerar diese mit der Bedingung, dass das Material einer halben Baracke zum Bau einer Kapelle in der Tiroler Kolonie zu verwenden sei.

.Es sind zwei Gasthäuser im Orte, dasjenige von Bökmann und eines von Marton. Letzterer hat auch einen Weingarten angelegt, von dem er schon einmal Erträgniss hatte. Er erzählte mir, dass die häufigen Nachtfröste den Reben nichts schadeten, dass der Boden für Weinbau ganz geeignet sei und dass er ungarische Sorten kultivire. In dem Weingarten hat er Aprikosen gepflanzt und in Beeten sah ich den wunderschönsten Spargel. Um das Fortkommen solcher Kolonisten braucht Niemand bange zu sein; die helfen sich fort und durch den Anschauungsunterricht wirken sie civilisirend und kultivirend auf die bosnischen Bauern ein. Anfangs misstrauisch, fangen diese nach und nach an, sich bei den » Schwabas « Auskunft zu erbitten und anstatt des aus den Römerzeiten stammenden Pfluges sah ich bei einem Bosnier schon einen » schwabischen « Pflug.

Um das Mehl nicht von auswärts kaufen zu müssen, legte man eine Dampfmühle an, die für den Bedarf der Umgebung ausreicht, und in Klasniće — eine halbe Stunde von hier auf Banjaluka zu — wo sich noch drei deutsche Ansiedler befinden, erbaut die Banjalukaner Firma Milić eine grosse Turbinen-Dampfmühle. Was mir in Maglaj am besten gefiel, war, dass die Ansiedler erklärten, sie hätten über die Behörden keinerlei Klage zu führen. Man sei gerecht und helfe den Deutschen, soweit dies möglich sei. Das Einzige, was einer weiteren Ausdehnung der Kolonien in dieser Gegend im Wege stehen dürfte, ist, dass die Begs jetzt kein Land mehr verkaufen wollen; zum Türken als Pächter kann aber kein Fremder gehen. Uebrigens ist in Windhorst noch Platz und Salih Beg, den ich von früher her kenne, wird wohl von seinem brachliegenden Boden noch einige tausend Joch hergeben können. Das Prosperiren der Maglajer Kolonie, speciell der Schlesier, war mir darum so angenehm, weil ich im Jahre 1878 den Anstoss zur Einwanderung gegeben und auf Anfragen auf das Vrbasthal und auf die Posavina hingewiesen hatte.

*   *
*

1894.

Im Oktober.... Es hatte schon lange geregnet, es regnete wieder, als ich von Banjaluka aus meine abermalige Fahrt in die Kolonien antrat. Gleich am Ausgange der Stadt stehen eine Menge neuer moderner Häuser, die sich an der Strasse fortsetzen. Links ein neues grosses Nonnenkloster, wie ein Schloss aussehend. Es herrscht starker Wagenverkehr, viele Erzeugnisse des Ackerbaues werden nach Banjaluka gebracht. In Jakupovci-Klasniće steht am Vrbasufer ein imposantes Gebäude, das die deutsche Inschrift trägt: » Erste bosnische Walzmühle. « Ein schöner Park nebst villaähnlichem Wohnhaus umgiebt die Anlage. Gegenüber am andern Ufer

Bosnischer Schweinehirt.

des Vrbas steht eine alte baufällige bosnische Wassermühle, so recht als Gegenstück zur neueren Zeit. Jakupovce hat einen Gendarmerieposten, eine Anzahl Wirths- und Kaffeehäuser. Der durchweg katholische Ort scheint regen Verkehr zu haben.

An der Strasse beginnen bereits die Kolonistenhäuser, die meist inmitten der Grundstücke stehen. Es wechselt die deutsch-ungarische Bauart mit der niederdeutschen. Durchweg herrscht Ziegelbau vor, überall grosse Scheuern, hübsche Gemüse- und Blumengärten. Das Vieh sieht vorzüglich gepflegt aus, die grossen ungarischen Rassen überwiegen bereits. Auf den Feldern steht noch Kukuruz (Mais), Kohl, Knöterich, Lupine, Wasserrüben und Futterrüben (Burgunder). Ueberall tummeln sich blonde Kinder, die schon Fez tragen und höflich grüssen. Die Wasserbrunnen in den Höfen sind meist Schwegelbrunnen nach ungarischer Art In Maglaj-Rudolfsthal steht an der Strasse die »Josefsburg«, ein stattliches Kloster. Auch eine evangelische Kirche mit schönen gothischen Fenstern und ein Pfarrhaus ist gebaut worden, seit sich die Ansiedler stark vermehren. Das Schloss des Herrn v. Ebeling ist in andere Hände übergegangen. Ebeling kehrte nach Hannover zurück, seitdem hat das Besitzthum zweimal den Herrn gewechselt.

In Windhorst sind schon zwei Kirchen gebaut, das Kloster der Schwestern der göttlichen Liebe ist eine mächtige Ansiedlung und die Kolonie dehnt und streckt sich in jeder Weise. Windhorst ist seiner Ausdehnung nach wohl das grösste Dorf; es ist 16 Kilometer lang, 5 Kilometer breit und zählt ungefähr 1500 Köpfe. Im Gasthause Brenzinger kehrte ich ein, wie vor acht Jahren, und war vorzüglich aufgehoben. Die Gattin des Wirthes ist leider gestorben, er hat aber dem Hause eine neue Hausfrau aus Agram gegeben, was in der Kolonie, welche der unverheiratheten Töchter genug zählt, nicht gern gesehen wurde. Kleinlicher Zank und Tratsch herrscht eben hier wie in jedem deutschen Dorfe, Streitigkeiten kommen, wie überall wo Deutsche wohnen, genug vor, dabei gedeiht aber doch die gemeinsame Arbeit und selbst das Vereinswesen blüht Wie mir versichert wurde, hätten alle Kolonisten ihr sicheres Auskommen. Ein gutes Geschäft machen sie mit den bosnischen Bauern, die von einer Stallfütterung nichts wissen und gewöhnlich auch wenig Vorräthe fürs Vieh einernten. Diesen kaufen sie das überschüssige Magervieh bei Anbruch des Winters ab und mästen es im Stalle. Für diese genügsamen Thiere sei — so wurde mir gesagt — schon die gekochte Spreu mit Rüben und Kartoffeln ein köstliches Futter, bei dem sie dick und fett würden. Sie brächten dann auf dem Markte ganz ansehnliche Preise. In den Wirthschaften, die über nicht genug eigene Arme zur Arbeit verfügen, werden meist Zigeuner als Feldarbeiter, Kutscher etc. verwendet. Sie erhalten 60 bis 80 Kreuzer den Tag und sind ganz verlässlich.

Die Schule wird noch immer von den Schulschwestern geleitet und bezahlt man 3 Gulden für jedes Kind im Monat. Die Lehrerinnen werden im Wagen abgeholt und zur Schule gebracht und ebenso nach Hause geführt. Die Wagen stellen die Kolonisten abwechselnd. Die Landesregierung wollte eine öffentliche konfessionslose Schule errichten, doch lehnte die Gemeinde, die noch sehr bigott ist, das Anerbieten ab. Die talentvolleren männlichen Schüler werden später meist dem Jesuitenkollegium in Travnik zur bessern Ausbildung zugeführt. Wie mir Brenzinger erzählte, kam er schon Ende 1878 das erste Mal nach Bosnien, um sich zu orientiren; dann kam er 1879 wieder und arbeitete Monate lang bei den Trappisten als Knecht, ohne zu verrathen, dass er Grund kaufen wolle. So lernte er die Verhältnisse kennen, entdeckte sich später dem Guardian P. Franz und erlangte sein heutiges Besitzthum, das ihn zum reichen Mann gemacht. Seine Ziegelbrennereien, in denen er meist italienische Arbeiter aus den Kolonistenfamilien beschäftigt, bringen viel Geld, denn überall wird gebaut und es entsteht eine Ansiedlung nach der andern, auf meilenweite Entfernung nach Ost und West.

Die deutschen Bauern haben sich durchweg um zwei Drittel verbessert, sobald sie nur mit eigenen Kräften zu arbeiten brauchten. Sonst verzehrt der Taglohn einen beträchtlichen Theil des Gewinnes, weil die Feldfrüchte selbst billig verkauft werden müssen. Die 14 Familien aus Essen — die ich in meiner Schilderung von 1886 erwähnte — die mit nur je 225 fl. Kapital einwanderten, sind heute durch rastlose Arbeit ausnahmslos sehr wohlhabend.

Die Wahl der Gemeindevorsteher ist frei; stets muss aber einer aus der Kolonie gewählt werden. Jede Wahl muss bei 25 fl. Strafe angenommen werden. Mit der Regierung und den Bezirks- wie Kreisbehörden besteht ein gutes Verhältniss; viele Kolonisten sind schon bosnische Landesangehörige geworden, andere stehen im Begriff, die Staatsangehörigkeit zu erwerben. Zuzug ist jetzt aus Deutschland wenig, dafür aber die Heirathen stark. Mit den bosnischen Bauern ist das Einvernehmen fast herzlich geworden. Sie kommen um Rath zu den Schwabas, sie lassen bei ihnen ihr Getreide reutern oder mit der Maschine dreschen und suchen sich die verschiedenen Fertigkeiten und Handgriffe anzueignen. Die Körnerfrucht geht durchweg nach Gradiska. Ueberall sieht man Fortschritt, überall ist fleissige Arbeit und Wohlstand; es ist ein anregender Besuch, den man den Kolonien abstattet.

Jetzt wird auch eine Bahnverbindung zwischen Banjaluka und Gradiska im Anschluss an die ungarische Staatsbahn geplant. Am 6. März 1895 trat in Banjaluka die Kommission zur Vornahme der Tracen- und Stationsrevision für diese Vicinalbahn zusammen, für die sich in der Person des Herrn Gautier aus Agram ein Koncessionär gefunden hat. Diese Bahn — das erste rein private Eisenbahnprojekt in Bosnien — würde den Kolonien und der sich entwickelnden Industrie neben der Landwirthschaft grosse Vortheile bieten.

*   *
*

Wie gleich hier erwähnt sein möge, besteht auch in der Posavina (im Nordosten Bosniens) eine blühende Kolonie » Franz Josefsfeld « bei Bjelina. Im Frühjahr 1886 kamen dorthin aus der Muttergemeinde Franzfeld bei Pancsova in Südungarn 61 Familien. Die Bezirksbehörde kaufte für dieselben von Grundherren 300 Joch Grundstücke in der unmittelbarsten Nähe von Bjelina, die unter die Ansiedler vertheilt wurden. Die Rückzahlung des sehr billigen Kaufschillings wurde den Kolonisten unter äusserst günstigen Zahlungsbedingungen eingeräumt. Sofort entstanden ebenso viele Häuser als Familien und die Ansiedelung wurde mit Bjelina durch eine Strasse verbunden. Schon im darauf folgenden Jahre erhielt die Kolonie einen Zuwachs von weiteren 22 Familien, grösstentheils aus Neu-Pazua in Syrmien, dann nach und nach kleinere Zuwächse, so dass 1889 bereits 121 Familien mit 700 Köpfen ansässig waren. Eine Schule mit 136 Kindern war errichtet, ein Gemeindehaus erbaut, eine evangelische Kirche geplant. Franz Josefsfeld ist nämlich eine durchwegs protestantische Kolonie. Die Kolonie besass damals 546 Joch eigenen Grundbesitz und 907 Joch Pachtgründe. Sie versorgte Bjelina mit Milch, Käse, Butter, Geflügel, Eiern und Gemüse und Versuche mit Tabakbau ergaben gute Resultate. Ausserdem sind im Bezirke Bjelina in vielen Gemeinden vereinzelte ungarische Kolonisten ansässig, die den Boden vom Beg gepachtet haben; so um Bjelina 104, in Brodac 20, Janja 9 und 30 in Dragaljevac, Zabrgje und Koraj. Dass in den deutschen Kolonien die Viehzucht nicht vernachlässigt wird, ist selbstverständlich. Man ist bei den kleinen harten bosnischen Rassen geblieben, die nur mit gutem Vieh von auswärts gekreuzt und im Winter durchaus in Ställen gehalten werden. Es existiren aber auch ganze Pferde- und Schweineheerden, am meisten jedoch Schafe mit feiner langer Wolle, welche selbst die Bosnier in der Savegegend stark züchten. Also womöglich ein neuer Ausfuhrartikel!

Von sonstigen grösseren Kolonien in Bosnien sind noch zu nennen: die von ungarischen Deutschen (Schwaben) gegründeten Kolonien Branjevo und Dugopolje im Bezirke Zwornik, die Tiroler Kolonie in Palaškovci (Bezirk Prnjavor), die Görzer Kolonie bei Bukvik und Ralutinac (Bezirk Prnjavor), die Galizianer Kolonien in Obsjeko und Bakinačka Kozara im Bezirk Banjaluka, die Ansiedlungen deutscher Protestanten aus Russland in Prozara und Vranovac (Bezirk Kostajnica) und die Ansiedlungen aus Russland ausgewanderter tschechischer Familien in Kobaš-Seferovci (Bezirk Prnjavor) und in Vranduk und Detlački Lug (Bezirk Dervent).

Von Banjaluka nach Kostajnica.

hristlichen Ländern — sagte unser Hotelier in Banjaluka — gehe jetzt unsere Reise zu. Damit meinte er Kroatien, das allerdings keine mohammedanischen Bewohner besitzt. An Christen ist aber gerade in der Banjalukaner Gegend kein Mangel, doch verleiht die mohammedanische Mischung erst den richtigen Reiz.

Der Zug der Militärbahn Banjaluka-Dobrlin verlässt die Stadt vom neuen Stadtbahnhofe aus, durchfährt das europäische Viertel und hält nach kurzer Zeit in Trn, dem früheren Hauptbahnhofe. In ebener gut angebauter Gegend zwischen Wiesen und sanften Abhängen wird die Strasse Banjaluka-Gradiska übersetzt; bis zur Station Ivanjska führt die Strecke durch von Bächen durchschnittenes, mit Buschwerk bestandenes Terrain; nur selten sieht man einzeln stehende bosnische Häuser. Bei Omarska stossen wir auf grosse Holzlager, die aus den Wäldern der Kozara kommen. Dann geht es im Sannathale entlang bis Prjedor, wo die Sanna schon schiffbar ist. Die Stadt mit ihren 5000 Bewohnern liegt am rechten Ufer des Flusses, an dem Punkte, wo die Thalenge aus den Gebirgsmassen in die lockende blühende Ebene hinaustritt. Prjedor ist der Geschäftswelt durch seinen ausgedehnten Getreidehandel bekannt; seine Fruchtschiffe, an die ägyptischen Dahabyen erinnernd, gehen aus der Sanna in die Unna und die Save, sie kommen bis Semlin und selbst bis Budapest. Während der 1875er Insurrektion litt Prjedor am meisten, seine Kaufleute flohen fast sämmtlich auf das kroatische Ufer. Kaum hatte sich der Ort nach der Okkupation etwas erholt, so verheerte eine furchtbare Feuersbrunst die Stadt. Jetzt sieht sie sehr gefällig aus, sie hat regen Verkehr, in der Umgebung verschiedene fremde Ansiedler und eine grosse Geflügelzucht-Anstalt, die sich eines bedeutenden Rufes erfreut. Ueber der Stadt in den Spalten der Felsen nisten Hunderte von Falken

Ansicht von Prjedor.

und die Begs der Krajna heben hier die jungen Falken aus, um sie zur
Jagd abzurichten. Die in Europa längst ausgestorbene Jagd mit Falken
hat sich in einzelnen bosnischen Beg-Geschlechtern bis jetzt erhalten und
Othmar Reiser vom Sarajevoer Museum, wie Regierungsrath Hörmann
haben darüber interessante Schilderungen veröffentlicht. Viele Volkslieder
erwähnen noch immer in bilderreichen Versen des edlen Falken. Eines
derselben erzählt von der Trauer des Mustaj Beg um seine Verlobte:

> Als zur Jagd die Herren ausgezogen,
> Trug ein Jeder auf der Hand den Falken,
> Mustaj Beg nur hielt die Hand am Herzen.
> Fragen ihn besorgt die treuen Freunde;
> » Sag', o Mustaj Beg, was dir wohl fehlet?
> Weil den Falken du nicht mitgenommen,
> Sondern deine Hand am Herzen haltest? «

In einem andern Liede fragt die treue Gattin des Ibrahim Ćehaja
den in ihrem Schoosse ruhenden kranken Gatten:

> » Wenn du stürbest, Ibrahim Ćehaja,
> Um was würdest du zumeist wohl trauern?
> Thät es leid dir um die alte Mutter,
> Oder um dein Schloss mit seinen Ställen,
> Um die vielen Dörfer und die Timars,
> Oder um die nicht geritt'nen Hengste
> Und die Hunde, die zur Jagd geübten,
> Oder gar um deine grauen Falken,
> Oder aber um dein treues Weibchen? «

Ein drittes Lied endlich, dessen Gegenstand ein brüderlicher Zwist
ist, hebt an:

> » Bei einander zwei der Burgen lagen,
> Hausten drin zwei Brüder, die sich theilten,
> Hassan Aga und Mohammed Aga.
> Alles konnten friedlich sie vertheilen
> Bis auf einen Zagorjaner Čiftluk,
> Ein gar edles Pferd in ihrem Stalle,
> Und den Falken im Orangenbaume. «

Mit der Falkenjagd befassen sich gegenwärtig noch die edlen Ge-
schlechter Uzeirbegović in Maglaj, Sirbegović und Smajlbegović in Tešanj.
Man pflegt die Falken mit Netzen zu fangen. Zwei solcher Netze von
ungefähr zwei Meter Länge und ebensolcher Breite werden unter einem
spitzen Winkel nur sehr lose auf dem Erdboden befestigt. Von aussen
werden beide Netze mit kleinen Zweigen und grünen Reisern bedeckt.
In der Mitte des Netzes wird eine lebende Dohle angebunden, während
sich die Jäger in geschickter Weise hinter einem in der Nähe befindlichen
Buschwerk verstecken. Die Dohle schlägt natürlich mit den Flügeln um
sich, krächzt ununterbrochen und macht alle Anstrengungen, sich aus der

Gefangenschaft zu befreien. Hierdurch lässt sich der unerfahrene junge, meist einjährige Falke verleiten, sich mit aller Hast auf die vermeintliche Beute zu stürzen. Die Dohle beginnt in der Todesangst einen verzweifelten Kampf mit dem Angreifer, welcher natürlich auch mit den Flügeln herumschlägt und sich allmählich so in den Netzen verstrickt, dass der im geeigneten Zeitpunkte herbei eilende Jäger ihn mit Leichtigkeit fassen und nach Hause bringen kann. Zur Jagd bedient man sich lieber des Weibchens als des schwächeren und kleineren Männchens. Nicht jeder Falke lässt sich leicht zähmen und zur Jagd abrichten. Mit Rücksicht auf die letztere Eigenschaft werden sie auch nach den Nestern unterschieden, in denen sie ausgebrütet worden sind. In einigen Nestern finden sich die besten Falken, welche nicht nur auf Wachteln, sondern auch auf Rebhühner und Wasserschnepfen stossen. Anderwärts sind die Falken schon etwas schwerfällig; sie lassen sich zwar abrichten, sind jedoch nur zur Jagd auf Wachteln verwendbar. Eine dritte Abart endlich ist wegen ihrer Wildheit zur Jagd überhaupt nicht geeignet; der Volksmund nennt sie die » wilden Falken «. Die Liebhaber der Beize unterscheiden sehr genau die Horste dieser drei Abarten und wissen die Stellen genau anzugeben, wo die besten Falken vorkommen. Im Walde Ozren giebt es an ungefähr 20 Stellen Falkenhorste, aber bloss an drei derselben kommen brauchbare Edelfalken vor.

Von Prjedor aus erreichen wir die Haltestelle Blagaj, wo von steiler Höhe die Ruinen eines alten Sommerschlosses der bosnischen Herrscher grüssen, und gelangen dann nach Novi an dem Zusammenflusse der Unna und Sanna. Wie ein grosser Garten sieht die Gegend aus, die einzelnen Häuser an Villen mahnend. Hier sieht man offenkundig den Wohlstand. Die weite Ebene wird durch die Ausläufer der Pastirevo-Planina und über der Unna durch die kroatischen Gebirge begrenzt. Novi gegenüber sieht man Dvor und in weiterer Entfernung die hoch liegende Kirche von Divuša. Die Bahn nimmt ihren Lauf längs der Unna, bis sie Dobrlin erreicht. Hier ist der Anschluss an die ungarische Staatsbahn.

Die Unna wird bei Volinja auf einer eisernen Brücke übersetzt; in Sunja
— wo Mittagsstation ist — zweigt sich eine Linie nach Brod, die andere
nach Sissek ab.

In Dobrlin, wo einst 1875/76 die albanesischen Baschibozuks die
grössten Schändlichkeiten gegen zurückgekehrte Flüchtlinge verübten, hat
sich Vieles verändert. Ein grosses neues Stationsgebäude steht an
Stelle des alten türkischen, die meisten der bosnischen Hütten sind verschwunden und hübsche Ziegel- und Holzbauten nach Art unserer Alpen-
häuser erheben sich an den Gebirgsabhängen und längs der nach Bosnisch-
Kostajnica führenden Strasse. Es ist die deutsch-tiroler Kolonie, schon
1879 gegründet. Zwölf Familien kamen damals hierher, kauften von
Rustan Beg ziemlich bedeutende Grundstücke, von denen einige bearbeitet, die meisten aber noch unkultivirt waren. Die Mohammedaner
waren zu jener Zeit noch der irrigen Meinung, dass ihnen in nicht zu
ferner Zeit ihr Land abgenommen und den Christen übertragen werden
würde, darum gaben sie die Felder billig her. Gearbeitet haben aber auch
die Tiroler in nicht zu unterschätzender Weise. Wo man Felder sieht,
welche gut gepflügt und geeggt sind, wo nicht mehr die Kukuruzstengel
vom vorigen Jahre in den Furchen liegen, da kann man getrost annehmen, dass dies Tiroler Felder sind. Auch sie bauen meist Kukuruz,
daneben verschiedene Getreidesorten und halten viel auf einen ordentlichen Viehstand. Ein Theil der Ansiedlerhäuser liegt malerisch in einer
Bergeinsattlung und hier — wie überhaupt um ganz Dobrlin und Kostajnica
— können sich die Kolonisten nach Tirol versetzt wähnen, obendrein
in einen Theil ihres Vaterlandes, in dem der Hochwald noch nicht zur
Seltenheit geworden ist. Ein mächtiges Sägewerk mit Dampfbetrieb ist in
Dobrlin erbaut worden und weit hinausführende besondere Schienengeleise
und Hebewerke lassen erkennen, welch bedeutender Verkehr in Holz ist.
Es werden viele Arbeiter beschäftigt, Gasthäuser sind überall vorhanden.

Näher gegen Bosnisch-Kostajnica giebt es noch verschiedene fremde
Einwanderer. So hat sich auch auf einem Hügel der Pastirevo-Planina. ein
Schweizer angesiedelt, welcher ein ansehnliches Besitzthum erwarb. Nur
kann er hier keine Milchwirthschaft ausüben, weil die Bewohner der be-
nachbarteren Städte und Orte alle selbst Kühe besitzen. Er beschäftigt
sich daher mit Ackerbau und Gemüsezucht und erwirbt ein schönes Stück
Geld. Selbst auf kroatischer Seite sind drei Tiroler Familien sitzen geblieben und zwar an den Berglehnen des über Kroatisch-Kostajnica sich
erhebenden hohen Djed. Sie bewiesen den Grenzern, welche erklärt
hatten, an diesen Stellen gedeihe nichts, dass sich sehr schöne Weingärten anlegen liessen und diese liefern bereits guten Ertrag. Ausserdem
bauen sie Getreide, Rüben und Zwiebeln, sind fleissig und sparsam und
finden ihr ganz erträgliches Auskommen.

Burg von Blagaj.

Am wunderbarsten hat sich aber Bosnisch-Kostajnica entwickelt. Erst im Jahre 1862 mit türkischen Auswanderern aus Serbien besiedelt, blieb es unter ottomanischer Verwaltung ein kleines Städtchen, das seinen Bedarf grossentheils auf kroatischem Boden deckte. Eine Brücke über die Unna verbindet Kroatisch- und Bosnisch-Kostajnica. Es war ein ziemlich armseliger Ort. Gegenwärtig hat Bosnisch-Kostajnica die kroatische Schwesterstadt längst überflügelt. Ueberall sind neue Gebäude, Geschäftsläden, Restaurationen, gewerbliche Anlagen entstanden und wenn die Kroaten vom anderen Ufer sich gut unterhalten, wenn sie gutes und billiges Bier und Wein trinken wollen, müssen sie auf bosnischen Boden gehen, wo die Steuern bedeutend niedriger sind. Der Ort, der 1895 1375 Bewohner, darunter 638 Mohammedaner, zählte, ist in stetem weiteren Aufschwunge begriffen.

Nach Tuzla.

Koksofen im Kohlenwerk Kreka.

Dreimal habe ich im Verlaufe zweier Jahrzehnte Bosniens Nordosten besucht und dreimal habe ich Dolnja-Tuzla berührt, jedesmal unter gänzlich geänderten Verhältnissen. Das erste Mal 1878 bei der Besetzung. Damals war es eine echt türkische Stadt, welcher die Salzgewinnung zu einer Bedeutung verhalf; sie hatte dadurch beträchtlichen Verkehr, der sich aber nur auf Tragthieren vollzog. Das alte verfallene Kastell, der Konak und die bischöfliche Residenz waren die hervorragendsten Punkte des Ortes. Dann sah ich Tuzla im Jahre 1886, als die Eisenbahn von Doboj bis Siminhan eröffnet wurde; da war es schon eine halb moderne Stadt geworden, der Bergwerksbetrieb war im Beginne. Bei meinem letzten Besuche fand ich ein industrielles und Montancentrum der überraschendsten Art vor, recht deutlich zeigend, dass man in Bosnien mit Siebenmeilenstiefeln vorwärts schreitet.

. . . . Doboj an der Bosnabahn lag wieder einmal hinter uns. Die Burgruine winkte uns förmlich einen Abschiedsgruss zu, als wir in den Waggons der bosnisch-hercegovinischen Eisenbahn-Verwaltung sassen. Hinter der Station wird die Bosna auf einer über hölzerne Gruppenjoche erbauten Eisenbrücke übersetzt, die 100 Meter lang ist. Jetzt stehen wir direkt vor den Bergen; es sieht so aus, als sollten wir unseren Weg hinauf

Stadt Gračanica.

in die romantische Wildniss nehmen müssen, die den Blick begrenzt. Aber die Bahn wendet sich in schwachem Bogen nach Nordost und tritt dann sofort durch das strategisch wichtige » Magjarska vrata « (ungarische Thor) in das etwas über drei Kilometer lange Spreča-Defilé.

Bei Lipac wird die Felsenenge verlassen. Der Zug durchschneidet die von den hügeligen Ausläufern des Ozren und der Majevica-Planina begrenzte Thalsohle und passirt die Station Suhopolje. Nun wendet die Bahn in einem vollen Kreise um einen Felsabhang, in dessen Schluchten, halb in den Wäldern versteckt, das ganz mohammedanische Dorf Suhopolje liegt, und erreicht in gerader Linie das Wächterhaus Boljanić. Die Ortschaft, mit einem schönen Schulgebäude, liegt zerstreut an den Uferanhöhen. Links auf der Anhöhe erblickt man die in einer kleinen Schlucht gelegene mohammedanische Ortschaft Briesnica, deren Moschee weithin sichtbar ist, während östlich sich das Dorf Stjepanpolje an der Berglehne ausbreitet. Das liebliche Tekučicathal mit seinen grünen Matten und weidenden Rindern wird durchzogen. Es zeigen sich ein Han (türkisches Einkehrwirthshaus) und in einer Einsattlung der Landsitz eines Beg. Durch das Tekučicathal über die Preslica-Planina führt die Fahrstrasse von Gračanica nach Maglaj.

In vielfachen Krümmungen durchfährt der Zug jetzt das hier mehrere Kilometer breite Sprečathal bis zum Han Boljanic, und lange mit der Strasse Maglaj-Gračanica parallel laufend, übersetzt er diese Strasse knapp vor der Station Gračanica. Die Stadt, welche vier Kilometer von der Station in einem reizenden Thale des gleichnamigen Baches inmitten von Zwetschkengärten und Fruchtfeldern gelegen ist, zählt über 3000 meist mohammedanische Einwohner, hat mehrere islamitische Elementar- und zwei höhere konfessionelle Schulen (Medressen). Eine derselben wurde im Jahre 1889 in schönem maurischem Stile erbaut und dient zur Unterbringung von 60 internen Schülern.

Die Sonne vergoldete mit röthlichem Scheine das Ozren-Gebirge und dessen äusserste Kuppe Milinkovića-Kamen, als wir unsere Weiterfahrt fortsetzten. Riesige Eichenwaldungen, zum Theil Urwälder, bedecken diese Gebirge, die zur Fassdauben-Erzeugung ausgenützt wurden und werden. Vier Kilometer von der Station Gračanica führt ein Weg nach Sočkovac, wo sich in einer Vertiefung tertiärer Formation zwei Schwefelwasser enthaltende Brunnen befinden. Einen Kilometer davon hat man eine mächtig sprudelnde Sauerquelle entdeckt, — Entdeckungen, die einstweilen nur der umwohnenden Bevölkerung zu Gute kommen.

Die Bahn zieht sich sodann neben der Ortschaft Kakmuz nach Petrovoselo. Diese Station wurde ursprünglich nur wegen der in der Nähe befindlichen grossen Holzbestände errichtet, sie hat aber für die Orthodoxen eine ganz andere Bedeutung. Anderthalb Stunden von hier, im Südosten,

Partie aus dem Sprečathal.

mitten im Walde, liegt das altberühmte Kloster Ozren mit einer im Jahre 1150 von einem Herrscher aus dem Geschlechte der Nemanja erbauten Kirche. Auch soll sich dort noch eine ungarische Inschrift befinden, welche aus den Zeiten der ungarischen Oberherrschaft über Bosnien stammt. Das Kloster wird von der Station aus auf einem fünf Kilometer langen Reitwege erreicht Es liegt in einem schönen, von dichten Waldgehängen umsäumten Thalkessel; die Berge um das Kloster erreichen eine Höhe von 200—300 Meter und man geniesst von ihnen eine Fernsicht bis weit über die Save. Südöstlich vom Kloster liegt das mit jungem Eichenwald und fettem Weideland bedeckte Gradišnik-Gebirge, während sich auf der Nordseite der Berg Gredelj erhebt, auf dessen Spitze noch heute die Spuren des einstigen Sommersitzes der Mönche sichtbar sind. Von hier aus öffnet sich ein herrlicher Ausblick ins Sprečathal. An der nordwestlichen Seite des Klosters liegt der gleichfalls bewaldete Ausläufer Krvavac des Ozrengebirges. Alle diese Wälder bieten gute Jagd, namentlich auf Rehe, Füchse, Wölfe, Wildkatzen und Marder, wogegen Hasen selten vorkommen. Einige 150 Meter südlich vom Kloster befindet sich eine mächtige in Stein gefasste Quelle, » Kalugjerica « genannt, die sich in das Flüsschen Riječica ergiesst. Im Winter ist ihr Wasser nahezu lauwarm, während es im Sommer derart kalt ist, dass es kaum getrunken werden kann. In der Bevölkerung weiss sich Niemand zu erinnern, wer diese Quelle ummauert hat, es dürften dies wahrscheinlich die Mönche gethan haben. Eine halbe Stunde vom Kloster, hart am Fusse der Ozren-Planina, befindet sich ein Höhenrücken, auf welchem, der Ueberlieferung nach, einst der Klosterweingarten stand. An dieser Stelle ackern jetzt die Bauern von Vasiljevići; von den Weinstöcken findet sich keine Spur, aber die Bewohner nennen das Gelände noch heute » Kalugjerske vinogradina « (die Weinberge der Mönche). Vor mehr als 200 Jahren wurden sämmtliche Mönche des Klosters Ozren gelegentlich eines Ueberfalles niedergemetzelt. Welcher Anlass zu dieser Blutthat führte, ist nicht bekannt. Damals wurde auch das Kloster zerstört und mehr als hundert Jahre wurde kein Gottesdienst mehr abgehalten. Das Kirchendach verfiel, auf den Mauern wuchsen Bäume, deren Stämme Mannesstärke erreichten. Erst zu Anfang dieses Jahrhunderts hat die orthodoxe Bevölkerung die verfallenen Klostermauern wieder eingedeckt und fortan kam von Zeit zu Zeit aus den umliegenden Pfarreien ein Pope, um hier die Messe zu lesen. Im Jahre 1885 wurde das Kloster wieder besiedelt, und eine orientalisch-orthodoxe Klosterschule eingerichtet, die zum grossen Theil aus den Jahresbeiträgen der Landesregierung erhalten wird. Der schöne Thurm wurde im ersten Jahre nach der Okkupation aus den Bruchsteinen der ehemals berüchtigten » Nietova Kula « in Krtova errichtet. Die Dörfer liegen hier weit verstreut im Gebirge und bestehen aus einzelnen Gehöften. Die Kinder müssen daher das Schuljahr über — das heisst hier ungefähr fünf Monate im Jahre — im Kloster bleiben, wohin ihnen die Eltern die nöthigen Lebensmittel bei Gelegenheit mitbringen. Selbstverständlich bleibt davon auch noch für die Klosterbewohnerschaft ein kleiner Rest übrig.

Von Petrovoselo aus geht die Bahnlinie durch eine wundervolle parkartige Gegend zur Uebersetzung des Sprečaflusses. Das Flussthal ist hier durch Gebirgsausläufer von beiden Ufern auf ungefähr 300 Meter eingeengt, das Bett des Flusses selbst durch sehr hohe und steile Ufer begrenzt. Ueber die Spreča führt eine auf Piloten erbaute Brücke. Das landschaftliche Panorama, welches jetzt nur durch die Aufeinanderfolge von Wald und Wiese etwas Abwechslung bietet, wird hinter der Haltestelle Miričina angenehm durch Felspartien unterbrochen, die bei Dubošnica ihr Ende erreichen. Die nächstfolgende Station Puračić-Rukavac war bis vor wenigen Jahren ein Centrum des bosnischen Holz-Industrie-Konsortiums. Hier wurden Unmengen von Fassdauben produzirt und versendet, die hauptsächlich vom nördlichen Abhange des Konju-Gebirges und von der Oskova kommen. Der Grossbetrieb scheint jetzt eingestellt zu sein, wenigstens konnte ich davon bei meiner letzten Durchfahrt nichts wahrnehmen. Der Marktflecken Puračić mit etwa 1000 mohammedanischen Einwohnern, liegt 3 Kilometer von der Station. Es führt von dort ein guter Reitweg nach

Maglaj und bildet dieser die kürzeste Verbindung zwischen Maglaj und Tuzla. Kurz hinter Puračić verlässt die Bahn die hier aus einem Felsendefilé hervortretende Spreča und tritt in das Thal der in diesen Fluss mündenden Jala, der sie bis kurz vor Tuzla am rechten Ufer folgt. Die Bahn entfernt sich von der Strasse, von welcher sie durch sehr breite versumpfte Wiesen und Niederungen getrennt ist, bis sie bei der Station Bistarac in der Nähe von Han Pirkovac wieder die Strasse erreicht. Bei Bukinje zweigt die Strasse nach dem reizend inmitten von Waldungen gelegenen Städtchen Kladanj ab, das in etwa fünf Fahrstunden erreicht wird. Rechts erblickt

Brennende Halde.

man am andern Jala-Ufer den schönen Landsitz von Schemsi Beg Tuzlić, einem der reichsten Grossgrundbesitzer in diesem Theile von Bosnien. Kurz nach Verlassen der Station öffnet sich dem Blicke der die Stadt Tuzla einschliessende Thalkessel. Ganz eigentümlich erscheint dem Reisenden das schiefe Minaret der Jalska-Džamija, eine unbeabsichtigte und etwas missglückte Nachahmung des Thurmes von Pisa. Links zeigt sich jetzt die zwischen der Fahrstrasse und dem Bergabhang eingebaute ärarische Ringofenanlage, gegenüber derselben liegt die im Jahre 1891 neu erbaute Saline, beide durch eine Schleppbahn mit der Eisenbahn verbunden. Nach Passirung dieser Anlagen wendet sich die Bahn in scharfem Bogen nach rechts und überschreitet die Jala, um am jenseitigen Ufer die Station Kohlengrube zu erreichen. Von hier aus führen Schleppgeleise zu dem in unmittelbarer Nähe gelegenen, durch seine mächtigen Mulden erkennbaren ärarischen Kohlenwerke. Mit zwei Einbauen, dem Förder- und Wasserstollen, wurde die an Mächtigkeit und Ausdehnung gleich grossartige Braunkohlen- (Lignit-) Ablagerung erschlossen, welche in dem Tuzlaer Tertiärbecken auftritt und eine der besten Kohlensorten liefert, die überhaupt vorkommen. Vor der Einfahrt in die Station Kohlengrube befindet sich rechts die musterhaft eingerichtete und geleitete Grauaug'sche Spiritusfabrik, die mit maschinellen Anlagen zur Erzeugung von Trocken- schlempe, die nach dem Auslande exportirt wird, eingerichtet ist und auch mit den vorhandenen Maschinen Mahl- und Walzmühlen in Be- wegung setzt.

Links am jenseitigen Jala-Ufer wird zuerst das Militärbarackenlager, dann der Marktplatz von Tuzla sichtbar. Die Bahn errreicht das Weich- bild der Stadt mitten durch die zu beiden Seiten der an drei Stellen überbrückten Jala von Häusern dicht besetzten Strassen und hart an der Strasse sich hinziehend. Nachdem die Bahn den grössten Theil der Stadt passirt hat, übersetzt sie abermals die Jala und erreicht in kurzem Bogen knapp hinter der Turalibeg-Moschee die Station.

Tuzla, welches seinen Namen den Salzquellen verdankt, die sich hier, in Siminhan und in Gornji-Tuzla befinden (vom türkischen Worte » Tuz «, welches Salz bedeutet), zählt 10227 Civilbewohner, darunter 5984 Moham- medaner. Die Volkszählungsziffern von 1885, wo die Stadt noch nicht ganz 8000 Einwohner zählte, darunter etwa 5000 Mohammedaner, lassen den industriellen Aufschwung erkennen. Auch der Handelsverkehr, be- sonders mit Brčka, der grössten bosnischen Savestation (1885: 4281, 1895: 5998 Einwohner), ist sehr lebhaft und dürfte noch mehr steigen, wenn das Projekt einer Eisenbahn Tuzla-Brčka im Anschlusse an die ungarischen Bahnen zur Ausführung gelangen sollte. Eine neue grosse Savebrücke verbindet dort ohnedies bereits das slavonische mit dem bosnischen Ufer. Erst Anfangs der fünfziger Jahre wurde Tuzla Haupt-

stadt des politischen Bezirkes, während früher Zwornik Sitz des Mutesarif war. Omer Pascha, der während der Beg-Revolution auch in diesem Theile des Landes seine Strenge gegen die Uebergriffe der mohammedanischen Edlen zur vollen Geltung brachte, traf die neue politische Hinrichtung zum Segen des Ortes. Auch er konnte freilich nicht vorausseilen, was aus Tuzla für ein Bergwerks- und industrielles Centrum werden würde, und unter türkischer Verwaltung wäre es ein solches auch nie geworden.

Die Stadt ist beinahe gänzlich umgebaut worden; sie besitzt zwar auch noch ihre türkischen Viertel, aber in der Hauptsache sind die Strassen breit und rein, die Gebäude neu und modern. An Stelle des verfallenen Kastells, das demolirt wurde, ist der 8000 Quadratmeter grosse Appellplatz getreten. In dessen Mitte steht ein Obelisk, am Nordende das im maurischen Stile erbaute Rathhaus. An modernen Amtsgebäuden sind das Kreisgebäude, das Bezirksamt, das Brigadekommando, das Saline-Amt u. s. w. erstanden. Ein bedeutender Fortschritt zeigt sich auch in den zahlreichen Schulen, die allerdings meist noch konfessionell sind. Einen imponirenden Eindruck macht die Handelsschule und das neue öffentliche Volksschulgebäude mit einem praktischen Versuchsgarten. Selbst die Mohammedaner raffen sich zu neuen Schulbauten auf, die modernen Ansprüchen entsprechen. So fand ich an einem sehr hübschen Hause die Aufschrift: » Mohamedanska osnovna škola (mohammedanische öffentliche Schule). Die » Schwestern der göttlichen Liebe « besitzen eine gut besuchte Mädchenschule und auch eine höhere türkische Schule (Medresse) ist vorhanden. Eines der hervorragendsten Gebäude der Stadt ist die orientalisch-orthodoxe Kirche, ein ziemlich geschmackloses, im byzantinischen Stile errichtetes Bauwerk. Unter den Moscheen zeichnet sich nur die aus neuester Zeit stammende, im Mittelpunkte der Stadt liegende, arabisch gebaute Behrambeg-Moschee aus. Am Nordwestrande liegt auf einem niederen Bergrücken das die Stadt überragende Militärhospital, sowie das Militär—Stationsgebäude mit dem Elisabethparke. Zu erwähnen ist noch die neugebaute Wasserleitung, von welcher ein auf dem Appellplatze errichteter maurischer Monumentalbrunnen gespeist wird, und das » Hotel Tuzla «.

Für das mohammedanische Frauenleben in Bosnien erhielt Tuzla eine besondere Wichtigkeit dadurch, dass hier zuerst ein weiblicher Arzt vom Staate angestellt wurde. Während man in verschiedenen europäischen Ländern wohl weibliche Aerzte, die in der Schweiz oder in Frankreich promovirt haben, zur privaten Praxis zulässt, war es doch der bosnischen Landesregierung vorbehalten, solchen auch eine staatliche Stellung zu sichern. Es hing dies mit der Abgeschlossenheit der mohammedanischen Frauen zusammen, die nur in den seltensten Fällen männliche ärztliche Hilfe in Anspruch nehmen, solche bei Krankheiten, die operative Eingriffe erfordern, überhaupt verschmähen. Daher nehmen bei ihnen Krankheiten viel häufiger einen tödtlichen Ausgang, wie auch der Kurpfuscherei durch

Zigeuner als Lastträger (Hamal)
in Dolnji-Tuzla.

alte Frauen Thür und Thor geöffnet ist. So wurde denn im Jahre 1891 zuerst in Dolnja-Tuzla Frau Dr. Theodora Krajevska als weiblicher Arzt angestellt und nach Ueberwindung gewisser Anfangsschwierigkeiten gelang es ihr, festen Boden in der Bevölkerung zu fassen. Wie ich einem äusserst interessanten Vortrage entnehme, den Ihre Excellenz Frau Minister Vilma v. Kállay im Budapester Frauenverein hielt, behandelte Frau Dr. Krajevska im Jahre 1894 bereits 613 Kranke, von denen 224 Mohammedanerinnen, 269 Katholikinnen, 99 Griechisch-Orthodoxe und 20 Spaniolinnen waren. In Mostar, wo im Jahre 1893 gleichfalls eine Aerztin in der Person der Frau Dr. Bohuslava Kek angestellt wurde, sind die Ziffern für 1894 folgende: Behandelt wurden 763 Personen, davon 404 Mohammedanerinnen, 136 Katholikinnen, 200 Griechisch-Orthodoxe, 20 Spaniolinnen, 3 Protestantinnen. Aber nicht nur in sanitärer Beziehung äussert sich der Einfluss der weiblichen Doktoren. Sie können auch in anderen Fragen des Frauenlebens leicht Rath ertheilen, sie erwerben sich das Vertrauen und wirken aufklärend und civilisirend auf jene Kreise, die bisher hinter den Muscharabiehs der Harems ein einförmiges und abgeschlossenes Dasein führten.

Der Salz- und Kohlendistrikt.

Förderungsthurm im Kohlenwerk Kreka.

Was Tuzla in erster Linie seine grosse Bedeutung verleiht, ist die Kohle und das Salz. Unter türkischer Verwaltung wurde letzteres aus zwei armen Salzquellen in denkbar primitivster Weise gewonnen und doch war es schon damals ein grosses Wunder, denn zwischen der Adria und dem Schwarzen Meere kennt man auf der Balkanhalbinsel keinen zweiten Fundort von Salz. Von den Kohlen hatte die türkische Regierung keine Ahnung, sie hätte auch nie einen Bergwerksbetrieb eröffnet; für dessen Erzeugnisse sie keine Verwendung besass. Im Jahre 1884 liess die bosnische Verwaltung die Schürfungen auf Kohle und Salz durchführen; es entstand ganz dicht bei Tuzla das Braunkohlenwerk Kreka und im selben Jahre wurde mit dem Bau einer Saline in Siminhan begonnen, die längere Zeit die alleinige Abnehmerin der Kohle war. Mit Eröffnung der Eisenbahn von Doboj bis Siminhan nahm die Kohlenproduktion einen raschen Aufschwung. Wer die Schwierigkeiten einer grösseren Kohlenerzeugung vom grünen Rasen weg kennt, wird es zu würdigen wissen, wenn schon im Jahre 1890 die Jahresförderung 500 000 Metercentner erreichte. Als dieses Produktionsquantum erreicht war, wurde das erste grössere Arbeiterfest gefeiert, an dem schon damals 400 Arbeiter theilnehmen konnten. Die ausgezeichnete Verwendbarkeit der fast schwefelfreien Kohle zu Industriezwecken begründete zunächst eine Ausfuhr über die bosnischen Landesgrenzen, lockte aber auch die Industrie an, sich in dem so ungemein

Bauern auf dem Markte in Tuzla.

reichen Kohlenreviere selbst niederzulassen. So entstanden die sehr bedeutende Spiritusfabrik, mehrere kleinere Dampfmühlen, eine Brauerei, Ziegeleien mit und ohne maschinellen Betrieb. Die Salinen wurden erweitert und im Jahre 1894 eröffnete die einige Kilometer vom Bergbau etablirte grosse A m m o n i a k - S o d a f a b r i k ihren Betrieb.

Es geschah dies bei Bistarac in Lukavac, in dem malerischen Thale, wo sich die Jala mit der Spreča vereinigt, in einer idyllischen Gegend, wo nichts sonst als der Pfiff der Lokomotive und höchstens noch ein das Buschwerk durchstreifender Jäger, Wildenten aufscheuchend, die tiefe Stille und beständige Ruhe unterbricht. Dank der Initiative des Herrn Reichsfinanzministers von Kállay wurde hier — 14 Kilometer von Dolnja-Tuzla — von einer Aktiengesellschaft das grosse Fabriks-Unternehmen errichtet, dessen Anlage 7000 Quadratmeter bebauter Fläche repräsentiren. Es werden vorläufig 380 Arbeiter ständig beschäftigt und zwar in einander ablösenden Gruppen, da Tag- und Nachtbetrieb besteht. Es werden täglich gegen drei Doppel-Waggons calcinirter Soda, ein Waggon Aetznatron und ein Waggon Krystallsoda erzeugt. Später soll die Fabrikation auf das Doppelte gesteigert werden. Eine Leitung von 14 Kilometer Länge führt aus eigenen Bohrlöchern die zur Salzgewinnung nöthige Salzsoole in die Fabrik. Die Soolenleitung mündet in Reservoire, in denen die Speisung der Soda mit Ammoniak erfolgt. In eigens hierzu konstruirten Oefen wird durch Brennen von Kalkstein Kohlensäure erzeugt und aus diesen in die Reservoire geleitet, in denen sich die mit Ammoniak gesättigte Salzsoole befindet. Hierdurch entsteht ein Niederschlag von doppelkohlensaurem Natron, der sodann in gusseisernen Röhren geglüht und dem Calciniren unterzogen wird. Die durch dieses Verfahren gewonnene Soda wird je nach der Qualität und Quantität in Säcken oder Fässern zum Versandt hergerichtet. Das Absatzgebiet der Fabrikate ist ein grosses und der Betrieb dürfte bald eine weitere Steigerung erfahren. Die Anlagekosten betrugen bisher 1 300 000 fl.

Eine weitere neue Industrie ist der Koksofen an der Kreka, die erste derartige Anlage in Bosnien. In der Gemeinde Jasenica, auf der Majevica-Planina, befindet sich ein ausgedehntes Kohlenlager, das sich durch besondere Güte des Produktes auszeichnet. Es ist ein Uebergangsprodukt von der Braunkohle zur Steinkohle. Der grosse Prozentsatz der flüchtigen Bestandtheile besteht aus Theer, Gasen und Ammoniak; die Kohle verbrennt daher mit langer leuchtender Flamme und ist demzufolge ein vorzüglicher Brennstoff. Um den technischen Werth der Jasenicaer Kohle festzustellen, wurde eine grössere Menge derselben in eine ungarische Koksanstalt gebracht, wo Versuche über die Verkokbarkeit des Materials angestellt wurden. Diese Versuche lauteten absprechend. Das gemeinsame Finanzministerium wandte sich nun wegen neuer Versuche an den Berg-

und Hüttendirektor Wilhelm von Reusz in Pitten bei Wiener-Neustadt, der sich seit mehr als zwanzig Jahren mit Untersuchungen der Braunkohle behufs deren Verkokung beschäftigt und fast sämmtliche Braunkohlen der österreichisch-ungarischen Monarchie seinen Arbeiten unterzogen hat. Herr von Reusz wies nun nach, dass der Jasenicaer Kohle nicht nur eine technische Wichtigkeit im Allgemeinen beizulegen ist, sondern dass sie auch vorzüglichen Koks liefert. Auf Grund dieser Ergebnisse wurde die Salinenverwaltung in Siminhan beauftragt, einen Koksofen für Versuchszwecke nach den Plänen des genannten Fachmannes zu bauen.

Kohlengrube an der Kreka.

Der Ofen, der an der Kreka isolirt in der Nähe der Saline aufgestellt ist, fasst 4000 Kilogramm Rohkohle, die in einem Zeitraum von 30 Stunden zu Koks gebrannt wird. Die bisherigen Versuche waren erfolgreich und es soll daher dicht neben dem Kohlenlager in Jasenica eine umfassende Koksofenanlage errichtet werden.

Auf die Kohle der Tuzlaer Gegend sind auch die Zuckerfabrik in Usora und die Mineralölraffinerie in Bosnisch-Brod basirt. Die mit inländischer Kohle gespeisten Bahnen und Dampfschiffe führen den Brennstoff weiter ins Land und zum Theil auch über die Grenzen. Eine wichtige Frage bildete die Unterbringung der Bergarbeiter. Zu diesem Zwecke wurde eine Kolonie errichtet, die heute 60 Doppel-Familienhäuser zählt, eine freundliche mit kleinen Gärten versehene Anlage, die sich alljährlich vergrössert. Der steigende Kohlenbedarf führte im Laufe des Jahres 1894 zur Erzeugung von mehr als einer Million Metercentnern und diese erfreuliche Thatsache wurde in den Weihnachtstagen durch ein den Beamten und Arbeitern von der Regierung gegebenes Fest gefeiert. Beinahe zur selben Zeit erreichten die Salinen die Jahresproduktion von 100 000 Metercentnern Sudsalz, sodass ein doppelter Anlass zum Feste vorlag. Uebrigens hat auch in Zenica, dem südlichen Kohlenwerke an der Bosna, die Jahresförderung bereits 500 000 Metercentner erreicht. Eine neuerrichtete Saline ausserhalb Tuzla's ist zur Erzeugung von Feinsalz bestimmt, während die Anlage in Siminhan nur das gebräuchliche bosnische Kochsalz erzeugt. Das Tuzlaer Etablissement ist zur Gewinnung von 60 000 Metercentnern jährlich eingerichtet.

Die Saline in Siminhan besuchte ich im Jahre 1886 und ich lasse meine damaligen Eindrücke unverändert folgen. Die Station Tuzla verlassend, erreicht die Bahn, auf den am rechten Jala-Ufer gelegenen Wiesen sich hinziehend, den in die Jala mündenden Solinabach, welchen sie auf einer Holzbrücke übersetzt. Unmittelbar in der Nähe dieser Holzbrücke und bei der knapp hier vorüberführenden Fahrstrasse nach Zwornik befindet sich die dem serbischen Metropoliten gehörende Dampfmühle. Dieser

Siminhan mit Saline.

gegenüber zweigt von der Hauptstrasse die alte im Solinathale geführte Strasse nach Brčka ab, die durch einen im Jala- und Gnjica-Thale geführten Fahrweg über Lopare ersetzt wurde. Nach Passirung der Solinabrücke zieht sich die Bahn abwechselnd auf Dämmen und in Einschnitten — zur linken Hand die landwirthschaftliche Niederlassung der » Schwestern der göttlichen Liebe « — zumeist parallel mit der Strasse und hart an dieser bis zur Saline in Siminhan. Bis 1884 noch war Siminhan eine einsame, von allem Geräusch fern gelegene Gegend, die nur durch den Han eines gewissen Simo — daher der Name — bezeichnet und den mit der Gegend vertrauten Bewohnern bekannt war. Zur Ausnutzung der Soolquellen von Gornja-Tuzla, die von der türkischen Verwaltung nur sehr primitiv bearbeitet wurden und deren Salz wegen Mangels jedes Reinigungsprozesses nicht gern gekauft wurde, fasste die bosnische Landesregierung den Entschluss, daselbst eine Saline zu erbauen. Der Bau wurde im Mai 1884 begonnen und die Saline im März 1885 in Betrieb gesetzt.

Es ist eine prachtvolle Gegend, in der sich diese Anlagen befinden. Die netten Fabrik- und Wohngebäude sehen wie Schweizer-Häuser aus und die grünen Wälder an den Bergabhängen im Hintergrunde würden eher die Vermuthung erwecken, dass sich hier die Cottage-Anlage von Dolnja-Tuzla befinde, Für einen klimatischen Kurort könnte man sich eine schönere Landschaft kaum denken und auf Schritt und Tritt wird man durch die Scenerie an die hübschesten Partien der Steiermark erinnert. Sobald man von der Bahn aussteigt, sieht man die Aufschrift: » Franjo Josipa Solina « — » Franz Josef-Saline «, welcher wir in ihren inneren Räumlichkeiten einen eingehenden Besuch abstatteten. Die Soole wird mittelst Dampfpumpe gehoben und in Röhren, die eine Länge von 4100 Meter besitzen, von Gornja-Tuzla nach Siminhan geleitet. In den zwei Sudapparaten (gegenwärtig sechs) zischt und brodelt es unaufhörlich und der Reinigungsprozess, weleher bezweckt, das Glaubersalz und die Magnesia aus dem Kochsalze zu entfernen, wird nach den neuesten Erfindungen vollzogen. Grosse Dörrpfannen sind aufgestellt und überall sieht man nur bosnische Arbeiter beschäftigt, die sich recht anstellig und gelehrig zeigen. Ihre Verwendung hatte wieder die Anlage von landesüblichen Wohnhäusern im Gefolge und so gruppirt sich ein Dorf um die Saline, die auch sehr ausgedehnte Magazine besitzt. Diese Anlage soll durch das Erbohren weiterer Quellen noch eine namhafte Ausdehnung erfahren und man hegt die Hoffnung, mit der Zeit den ganzen bosnischen Bedarf aus dieser Saline

Landwirthschaftliche Station
Modrić.

decken zu können, was gegenwärtig (1895) so ziemlich der Fall ist. Siminhan bildet gleichzeitig einen Strassenknotenpunkt nach Zwornik und Brčka, indem unmittelbar bei der Saline die über Gornja-Tuzla und Lopare nach Brčka führende, durch ihre landschaftlichen Reize erwähnenswerthe Kunststrasse von der Hauptstrasse Tuzla — Zwornik abzweigt. Von Siminhan aus kann Brčka in 5½, Zwornik in 6 Fahrstunden erreicht werden. Vier Kilometer von der Saline liegt der durch seinen Salzreichthum bemerkenswerthe rein mohammedanische Ort Gornja-Tuzla. In einem hinter der Saline gelegenen netten Gasthause mit elegantem Sommerpavillon wurde ein Frühstück eingenommen, das nichts zu wünschen übrig liess. Frisches Bier, gute Weine, Sodawasser war vorhanden. Der Wirth war ein Ungar, wie überhaupt in der Tuzlaer Gegend sehr viele Magyaren in amtlichen und geschäftlichen Stellungen sich befinden. Ueberall hört man auch ungarisch reden und es kann nicht geleugnet werden, dass im Bereiche der Stefanskrone viel mehr Verständniss für den Werth Bosniens besteht, als in Cisleithanien, wo man bei oftem Nörgeln gänzlich übersieht, welch' werthvolles Land das Habsburger Reich durch die Okkupation gewonnen hat. Allerdings mussten die natürlichen Schätze erst gehoben, die Hilfsmittel des Landes vorher erschlossen werden. Dass dies geschehen und noch geschieht, ist das grosse Verdienst der gegenwärtigen bosnischen Landesverwaltung.

*   *
*

Der Tuzlaer Kreis hat das Glück, das beste Hornvieh und einen vorzüglichen Pferdeschlag zu besitzen. Eine grossartige landwirthschaftliche Station besteht in Modrić. Darum bilden auch in Tuzla — wie übrigens in den meisten Theilen des Landes — die Pferderennen einen nationalen Sport. Anlässlich der Bahneröffnung wurde ein grosses Volksfest abgehalten, das mir stets in angenehmer Erinnerung bleiben wird. An der Kreuzung der Brčkaer mit der Zworniker Strasse, ziemlich ausserhalb der Stadt, auf einem riesigen Wiesenraume, der von Bergen an einer Seite begrenzt wird, war der Festplatz abgesteckt worden. Für die Gäste war eine eigene Tribüne errichtet, mit Logen für Herrn Reichsfinanzminister v. Kállay und seine Gemahlin, sowie für den Landeschef General der Kavallerie Baron v. Appel nebst Gattin. Das Volk drängte sich bunt auf der Wiese, und an den Berglehnen zeigten sich Kopf an Kopf die meist rothen » Behauptungen « — Fez und Turban — einen Anblick bietend, wie riesige Plätze voll Alpenrosen. Nur landesüblicher Sport sollte zur Darstellung gelangen, zuerst ein echt bosnisches Pferderennen.

Den Rennplatz bildete die Landstrasse und die Strecke war mit 6½ Kilometer bestimmt. Für das grosse Rennen mit Reitern waren

22 Pferde angemeldet, durchweg von mohammedanischen Grundbesitzern aus Tuzla, Bjelina, Gradačac, Gračanica, Kladanj, Janja, Brezovopolje und einigen Dörfern. Ein Böllerschuss gab das Zeichen, dass die Pferde von ihrem Standplatze abgegangen, und nicht lange währte es, so erblickte man an einer Strassenkreuzung einen Falben daherrasen, dessen Reiter fast gar nicht sichtbar war. Bald kamen ein zweites und drittes Pferd, dann

Einheimische Reiter beim Wettrennen.

folgen ganze Rudel, die von den die Strasse einsäumenden Zuschauern zu immer schnellerem Laufe angeeifert werden. Der Falbe aber blieb der erste Sieger; er gehörte dem Ali Beg Hadži Alibegović in Modrić und war von einem halbnackten zehnjährigen Zigeunerjungen geritten. Alle «Jockeys» waren Zigeunerkinder oder Eingeborene, der älteste 13 Jahre. Sattel war nirgends vorhanden, meist auch kein Zaum; nur durch bunte Tuchstreifen um den Hals der Pferde waren diese für die Eingeweihten kenntlich gemacht worden. Wie rasend jagte ein Pferd nach dem andern über das Ziel, das in einem Bündel Heu auf der Strasse bestand, oft mitten in die Zuschauer hinein.

Die vier Sieger wurden von dem Preisrichter-Kollegium, an dessen Spitze sich der Bürgermeister von Tuzla, Haschim Aga, befand, in feierlichem Zuge in einen abgegrenzten Raum vor den Tribünen geführt und hier mit Ehrungen überhäuft. Unter Vortritt einer türkischen Zigeunermusik, die einen gräulichen Spektakel vollführte, begann der Rundgang der Pferde. Dann wurden die Preise — 39, 9, 6 und 4 Dukaten — welche als Stirnband gefasst waren, den Pferden um den Kopf gebunden, worauf wieder Musik und das Ausrufen der Preisgekrönten durch den Tellal (öffentlicher Ausrufer) von Tuzla erfolgte. Dieser, ein alter Moslim, hatte die Rolle des Hanswurstes übernommen. Unter den lächerlichsten Kapriolen sprang er herum, dabei aus Leibeskräften schreiend und einem Tulum (türkische Trommel) jämmerliche Töne entlockend. Es war ein ganz eigenartiger Anblick, die kleinen Reiter, zerrissen und beschmutzt, zu sehen, wie es sie mit Stolz erfüllte, so hoch geehrt zu werden, und der Besitzer des besten Rennpferdes konnte es sich nicht versagen, aus seiner stoischen muselmännischen Ruhe herauszutreten, das Pferd und den Jungen zu streicheln und ihm 15 Dukaten zu geben. Die Strecke war in 12 Minuten zurückgelegt worden.

Solche Rennen sind Feste für ganze Gemeinden. Tage lang vorher schläft Niemand vor Aufregung; die Pferde werden müde gehetzt, dann, wenn sie in Schweiss gekommen, ganz dicht in Decken eingehüllt und diese mit Riemen fest zugezogen, damit die Muskeln nicht schlaff werden. Erst bei Beginn des Rennens werden sie der Hüllen entledigt. Das ist die bosnische Trainirung, die von der bei uns üblichen recht bedeutend abweicht.

Sodann fand ein zweites Rennen mit Pferden ohne Reiter statt, das eigentlich einen noch viel originelleren Anblick bot. Man konnte sich auf die Prairien Amerikas versetzt und etwa eine Heerde Mustangs von Indianern verfolgt glauben. Die letzteren fehlten hier aber; die kleinen bosnischen » Katzen « setzen selbst einen Ehrgeiz darein, als Erste zum Ziele zu gelangen.

An dem Stangenklettern betheiligten sich nur Zigeuner, die Preise von Stücken rothen Tuches, einem Napoleon und je 2 Gulden erhielten. Originell war wieder das Springen auf den Ziegenbalg. Eine der Haare beraubte Haut wird straff aufgeblasen, mit Oel eingerieben und von Zeit zu Zeit wieder mit Wasser übergossen, damit sie recht schlüpfrig wird. Es handelt sich nun darum, so auf den Balg zu springen, dass dieser platzt — etwas, was oft erst nach Stunden gelingt, denn fast Jeder gleitet aus und fällt nieder, was bei den Zuschauern grosses Gelächter hervorruft. Bei dieser Preisbewerbung that sich besonders ein Zigeuner hervor von fast schwarzer Hautfarbe, offenbar ein Mischling mit Negerblut, aber von regelmässiger schlanker Gestalt und mit Muskeln wie von Stahl. Leider errang er den Siegespreis nicht.

Beim Weitspringen wurde wenig Bemerkenswerthes geleistet, dagegen bot das Wettlaufen einen interessanten, wenn auch nicht angenehmen Anblick. Die Theilnehmer daran mussten sich bis auf eine Schwimmhose vollkommen nackt entkleiden. Die Distanz betrug 3½ Kilometer und wurde von den meisten dieser menschlichen Rosse in zwölf Minuten zurückgelegt!

Eine geplante Reise in die Posavina — die grosse Saveniederung — konnte wegen steten Regenwetters nicht ausgeführt werden, und so blieb sie einer späteren Zeit vorbehalten. Wir schieden von Tuzla mit dem Bewusstsein, hier viel gesehen und viel gelernt zu haben, hauptsächlich auch, wie mit zielbewusster Verwaltung ein zurückgebliebenes Land systematisch auf eine höhere Stufe der Entwicklung gebracht, wie mit Erfolg kolonisirt werden kann.

*   *
*

So nehme ich diesmal Abschied von dem schönen Lande, das meine Jugendliebe war, das mir im späteren Alter nur immer liebenswerther erscheint. Ich habe mich bemüht, in meinen Schilderungen das zu zeigen, was einst war und was jetzt ist. Was ich diesmal nicht sah, ist der Westen Bosniens, die Krajna, die ich nur aus türkischer Zeit kenne, — eine Kenntniss, die bei dem heutigen regen Fortschritt in Bosnien nicht genügt. Finden die gegenwärtigen Skizzen Beifall, so hoffe ich auch dies und einige andere Versäumnisse in einem ferneren Werke nachtragen zu können. Soviel ist gewiss: Bosnien und die Hercegovina sind nicht nur landschaftlich und ethnographisch, sondern auch durch ihre rasche kulturelle und wirthschaftliche Entwicklung die interessantesten Gegenden des europäischen Orients und eines Besuches werth. Touristen, Volkswirthe und Gelehrte finden ihre Rechnung bei einem Besuche des Landes, das sich Jedem so ins Herz schmeichelt, dass er immer von Neuem an die romantischen Gebirge, an die Ufer der Bosna, des Vrbas, der Drina und Narenta mit Sehnsucht zurückdenkt, dass er dahin zurückkehrt. Aber auch den in Europa jetzt so zahlreichen Kolonialpolitikern ist ein Besuch zu empfehlen; in Bosnien wird praktische Kolonialpolitik getrieben und was geleistet wurde, stellt den leitenden Personen und Oesterreich-Ungarn im Allgemeinen das höchste Ehrenzeugniss aus. Einst gänzlich zurückgeblieben, reiht sich heute die bosnische Schwester europäischen Ländern als würdige Genossin an.

Am Baum der Menschheit
Drängt sich Blüth' an Blüthe,
Nach ew'gen Regeln wiegen sie sich drauf.
Ob hier die eine matt und welk verglühte,
Blüht dort die andre voll und prächtig auf.
Es ist ein ewig Kommen und ein ewig Gehen
Und nie und nimmer träger Stillestand.
Man sieht sie auf-, man sieht sie niedergehen
Und jede Blüthe ist ein Volk, — ein Land.

So singt Freiligrath. Bosnien aber ist das Land des Aufgehens, das echte Land der Morgensonne!

Druck von
OTTO ELSNER, BERLIN S.

Durch
BOSNIEN-HERCEGOVINA

kreuz und quer.

Von Heinrich Renner.

illustrirt von W. L. Arndt u. E. Arndt-Ceplin.

DIETRICH REIMER, Berlin 1896

(Ernst Vohsen).

Heinrich Renner:

Durch Bosnien und die Hercegovina.

Durch

Bosnien und die Hercegovina

kreuz und quer.

Wanderungen

von

Heinrich Renner.

Mit 35 Vollbildern, 253 Abbildungen im Text
von W. L. ARNDT, E. ARNDT - Ceplin u. A. sowie nach photographischen Aufnahmen

und

einer Uebersichtskarte.

BERLIN 1896

Geographische Verlagshandlung Dietrich Reimer (Ernst Vohsen).

Zur Einführung.

Bevor Oesterreich-Ungarn kraft des im Berliner Vertrage erhaltenen Mandates im Jahre 1878 zur Besetzung Bosniens und der Hercegovina schritt, waren in dem seit Jahrhunderten wie verschlossenen Lande nur wenige europäische Reisende erschienen. Diese Wenigen waren meist in amtlicher Eigenschaft in Bosnien gewesen und sie hatten sich redlich bemüht, in von ihnen veröffentlichten Werken die Kenntniss des Landes dem Auslande zu vermitteln. Dem grossen Publikum blieben jedoch diese Gefilde gänzlich unbekannt; das bosnische Dornröschen schlief noch den jahrhundertelangen Zauberschlaf und es fand seine Auferstehung erst, als die kaiserlichen Truppen die Grenzen überschritten und die neue Aera einleiteten. Jetzt wurde das Dickicht, das um Dornröschens Schloss wucherte, gelichtet und nach rastloser und schwerer Arbeit von nicht zwei Jahrzehnten steht Bosnien bekannt und geachtet vor der Welt. Was in diesem Lande geleistet wurde, ist fast beispiellos in der Kolonialgeschichte aller Völker und Zeiten und die nachfolgenden Schilderungen, wenn sie auch mehr für den Touristen geschrieben sind, der die landschaftlichen Reize der » goldenen Bosna « kennen lernen will, sollen doch auch ein Bild geben von dem Bosnien einst und jetzt. Es fehlt heute nicht mehr an umfangreichen wissenschaftlichen und an Reisewerken über dieses prächtige Gebiet der Balkanhalbinsel. Das vorliegende Werk erhebt daher auch keinen Anspruch auf besondere Gelehrsamkeit, es soll in ihm nur in zwanglosem Geplauder erzählt werden, was ich bei oftmaligen Reisen in dem Lande, das ich wie eine zweite Heimath liebe, gesehen und erlebt; es soll Interesse und Verständniss in weiteren Kreisen erwecken, die beim Antritt einer Reise nicht ganze Bibliotheken durchstudiren wollen und können.

Eines hat mir die Feder geführt: Unauslöschliche Liebe zu Bosniens Bergen und Thälern, zu seinen grünen Matten und romantischen Städten, zu seinem kräftigen Volke und dessen Eigenart. Sodann aber auch unbegrenzte Hochachtung vor den Männern, die als Kulturträger in amtlicher Stellung jene Fortschritte zeitigten, die heute diese Provinzen so hoch über die meisten anderen Länder des europäischen Südostens erheben. Wenn ich heute hinausblicke in den grauen Nebel des nordischen Winters, denke ich mit Sehnsucht an Bosniens Urwälder, an das Paradies jedes Naturfreundes. Und der Bosna, der Drina, der Narenta und des Vrbas Wellen rauschen mir ein verlockendes Lied von Gottes freier Natur in der Schweiz des Balkans. Möge mein Sehnen recht bald von Vielen geteilt werden, mögen bald Tausende sich jenes eigentümlichen orientalischen Lebens erfreuen, das, von unsagbarem Reiz, früher nur wenigen bevorzugten, mit Glücksgütern gesegneten Sterblichen zu schauen ermöglicht war. Heute führen drei Bahnlinien mitten in diese fremde Welt, die sich Jedem ins Herz schmeichelt, der noch Gefühl für Schönheit, für unverdorbene Natur, dabei aber auch Sinn für moderne Thatkraft besitzt.

Ich mache jetzt den Führer im Lande. Wer Lust hat und nicht immer ausgetretene Pfade wandeln will, der folge mir!

Berlin, im Winter 1895/96.

Der Verfasser.

Inhaltsverzeichniss.

Verzeichniss der Illustrationen.

Die im Buche angewendete Schreibweise der geographischen und Eigennamen ist die in Bosnien-Hercegovina gebräuchliche. C (c) wird wie z im Deutschen gesprochen, č wie tsch, ć etwas weicher, mehr an tsj anklingend, š wie sch, ž wie das französische j in jardin.

www.ingramcontent.com/pod-product-compliance
Lightning Source LLC
LaVergne TN
LVHW060554200726
843509LV00003B/115